U0438443

画境中州

金元之际华北行政建置考

Dividing up the Territory of the Central Plains
The Changes of the Administrative Regions in North China under Mongolian Ruling (1210-1270)

温海清 著

上海古籍出版社

图书在版编目(CIP)数据

画境中州：金元之际华北行政建置考 / 温海清著
. —上海：上海古籍出版社，2024.5
ISBN 978-7-5732-1203-0

Ⅰ.①画… Ⅱ.①温… Ⅲ.①行政管理体制—研究—华北地区—辽宋金元时代 Ⅳ.①D691.2

中国国家版本馆 CIP 数据核字(2024)第 095117 号

画境中州

金元之际华北行政建置考

温海清　著

上海古籍出版社出版发行

(上海市闵行区号景路 159 弄 1-5 号 A 座 5F　邮政编码 201101)
(1) 网址：www.guji.com.cn
(2) E-mail：guji1@guji.com.cn
(3) 易文网网址：www.ewen.co

苏州市越洋印刷有限公司印刷

开本 635×965　1/16　印张 26.75　插页 5　字数 388,000
2024 年 5 月第 1 版　2024 年 5 月第 1 次印刷

ISBN 978-7-5732-1203-0

K·3624　定价：158.00 元

如有质量问题，请与承印公司联系

目　录

导论 ·· 1
  一　选题及本文主旨述略 ·· 1
  二　资料及先行研究述评 ·· 10
  三　要义及篇章结构安排 ·· 33

上篇　地方行政制度、区划及建置变迁考析 ························· 39

第一章　"十道"的变迁
      ——兼论元代腹里地区的形成 ································ 41
  一　金元之际分道状况探源 ·· 42
  二　窝阔台时期"画境之制"性质、内容等问题考辨 ··················· 46
  三　丙申画境"十道"之分道状况再考 ································ 51
  四　中统初年"十路"宣抚司辖境状况考析 ···························· 60
  五　"十道"体系崩解下腹里区域的渐趋形成 ·························· 67

第二章　"腹里"内部区划的生成及其地位探析 ····················· 71
  一　问题的提出 ·· 71
  二　蒙古袭来：金末华北区域划分的整合 ······························ 74
  三　画境中州：蒙元在华北地区统治的展开 ···························· 85
  四　腹里内部区划的生成以及腹里的地位问题 ·························· 93

第三章　汉人世侯严实、张柔辖地的变迁
      ——以丙申"画境之制"为主线 ······························ 103
  一　问题的提出 ·· 103
  二　东平严实统领"五十四州县"考 ·································· 107

三　保定张柔所领"八郡"、"三十城"考 ……………………… 115
　　四　余论 ……………………………………………………… 124
　　【附表】 ………………………………………………………… 125
　　【附图】 ………………………………………………………… 129
第四章　"万户路"、"千户州"
　　——蒙古千户百户制度与华北路府州郡体系 ……………… 131
　　一　问题的提出 ………………………………………………… 131
　　二　蒙古千户百户制度在华北的推行 ………………………… 134
　　三　蒙古千户百户制度与华北路府州郡体系之对应关系析考 … 153
　　四　结论 ………………………………………………………… 184
第五章　州的划分体制变迁
　　——以"节度—刺史"体系为讨论中心 …………………… 187
　　一　问题缘起 …………………………………………………… 187
　　二　金元之际华北地区州的滥置 ……………………………… 195
　　三　蒙古草原旧制冲击下华北州郡官制之嬗变 ……………… 202
　　四　元代州划分体制的转变及其缘由之分析 ………………… 212
第六章　华北建置变迁之初步分析 ………………………………… 221
　　一　华北各区域建置变化的特征 ……………………………… 221
　　二　华北建置变迁的时段特征 ………………………………… 228

下篇　《元史》卷五八《地理志》考释 …………………………… 235

参考文献 ……………………………………………………………… 389

地名索引 ……………………………………………………………… 404

后记 …………………………………………………………………… 423

导　论

一　选题及本文主旨述略

　　学者们大致同意,蒙古人于13世纪前半期对东、西方世界的持续拓展,势必使其涉入各地区地方性事务的程度日趋加深;蒙古帝国对东、西方世界的统治愈来愈面临着一种"地方化"(或谓"在地化")的趋势。美国蒙元史学者T. 爱尔森(Thomas T. Allsen)在针对蒙哥汗时期蒙古帝国在中国、俄国和伊斯兰地区的统治政策的比较研究中指出:"考虑到帝国疆域的广阔和文化的差异,蒙哥与其大臣们所制定的管理制度广泛综合了诸种不同的要素,这点毫不足奇。帝国的赋税制度融合了蒙古与中亚突厥的税收惯例,户口检括则采纳汉地的经验,军事机构则遵循具有悠久草原传统的模式。尽管帝国的管理制度具有某种匀称性,但绝不意味着整个帝国尤其是其基层制度上的无差异性。它不可避免地要适应当地的实际和传统。由于蒙古人既无统治经验,自身又缺乏必需的官僚人员,他们不得不依靠熟谙当地状况和语言的臣民来充当各级统治官员。尽管这不可避免地导致采用各种地方传统的管理方法,但在绝大多数情形下,这对于控制和开发新征服的领土而言,乃是唯一切实可行的办法。"①

　　事实上,美国学者舒尔曼(H. F. Schurmann)也较早观察到,在华北

---

① Thomas T. Allsen, *Mongol Imperialism: The Policies of the Grand Qan Möngke in China, Russia and the Islamic Lands*, 1251 - 1259, University of California Press, 1987, pp. 221 - 222.

汉地,地方基层保留着汉地因素,而在上层则大量地是蒙古(或外来)因素。① 换而言之,越接近基层则当地因素越明显,越往上层则蒙古因素越凸显。姚大力对此亦曾写道:"在越低的行政层次,被征服地区原有的行政组织形式以及其他相应制度,保留得就越多。蒙古对这些地方的统治,实际上是依赖于来自草原体制以及从当地传统政治体制中保留下来的两类制度损益变通,使之互相耦合、同步运转来实现的。所以,在被征服地区,我们到处都看见蒙古政治体制或紧或慢地朝着'地方化'的方向发展。而整个过程的显著特点之一,亦即这种地方化更多地是从较低的行政层次逐渐巩固并且向上发展的。"②

正是由于这种"地方化"趋势,蒙古人统治下的东、西方各地(通常被理解为中国、中亚、伊朗地区以及南俄草原这几块区域)呈现出其区域特性。不少研究蒙古时代史的学者通常都会以各地社会本身的历史发展为线索,来观察这个地区在外来因素(蒙古因素)介入下而导致的诸种变与不变,此即"变革(或变迁性)"与"承续(或延续性)"的问题。英国著名伊朗学家兰普顿(A. K. S. Lambton)就曾针对蒙古统治时期的伊朗地区各种社会历史现象的承续与变革问题进行过讨论,她总括性地指出:"伊朗历史上承续与变革的相对重要性在不同时代的不同地区与活动范围内一直有所变化。在政治领域,承续性最为明显地被入侵和改朝换代所打断;而在行政管理领域,则超越政治突变呈现出明显的承续性特征;在经济领域,尽管同样会受到其他因素的影响,但变革或许更易受到政治事件的牵连;然而,在宗教和社会领域,变革则更加细微、渐进而难以确知其所发生的年代。"③

---

① H. F. Schurmann, *Mongolian Tributary Practices of the Thirteenth Century*. *Harvard Journal of Asiatic Studies*, Vol. 19, No. 3/4, Dec., 1956, p. 307.
② 姚大力:《论蒙古游牧国家的政治制度——蒙元政治制度史研究之一》,南京大学博士论文打印稿,1986年,第4页。
③ A. K. S. Lambton, *Continuity and Change in Medieval Persia: Aspects of Administrative, Economic, and Social History, 11th-14th Century*, Tauris, London, 1988, p. 1.

试若我们将兰普顿的研究视阈移置到蒙古人统治下的中原汉地社会来进行考察的话,情形又将会如何呢? 在蒙元统治下汉地一系列或承续、或变革的社会诸历史形态中,蒙古因素曾起过怎样的作用,也就是说蒙古本身的组织或机构在当地社会的遗存状况以及其所产生的影响究竟如何呢?[①] 这些问题亟待我们从更细部的层面加以研究、进行梳理并予以丰富。

兰普顿观察到伊朗社会在"行政管理领域内"维持其固有的传统而呈现出承续性的特质。在大致相同的领域内,蒙古人于13世纪前半期在中原汉地的地方行政上究竟采行过什么样的策略,通常为我们所熟知的汉地传统的地方行政制度、区划以及建置等方面发生了怎样的变迁呢? 如所周知,单纯从制度文化史的角度而言,地方传统的行政制度经常性地被以当地王朝为正统的历史书写者或后世研究者们所反复伸张,外来因素(本研究所指向的是具有内亚游牧传统诸因素)很容易被匡正到以当地传统制度为主体的历史叙事上来,通常被"汉化"或"华(夏)化"等简单性语词所涵括、遮蔽。中原汉地千余年来根深蒂固的地方行政体制的传统,较之同时代蒙古人统治下的其他地区具有同样甚至更顽强的韧性。蒙元王朝不同于导夫先路的拓跋北魏王朝,与隔代继起的满清王朝也很不一样,对于蒙古因素在汉地社会历史上所起的作用和影响,尤其是在政治体制的设置及其运行等方面,我们往往估计得还不十分充分。那么,蒙古因素的介入给汉地传统的地方行政制度等方面造成了怎样的冲击,它又是如何一步步随着地方化程度的加深而逐步"消散"为我们所"习

[①] 巴托尔德曾站在这样的角度提出过类似的、有待深研的课题:"蒙古帝国的组织如何影响中亚的历史发展,帝国的机构在帝国的诸继承国家中有着哪些遗存。"参阅巴托尔德著,张锡彤、张广达译:《蒙古入侵时期的突厥斯坦》,上海古籍出版社,2008年版,第521页。需指出的是,西方研究蒙古时代史的学者们非常关注蒙古与各所在地区不同文化和社会制度间的接触以及由此而导致各种变化的历史问题,除上述诸位学者外,我们还可留意 Peter Jackson、Elizabeth Endicott-West 等学者的相关论著,他们在此方面代表性的论著分别有:*The Mongols and the West*,*1221 - 1410*,Pearson Longman,2005. *Mongolian Rule in China — Local Administration in the Yuan Dynasty*,Harvard University Asia Center,1989.

焉不察"的呢？① 这是贯穿本研究的基本主旨之一。

基于上述诸端由，本研究拟以13世纪前半期（1210年代至1260年代）华北地区的行政制度、区划以及建置等方面的历史变迁为主线，来理解和认识蒙古因素与汉地传统如何"整合"的问题，尤其留意于蒙古因素给中原汉地传统地方行政以何种影响的层面。

与西征初期"得地不守"的试探性策略不同，蒙古人南下经略中原，很早就依汉地制度采取"置侯牧守"的统治策略。② 金元之际蒙古人对华北地区所展开的这场"大朝革命"，③造成"州县尽废"、世侯纷起的混乱局面。

---

① 关于蒙古因素在中原汉地的存在及其影响诸问题，事实上前人已有所阐述："如果从'路的行省'及其以下各行政层次去考察，蒙古对中原汉地的政治统治体制，从一开始就不可避免地带有地方化的趋势。世侯们在各自势力范围内所采用的官制、行政区域划分、法律制度等，虽然未尽统一，但总的说来，基本上是中原王朝的有关制度、尤其是亡金遗制的沿用。但是，如果从高于'路的行省'的行政层次去观察，各地世侯都被置于直接对大汗负责的中州断事官及其所属必阇赤的辖制支配之下，同时蒙古政权还通过遍置于州县的达鲁花赤，把它对华北地区的监控贯彻到直接治理民众的最低层次的地方政府。可见大蒙古国对征服社会的间接军事—行政统治，乃是通过自上而下的蒙古制度与自下而上的当地制度之间相互交叉渗透式的结合来实现的。蒙古对畏兀儿和河中、对阿姆河以西广大被征服地区的统治，与对汉地的统治差不多采取同样的方式。……因此，大蒙古国在将其版图扩大到毗邻的诸农业社会的最初半个世纪里，实际上是把草原体制下的蒙古式行政中枢直接引入三大被征服区，利用大断事官制度和达鲁花赤制度来控制在各地专制一方的世侯或者篯力克，由此实现对于被征服地区的间接的军事—行政统治。这个制度体系，在十三世纪六十年代又发生了十分重大的变化。"详可参阅白寿彝总主编、陈得芝主编：《中国通史》（第八卷），上海人民出版社，1997年版，第913—915页。

② 舒尔曼将蒙古的征服统治分三阶段，蒙古帝国建立至成吉思汗去世为第一阶段。舒尔曼认为此阶段蒙古人无意于在被征服的定居社会进行永久性占领，完成劫掠之后基本就撤回草原本部，谓之"得地不守"。不过这并不能一概而论。蒙古人对中原汉地的征服和统治过程就不一样，他们一开始就十分注重对新占领区的控制。《金史·古里甲石伦传》载，兴定三年三月，蒙军攻下太原后，"招民耕稼，为久驻之基"。《金史·胥鼎传》则载："河朔受兵有年矣，向皆秋来春去，今已盛暑不回，且不嗜戕杀，恣民耕稼，此殆不可测也。"参阅：H. F. Schurmann, *Mongolian Tributary Practices of the Thirteenth Century*, *Harvard Journal of Asiatic Studies*, Vol. 19, No. 3/4, Dec., 1956, pp. 304-306；《金史》卷一一一、卷一〇八，中华书局，1975年版。下同者，不复出注。

③ 元人将蒙古南下灭金径称为"大朝革命"，参阅李庭：《寓庵集》卷六《陕西行中书省左右司员外郎郭公行状》，《元人文集珍本丛刊》影印《藕香零拾》本，台湾新文丰出版公司，1985年版。关于"大朝"国号所指涉的时间，其上限不迟于赵珙出使蒙古的1221年，其下限大致在忽必烈至元八年（1271）采行"大元"国号之后，与本研究所涉时间大体一致。参阅萧启庆：《说"大朝"：元朝建号前蒙古的汉文国号》，载氏著：《内北国而外中国：蒙元史研究》（上册），中华书局，2007年版，第62—78页。

一方面,蒙古汗廷派遣大断事官行使华北地方最高行政权力,并在各州县遍置达鲁花赤、划分食邑路州等,以维护蒙古人在中原汉地的统治。另一方面,汉人世侯在向蒙古人纳赋、从征、纳质以及觐见的前提下,获得署僚自辟、刑赋专擅的权力。这些世侯们世享大权,专制各郡,维持地方统治秩序。① 蒙古人在中原汉地维持着一种"草原游牧国家对被征服的定居农耕区间接统治的格局"。②

始于蒙古南下徇地中原,迄于忽必烈建元初期,华北地方行政建置的改易最为剧烈。金廷为唤起淹滞黄河以北而未及南迁的民众抵抗蒙古进攻,对当地官民许以各种官衔,且多听其自便;③另一方面,由于世侯专制一地,各自为境,其署僚任命随所自欲;再加上蒙古人不谙中原繁杂官制,各种官衔授予极为无序。④ 凡此种种,造成华北地区不少路、府、州、县的升置降黜或划割改属,这一地区的地方行政渐趋混乱。

为有效维持中原汉地的统治,蒙元汗廷先后在华北地区设置诸种统治机构,随之出现各种地方行政建置名或职官名。太祖成吉思汗时期置有所谓"天下都达鲁花赤"、"大札鲁忽赤"、"都行省"以及所谓"诸路行省"等各类官名、诸种机构。太宗窝阔台时期,为进一步加强对汉地社会的控

---

① "汉人世侯"这一概念,当系日本学者爱宕松男于1940年代在其论文《李璮の叛亂とその意義:蒙古朝治下における漢地の封建制とその州縣制への展開》(《東洋史研究》1941,6-4)中首次提出,此后多为学界所沿用,指称那些投附蒙古的汉人地方武装集团首领。
② 韩儒林主编:《元朝史》,人民出版社,1986年版,第296页。
③ 姚燧《金故昭勇大将军行都统万户事荣公神道碑》载:"在金叔世,宣宗蹙国播迁,河朔豪杰,所在争起,倡纠义兵,完保其乡,金誄以官,冀赖其力复所失地。"参阅姚燧:《牧庵集》卷二二,《四部丛刊》本。《金史》卷一五《宣宗中》载,兴定元年五月,"丙午,定河北求仕官渡河之法,曾经总兵者白枢密院,余验据听渡"。兴定三年四月,"甲申,诏河北州县官止令土著推其所爱者充,朝廷已授者别议任使"。
④ 诚如南宋使蒙人员彭大雅所称:"其官称,或赞国王,或权皇帝,或宣差。诸国亡俘,或曰中书丞相,或将军,或宣抚运使,随所自欲而盗其名。初无宣麻制诰之事。"亦如《经世大典序录·制官》所云:"既定中原,取四方,豪杰之来归者,或因其旧而命官,若行省、领省、大元帅、副元帅之属者也;以上旨命之;或诸王大臣总兵政者承制以命之。若郡县兵民赋税之事,外诸侯亦得自辟用,盖随事创立,未有定制。"参阅彭大雅撰、徐霆疏:《黑鞑事略》,《王国维遗书》第13册,上海古籍出版社,1983年版;苏天爵:《元文类》卷四〇,上海商务印书馆,1937年版。

制,设置"中州断事官"、在"州县守令上,皆置监(达鲁花赤)",①设立"燕京行尚书省"、"十路征收课税所"等机构。到忽必烈统治初期,又先后设立十路宣抚司、十路宣慰司等机构。上述诸种机构或诸类官名的设置,不仅对金元之际华北地方行政建置的演变产生十分重要的影响,同时,对当时该地区区划的生成也起着不可忽视的作用。元代腹里作为一个大区域,如何在华北地区生成为一个不同于周边各行省的特殊辖区,以及腹里内部的区划又是如何逐渐出现三分并进而凸显出后世所谓山东、山西、河北三省,这都与蒙元初期的一系列行政措置是分不开的。本研究对此类涉及区划设置的问题尤为关注,并有所讨论。

经过一系列的探索和调适,金元之际华北地区的地方行政建制发生了较大的改变,其中影响最为深远的就是"行省制"的逐渐发育以及"路制"的渐趋定型。蒙元时代的"行省"或"省",蒙古语称 sing,"路"则作čōlge。② 由于路成为正式一级行政区划单元历宋、金而最终定型于元,而省制则创制于元并且影响及于今,故而讨论这两种建制的源流和演变,或探讨其具体设置情况的相关研究成果显得十分丰富。而对于历经数千年之久的州、县级建制的问题,尤其是州制在元代发生较大转变的问题,则往往被忽视。与此相关联的是,金元之际出现的各类型行省或诸路级机构的设置及变动状况,成为研究者们广泛关注的焦点;而对该时期各路的生成及其区划的演变,以及州、县地方行政建置的变动等状况,研究者们的热度则又稍显不够。学界虽注意到金元之际州、县建置变动和划割改属的频密,却始终没有对此问题作一系统的清理和解答。职是之故,上述相关地方行政制度方面的话题又构成本研究的另一重要主旨。

金元之际州、县建置的变动,应该说在《金史·地理志》及《元史·地

---

① 此为太宗丙申年(1236)事,语见姚燧《牧庵集》卷二四《谭公神道碑》。
② 前田直典从元代诸多文集以及石刻史料中涉及"行省"、"路"的语汇进行对比并指出了此点。详可参阅氏著:《元朝史的研究》,东京大学出版社,1973年版,第146页。此外,另一层级的所谓"道",则未发现相对应的蒙古语词。道的问题比较复杂,蒙元初期,"道"、"路"相通;元中后期随着肃政廉访司道、宣慰司道的定型,"道"又成为一个不同于"路"的层级单位。

理志》中得到了比较具体的反映。诚如《金史》卷二四《地理志·序》云:"后复尽升军为州,或升城堡寨镇为县,是以金之京府州凡百七十九,县加于旧五十一,城寨堡关百二十二,镇四百八十八。虽贞祐、兴定危亡之所废置,既归大元,或有因之者,故凡可考必尽著之,其所不载则阙之。"此外,笔者仅依《元史·地理志》、《元一统志》等载籍统计,至元二年,腹里地区就涉及115个州、县以及司候司、录事司等单位的变动,如果加上5个路级建置的出现,那么总数达到120个单位,其中,省并15个州、55个县,与《元史·世祖三》中所谓至元二年闰五月至十二月之间"省并州县凡二百二十余所"的记载相比较,可以说见于《元史·地理志》等记载的尚不及半数。① 由上述两志的情况看来,我们很容易窥见当时州、县建置变动的激烈程度。

造成华北地区地方行政建置混乱的根源在于蒙金二十余年的战争。蒙古军队南下经略,严重冲击这个地区的地方行政建置,而首当其冲者莫过于地方州、县。据史载,"自兵兴以来,州县残毁,存者复为土寇所扰","河朔盗起,郡县守宰委印绶去","山东被兵,郡县望风而遁",河北诸路则"州县官往往逃奔河南","多求河南差占以避难";"河北、河东、山东郡县尽废"。② 州县尽废、官吏缺员,其所造成的权力真空,多为降蒙的地方大小世侯所填补,他们自行任命官员进行管领。同时,自贞祐南渡至金亡前,中原内地尚有部分未降蒙、暂时拥兵自守的地方势力亦占有州、县,但随着金的灭亡,这些势力也逐步为蒙古人所肃清或控制。

蒙金对峙时期(尤其在金贞祐、兴定年间),金廷为对抗蒙军南下,许多地方由县升州或由镇升县,而这些新升置的建置,有不少延续至蒙元时期。与此同时,战乱导致人口流徙无常,金亡前后有大量北民南迁和河南

---

① 据《元史·地理志》记载,河南地区州县的省并多发生于至元三年,而陕西地区则多出现于至元七年。上文所指涉的州县建置变动的数字,应与上述这两个地区所涉无多。
② 《金史》卷一〇九《陈规传》;《畿辅通志》卷一六九《耿福先世墓碑》;《金史》卷一二一《和速嘉安礼传》;《金史》卷一〇九《许古传》、卷一四《宣宗纪》;《刘文靖公文集》卷二〇《段泽州长官段公墓碑铭》。《畿辅通志》,商务印书馆影印清光绪本,民国二十三年(1934)版;刘因:《刘文靖公文集》,《北京图书馆古籍珍本丛刊》本,第93册,书目文献出版社,1988年版。

民众的北归,自元太宗以来,屡屡出现因人口多寡而设立或省并行政建置的情形。①

针对这种状况,太宗窝阔台时期,就开始着手对华北州县进行省并与调整。② 有材料表明,为加强对汉人世侯的控制,乙未(1235)、丙申(1236)年间,曾省并过州县。③ 其中窝阔台丙申岁推行的"画境之制",无论间接抑或直接,都对华北行政区划的调整产生过比较深远的影响。④

宪宗时期,"岁辛亥(1251),朝议(吏)定官制,州郡武职多见易置"。⑤ 壬子岁(1252),又在华北地区实行分封和户口检括,这一年也进行了部分州县的省并。需要指出的是,太宗乙未与宪宗壬子实行的两次籍户,对地方州县建置的变动带来一定的影响,《元史·地理志》均有不同程度的反映,但更具体情况则不甚详确。

逮至中统、至元之交,在解决汉人世侯问题的基础上,为改变官制混乱无序的状况,重新调整华北地区的地方行政建置,以便确立汉地传统的中央集权官僚制度,元廷着手实行"并郡县、转官吏"的政策,亦即所谓"省并州县,定六[部]官吏员数"。⑥ 至元二年(1265)闰五月,元廷正式下诏省并州县;至元三年(1266),元王朝"合并江北州县",并依户口多寡对州、县

---

① 如山东新城县,即因人口聚集而置。据《齐乘》载:"新城县本长山驿台镇,国朝戊子年(1228),以人民蕃聚置县,以田、索二镇隶之。"于钦:《齐乘》卷三,《宋元方志丛刊》本,中华书局,1990年版。
② 据敬铉所撰《李伯甫政绩》云:"初,朝廷诏天下郡县各治其故。"此事即发生于乙未籍户之前。参阅[清]陈杰等纂修:《涞水县志》卷末《余录》,清光绪二十一年刊本。本书所涉诸方志,非特别注明者外,均引自台湾成文出版社有限公司印行的《中国方志丛书》,不再另行出注。
③ 《创建永胜院功德记》载:"永胜院者,则定襄县令赵侯公沂之所建也。父讳浩,胡桃园人氏……蒙行省大帅嘉公之忠勇,授以金符,委擢帅府事。至乙未(1235)年省并县,命公行定襄县令。"[清]牛诚修撰:《定襄金石考》卷二,刊于国家图书馆善本金石组编:《辽金元石刻文献全编》第二册,北京图书馆出版社,2003年版。
④ 《畿辅通志》卷一六八《张柔神道碑》提及太宗丙申"画境之制"事。另据《元史·粘合重山传》载:"时耶律楚材为右丞相,凡建官立法,任贤使能,与夫分郡邑,定课赋,通漕运,足国用,多出楚材,而重山佐成之。"所谓"分郡邑",很可能就是与"画境之制"有关,对州县进行调整。参阅《元史》卷一四六,中华书局,1976年版,下同。
⑤ [清]胡聘之纂:《山右石刻丛编》卷三〇《繁峙王氏先德之碑》,刊于《辽金元石刻文献全编》第一册。
⑥ 张之翰:《西严集》卷一九《大元故荣禄大夫中书平章政事赵公神道碑》,文渊阁《四库全书》本;《元史》卷五《世祖二》。

定等。这轮州县省并的浪潮主要发生于至元二年至至元七年；它所席卷的范围，则集中在华北以及关中等地区，即基本是在原金核心统治地区。不过从对这一轮省并浪潮过后所发生的一系列状况的分析看来，此轮州县的省并实乃矫枉过正，许多被省并的州县，在很短促的三五年间甚或一二年间，又相继得到恢复。

基于上述诸种情形，笔者拟对金贞祐初年（1210年代）至至元初年（1260年代）华北地区路、府、州、县（尤其是州与县）的建置变动状况，逐一进行考校。本研究希图在全面厘清金元之际华北地区路、府、州、县建置变动的基础之上，大致廓清华北地方行政建置的基本面貌；并在此基础上，力图找到奠定有元一代华北地区路、府、州、县行政建置趋于稳定的一个大致年代（或谓"标准年代"）。这毫无疑问也是本研究所关心的又一主旨，它集中地体现在"下篇"针对《元史·地理志一》所涉诸建置的考释上。

本研究所涉"中州"、"华北"、"画境"、"金元之际"这几个基本术语的含义，在此须作一厘清。所谓"中州"，即指金元之际的中原地区。《元史·太宗纪》载，太宗五年（1233）秋八月，"以阿同葛等充宣差勘事官，括中州户"；六年（1234）七月，"以胡土虎那颜为中州断事官"；太宗八年（1236）六月，"复括中州户口"。所谓"中州"，亦即"中原诸州"之谓。时人又有所谓"中夏被兵"之语，①"中夏"所指应与"中州"同。蒙古人在当时则称之为"乞塔惕"，即 kitad 之谓，意指金国。② 本研究所指的"中州"地域范围，主要指今天的山西、河北、山东以及京、津地区，亦即元代的腹里地区，它并不包括关中地区与黄河以南之地。本书又常常以"中原汉地"、

---

① 《元文类》卷一九《大兴府学孔子庙碑》载："金人孙于汴，太祖即以全燕、开大藩府，制临中夏。"此外，还有诸如"区夏"、"函夏"之语，《南村辍耕录》卷一《朝仪》云："大元受天命，肇造区夏，列圣相承。"袁桷撰《武略将军裕州知州李公神道碑铭》称："太祖皇帝略定函夏。"不过诸"夏"之称，其涵括地域可能更广，远不止华北地区，兹存而不论。参阅陶宗仪：《南村辍耕录》，中华书局，1997年版；袁桷：《清容居士集》卷二六，文渊阁《四库全书》本。

② 额尔登泰、乌云达赉校勘：《蒙古秘史·续集》（校勘本）卷一，第247节，内蒙古人民出版社，2007年版，第709页。另，伊朗史家拉施特将此区域称为"汗八里和大都省"，参阅拉施特主编，余大均、周建奇译：《史集》第二卷，商务印书馆，1985年版，第331页。

"中州内地"等称之,更径以"华北"一词简称。"华北"与"中州"相埒,不过,它与今日所指之华北概念不同。

本研究之所以选择华北这一地域作为研究对象,不止是因为金元之际华北地区地方行政区划及其建置改易的频繁和激烈,更因其时汉人世侯割据与蒙古投下食邑分封在该地区交错一起,形成不少具有元代典型特征的路、直隶州以及一些"飞地"现象。这是蒙汉镶嵌复合式政治体制的产物,它对华北地区行政区划及其建置的形成具有十分重要的影响。同时,这也是我们观察征服王朝对汉地社会带来变迁的一个重要视角。

所谓"画境",源于当时人之言。据《东平行台严公神道碑》云:"初,公之所统,有全魏,有十分齐之三、鲁之九。及是,画境之制行,公之地于魏,则别大名,又别为彰德;齐与鲁,则复以德、济、兖、单归于我。"[1]王磐《张柔神道碑》则称:"丙申岁,析天下为十道,沿金旧制画界。"太宗丙申岁(1236)推行的"画境之制",是大蒙古时期对中原州郡的区划加以适当调整的最为重要的措置之一,其意义并不下于世祖忽必烈中统、至元之交的针对地方行政所作的一系列改革。

所谓"金元之际",本研究所指意涵明显,其时间范围大体在1210年代至1260年代,亦即大蒙古国时期和世祖忽必烈统治的前十年左右,本研究有时又径以"蒙元前期"称之。

质而言之,所谓"画境中州",即区划和统治中原之意。

二 资料及先行研究述评

(一)

要探讨金元之际华北地方行政建置变动状况,官修《金史·地理志》

---

[1] 元好问著、姚奠中主编、李正民增订:《元好问全集》卷二六《东平行台严公神道碑》,山西古籍出版社,2004年版,第549页。

与《元史·地理志》无疑是最为重要的原始资料。元代屡有筹备修《金史》之动议,迨至至正三年(1343),方得修撰。因存留有亡金《实录》,再加上金遗老元好问、王鹗、刘祁等为撰修金史留下不少素材,《金史》修撰颇为顺利。也正因此,该书修撰质量在元修三史书中亦属较好。《金史·地理志》部分记载金贞祐、兴定年间州、县建置变动状况颇为详瞻,所谓"凡可考必尽著之",于本研究而言,这是第一重要的材料。明修《元史》历为史家所诟,《地理志》作为《元史》诸志之一,亦由于其草匆成篇,问题不少,前贤对此多有指摘。不过,《元史·地理志》作为本研究最基本的史料,其重要性自是其他史料所无法替代。

除上述两志外,颇应重视的当推元代所修诸种地理志书。成书最早的元代官修全国地理总志《大元大一统志》,初修于世祖至元三十一年(1294),凡七百五十五卷;续修于成宗大德七年(1303),共一千三百卷。该书取材于宋、金、元旧志者颇多,理应是我们研究金元地方建置变动的第一手材料。然而自明修《大明一统志》后,《元一统志》逐渐散逸,迨至清乾隆修《四库全书》时,"已散佚无传"。今人赵万里汇辑元代刻本残卷、旧钞本及《永乐大典》、《大明一统志》等书中零星引文,成《元一统志》一书。①此《元一统志》辑本于大都路、太原路之建置沿革存留较详,多可为本研究之助益,惜其他路分阙如。

元代另一部重要的地理载籍——《大元混一方舆胜览》,是目前所知唯一一部现存完整的元代地理总志。然而是书"略于政区建置而详于山川文物","《元胜览》于北方故土部分之记载也多是采集《水经注》、《元和郡县图志》、《太平寰宇记》、《历代沿革地理表》等地志及经史百家旧籍、旧图而成,只有北方关外及西南地区部分,资料较新"。②《元胜览》虽基本保存大德七年的全国政区建置名称,但于本研究而言,其可资参详者寡鲜。此外,元代典籍《经世大典·赋典·都邑》对各地沿革、城邑建置等均有详确记载,所谓:"若夫地名沿革之有异,城邑建置之不常,归附之期,设官之

---

① [元]孛兰肹等撰、赵万里校辑:《元一统志》(上、下册),中华书局,1966年版。
② [元]刘应李原编、詹友谅改编、郭声波整理:《大元混一方舆胜览》,四川大学出版社,2003年版,第4页。

所,皆必有征;所以纪疆里之大,彰王化之远也。"①倘能明其"归附之期、设官之所",对于我们讨论金元之际华北地区之行政建置而言,无疑深具价值,遗憾的是此书亦佚。②

元代存世方志数量殊少,且多数属南方地区,北方地区寥寥,仅有如《析津志》、《齐乘》等。需指出的是,《齐乘》保留有不少蒙元时期山东地区的建置资料,不仅可补《元史·地理志》之阙;结合其他金石材料,甚至还可纠《元史·地理志》之谬。关于此点,清代学者已有留意。本研究涉及山东地区的建置,不少是籍该书之记载而考证清楚的。

明清以降,有关元代地方行政建置方面的资料和相关研究著述屡有出现。去元甚迩,刘伯温撰《大明清类天文分野之书》(《续修四库全书》第585、586册)一书,对于元以前各地之沿革变迁,多有记载,然其内容大都缀合诸旧志之说。于元代建置而言,它应与《元史·地理志》有相同的史源。在考证金元之际建置变动时,亦可备参详。

上述诸种史籍无疑是本研究常为征引的参考资料。金、元时期的文集,以及后世所修正史、政书(如《元典章》)等常见传世文献,亦为本研究的主要参考资料。此外,就本研究所涉资料层面而言,有两个方面的材料在此需要特别指出:一是金石史料。清代以来学者们对石刻史料比较重视,整理刊印出不少石刻文献汇编,如《山右石刻丛编》、《山左金石志》、《益都金石记》、《常山贞石志》等;民国以至今日,各省市地方碑刻汇编也得到不同程度的重视。这些石刻文献中涉及金元时代者不少。石刻文献中所保存的大量信息具有相对而言的原始性,其中不少碑文包含有丰富的与地方行政相关的知识,其史料价值不言而喻。近年来,日本学者在金元时代石刻史料的收集、整理和研究方面,蔚然成风,引起元史学界的广

---

① 苏天爵:《元文类》卷四〇《经世大典序录·赋典·都邑》。
② 《经世大典·赋典·都邑》的沿革叙述部分很可能主要或直接依据了《元一统志》。关于《元一统志》、《经世大典·赋典·都邑》及《元史·地理志》三者间关系问题,详可参阅王颋:《元代行政地理研究》第一篇《载籍元地志》,复旦大学博士论文打印稿,1989年。

泛瞩目。① 二是地方志材料。前贤对于元明清以来存世的地方志材料注意不够,尤其是晚近以来新出的一些地方志。近年来随着地方志材料的整理出版,无论是纸质或电子资源,都可为本研究提供不少有关金元之际地方行政方面的史料。

(二)

与本研究相关的前人研究成果十分丰富,此处主要围绕关涉金元时代地方行政建置、区划以及制度方面密切的研究来展开述评。

清人对元代历史的研究成果斐然,一改明人对元史研究不足的状况。清代传统舆地考据之学尤为兴盛,许多著作对于我们究清元代地理沿革的问题颇有帮助。下文将按年代先后顺次,对相关著述作一简要评析。

《元史·本纪》与《元史·地理志》多有不相合处。因《本纪》多依实录写成,《地理志》乃明初采撷《大元大一统志》、《经世大典》等书而成,资料来源不一,故而屡出现不一致处。清人汪辉祖(1730—1807)的《元史本证》一书对此类问题有较多的考证。《元史本证》分有《地理志·证误》二卷、《地理志·证遗》五卷,是书在对读《本纪》与《地理志》的基础上,发现诸多歧异之处,揭示出不少《地理志》的缺失、疏漏。不过此书多采用内证

---

① 杉山正明在《蒙古时代史研究的现状及课题》一文中提到近年日本元代史研究的"石刻热"问题,并指出今后研究的趋势之一就是"以中国为中心的石刻学的盛行。原碑、原拓片以及各种影印外,还包括地方志以及各种典籍中移录、著录的石刻资料为对象"。参阅近藤一成主编:《宋元史学的基本问题》,中华书局,2010年版,第298页。杉山正明、森田宪司、松田孝一、樱井智美、舩田善之、饭山知保等一大批日本学者正在中国乃至蒙古和中亚各个地区访碑,对碑文加以研究、整理,其中成果较为突出者有如:森田宪司:《石刻資料による元代漢人知識人社会の研究》(平成10～13年度科学研究費補助金基盤研究),研究成果報告書,2002年;松田孝一编:《碑刻等史料の総合的分析によるモンゴル帝国・元朝の政治・経済システムの基盤の研究》(平成12～13年度科学研究費補助金基盤研究),研究成果報告書,2002年。对于元代碑刻研究的状况,樱井智美曾撰文予以介绍,详可阅樱井智美:《中国における蒙元史研究の現状と石刻調査の意義》,載《東アジア石刻研究》(創刊号),明治大学東アジア石刻文物研究所,2005年12月。需指出的是,明治大学于2006年成立"東アジア石刻文物研究所",其主要目的之一就是对以中国为中心的东亚世界的石刻文字资料进行收集、整理和分析,并定期出版相关研究论集,多可留意。

法,囿于史料单一,其发覆之处亦必有限。

对古郡邑名称之同异、隶属之统系及位置之确定的舆地考据之学,为清代史家所瞩目。较早揭示《元史·地理志》之谬误并加以深研者,当推嘉定钱大昕(1728—1804)。钱大昕对《元史》成书过急而致舛讹百出之事,提出极为严厉的批评:"修《元史》者皆草泽腐儒,不谙掌故,一旦征入书局,涉猎前史,茫无头绪,随手掇撦,无不差谬。"①为此,钱大昕在《廿二史考异》中,广征诸史,参以元人文集及石刻史料,对《元史·地理志》作了较为详细的考辨。例如利用中统元年《祭济渎记》之碑文资料及王恽《中堂事记》里的相关记载,据以纠正《元史·地理志》所载宪宗时"改怀孟路"之谬误,指出宪宗蒙哥汗时,怀孟尚为州,而非路。再如采用中统五年《重立孟州三城记》之史料,参以《元史·曷思麦里传》之记载,指出中统纪元以前,孟州未尝单独为州。凡此种种,对于《元史·地理志》的纠谬补阙工作实在是具有典范意义的。当然,钱氏对《元史·地理志》之纠谬,多聚焦于唐、宋时代或之前的沿革,而于金元之际州、县置地沿革,毕竟留意有限。

同样,在舆地考证方面较有贡献的著述,还有清人胡聘之(1840—1912)编撰的《山右石刻丛编》,毕沅、阮元编撰的《山左金石志》以及沈涛编撰的《常山贞石志》等。而其中尤为令人瞩目者,当数胡聘之所撰《山右石刻丛编》。该书广泛搜罗河东山西地区的石刻材料(其中收录金、元时期碑刻资料多达二十二卷),并就这些碑刻材料所涉相关史事,广泛征引他书,钩隐索考,详加跋文释义。令笔者倍感兴奋的是,其中的许多碑刻材料以及编撰者所加之跋语,直接与本研究相关。例如关于金元之际汉人世侯问题,胡聘之有云:"《元史》载元初事极简,如绛阳靳和,解州仪氏,坚州王兆、刘会,河津史迁,平定聂珪,荣河吴信,闻喜王珪,定襄周献臣、姚荣、樊天胜、张安宁,崞州阎德刚、李居祯,平遥梁瑛,赵城徐玉,临县之袁湘,皆赖碑志之存,尚可见其大概,洵足补《元史》之阙。"②金元之际汉人

---

① 钱大昕:《十驾斋养新录》卷九《〈元史〉不谙地理》,载同氏著、陈文和主编:《嘉定钱大昕全集》第七册,江苏古籍出版社,1997年版。
② 胡聘之:《山右石刻丛编》卷二四《张安宁墓表》之跋文。

世侯的存在,对于我们探讨当日地方行政建置问题十分重要。在涉及金元之际华北地区行政建置方面,胡氏对此更是多有留意:"金元兵争疆场之间,俛得俛失,改革升降,巧算难别。"①因此可以认为,《山右石刻丛编》不只提供第一手的材料,更是一种极为难得而又重要的研究成果。

另一方面,由于《元史》成之过急,颇多缺失,清代屡有学者欲意重撰。其中得以刊行存世者尚有魏源《元史新编》(清光绪三十一年邵阳魏氏慎微堂刻本)、胡粹中《元史续编》(十六卷,文渊阁《四库全书》本)、张九韶《元史节略》(二卷,《四库存目丛书》本)、梁寅《元史略》(四卷,《四库存目丛书》本)、许浩《元史阐幽》(《四库存目丛书》本)、周复俊《元史弼违》(二卷,《丛书集成续编》本)等书。然则以上诸书均影响不大。清末民初时代重撰《元史》者,成就最大当推屠寄(1856—1921)与柯绍忞(1850—1933)。屠寄作《蒙兀儿史记》,是书虽于元人文集、碑刻资料乃至域外史料多有参详,然此书仅作《地理志》一卷,内容为"西北三蕃地通释",与本研究无涉。与屠寄几乎同时代的柯绍忞,凭一己之力重撰《元史》,是为《新元史》。②是书第四十六至第五十一卷为《地理志》。《新元史·地理志》参详元、明以来之方志、碑刻史料以及前人研究成果,对《元史·地理志》有较多的补正。兹仅举数例,以示其对旧志的补阙、考索之功。

如对元代山东方志《齐乘》的关注:济南路济阳县,据《齐乘》卷三"济阳县"条载:"金初刘豫割章邱之标竿镇及临邑封圻之半置济阳县,属济南。大定六年,避金主允济讳,改曰清阳。允济遇杀,复旧名。新市镇旧属临邑,至元二年并入济阳,拨户千二百四十六,置长官司管投下差税,直隶济南路。"《新元史·地理志》于"济阳"条小字征引《齐乘》注称:"新市镇旧属临邑,至元二年并入本县,拨户一千二百四十置长官司,管抚[投]下差税,直隶本路"云云。棣州阳信县,《齐乘》云:"大中祥符四年,清河水溢

---

① 胡聘之:《山右石刻丛编》卷二七《通玄大师珤公纪行之碑并序》之跋文。
② 需要指出的是,柯氏尚著有《新元史考证》一书,对《元史》诸卷多有考证,然则于《地理志》部分又付之阙如。参阅柯绍忞:《新元史考证》,刊于《民国丛书》第五编第46册,上海书店,据国立北京大学研究院文史部版影印。

坏州城,以厌次与阳信互易其地。"《新元史·地理志》则云:"宋大中祥符间,与厌次县互易其地。元因之。"由上述两例,足见其对《齐乘》的重视。再如对《明一统志》的留意:如关于顺宁府宣平县,《新元史》完全采用《明一统志》之说:"元移置于县界之辛南庄。"此外,还有对前人研究成果及碑刻史料的重视:忻州,钱大昕云:"又考《世祖纪》,至元三年,以崞、代、坚、台四州隶忻州,意其时忻州尚为九原府,故得有属州也。"《新元史》则径予采用。滦州,汪辉祖《元史本证》卷二四《证遗一》云:"案,《英宗纪》延祐七年,'并永平路滦邑县于石城'。是石城于至元三年后复置,本路亦别有滦邑县也。"《新元史》参详汪氏之说并有所保留,且云"均不可考"。净州路,元代净州路所属地区迄今仍留有延祐七年(1320)所立《丰州甸城道路碑》,该碑载:"伏遇镇遏德宁天山分司宣慰使马正奉、宣慰同知撒德弥实奉训"语,柯绍忞据此认为,延祐七年尚设宣慰司分司,净州路之设当在仁宗以后。由上所述,可窥知柯氏对旧志的贡献。

当然对于《新元史·地理志》,我们应审慎对待。该书虽于《元史·地理志》有所辨证补充,但也存有评论过于武断的现象,如《新元史》卷四六《地理志一》"赵州"条内云:"《旧志》:太祖十五年割所属栾城、元氏隶真定。按,二县本隶真定路,《旧志》误也。"其实元人多有称栾城属赵州者,《元史·地理志》之说必有所本,不可妄断《元史》之误。① 再如上文关于净州路设置时间问题,《新元史》认定净州设路当在仁宗朝以后,然而根据《大元加封宣圣碑记》的记载,内中明确记有"净州路总管府"、"大德十一年(1307)七月二十一日立"等字样,可知净州升路当在此年之前,而非仁宗以后。关于《新元史·地理志》的更多问题,本研究"下篇"的考释部分屡有提及,兹不具论。

逮至现当代,随着现代学科的兴起,学者们的研究视域已逐渐开阔,不再局限于仅从舆地考据的角度来探讨古代中国的地方行政建置问题。沿革地理学逐渐从传统舆地之学中发展出来并进而成为其主干内容,其

---

① 详可参阅"下篇"所涉"赵州"条的内容。

中对行政区划变迁问题展开研究的成果渐渐丰富；同时，以研究地方官制与地方建制为主的地方行政制度史方面的著述也层出不穷。此外，行政地理(有时亦称"政区地理")与地方行政制度史的研究，重于对变迁过程的分析，而对于出现这种变迁的原因的探讨，则又是另一方面的话题，但这一问题又颇为紧要。① 以上诸端均为本文所关注，因此下文将就金元时代(主要是元代)的政区地理、地方行政制度史以及影响金元之际华北地方行政建置诸要素(其中最为主要的两种因素，即汉人世侯与蒙古分封)相关的研究成果展开述评。

1. 元代政区地理研究

此方面成果比较丰富，其中以王颋、李治安两位学者的相关研究为代表。王颋于1989年提交给复旦大学的博士学位论文《元代行政地理研究》(尚未出版)对有元一代全国八大区域(腹里、辽阳、陕西、四川、江西、江浙、安南、大理)的行政地理沿革作了较为系统的阐述，其中"沿革腹里篇"多有涉及金元之际华北地方行政建置的问题。该文对于华北地区的主要着眼点在于，从金元之际"路的行省"的建置状况以及整个元代路级机构的设置等角度去进行探讨，这对于我们认识和理解金元之际路制的源流和演变颇有启发。不过，该学位论文对金元之际诸路的划割改属等状况所涉甚少；另外，该文虽提出前四汗时期是建置改易最为激烈的时期，但对此时期腹里地区诸州、县建置的变动状况则未及深究，仅列其名目，且冠以"以上建置大多为前朝所原有"一语作结，未作出具体考证或说明。事实上，只有在对前四汗时期诸路、府、州、县建置的变动状况逐一进行考释的基础上，我们才能知晓其变迁的实相与规律。

需要指出的是，王颋另著有《完颜金行政地理》一书(香港天马出版社，2005年版)，该书分《沿革考》与《建置考》，前者按纪年方式对有金一代出现的建置状况进行考述，后者则按地区对各地建置沿革变迁进行申说。

---

① 关于沿革地理学、地方行政制度史以及行政区划史方面的区别或联系，详可参阅周振鹤《中国行政区划通史》(总论·先秦卷)"前言"以及"总论"前三章的相关内容，复旦大学出版社，2009年版。

此著对于我们认识金代行政地理变迁有所裨益。该著提示我们："这个新朝（指元朝——笔者）的绝大部分建置单位和划分层次，都能够在完颜氏灭亡前夕见到端倪。"然则，我们需要进一步追问的是：从金代到元代，究竟哪些建置单位经历过变化，经历过怎样的变化，为何会发生此类变化，由金制到元制的转变究竟意味着什么？这一系列问题有待进一步回答，而此亦正是本研究所密切关注和留意的。

李治安、薛磊所著《中国行政区划通史》（元代卷）是有关元代政区变迁的一部重要作品。该书对元代地方行政体制和政区的变迁过程进行了较为系统的论述，指出元代政区建置的变动过程中，北方汉地和江南既有共同之处，也有一定的差异：北方汉地的变化主要是藉由"画境之制"和投下食邑置路州来完成的，江南则是通过宣慰司接管南宋诸路和州县依户口数升格改造而实现的。[①] 该著第一章《中书省直辖区"腹里"所辖路府州》对腹里地区各建置沿革有所论述。该章最显著的特征就是，从蒙古投下封地单独置路州的角度，深入地探讨了腹里诸路以及各直隶州的成立问题。这是作者长期关注蒙古分封制度而寻绎出来的极富创见性的研究成果。[②] 李治安认为，元廷在解决世侯问题后，开始着手调整中原地方行政建置。在原世侯辖境，以较重要的诸王勋贵食邑为单位，采取分设、新立、改置及维持原状等方式，众建路州，尽可能使拥有较多封户的诸王贵族独占一路一州，或在该路、州占主导地位，以尽可能减少同路、州数投下封君领民纷杂交织的现象。蒙古投下分封置路州，直接关涉到元初中原地区较多路府州县的升置降黜和划割改属问题，它是理解蒙元腹里地区行政建置沿革及其特征的一把钥匙。在此一思路之下，中原地区部分路

[①] 参阅周振鹤主编，李治安、薛磊著：《中国行政区划通史》（元代卷），复旦大学出版社，2009年版，第331页。
[②] 该章对腹里部分建置考订的重要见解，基于作者早年所撰写的《元代中原投下封地置路州发微》（载李治安：《元代政治制度研究》，人民出版社，2003年版；更早则可参阅同氏所著《元代分封制度研究》第三章的相关内容，天津古籍出版社，1992年版）一文。另外，作者新近出版的增订本《元代分封制度研究》（中华书局，2007年版）一书中收录有《〈元史·食货志三·岁赐〉笺注》一文，该文在涉及腹里地区路、州建置分封的问题上，一以贯之地体现出作者的思考路径：蒙元朝廷尽可能以某一封王为主，采取分设、新立、改置或维持原状等方式，在其封地单独设立路或直隶州。

的设置、直隶州(多集中于山东地区)的形成,以及镶嵌他处、悬隔于外的"飞地"现象,均可得到较为合理的解答。① 应该说该著第一章的内容与本研究关系至为密切。不过需指出的是,该章多着意于对较高层级的建置单位(路、府)的考证,对于州、县沿革及其划割改属等问题,则所涉甚少,这也是该著所存在的稍嫌不足的地方。本研究对腹里地区所涉诸路、府、州、县级行政建置的沿革变迁逐一加以考校、清理,而且观照的时段也集中于金元之际发生关键性转变的六十年间。此外,本研究关于蒙古分封与汉人世侯的存在给华北地方建置带来影响方面,对李治安的不少观点有所回应与补充。

上述两位学者的相关论著都是针对元代全国范围的行政地理的研究,单就有关元代腹里地区或腹里地区内部诸地区(如今日山西、山东、河北、北京、天津等地区)的行政地理变迁问题展开专题研究的论著则较少见及。不过,部分有关元代这一区域的综合性研究论著,则或多或少都会涉及政区变迁这一主题,如瞿大风《元朝时期的山西地区》(政治·军事·经济篇)一书。② 该书对山西地区的行政区划、大蒙古国对山西地区的军事征服、蒙古在山西地区的镇戍活动以及山西地区的汉人世侯、蒙古诸王的分封和元代山西的各级地方政权机构等方面都有所论列。该书第一章第二节是对山西地区行政区划的讨论,其中值得留意的是,作者指出对于蒙古国时期山西地区所出现的系以"山西路"、"河东北路"、"河东南路"的封授官衔,"不仅代表着统辖戍守河东山西各个路份的军政职务,而且还

---

① 不可否认的是,从分封的角度来解释某些州郡的形成问题是具有很强说服力的,不过也有少数例外无法给予解释。例如,据蒙古甲寅年(1254)麻革撰《襄陵重修庙学碑》([民国]李世祐修、刘思亮纂:《襄陵县志》卷二四《艺文》,据民国十二年刊本影印)载:"平阳近郊之邑曰襄陵……天朝开国,裂土以建伯姓,震宫得河东道,割州之吉、邑之襄陵、潞城,畀赐嗣王,治襄陵,选年耆德茂者八何赤统其事,且命天成李侯贰之。"按,旧赐平阳晋州、永州分地,震宫指尤赤。不相统属且间隔较远的吉州、襄陵与潞城三城划归嗣王,由其单独治理,但却未见相关统一建置。
② 需指出的是,新近由李治安编著的《元代华北地区研究:兼论汉人的华夷观念》一书,内中部分篇什虽涉及腹里地区的建置问题,不过主要都是李治安与瞿大风的相关成果,兹不赘述。参阅李治安等著:《元代华北地区研究:兼论汉人的华夷观念》,南开大学出版社,2009年版。

反映出金代区划的承袭沿用"。①

此外,尚有对腹里所属区域诸路、府、州、县等建置沿革进行考证的相关研究,因"下篇"在考释具体建置问题时会有涉及,兹不赘述。②

2. 地方行政制度史的研究③

中国学者对于古代地方行政制度史的研究一直都保有很高的热情,所取得的成果也最为丰富,蒙元地方行政制度史的研究当然也不例外。蒙元地方行政制度史的研究,虽多以研究地方官制与地方建制为主,不过由于地方行政区划的变迁常与地方行政组织纠结在一起,因此,地方行政制度史的研究对于我们从制度层面来进一步认识和理解地方行政建置的变迁等问题,可以说是深有裨益的。兹以各地方层级为序,对相关研究加以简要述评。

大蒙古国时期的华北地区无疑是属于蒙古中央汗庭所管辖下的一个地区,华北最高地方行政机构自然也仅是一个地方性(区域性)的政权机构;不过随着蒙古帝国的崩解以及元王朝的建立,华北地方最高行政机构又逐渐地转变为元王朝的中央政权机构。因此从这一层面来进行理解的话,所谓"中央"与"地方"在这一时期也只是相对而言。蒙古游牧社会职官组织形态进入中原汉地,与当地的官僚制度相碰撞会产生怎样的反应,华北地方最高政权机构是如何演变为元王朝的中央政权机构的?这些问题成为学者们所关心的重要话题。

蒙元前期华北地区"中央行政体制"方面,就涉及对中书省、尚书省、札鲁忽赤、必阇赤等相关问题的讨论。早在1948年唐长孺就曾撰《蒙元

---

① 瞿大风:《元朝时期的山西地区》,辽宁民族出版社,2005年版,第5页。
② 如吴廷燮《元德宁等七路一府考》(载《学海》,1944年)、洪用斌《元代德宁路考》(载《内蒙古社会科学》1980年第1期)等,不过这些路、府大多形成于至元中后期,又与本研究所关注之时段不甚相合,兹不详述。
③ 需指出的是,刘晓《元史研究》"下篇"(福建人民出版社,2006年版)第二章第三节《官吏制度》分述"中央行政体制"、"地方行政体制"部分,李治安、杨志玖、王晓欣编著《元史学概说》(天津教育出版社,1989年版)第二章第二节《典章制度》部分,都与本课题此处的述评关系密切,可资参考。不过因关注角度不一,此处尚有作一简单述评之必要。

前期汉文人进用之途径及其中枢组织》一文,对蒙古国前期中书省和燕京行尚书省的职掌、官称等进行考订,认为中书省和尚书省是汉人以必阇赤和札鲁忽赤来比附汉地官制的,而且札鲁忽赤与必阇赤就是怯薛执事官。① 李涵《蒙古前期的断事官、必阇赤、中书省和燕京行省》一文则在唐文的基础上,对中书省与尚书省两大机构的来龙去脉、地位、作用等问题进一步加以考察。② 台湾学者札奇斯钦《说〈元史〉中的必阇赤并兼论元初的中书省》、《说〈元史〉中的札鲁忽赤并兼论元初的尚书省》等文,主要针对《元史》的记载,论述了札鲁忽赤与必阇赤的起源、功能及发展演变。③ 张帆所著《元代宰相制度研究》一书,则对蒙古国时期的中央体制问题有所阐述。④ 姚大力《从"大断事官"制到中书省——论元初中枢机构的体制演变》一文,认为元初中枢机构采纳中原制度的根本变化,是先藉由燕京行中书省的建立而得以实现的;元初行政中枢由大断事官机构演变为中书省,并非仅是创制一个新的汉语译名的问题,而是深刻反映出了元代中央官制的主干部分由蒙古旧制向中原王朝传统体制演变的实质。⑤

行省制度是元代地方行政制度史研究中的一个经久不息的议题。有关元代行省的研究业已形成十分丰富的研究成果。就总体而言,以往的研究主要分为两大类别:一类主要是着眼于对行省制本身的研究,如对行省制度的起源、形成,行省的组织、运作情况,行省在财政、军事、行政、司法等方面的各项具体职权,行省的地位与诸机构的关系,以及行省制度的演变等问题展开论述。此方面最早的研究当推20世纪40年代日本学者前田直典《元朝行省的成立过程》(《史学杂志》51编第4、5号,1940年)以及青木富太郎《元初行省考》(《史学杂志》56编第6号,1945年)。他们对行省制的起源及其发展过程有比较细密的研究,其中前田氏提出"路的行

---

① 唐长孺:《山居存稿》,中华书局,2011年版。
② 李涵:《蒙古前期的断事官、必阇赤、中书省和燕京行省》,载《武汉大学学报》1963年第3期。
③ 札奇斯钦:《蒙古史论丛》,台北学海出版社,1980年版。
④ 张帆:《元代宰相制度研究》,北京大学出版社,1997年版。
⑤ 姚大力:《蒙元制度与政治文化》,北京大学出版社,2011年版。

省"的概念更是影响深远。前田将大蒙古国时期出现的一些世侯所拥有的"行省"头衔,与金代"兵马都总管路"进行对比考察,发现它们在区域划分上关系密切,进而提出"路的行省"这一概念。行省制度研究最为全面的则当推李治安《行省制度研究》(南开大学出版社,2000年版),以及台湾学者丁昆健的博士论文《元代行省制度之形成及其职权》(台北私立中国文化学院史学研究所,1977年)。丁氏对北方游牧民族带给行省大区制的影响、行省组织及其权限等问题多有涉及。此外,王颋《元代行政地理研究》对腹里地区[路]行省的建置沿革问题有比较多的考订,张金铣《元代地方行政制度研究》(安徽大学出版社,2001年版)则有对行省的起源变化及其管理与运作方式等制度层面的讨论。另一类则是针对行省的个案研究,此类研究多从建置沿革、选官、职掌、行政、财政、军政及其在元朝政治中的作用等方面展开讨论,不过这类个案研究多与腹里政区不相关。[1]

古代中国行政区划的划界主要依托于两大原则,一是山川形便,一是犬牙相入。关于元代各行省区划的生成,研究者都会考虑到这两大原则在其中的体现。所谓"宜兴储氏大文极论:元代分省建置,惟务侈阔,尽废《禹贡》分州、唐宋分道之旧。合河南、河北为一,而黄河之险失;合江南、江北为一,而长江之险失;合湖南、湖北为一,而洞庭之险失;合浙东、浙西为一,而钱塘之险失;淮东、淮西、汉南、汉北州县错隶,而淮汉之险失;汉中隶秦,归州隶楚,又合内江、外江为一,而蜀之险失"。[2] 元代行省边界的划分在运用犬牙相入的原则上显得尤为突出。不过也有观点强调军事因素的作用,认为军事征服造就元代诸行省的区划。那么,除上所述三方面

---

[1] 如谭其骧《元福建行省建置沿革考》与《元陕西四川行省沿革考》(分载《禹贡》1934年2卷1号、1935年3卷6号)、陈得芝《元岭北行省建置考》(载氏著《蒙元史研究丛稿》,人民出版社,2005年版)、松田孝一《雲南行省の成立》(《立命館文学》7,1980)、大島立子《元朝福建地方の行省》(《愛大史学》11,2002),刘如臻《元代江浙行省研究》(《元史论丛》第6辑)、党宝海《元代河南行省初探》(北京大学1999年硕士学位论文)、薛磊《元代辽阳行省刍议》(《内蒙古大学学报(人文社会科学版)》2008年第3期)。此外,李治安《行省制度研究》中还涉及有对河南江北、湖广、江西三行省的个案研究,等等。
[2] 参阅魏源:《圣武记》卷一二附录《武事余记》,清道光刻本。

可用于解析元代诸行省区划的生成外,行省区划的生成是否还有其他的导引因素促其成型呢?元代诸行省的形成原因复杂,但作为一种区域的划分,它必定是有其前制可依的,很难想象一种制度或区划的定型没有任何前因可循。如宋金以来诸种使职差遣制度影响之下而形成的各类辖区的历史演变与元代诸行省区划之间可能就具有某种关联。本研究对于蒙元初期腹里地区如何生成,以及腹里内部区划如何生成诸方面的讨论就有基于此方面的考量。

路成为正式的一级行政机构应定型于元代,宋、金时代虽有路,但却非严格意义上的一级行政机构。前贤多聚焦于金元之际"路"的演变状况,由此来探讨元代路制的形成。如王颋《元代路制的源流和演变》一文,通过对相关资料的征引、考校,勾勒出"路"这一层级的源流及其变迁轨迹。作者提出:"凡是聚合二个以上'府'、'节度使州'而成者肯定就是'总管府路'、'安抚司路'",并且提出蒙古国时期已出现诸多路级建置,等等。① 这些观点虽有一定理据,不过在具体界定方面尚有进一步思考的余地。张帆《金朝路制再探讨——兼论其在元朝的演变》(载《燕京学报》新十二期)一文,则从政治制度史的角度对金朝各类路级机构的性质、职能等方面进行探讨,并进而阐述这些机构在元朝的演变状况,揭示出元代路制承自金制的历史事实。此外,李治安《元代路总管府研究》(载氏著《元代政治制度研究》)、张金铣《路总管府的建置及其制度》(载氏著《元代地方行政制度研究》第五章)对路总管府的建制及其职能等方面亦有比较具体的考察。

元代州、县方面的研究,前辈学人关注不多。顾祖禹有《元代州域形势》之文,不过只是提纲挈领式阐说元代形势,于建置、区划诸端无补。② 今人涉及州、县方面研究者,多着意于对元代州、县官府的设官及其职责

---

① 参阅王颋:《元代路制的源流和变迁》,载氏著:《龙庭崇汗:元代政治史研究》,南方出版社,2002年版。
② 参阅顾祖禹撰,贺次君、施和金点校:《读史方舆纪要》卷八《元代州域形势》,中华书局,2005年版。另,梁方仲撰有《〈元代州域形势〉注解》一文,可资看看,载《梁方仲文集(中国社会经济史论)》,中华书局,2008年版。

等地方行政管理方面,如李治安《元代县官研究》(载氏著《元代政治制度研究》)、张金铣《州的构成及其设官》、《县的构成及其设官》(载氏著《元代地方行政制度研究》),以及瞿大风《元代山西路府州县的设治选官》(载《内蒙古工业大学学报(社会科学版)》2006年第1期)等文。元代的州、县,尤其是州的相关制度在元代所发生的变化,例如直隶州的大量出现以及元代州的划分体制的变迁等,都与蒙元特殊的历史时代有关,遗憾的是鲜有人关注。

蒙元时期,除上所述行省、路、府、州、县各地方层级而外,还有十路征收课税所、十路宣抚司、十路宣慰司以及诸道提刑按擦司(肃政廉访司)等各类机构。它们虽多未成为正式的地方行政实体(宣慰司除外),不过由于它们在从金到元的地方行政制度的转变以及政区变迁过程中曾扮演过重要角色,因此我们必须给予足够的重视。笔者以为,在行省制尚未定型前,"十路"或"十道"之类的机构应具有过渡时期的一种较高层级准行政区划的性质。前田直典就认为,十路征收课税所不仅只是一种地方财务行政区划,也实在是一般意义上的一种行政区划。① 牧野修二《十道宣抚司——作为忽必烈政权集权化的一个布局》一文则认为,宣抚司的设置强化了蒙古政权对地方的行政管理,打击了世侯势力,加强了中央集权,其带有较浓厚的区划性质昭然可见。② 对于上述机构的探讨,大陆学界则更多地是从具体的制度或职能层面展开讨论,如史卫民《元朝前期的宣抚司与宣慰司》(载《元史论丛》第5辑)一文,讨论了中统年间宣抚司的职能和建置沿革;李治安《元代宣慰司建置沿革与性质辨析》(载《元代政治制度研究》)对宣慰司的职能及其性质加以探讨;吴志坚《大蒙古国时期诸路课税所的职能及其地方化问题》对大蒙古国时期诸路课税所的基本职能,课税所与诸王、世侯的关系等方面进行阐述,③等等。作为与行省、宣慰司并列而驾凌于路、府、州、县

---

① 前田直典:《元朝史の研究》,东京大学出版会,1973年版,第153页。
② 牧野修二:《十道宣撫司:フビライ政権集権化の布石として》,载《東洋史学》(28),1965年。
③ 载《内蒙古社会科学(汉文版)》2002年第1期。

上之的三大机构之一,元代廉访司"布诸道,抚临郡邑"。《元史·地理志》将其置于诸行政单位之间,一定程度上表明其区划功能。如所周知,行省和宣慰司多被视为正式基本行政区划单元,但肃政廉访司的行政区划功能则鲜有道及并进行论述,这方面应该还有深入探讨的余地。①

最后还应该提及的是部分比较全面地讨论元政府对汉地地方进行统治(尤其是蒙古统治下所呈现出来的特殊性)的相关研究成果。杨培桂《元代地方政府》一书,对元代各级机构的设置及其职掌、人员构成、附属机构等方面有所阐述。② 美国学者安狄考特-韦斯特(Elizabeth Endicott-West)著《蒙古在中国的统治——元代地方行政》一书,主要围绕对达鲁花赤的考察,揭示蒙古对中国地方进行统治的实情及其特征。作者留意到达鲁花赤一职是蒙元在汉地地方行政机构的关键设置,透过此点可比较清楚地了解元代政府的施政方式。③ 此外,日本学者青山公亮《元朝地方行政机构的考察——以路、府、州、县的达鲁花赤为中心》一文,也主要从达鲁花赤的层面来展开讨论。④ 此类研究尚有不少,兹不详论。

3. 影响华北地方行政建置两大因素之相关研究述评

设若仔细体察金元之际华北地方行政建置变动状况特点的话,我们

---

① 与元代肃政廉访司相关的研究成果十分丰富,如李治安《元代肃政廉访司研究》(载《元代政治制度研究》一书)、洪金富《元代监察制度的特点》(载《成功大学历史学系历史学报》1975年第2期)、郝时远《元代监察制度概述》(载《元史论丛》第3辑,中华书局,1986年版)、刘晓《大蒙古国与元朝初年的廉访使》(载《元史论丛》第8辑,江西教育出版社,2001年版),以及日本学者丹羽友三郎《中国元代的监察官制》(高文堂出版社,1994年版)、堤一昭《元朝江南行台的成立》(载《東洋史研究》第54卷第4号,1996年),等等。
② 杨培桂:《元代地方政府》,台湾浩瀚出版社印行,1975年版。
③ Elizabeth Endicott-West, *Mongolian Rule in China — Local Administration in the Yuan Dynasty*, Harvard University Asia Center (May 1, 1989). 关于此书较为详细的介绍,可参考黄时鉴:《〈蒙古在中国的统治——元代地方行政〉述评》,载氏著:《黄时鉴文集Ⅰ》(蒙古史·元史),中西书局,2011年版。
④ 青山公亮:《元朝の地方行政機構に関する一考察——特に路・府・州・県の達魯花赤に就いて》,载《台北文政学部史学科研究年报》(6),1940年。

发现，蒙古分封①与汉人世侯占地②这两大因素交错一起，共同作用于当

---

① 分封制度是三大最为基本的蒙古政治制度之一，前辈学人在此领域取得的成果十分丰富，关于此方面的研究述评可参看刘晓《元史研究》"下篇"第二章第二节《分封制度》。此处仅就刘晓未予提及且与本课题密切相关的部分前人成果作一简要评价。关于分封制度，李治安《元代分封制度研究》讨论最为全面，较重要者还有周良霄《元代投下分封制度初探》（载《元史论丛》第2辑，中华书局，1983年版）、姚大力《论蒙古游牧国家的政治制度——蒙元政治制度史研究之一》第四部分《分封制度》，以及台湾学者洪金富《从"投下"分封制度看元朝政权的性质》（载《"中研院"历史语言研究所集刊》58-4，1987年）等论著。事实上，海外学者在这方面的研究成果亦颇丰富且重要。日本学者村上正二《モンゴル朝治下の封邑制の起源：とくにSoyurghalとQubiとEmcuとの関連について》（载《東洋学報》44-3，1962年）、海老沢哲雄《元代食邑制度の成立》（载《歴史教育》9-7，1961）、《元朝の封邑制度に関する一考察》（载《史潮》1966）、松田孝一《モンゴルの漢地統治制度：分地分民制度を中心として》（载《待兼山論叢（史学篇）》11，1978）、《元朝期の分封制：安西王の事例を中心として》（载《史学雑誌》88-8，1979）、《フラグ家の東方領地》（载《東洋史研究》39-1，1980）等，对蒙元时代的分封制度有较多的论述。此外，欧美学者则对蒙古帝国统治下西部世界的分封状况（Appanage system）有较多的描绘，如爱尔森（Thomas T. Allsen, "Sharing out the Empire: Apportioned Lands under the Mongols", in Nomads in the Sedentary World, ed. Anatoly M. Kazanov & André Wink, London: Curzon, 2001. pp. 172-190.）、杰克逊［Peter Jackson, "The dissolution of Mongol Empire", Central Asia Journal, vol. XXII, Weisbaden, 1978. "From Ulus to Khanate: The making of Mongol States, c. 1220-1290" in Amitai-Preiss, Reuven, The Mongol Empire and its legacy (2000), pp. 12-38.］等学者的相关研究，可予留意。

② 有关汉人世侯问题的研究成果综述，亦可参阅刘晓《元史研究》"下篇"第一章第三节《汉人世侯与蒙元政治》的内容。此外，萧启庆《元代几个汉军世家的仕宦与婚姻》一文（载《内北国而外中国：蒙元史研究》"上册"，第279页注释①）对汉人世侯问题相关的前人研究，尤其是西方学者以及台湾学者的相关研究有所介绍，此处主要就与本课题紧密相关的部分作一简要述评。世侯问题一直得到学界较为强烈的关注，比较全面分析汉人世侯问题的研究著有：赵文坦《大蒙古国时期汉人世侯研究》（山东大学博士论文打印稿，1999年）、符海朝《元代汉人世侯群体研究》（河北大学出版社，2007年版）、瞿大风《元朝时期的山西地区》第四章《金元之际的汉人世侯》，等等。许多专题研究还从不同视角对世侯问题展开分析，如从"汉军万户"的设置展开讨论，唐长孺、李涵《金元之际汉地七万户》（载《文史》1981年第11辑）、黄时鉴《关于汉军万户设置的若干问题》（载《黄时鉴文集Ⅰ（蒙古史·元史）》）等；如世侯对待儒士问题，赵琦《金元之际的儒士与汉文化》；孙克宽对汉军问题的系列讨论（载《蒙古汉军与汉文化研究》，台湾文星书店，1958年版）；袁国藩对藁城董氏和东平严氏的研究（参见《元史研究论集》，台北商务印书馆，1974年版），等等。此外，日本学者在此方面的研究成果也十分丰富。爱宕松男《李璮叛乱及其政治意义》（《李璮の叛乱とその意義：蒙古朝治下における漢地の封建制とその州県制への展開》，载《東洋史研究》6-4，1941）一文，以汉人世侯李璮叛乱为引子，分析世侯问题的出现及其分布状况，并从忽必烈确立中央集权的州县制度的角度分析其罢世侯的意义。池内功《モンゴルの金国経略と漢人世侯》（第一部分载冈本三夫编《創立三十周年記念論文集》，四国学院大学文化学会，1980. 第二、三、四部分载《四国学院大学論集》46，1980；48，1981；49，1981.），则针对世侯的分布、投附蒙古 （见下页）

时华北地方行政建置及其区划的生成。以下主要就这两个因素如何以及究竟在多大程度上对华北地方行政建置产生实质性影响的层面再作评析。

蒙古分封制度是深具浓厚内亚游牧文化特质的基本政治制度之一，它被蒙古人带入中原汉地社会，必然与当地本身的制度发生联系，这比较明显的体现就在于与汉地地方行政体制的嵌合，它带给华北地方行政建置和区划以不小的影响。前文所揭李治安《元代中原投下封地置路州发微》一文，从蒙古投下封地单独置路州的角度，探讨了忽必烈统治初年相关诸路与直隶州的成立问题。此文对于我们理解华北地区（尤其是原金河北以及山东地区）诸路、诸直隶州以及众多"飞地"现象的生成，无疑是极具启发性意义的；同时，它也为我们探讨元代华北地方行政建置变迁的问题打开了一扇新的观察窗口。本研究课题"下篇"对各路、府、州、县建置所进行的考释中，对此文相关的部分研究成果有较多的吸收，兹不具论。不过，笔者对于蒙古投下食邑单独置路州的相关问题，拟与当时出现的世侯占有州郡的问题结合起来进行讨论，提出点很不成熟的意见，供方家批评。

某种意义上或许可以这般解读，与蒙古草原分封注重分"人"而非分"地"的传统似乎有所差别，元初中原地区采取投下封地单独置路州的措施所突出出来的似有转向重"地"而非重"人"的倾向。姚大力曾指出："丙申年间的分封，尽管分配的直接对象是人而不是土地，但是因为当时计划将人民按既有的行政区划整块整块地封授给诸王和功臣们，其结果必然

（接上页）年代，存在形态等问题作了十分细致而深入的考辨，为我们认识世侯辖境的问题提供了不少有价值的信息。井之崎隆兴在20世纪50年代发表的《蒙古朝统治下的汉人世侯——河朔地区与山东地区的两种类型》（井ノ崎隆興：《蒙古朝治下における漢人世侯——河朔地区と山東地区の二つの型》载《史林》37-6，1954年）一文，则从世侯的政治倾向来展开分析，把汉人世侯分为忠诚型的河朔世侯和抵抗型的山东世侯，并分析这两种存在形态之所以出现与存在的具体缘由。此外还有野泽佳美（《張柔軍団の成立過程とその構成》，載《大學院年報》3，1986年；《モンゴル太宗定宗期における史天澤の動向》，載《立正大學東洋史論集》1，1988年）、堤一昭（《李璮の乱前後の漢人軍閥：済南張氏の事例》載《史林》，78-6，1995年）、藤島建樹《元朝治下における漢人一族の步み：藁城の董氏の場合》，載《大谷学報》，66-3，1986年）等众多学者，都对世侯问题有所论列。

在除中都、河南以外汉地的大部分地区造成裂土分封的局面。"①太宗八年（1236）的丙申分封,因所封人口属地不一,导致出现时人所称"分城邑以封功臣"、"割裂诸州郡,分赐诸王、贵族,以为汤沐邑"的局面。② 此语反映出的正是因蒙古在中原地区实行分封,从而使得部分州郡遭到割裂的事实,也正因此之故,它使得部分路、府、州、县建置面临划割改属或升置降黜的命运。

丙申分封是一个分水岭,而且它也直接催生出草原分封制与汉地中央集权制间的碰撞问题,"1236 年,当时窝阔台决定大量增加王公们在中国北方的封地","在宗王自治的支持者和帝国中央集权的坚定拥护者之间发生的斗争,其转折点是 1236 和 1237 年"。③蒙古分封与中原地区汉人世侯形成的割据状况,势必会交错一起,生发出一系列地方行政建置混乱无序的问题;而也正是这些问题,纠结了蒙元长达三四十年的时间,直至忽必烈统治初年。

诚然,投下食邑单独置路州现象较为普遍的出现要等到至元初年的时候。大蒙古国时期,蒙古人对于中原汉地实行何种行政建置或区划,实际上并不感兴趣,他们也并不谙于此道。窝阔台汗和蒙哥汗时期的两次括户,它的目的在于财政税收和蒙古的投下分封,其着眼点在于人口,而非土地或行政区划,汉地只是蒙古人广袤统辖地域的一部分。至忽必烈中统年间,由于李璮之乱,才使这一状况发生根本性地转变。④ 忽必烈建元中统,蒙廷关注的重心由漠北草地转向中原汉地,其统治汉地的方式亦由所谓"间接统治"转变为"直接统治",将"蒙古原有的家产制、封建制政

---

① 姚大力:《论蒙古游牧国家的政治制度——蒙元政治制度研究之一》,第 209 页。
② 《元史》卷一二一《畏答儿传》;苏天爵《元文类》卷五七《元故领中书省耶律公神道碑》。
③ 傅海波、崔瑞德主编,史卫民等译:《剑桥中国辽西夏金元史》,中国社会科学出版社,1998 年版,第 441 页。
④ 需指出的是,"李璮之乱"作为重大政治事件,在有元一代的政治书写中地位特出,几乎成为经历过那个历史年代人们的政治背向"风向标",在元人神道碑、墓志、行状等个人传记资料里,都会被有意识地加以提及。关于李璮之乱的政治意义,详可参阅爱宕松男:《李璮の叛乱とその意義:蒙古朝治下における漢地の封建制とその州県制への展開》;周良霄:《李璮之乱与元初政治》,载《元史及北方民族史研究集刊》第 4 期,南京大学历史系元史室编,1980 年。

治组织转变为中央集权官僚制"。① 不过这更多表现出来的是种妥协或平衡,出现了代表汉地中央集权的州县制与代表草原分封旧制的投下分封制并立而存的状况,就如洪金富所指出的那样:"元代官僚制与封建制的并存,亦即州县与投下的并立,反映了元朝帝王的双重性格:元朝帝王不尽是元朝的皇帝,而且是大蒙古的可汗。"②

由此看来,若仅从投下食邑分封的角度去理解众建路州的问题,所表现出来的是似乎有加重投下封王地位和势力的倾向,而此正与忽必烈确立汉式中央集权统治的努力是相背离的。郝经《河东罪言》曾云:"汉地诸道,各使侯伯专制本道,如唐藩镇;又使诸侯分食汉地诸道,侯伯各有所属,则又如汉之郡国焉。"蒙古诸王在封域内"诛求无艺",致使民众转徙逃散,经济凋敝,诸王分封给各地带来巨大困扰。③ 倘若仍仅从诸王分封角度去划分各路、州,于朝廷利益而言并无实质益处。我们往往过多注意到忽必烈初期对汉人世侯问题的处置,却较少留意到忽必烈是否曾对诸王作出过类似的限制措置。事实上,《元典章》等不少元代典籍都记载了对诸王投下在征税、预政等方面的种种限制。因此,对于元廷众建路州的出发点还应从另外的角度来加以进一步理解。

其实,只要对蒙古在中原地区分封地域的具体状况稍作考察,我们就能找到一些解释。如所周知,山西地区多中小世侯,河东地区(平阳、太原两路)被分别分封给术赤和察合台系;④山东等地区则多为大世侯,

---

① 萧启庆:《内北国而外中国:蒙元史研究》(上册),第342页。
② 洪金富:《从"投下"分封制度看元朝政权的性质》,载《"中研院"历史语言研究所集刊》1987年第58卷。
③ 郝经:《郝文忠公陵川文集》卷三二,《北京图书馆古籍珍本丛刊》本第91册,书目文献出版社,据明正德二年李瀚刻本影印,1988年版。
④ 新近关于元代河东山西地区的分封问题已有较大的研究进展,不独术赤、察合台系,拖雷系也在河东山西地区有自己的利益。详可参阅村冈伦:《モンゴル時代の右翼ウルスと山西地方》,载松田孝一编:《碑刻等史料の総合的分析によるモンゴル帝國・元朝の政治・経済システムの基盤の研究》,大阪國際大學經營情報學部松田研究室,2002年,第151—170页;邱轶皓:《元宪宗朝前后四兀鲁思之分封及其动向——大蒙古国政治背景下的山西地区》,载《"中研院"历史语言研究所集刊》2011年第82本第1分册。

强横难制，蒙廷将其地主要分封给蒙古各大功臣，这样便于在大世侯领地内起到分割制衡山东地区各大世侯的作用。逮至忽必烈时期，为削弱世侯，元廷将东平、益都等地割裂为十数个路、州，另外加上在河北东、西路以及大名路等地区所分封的食邑路州，它们就共同构成为蒙元划分食邑路州问题所探讨的主体对象。因此，蒙元时期"众建路州"的出发点，与其说是从诸王分封的角度去考虑，莫若说是蒙廷基于进一步削弱地方势力、强化中央集权，并进一步打击和削弱世侯势力的后续措施。

事实上，李治安已意识到此点，并且指出："平允而论，投下食邑置路州并不单纯是元廷以路府州县编制地方机构的组成部分，也不应简单看作地方行政区划的一般分合变动。它应是元廷在结束汉世侯割据局面，调整健全郡县制官僚体系的过程中，根据封邑占有的实际情况，对中原地区投下食邑的行政建置和管理方式所进行的一次利弊相参的整顿措施"，"投下食邑置路州既以削平汉世侯为前提，其本身又是对汉世侯势力的釜底抽薪"。①

蒙元王朝一方面既要建立汉式传统的中央官僚集权制，另一方面却又难以摆脱蒙古的传统分封旧制，因此在中原地区出现州县与投下并存的状况，这就不可避免地产生出一些畸形的特征，其中表现最为显著的就是华北地区出现不少"飞地"现象，如河间路的青城、临邑二县，德州齐河县、大名清河县、真定涉县、广平井陉县、曹州禹城县，以及濮州馆陶、临清二县，般阳路的登、莱二州等。这些"飞地"现象的产生对于元廷的统治来说是极不便当的，虽有朝臣屡申其弊，但碍于诸王及各投下的势力，元廷往往无力解决。②

综合以上所述来看，促成元廷在至元初年众建路州的推动力，其背后的根源是有汉人世侯问题的存在。如果说投下食邑单独置路、州的措施

---

① 李治安：《元代中原投下封地置路州发微》，载氏著：《元代政治制度研究》，第 388、389 页。
② 具体实例可参阅王恽：《秋涧先生大全集》卷八五《曹州禹城县隶侧近州郡事状》，《四部丛刊》本。

也有进一步削弱汉人世侯势力的考量,那么我们就不得不对世侯问题再进一步地追问:汉人世侯占有州郡而形成类似割据的具体情状若何?各大小世侯的具体辖境状况如何,这些辖境曾发生过怎样的变迁?世侯占有州郡对于华北地方行政建置及其区划的影响又具体体现在哪些方面呢?这些都是过去所未曾充分讨论的问题。

汉人世侯问题是关涉华北地方行政建置的一个重大问题,只有弄清汉人世侯在华北地区占有州郡的具体状况,我们才能深入理解并厘清当时各级地方行政建置的变迁问题。应该说来,汉人世侯问题正是本课题关注时段内的一个重大主题,它基本贯穿全文。有关金末元初汉人世侯问题的研究,国内外学者多有论列,前已述及。此处主要就世侯辖境(或谓"世侯占有州郡")影响华北地方行政建置与区划的问题加以述评。

汉人世侯的辖境问题与华北地方行政建置升置降黜以及划割改属关系密切。一方面,以往有关世侯占有州郡问题的研究视角多局限于叙述世侯的分布,如前揭爱宕松男、池内功的相关研究;赵文坦《大蒙古国时期汉人世侯研究》第三章《"画境之制"与世侯特权》对窝阔台丙申岁推行"画境之制"前后各世侯的辖地问题有所涉及;张金铣《元代地方行政制度研究》第二章《汉人世侯与中原地方行政》对"画境十道"的问题亦有比较详细的梳理、考证,同时又从世侯占地的角度,对蒙古太祖、太宗时期中原二十四个路份的建置情况进行考述。不过以上研究对于世侯的具体辖境问题并未予以深究。另一方面,有些研究则是针对世侯的个案研究,这就必然会涉及对世侯辖境状况的分析,如陈高华《大蒙古国时期的东平严氏》一文对山东世侯严实领地问题的讨论,[①]赵文坦《大蒙古国时期的顺天张氏》一文对保定张柔辖地的分析,[②]王颋、松田孝一、

[①] 陈高华:《大蒙古国时期的东平严氏》,载氏著:《元史研究新论》,上海社会科学院出版社,2005年版。
[②] 赵文坦:《大蒙古国时期的顺天张氏》,载《元史论丛》第10辑,中国广播电视出版社,2005年版。

李治安等对汪世显家族所领有的巩昌二十四城的考订,①等等。这些研究对于我们弄清世侯占地问题很有帮助,不过它们都无法清晰地呈现出华北世侯各自占地的全貌,也无法显示出蒙廷在处理世侯辖境问题前后所展现出来的地方建置划割改属等状况的变迁。从这个意义上来说,比较细致地考析蒙古国时期各地世侯辖境的变迁问题显得十分必要。

与上文所述投下食邑路州的形成多集中于原金河北东西路、中都路以及山东东西路地区一致,世侯占地给中原州郡带来显著影响的地区也正集中于这块区域。该区域内聚集有真定史天泽、保定张柔、东平严实、益都李璮、济南张荣以及大名王珍等影响很大的世侯,其中有世侯甚至一度控制过上百城之地。鉴于汉人世侯占地过大,太宗窝阔台初年就曾针对世侯占地的情况进行过调整。② 太宗丙申岁,蒙廷实行"画境之制",对华北世侯辖地进行大调整,首当其冲者即为东平严实以及保定张柔。本课题"上篇"有针对这两大世侯于丙申推行"画境之制"前后辖境变迁问题的考证,透过这些考证,我们可以发现,东平严实画境后领有五十四州县,它们后来稳定为元代三个路份和七个直隶州的基本州县;保定张柔领有所谓"八郡"、"三十城",亦是形成元代顺天路的基本组成部分。此外,如涿州、平滦、滨棣等路的出现,其实也都有世侯影响的因素存在。需进一步指出的是,蒙元初期山东地区诸多路或(直隶)州,大多拥有影响比较大的"千户"甚或"万户"汉人世侯,如济、兖、单三州管民总管石天禄、冠州赵天锡、宁海州姜房、德州刘通、滨棣路韩世安、曹州信亨祚、濮州毕叔贤等。蒙古千户百户制与中原州县体制又有何对应关系? 这是十分值得密切留

---

① 参阅王颋:《汪氏家族与巩昌都总帅府》,载氏著:《龙庭崇汗:元代政治史研究》,第89—110页;松田孝一:《元朝的分封制度——关于邠王(豳王)出伯与邠州的关系》,载聂鸿音、孙伯君编:《中国多文字时代的历史文献研究》,社会科学文献出版社,2010年版,第303—308页;李治安:《元巩昌总帅府二十四城考》,载《南开学报》2010年第2期。此外,关于巩昌汪氏家族的研究,胡小鹏《西北民族文献与历史研究》(甘肃人民出版社,2004年版)可资参考。

② 据徐世隆撰《张元帅墓志铭》载:"庚寅(1230),上断制,割磁州隶河北西路。行台矫制,仍领磁州元帅府事。"此记载表明,在推行"画境之制"前,蒙廷已开始对世侯辖地有所调整。参阅[民国]丁世恭修、刘清如纂:《馆陶县志》卷一〇《张元帅墓志铭》,民国二十五年(1936)刊本。

意的问题。汉人世侯问题,与蒙古分封制和千户百户制这两大最基本的游牧政治制度纠结在一起,共同作用于华北地方的行政制度、建置及区划诸层面。

世侯占地问题的最终解决,则要到世祖忽必烈中统、至元之交平定李璮之乱后,元廷始"罢世侯"、"行迁转法",一改过去寄予世侯间接统治各地的方式,转而展开直接统治。这种转变是随着蒙古帝国统治的深入而推展开的,它所展现出的是蒙古帝国日渐"地方化"的一种趋势。

上述所谓投下食邑单独置路州的形成与世侯辖境在太宗丙申岁的调整,这两大因素给金末元初华北地方路、府、州、县建置的变动带来不小的影响;除以上所述两因素外,也还有诸如临时性军事因素所带来的影响,如独立于各所在路份之外的河解万户府、中山府等建置。应该说来,世侯占地、蒙古分封以及军事原因等要素综合一起,共同影响了华北地方行政建置的变迁。

以上主要就与本课题相关的资料和前贤研究进行简单述评,除之而外,尚有许多其他相关研究亦可为本课题提供启发与线索,但因牵涉太广,兹不俱述。

三 要义及篇章结构安排

金元之际,蒙古对华北的征服和统治给当地的地方行政区划、制度以及部分建置的形成究竟带来了怎样的冲击呢?如所谓中书腹里地区是如何形成的,它的内部又如何经由蒙元的统治而出现转变,被进一步区划而奠定今日山西、山东和河北省(明清时期所谓的[北]直隶地区)的基本面貌?华北地区部分路、州是如何生成的呢?代表汉地农耕定居文明传统的"路府州郡"体制与代表蒙古内亚游牧社会传统的军政合一的"千户百户制度"是否存有一定的对应性关联?唐宋时代的州(郡)具有按"节度—刺史"体系进行划分的格制差异,缘何到蒙元时代就完全销声匿迹了呢?华北地区州县建置绵密,许多路份在此时渐趋出现,其中蒙古袭来的影响究竟又在多大程度上起了作用?有元一代华北地区的地方建置趋于稳定的关键时代究竟是在大蒙古国时期,还是在忽必烈建元初年?本课题非常关注"蒙古因素"在这一系列变化中所扮演的角色。蒙古人特有的观念和制度,如蒙古设置大行政区的观念、蒙古千户百户制度、蒙古分封制度等,它们或许都对上述变化带来了或隐或显的影响。然而遗憾的是,这些来自漠北的"蒙古因素"常被中原汉地自身固有的传统所遮蔽、反噬,我们却浑然不察,挖掘蒙古因素以还原历史的本相则显得十分必要。本课题主要从政治制度史的角度,思考所谓"蒙古支配"下华北地区的地方行政区划变迁相关诸问题。

本课题首先关注元代所谓"腹里地区"的形成问题。金元之际出现诸多"十道(路)"现象,此类道(路)区划现象其实更多体现出的是一种具有较高层级的"准政区"性质,它对于金元时期跨高层级的区划曾起到十分重要的作用。金元之际"十道"划分体制的存在及其崩解的历史过程,恰巧反映出腹里区域的生成过程,而此也正关联着本研究课题主体空间范围的确定。腹里内部的区划一方面固然有沿袭历代区划传统的因素(如使职差遣制度影响下的区域划分),但另一方面,蒙古的分封制度、蒙古三翼进军路线等对此都有影响。世侯占有州郡是金元之际的一个突出问题,其辖地在推行"画境之制"前后发生的改变,某种程度上正反映出世侯权力的变化;同时,这一变化又给华北地区部分路、直隶州等地方行政建置及其区划的形成和演变带来不小的影响。金末元初,行省、路、州制度均发生较大的变化,其中蒙古的万户、千户与中原的路府、州郡体系存有十分密切的对应关系;这一时期,华北地区的州在节度体系下进行划分的旧有体制逐渐发生转变,节度体系下州之分制的消失,与其时地方行政建置的混乱(最显著的表现之一就是州的滥置)和蒙古草原官制的孱入又密切相关。

金元之际华北地方行政的区划、制度以及建置诸多方面的稳定,对于元王朝后来所占领的江南地区的行政建置及其区划的形成具有某种垂范作用,它是考察有元一代地方行政建置及其区划演变和形成的基本逻辑起点。因此,对此一问题作比较深入探究的重要性是不言而喻的。此外,本研究课题不只是为行政区划研究提供些微管见,它还可为数百年来华北区域内各建置的因革损益提供一点或许并非毫无补益的思考。

本研究课题由"导论"、"上篇"和"下篇"三部分组成。

导论部分,主要就选题缘起及主旨、资料与学术史的回顾以及研究意义等方面进行叙述。

上篇"地方行政制度、区划及建置变迁考析",由六章构成,该篇主要是基于"下篇"的考证,就以下几方面问题展开探讨：金元之际腹里地区以及该地区内部区划的生成过程、华北地方行政制度的变迁(尤其是州制的变迁)、金末元初华北地方行政建置的区域性和时代性特征,等等。各章主要内容简述如下：

第一章《"十道"的变迁——兼论元代腹里地区的形成》。该章主要针对金元之际出现的一系列"十道"现象,聚焦于蒙古窝阔台汗八年画境"十道"时的分道状况与中统元年十路宣抚司的辖境问题,以探讨"十道"的具体变迁情况及其给蒙元北部中国地区区划所带来的影响。本章认为,金元之际出现的一系列"十道"划分现象,与该时期诸转运司路的划分紧密相关。这种类似于财政型性质的"十道"区划体系,非常明显地反映出金元之际北部中国地区的一种跨高层级辖区的演变图景。元初"十道"体系渐趋式微,其崩解的过程则正好从一个侧面揭示出有元一代所谓"腹里地区"的历史形成过程。据此,我们还可进一步窥知元代腹里地区内部区划的生成概况。

第二章《"腹里"内部区划的生成及其地位探析》。本章试图揭示今日河北、山西、山东地区在金元之际得以凸显出来的具体历史过程,并试图回答腹里内部区划的形成以及其在全国区划体系中的地位等问题。该章的主要思路是,通过爬梳金泰和以降至蒙元统治初期在华北地区出现的诸路、诸使司和诸"行省"等机构,来观察当时华北地区各路之间的分化组合,进而由此窥探出位列路级机构之上的所谓"跨高层级辖区"的生成过程。

第三章《汉人世侯严实、张柔辖地的变迁——以丙申"画境之制"为主线》。本章主要是以东平世侯严实与保定世侯张柔在蒙古太宗窝阔台汗八年实行"画境之制"前后其辖地的变迁情况为中心展开讨论,旨在探讨金元之际汉人世侯占有州郡而给华北地区部分路、直隶州的形成所带来的影响问题。该章基本考订了东平严实所领"五十四城"和保定张柔所谓"八郡"、"三十城"的问题。

第四章《"万户路"、"千户州"——蒙古千户百户制度与华北路府州郡体系》。该章考察了蒙古南徇中原,将具有草原游牧文化传统的军政合一性质的千户百户制度带入华北汉地的具体历史过程;并对该时期世侯(或部分当地长官)所系军事职衔(万户、千户,或佩虎符、金符)与其所占路府、州郡的具体情形结合起来进行分析比对,揭示出蒙古千户百户制度与中原的路府州郡体系之间存在一定的对应关系。这种对应关系就是,一个汉地万户往往对应于一个路、府单位,一个千户则基本对应于一个州郡单元,笔者进而将其归结为"万户路"、"千户州"。

第五章《州的划分体制变迁——以"节度—刺史"体系为讨论中心》。该章认为,宋、辽、金时期州的划分体制有"等制"与"格制"两种,其中所谓"格制"就是指在"节度—刺史"体系下依据军事等第进行划分;然而入元以后,州仅存依人口之多寡进行划分的"等制","格制"则已消失。元代为何会出现此端变化? 该章认为,元代州在"节度—刺史"体系下的"格制"划分体制之所以消失,与以下两点密切相关:一是金元之际州之滥置导致州的地位相形下降;二是蒙古草原旧制给予中原汉地州郡"节度—刺史"体系之官制以冲击。更为重要的是,元代的路已发展成为正式地方行政实体,它在一定程度上改变了唐、宋时代的州所具有的某种意义上作为正式地方最高行政实体的地位;再则,蒙元独特的军事镇戍体系,消解掉唐、宋以来州作为一个相对独立的军事防御单元之存在的条件,州按军事系列进行分等已完全失却其基础。

第六章《华北建置变迁之初步分析》。该章主要基于"上篇"各章的考论以及"下篇"对各路、府、州、县建置的详细考释,紧紧围绕金元之际华北地方行政建置发生激烈变化的两大表征——路、府、州、县的划割改属与升置降黜,就华北地区各区域内的建置变化特征和该历史时期不同阶段的变迁特征进行总结分析。该章指出,太宗窝阔台朝的诸多举措实质上已基本奠定了有元一代华北地区行政建置的大致面貌,就此点而言,其重要性并不在世祖忽必烈朝之下。

下篇为"《元史》卷五八《地理志》考释",主要就《地理志》所涉腹里(中书省)地区的地方行政建置(路、府、州、县)发生于1210年代至1260年代(少数建置的考证年代会逸出这个时段范围)的变动情况,逐一进行清理、考校。该篇是"上篇"对相关诸问题探讨的基石。之所以将该篇倒置于后,固然有出于阅读习惯上的考虑,但更为主要的还是为突出本研究"上篇"所提出的稍异于前人的几点管见。

上 篇
地方行政制度、区划及建置变迁考析

第一章 "十道"的变迁

——兼论元代腹里地区的形成

金元之际，随着蒙古在中原汉地征服的继续及统治的巩固，蒙廷逐步采纳汉地谋臣的建议，或采行原金旧制，实行一系列具有浓厚区划性质的措置：窝阔台汗即位次年（1230），即于金中原旧地设置具有地方财务行政区划性质的十路课税所；①灭金次年（1235），蒙廷又开始阅实中原户籍，并于"丙申岁（1236），析天下为十道，沿金旧制画界"，②以整顿中原地区的地方区划；迨至世祖忽必烈中统元年（1260）乙未，又立十路宣抚司区划中原内地，以强化蒙古政权对汉地的行政管理。③"十道"（或谓"十路"）④这类带有区划性质机构的设置或举措的实行，是对金代兵马都总管府路之上的一种更高层级辖区的区划。

这种"十道"区划，虽非正式意义上的行政区划单元，不过鉴于其对各时期诸王朝的行政管理曾起过十分重要的作用，因此我们莫若将其视为一种位在路级建制之上的跨高层级辖区。由于金代按察司和转运司的分路状况与各兵马都总管府路（即金代路的代表）的分路状况不一，部分按

---

① 参阅前田直典：《元朝行省の成立過程》，载氏著：《元朝史の研究》，第153页。另，关于十路征收课税所设立的时间问题，据《玉堂嘉话》载："课税所立于合罕皇帝即位之元年"，疑误。兹以《元史·太宗本纪》为准。王恽撰、杨晓春点校：《玉堂嘉话》卷四，中华书局，2006年版，第110页。
② 《畿辅通志》卷一六八《张柔神道碑》。
③ 参阅牧野修二：《十道宣撫司：フビライ政権集権化の布石として》，载《東洋史学》(28)，1965年。
④ 关于"十道"与"十路"，亦即"道"与"路"的考辨，下文将予详述。

察司或转运司辖地有时涵盖两个或三个路份，金代曾出现有九路、十一路、十四路等不同的区划状况。金元之际的"十道"划分，实质上正是对此类划分状况的一种模仿和改进。

本章拟对金元时期出现的各种分道（路）状况进行详细比对，在此基础上就蒙古太宗年间实行"画境之制"的性质、内容及其具体分路状况等从另一角度作一番新的考察，并对中统初年十路宣抚司的具体辖境问题进行考证和推论，以期加深我们对金元之际诸道之设立以及各路分合之状况的理解，并从中窥探金元之际腹里地区的历史形成过程及其内部行政区划的生成概况。[①]

一 金元之际分道状况探源

自太宗窝阔台汗以来，除以上所述十路征收课税所、十路宣抚司的设置外，蒙元前期还先后出现有诸多类似"十道（路）"之机构的建立：如太宗窝阔台九年（1237），设十路惠民药局，"始立惠民药局，自燕京至南京凡一十路"；[②]宪宗蒙哥汗庚戌岁（1250），设十路提举学校官，"公又言：'学校久废，无以作成人材。宜选博学洽闻之士，提举各路学校，严加训诲，以备他

---

① 前人对金元之际中原汉地"十道"的划分问题有所讨论，如张金铣《窝阔台"画境"十道考》（载《中国历史地理论丛》2006年第3期，此文源于其博士论文《元代地方行政制度研究》第一章第三节）一文，主要讨论了丙申岁"画境之制"的问题，对画境时诸道的分道状况加以考证；赵文坦《大蒙古国时期汉人世侯研究》一文从世侯的角度分析"画境之制"的内容及其划分依据等，对"十道"的具体划分亦提出不同见解；李治安《元中书省直辖"腹里"政区考略》、《元代政区地理的变迁轨迹及特色新探》（载《元史论丛》第10辑；《历史教学》2007年第1期。两文后又收入氏著《中国行政区划通史·元代卷》）两文，则对张金铣与赵文坦两文所提出的"十道"的具体分道状况，作了进一步的辨证和阐发。此外，赵琦《大蒙古国时期十路征收课税所考》（载《蒙古史研究》第6辑）对"十路"课税所辖区的问题作了大致考述；史卫民《元朝前期的宣抚司与宣慰司》亦稍提及中统初年"十路"宣抚司的辖境问题。以上大部分研究对蒙古国时期诸道（路）状况都有所涉及，而对于金代旧制却未曾追溯；对于诸道（路）划分的性质，以及有关各道的具体辖境等问题，亦未见详述。本章拟在前人基础上对一系列"十道"现象再加申说，就前人未曾留意的地方重点给予观照和考论，并对入元以后"十道"体系的崩解过程及其带给元代腹里区域的形成以重要影响等问题进行探讨。
② 苏天爵：《元文类》卷四〇《惠民药局》。

日选用.'上可其奏,为立十路提举学校官";①与世祖中统元年设立十路宣抚司的同时,元廷还设立十道劝农使;②而在十路宣抚司罢后,中统二年(1261),又曾设立十道安抚司;③中统三年(1262)十二月,"立十路宣慰司,以真定路达鲁花赤赵璟等为之",中统四年(1263)正月又"立十路奥鲁总管",④等等。有论者以为,蒙元"十道"划分,远而类唐之"十道",近而模仿金之提刑司与转运司之例。⑤欲究其实情,有必要对金代诸道(路)的设置状况与蒙元时期出现的"十道(路)"现象作一详细比对。

依《金史·地理志》载,金设兵马都总管府路十九,这应是金章宗时期的十九路之制,亦当为《金史·地理志》所记载的金代路制。此种兵马都总管府是金代路级机构中的首要机构。不过,金代转运司分路和按察司分路的情形,与兵马都总管府的分路状况不同,见于《金史》《大金国志》等记载的主要有:金世宗时代及章宗初年的十四路转运司制度、泰和六年(1206)的十一路转运司、泰和八年(1208)的九路转运司制度,以及泰和八年至贞祐三年(1215)间的按察司兼理转运司的分路制度;此外,还有章宗即位初年的九路提刑司制度等。⑥兹将金时期诸转运司路以及提刑司路的分路状况,与蒙元前期十路课税所、十路宣抚司等有明确记载分道(路)

---

① 苏天爵辑撰:《元朝名臣事略》卷一二《内翰王文康公鹗》,中华书局,1996年版。
② 虞集:《道园学古录》卷四二《朝列大夫金燕南河北道肃政廉访司事赠中议大夫礼部侍郎上骑都尉追封天水郡伯赵公神道碑》;同卷《通议大夫签河南江北等处行中书省事赠正议大夫吏部尚书上轻车都尉追封颍川郡侯谥文肃陈公神道碑》,文渊阁《四库全书》本。
③ 柯劭忞:《新元史》卷一三九《张柔传》,上海古籍出版社、上海书店,1989年版。
④ 《元史》卷五《世祖二》。
⑤ 李治安:《元中书省直辖"腹里"政区考略》。
⑥ 详可参阅谭其骧:《金代路制考》,载氏著:《长水集》下册,人民出版社,1987年版,第297—298页。关于提刑、按察、转运诸司的分路问题,还可参考余蔚:《金代地方监察制度研究——以提刑司、按察司为中心》,载《中国历史地理论丛》2010年第3期;康鹏:《金代转运司路研究》,北京大学硕士论文,2003年。另,据《金史·百官志一》"宣抚司"条载:"泰和六年置陕西路宣抚使,节制陕西右监军、右都监兵马公事。八年,改陕西宣抚司为安抚司。山东东西、大名、河北东西、河东南北、辽东、陕西、咸平、隆安、上京、肇州、北京凡十处置司。"不过,泰和八年议和成,又罢。贞祐二年诸路常设宣抚司,史籍所见计有北京、山东东、山东西、辽东、河东南、河北东、陕西、河北东、河北西、大名、上京等路,至贞祐四年复罢,均非常制。此外,在金代路级机构中,前期还出现有统军司与招讨司等,但它并不涵盖金全境,后来又相继罢去。因此,宣抚司路的分路状况以及统军司或招讨司的分路状况在此均不作查考。参阅《金史》卷五五。

的机构划分状况,按时间顺序列一简表于下:

表1-1 金元时期诸道(路)划分状况一览表

名　称	年　代	具体分道(路)状况
十四路转运司	金世宗至章宗初年	中都路、西京路、河东南路、河东北路、河北东路、河北西路、山东东路、山东西路、陕西东路、陕西西路、会宁府路、南京路、北京路、东京路
九路提刑司	大定二十九年(1189)	中都西京路、河东南北路、河北东西大名府路、山东东西路、陕西东西路、南京路(河南路)、北京临潢路、京东咸平府路、上京曷懒等路
十一路转运司	金泰和六年(1206)	中都路、西京路、河东南路、河东北路、河北东路、河北西路、山东东路、山东西路、南京路、北京路、辽东路
九路转运司	泰和八年(1208)	中都路、西京路、河东路、河北路、山东路、陕西路、南京路、北京路、辽东路
十二路按察司(兼理转运司事)	泰和八年(1208)至贞祐三年(1215)	中都西京路、河东南路、河东北路、河北东路、河北西路、山东东路、山东西路、陕西东路、陕西西路、南京路、北京临潢路、上京东京路
十路课税所	元太宗二年(1230)	燕京路、西京路、宣德路、太原路、平阳路、真定路、东平路、济南路、北京路、平州路
十路宣抚司	中统元年(1260)	燕京路、西京路、平阳太原路、真定路、大名彰德路、东平路、益都济南路、京兆等路、河南路、北京等路

资料来源:《大金国志》、《金史·地理志》、《金史·食货志》,谭其骧《金代路制考》、《元史·太宗纪》、《元史·世祖纪》等。

说明:前文所谓蒙元前期出现有十道惠民药局、十道提举学校官、十道劝农使、十道安抚司、十路奥鲁总管等,因史无明文记载其分道(路)状况,兹不列入表内并作相应之讨论。

从表1-1可以很清楚地看出,金时期诸道的划分状况与蒙元时期的划分状况相比,金代十一路转运司或九路转运司的划分与蒙元前期的"十道(路)"划分最为接近。九路提刑司含有金之北京、京东、上京等金源旧地,与蒙元前期的诸道划分状况相去最远。而提刑司于承安四年(1199)

改为按察司,后为适应转运司路制,于泰和八年(1208)以按察司兼理转运司事,自此至贞祐三年(1215)罢司,诸路分合为十二路。① 可见,金代转运司路制的诸道(路)划分体制应是后来蒙元前期所谓"金之旧制"的主要内容;金元之际有明确分道状况记载的所谓"十道",应是对金转运司路划分的一种损益。某种程度上说来,诸道(路)的划分既非完全意义上的行政区划,也非监察区划,更不是一种军事辖区,而更应视为一种经济型辖区的区划最为切当。金元之际的"十道"划分,当为沿袭金代转运司路制而来的一种财政性质的区划。

以理财路区划诸州县的状况,宋、辽时期均有先例,金代承袭其制,显得十分自然。② 需要进一步指出的是,窝阔台时期的十路课税所,就是"以军国大计,举近世转运司例"、"易司为所,黜使称长"而设立的,有时亦被径称为转运司,③而课税所的长官则又常被称为转运使。④ 太宗二年十路课税所的划分,逮至金亡之后,因辖区扩大,各道(路)辖境又重新分化组合,必然面对进一步的调整,太宗八年丙申"画境之制"应即接续于此。⑤ 此外,元初所置十路宣抚司,在诸路转运司尚未设立前,其职能主要还是集中于财赋的征榷、军需的调集以及社会的安定等方面,这从《元史》、《元典章》以及元人文集等基本载籍中所留存下来的相关材料中得到十分明显的反映。⑥ 可以认为,蒙元前期的这种"十道"划分体系,实为一种转运

---

① 参阅谭其骧:《金代路制考》,第298页。
② 金代转运司路的财政区划性质十分明显,兹不赘言。事实上,辽代亦效法宋朝的转运司路制,在州县之上相继设置了八个专司理财的路:上京、中京、东京、西京、南京、平州、辽西以及长春八个路份,而且这八个路份"事实上成为辽朝州县区域划分的单位"。详可参阅关树东:《辽朝州县制度中的"道""路"问题探研》,载《中国史研究》2003年第2期。笔者以为,宋、辽、金的此种财政区划性质,当具有其前后沿袭性,对其后各朝诸州县区域的划分也必定会相应地产生一定的影响。
③ 苏天爵:《元朝名臣事略》卷一三《廉访使杨文宪公奂》。
④ 姚燧:《牧庵集》卷二八《中奉大夫荆湖北道宣慰使赵公墓志铭》。
⑤ 关于此点,赵琦《大蒙古国时期十路征收课税所考》一文亦有相应表述。
⑥ 详可参阅《元史》卷四《世祖一》;王恽《秋涧先生大全集》卷八〇至八一《中堂事记》中对十路宣抚官赴开平述职事迹的记载,其最重要的内容就是考校课程;《大元圣政国朝典章》(中国广播电视出版社影印元刊本,1998年版)卷三《圣政二·均赋役》、卷二二《户部八·课程·恢办课程条画》、卷二四《户部十·纳税·种田纳税》、卷二五《户部十一·差发·包银从实科征》等,均涉及中统年间宣抚司的内容,亦多与课程密切相关。

司财政性质的区划体制。

　　无独有偶,至元初年理财大臣当道,屡欲设立诸路转运司,至元十二年(1275)九月,阿合马以军兴国用不足之故,奏请复立九路都转运司。十一月,阿合马奏立诸路转运司凡十一所,"以亦必烈金、札马剌丁、张暠、富珪、蔡德润、纥石烈亨、阿里和者、完颜迪、姜毅、阿老瓦丁、倒剌沙等为使"。① 此处所谓九路或十一路转运司的具体分路状况虽已不可考,但其某种程度上乃因袭原金旧制而来,则应该是毫无疑义的。

　　我们还可从表1-1看到,从监察区域的划分来看,九路提刑司和十二路按察司都包括有上京等地区;而从金十一路或九路转运司,到蒙元前期的十路课税所与十道宣抚司等,则不再单独划出上京地区。它一方面表明金代的诸道划分在军事或监察辖区的划分上是统括整个金代辖区的,但在财政区划上则将上京地区排除在外。此亦进一步从侧面印证蒙元前期"十道"区划体系是循转运司路制而来的。在金元之际具体的区划过程中,实质上已将金源旧地逐渐地合并或区划于外。它背后所揭示出来的意义也相当明显,此一区域在财政经济的角度上说来,原本就无足轻重。蒙古国时期其地尚有女真人蒲先万奴所创立的很具独立性的东真国(1215—1233),②在太宗二年设立十路课税所时,该地区应当不在其内。该地区与中统初年设立的北京路宣抚司关系密切,其间或有分合。

二　窝阔台时期"画境之制"性质、内容等问题考辨

　　窝阔台汗即位次年,为加强对中原地区的治理以及财赋的征榷,蒙廷采纳耶律楚材的建议,任用中原士人为长,在中原地区设立十路征收课税所。灭金之后,蒙廷又阅实中原户籍,于丙申岁(1236)实行蒙古分封,并

---

① 《元史》卷八《世祖五》;卷二〇五《阿合马传》。
② 关于东真国的势力范围,西北自上京城,西南至婆速路,兼及辽东半岛,东南到曷懒路与恤品路。详可参阅韩儒林主编:《中国大百科全书·中国历史·元史》,贾敬颜撰"东真国"词条,中国大百科全书出版社,1985年版,第33—34页。

同时"析天下为十道,沿金旧制画界",此即所谓蒙古国时期的"画境之制"。①

关于此次"画境之制"的性质、内容以及具体划分状况等,因史籍阙载,学者们对其解读各异。张金铣认为,"画境之制"是"把世侯统治下的州县划入'十道'范围之内,以便于统治和进行分封",析天下为十道,"实即把中原分为十大达鲁花赤的监临区,从而将各地大大小小的汉人世侯纳入各地大达鲁花赤监临之下"。② 赵文坦认为,"诸道应指初画境时大世侯所统之路","通过画境之制,以论功行赏的名义对大小世侯原有的地盘作适当调整,约为十八路,基本上恢复了金朝原有的路府建置"。③ 李治安则针对上述两位学者的说法有所辨证补充,并对"十道"的具体分路状况以及各道所辖路份进行查考,提出不同意见。④

笔者认为,对于太宗时期的"画境之制",应当联系"沿金旧制"之实情以及蒙廷当日所面临的形势等问题作相应深入的分析考较,才能得出一个比较明确的认识。基于此,有必要对"画境之制"的性质、内容等问题再作考察。

首先须加以申辩的是"道"与"路"的问题。金元之际,尤其是在讲述到窝阔台汗八年"画境之制"的相关内容时,均以"道"称之,如:"析天下为十道,沿金旧制画界"、"乙未、丙申年间,诸道所统,仍金之旧"等。而其他场合则出现"道"与"路"混称的情况:《顺天府营建记》载:"统城三十,制诏以州为府,别自为一道。并控关陕、汴洛、淮泗之重。将佐乔惟忠孝先而下,赐金银符者十数人";《顺天府孔子新庙碑》云:"北负涿易,自为一道,统城三十。"⑤《元史·地理志》"棣州"条谓:"元初滨、棣自为一道,中统三

---

① 关于"画境之制",史料所载十分有限,除上所述《张柔神道碑》提及外,《元好问全集》卷二六《东平行台严公神道碑》与《元朝名臣事略》卷六《万户张忠武王柔》亦有提及,其文云:"初,公之所统,有全魏,有十分齐之三,鲁之九。及是画境之制行,公之地于魏,则别大名,又别为彰德;齐与鲁,则复以德、兖、济、单归我","初,乙未、丙申年间,诸道所统,仍金之旧"。
② 张金铣:《窝阔台"画境"十道考》。
③ 赵文坦:《大蒙古国时期汉人世侯研究》,第56页。
④ 李治安:《元中书省直辖"腹里"政区考略》。李氏所揭之具体分道状况,详见下文讨论。
⑤ 《元好问全集》卷三三;郝经:《郝文忠公陵川文集》卷三四。

年,改置滨棣路安抚司。"①是知金元之际"道"、"路"说法比较混乱,不过从行文推测,在述及顺天、滨棣等建置时,"道"显然就是指"路"。"画境之制"中所谓"道"的问题,王磐所撰《张柔神道碑》对顺天的表述值得留意,其文云:

> 丙申岁,析天下为十道,沿金旧制画界,保之属城多为邻道所分割。阅数岁,有诏特还之,升州为府,赐名曰顺天。

结合元好问、郝经等人对顺天的记述进行比较,我们发现,王磐文中所指的"十道",应即"十路"。可见,其时"道"与"路"并用。②

关于宋、辽、金时"道"与"路"的问题,清人钱大昕在考校《元史》时,针对《元史·地理志》中宋代出现的河东道、河北道、河南道等说法一一加以指出,并对这种"道""路"不分的现象评述道:"十道之名,立于唐世。宋分天下为十五路,后又析为十八路,又析为二十三路,无诸道之名也","宋无十道之名"。③ 辽代史料所记关于"道"、"路"的记载则表明,"道"与"路"的含义相同或相近,都是泛指这些"道"或"路"内的区域,而不是特指"道"的行政区划。④ 有金一代则较少用"道",而多以"路"来指按察司或转运司。

金元之际"道"、"路"并称,实为寻常:"明圣继统,万国连绍。勋旧大臣行尚书省于汉境,节制所及凡二十余道。"⑤"明年庚申(1260)三月……凡十六条,其言备御西王,罢诸道世袭尤为切。"⑥"平阳一道,隶拔都大王,

---

① 《元史》卷五八。
② 张金铣认为:"金元之际,官制未定,道、路之称并用。十道,亦称十路。"参阅氏撰:《窝阔台"画境"十道考》。
③ 钱大昕著,方诗铭、周殿杰校点:《廿二史考异》卷八八《元史三》,上海古籍出版社,2004年版,第1233—1234页。
④ 详可参阅关树东:《辽朝州县制度中的"道""路"问题探研》;傅林祥:《辽朝州县制度新探》,《历史地理》第22辑,上海人民出版社,2007年版。
⑤ 《元好问全集》卷二八《大丞相刘氏先茔神道碑》。
⑥ 《故翰林侍读学士国信使郝公行状》,附载于郝经:《郝文忠公陵川文集》。

又兼真定、河间道内鼓城等五处,以属籍最尊,故分土独大,户数特多。"①"张公开府于保州,筑垒以合南北军,两府诸城并为一道",②等等。因此,所谓"十道"即"十路",此当为一种习称,只是有些道(路)所辖路份不惟一路而已。

关于"画境之制"的性质与内容问题,过去的研究多认为是蒙古统治者为解决世侯问题而采取的一种措置。或认为把中原划分为十大达鲁花赤监临区,以将各地大大小小世侯纳入其监临之下;或认为画境是对世侯辖地进行调整,按金旧制恢复到金时的路府建置状况,等等。③ 这些观点都有其合理的成分,而且"画境之制"确实或多或少都涉及这些问题。但如果我们聚焦于金代所谓"十道"旧制以及画境时给世侯带来的实质性影响等方面进行分析的话,上述观点或许都值得补充。

关于"画境之制"的性质,笔者认为王磐《张柔神道碑》里的叙述仍颇值细加咀嚼玩味:"丙申岁,析天下为十道,沿金旧制画界,保之属城多为邻道所分割。阅数岁,有诏特还之,升州为府,赐名曰顺天。"这条材料所透露出来的消息是,在中原汉地沿袭金代"旧制"分置"十道",并在"十道"下对原世侯辖境进行调整。④ 事实上,前文对金代"诸道"的叙述已经很清楚地揭示出,这种调整某种程度上应是沿袭金代转运司路的划分体制而来,它同时又具有地方财政区划的性质,是特殊时期对州、县区域进行划分的一种"准政区"单位,⑤或谓之"跨高层级辖区"。在此划分框架下,原金的路、府建置相继得以恢复,或随即又有新的路份出现;而州、县亦各有归属。但自此之后至中统初年,除少数路、州的所属状况发生改变而影响诸道辖境的变化外,"十道"的分道体系及性质却并未发生太大改变。有金一代,在路这一层级之上有按军事或监察性质来区划诸道的情况,如提

---

① 《郝文忠公陵川文集》卷三二《河东罪言》。
② 《郝文忠公陵川文集》卷三五《左副元帅祁阳贾侯神道碑铭》。
③ 详可参阅张金铣、赵文坦前揭文。
④ 当然,此条内容还包含有路、府、州、县也沿袭原来金代旧制而画界,以恢复其原来面貌的意义在内。
⑤ 关于"准政区"的概念等问题,详可参阅周振鹤:《行政区划史研究的基本概念与学术用语刍议》,《复旦学报》2001年第3期。

刑司、按察司、安抚司以及宣抚司等,但这类性质的划分体系并非蒙元前期有明确分道状况记载的"十道"体系划分的源头。关于此点前文已有详述,兹不赘言。

另一方面,从现有史料记载分析来看,所谓"画境之制"仅只是针对世侯辖境的调整,这一说法本身也有比较大的讨论空间。从上所述可知,"画境之制"在河北东、西路以及山东西路有过比较明显的体现,如大名、彰德路自东平路析出,保定张柔辖境遭析分,邢洺路置于太宗丙申岁,等等。这些无疑都表明"画境"具有针对世侯辖区进行调整的意图。不过就目前史料所见,对于济南路世侯张荣的辖地、山东东路李璮的辖境,则基本未予触及,更遑论对河东山西地区、北京路及其以远地区?即便是已经调整的地区如顺天路,在不到三四年间又相继得以恢复,而自成一个路份。严实的地盘在"画境之制"后仍统有五十四城,与原金东平路所领有的四十余城不仅数量上有别,而且所领有的具体州县亦有很大出入。这一切表明,"画境之制"并非仅只是针对世侯辖境的调整。所谓"画境之制",也应包含有另一层意义,那就是在金亡之后,蒙廷对原金地方财政区划的一种重新调整。这种调整的背后,其实并不排斥蒙廷在各地设置达鲁花赤以及调整世侯辖境等一系列举措的推行。张金铣立足于十道之上设置大区的达鲁花赤的考证,从侧面证明"画境之制"是蒙古人为加强对汉地的掌控而采取的一种行政措置;赵文坦认为是对世侯辖境的调整,以尽可能恢复原金路府旧制。这些观点应该说来都是"画境之制"题内应有之义。至于"画境之制"的真正效果是否能与后来世祖时期设置投下食邑路州一样,对中原的地方行政区划带来实质性的影响,这是一个需要继续深入探讨并给予充分证明的问题。

此外,"画境之制"对于安定中原政局,恢复各地生产及社会秩序方面,具有十分重要的意义。元好问曾多次提及行"画境之制"后各地逐渐恢复走上正轨的情形:"画疆既定,官府粗立,且无战攻之事,光祖给使左右,特见保任,公[严实]以儿子畜之";"画境之后,创罢之人,新去汤火,独恃公为司命。公为之辟田野,完保聚,所至延见父老,训饬子弟,教以农里之言,而勉之孝弟之本。恳切至到,如家人父子,初不以侯牧自居。"①

要而言之,"画境之制"一方面具有沿金旧制划分财赋路之跨高层级辖区为"十道"的考量,同时又具有对世侯辖地进行调整,以期大体恢复金代的路、府、州建置的意图。此次对各路州、县的调整,很大程度上一直延续到中统、至元初年忽必烈实行"罢世侯"、省并州县以及大量设置投下食邑路州之际;而画境"十道"的影响,应该说来还一直延续到至元前期诸路转运司的设立。

三 丙申画境"十道"之分道状况再考

太宗窝阔台二年所设十路征收课税所的具体分路状况,史有明载,且其具体辖境前人亦有所考校。② 太宗八年的画境"十道",则因限于史料,今已不甚明了。不少学者对画境"十道"的具体分道情形有所考论。张金铣以"大达鲁花赤监临诸道"为视角,认为"十道"是中原分路之制与蒙古达鲁花赤制度相结合的产物,是蒙古政权在汉地设立的大行政区,"十道"应是山西道、北京道、燕京道、河东道、彰德道、河北道、大名道、山东西道、山东东道以及陕西道。③ 李治安认为"十道"应与中统初年十路宣抚司的设置具有一脉相承的关系,"十道"当为燕京、益都济南、河南、北京、平阳太原、真定、东平、大名彰德、西京、京兆等十道。④ 两者比较大的不同就是,李治安将大名、彰德合为一道,并补入河南道,合为"十道"。看来,"画境之制"中的"十道"划分仍存有争论。那么,太宗时期的画境"十道"究竟是哪"十道",此"十道"的辖境状况是否一直沿袭至中统初年?如果不是,中统初年十路宣抚司的具体辖境又是如何划分的呢?这一系列问题值得进一步讨论。

---

① 《元好问全集》卷三〇《五翼都总领豪士信公之碑并引》;卷二六《东平行台严公祠堂碑铭有序》。
② 赵琦:《大蒙古国时期十路征收课税所考》。
③ 张金铣:《窝阔台"画境"十道考》。
④ 详可参阅李治安:《元中书省直辖"腹里"政区考略》与《元代政区地理的变迁轨迹及特色新探》。此外,关于画境后之"十道"划分一直沿袭至中统初年的问题,赵琦亦持此说。

首先，我们需要确认的是"画境之制"的范围究竟涵盖哪些地区。"画境之制"应是在太宗窝阔台六年（1234）金亡之后，在原十路征收课税所的基础上进行调整的，① 具体时间应是太宗八年丙申岁。与"画境之制"几乎同时推行的是丙申分封，日本学者安部健夫认为，"实际上画境调整是与有名的乙未（1235）年籍同时并行的"，"蒙古政府就是以画境的名义对汉人世侯以前所辖的区域加以调整变更"。② 而事实上，"画境之制"的推行与丙申年六月中州断事官忽都虎"复括中州户口，得续户一百一十余万"更加切近。是年之秋，蒙廷进行了著名的丙申分封。丙申分封的地域范围应与括户的范围一致，"画境之制"是在乙未括户之后进行的，而画境之制所反映的地区也应当是入了版籍的地区。如若版籍未附，焉能"画境"治之？关于丙申分封，据《元史·太宗本纪》载：

[丙申八年秋]诏以真定民户奉太后汤沐，中原诸州民户分赐诸王、贵戚、斡鲁朵：拔都，平阳府；茶合带，太原府；古与，大名府；孛鲁带，邢州；果鲁干，河间府；孛鲁古带，广宁府；野苦，益都、济南二府户内拨赐；按赤带，滨、棣州；斡陈那颜，平、滦州；皇子阔端、驸马赤苦、公主阿剌海、公主果真、国王查剌温、茶合带、锻真、蒙古寒札、按赤那颜、圻那颜、火斜、术思，并于东平府户内拨赐有差。③

结合《元史·食货志三·岁赐》的记载可知，尚有中都、河南等地未被

---

① 有论者从徐世隆所撰《张元帅墓志铭》里读到有"庚寅土断"语，认为蒙廷在窝阔台即位不久就有"画境"意图。今复按《张元帅墓志铭》原文，其文云："庚寅，上断制，割磁州隶河北西路，行台矫制，仍领磁州元帅府事，食邑一千户，金封一百户。"文内并无"庚寅土断"语，盖其断句有误，且将"上"误认为"土"，差之颇远！庚寅岁（1230）并不存在所谓的"画境"，不过此条史料却揭示出蒙廷一直以来都有调整世侯辖地的倾向。参见[民国]丁世恭、刘清如纂：《馆陶县志》卷一〇。
② 参阅安部健夫：《元代的知识分子和科举》，载《日本学者研究中国史论著选译》第五卷，中华书局，1993年版，第648页。另可参阅爱宕松男：《蒙古人政権治下の漢地における版籍の問題：特に乙未年籍・壬子年籍及び至元七年籍を中心として》，载《羽田博士頌寿記念東洋史論叢》，京都，1950年。
③ 《元史》卷二。

分封掉;陕西部分地区被分封,但亦有大部分未及分封。① 姚大力认为,"丙申年间的分封,尽管分配的直接对象是人而不是土地,但是因为当时计划将人民按既有的行政区划整块整块地封授给诸王和功臣们,其结果必然在除中都、河南以外汉地的大部分地区造成裂土分封的局面","大汗所企图控制的,主要是中都路(除平、滦两州分给斡赤斤外)以及尚未从战乱中复苏过来的河南地区"。②

陕西和河南作为新附地区,推行"画境之制"时是否理所当然地包含在内,这仍需讨论。从上文对画境"十道"的内容和性质分析来看,我们应该从其是否具有课税所(抑或转运司)财政区划性质,以及是否曾有针对较大世侯辖境进行过调整两个方面来进行探讨。

我们知道,陕西东部地区亦即京兆府路,在太宗四年至五年间方克附蒙,癸巳岁(1233),田雄受"命开府陕西行总省事",治理京兆地区,"北自鄜、延,西凤翔,东南及商、华州,属县皆置长吏"。③ 历经兵燹之后,京兆府路人口锐减,"焚斩之余,八州十三县,户不满万,皆惊扰无聊"。④ 估计整个地区的户口亦仅数万而已。而陕西西部地区亦即巩昌路地区,迟至太宗七年(1235)皇子阔端征秦、巩时,汪世显才于当年十一月降,估计乙未籍户时尚未及于此地。⑤ 就现有诸多史料来看,笔者以为"画境之制"的范围尚不及于该地区。

再从该地世侯存留状况的角度分析。该地区东部京兆一带并无大世侯,田雄于甲午岁(1234)宣赐金虎符,太原、平阳两路军隶麾下,戊戌岁(1238)赴阙,受命专意征蜀。⑥ 至于再稍后些的耶律朱哥受命征秦蜀、抚

---

① 如延安府九千七百九十六户被分封给火雷公主位下,凤翔府一百三十户分封给灭古赤。详可参阅《元史》卷九五《食货三·岁赐》。
② 姚大力:《论蒙古游牧国家的政治制度——蒙元政治制度研究之一》,第209页。
③ 李庭:《寓庵集》卷六《故京兆路都总官府提领经历司官太傅府都事李公墓志铭》;同卷《故宣差京兆府路都总管田公墓志铭》。
④ 元明善:《清河集》卷六《参政商文定公墓碑》,《元人文集珍本丛刊》本。
⑤ 《元史》卷二《太宗本纪》。
⑥ 《寓庵集》卷六《故宣差京兆府路都总管田公墓志铭》。

定关中等,他们均非严格意义上专制其地的世侯。[①] 而巩昌地区大世侯汪世显又显得极为特殊,汪氏迟至癸卯岁(1243)才"承制拜便宜总帅,秦、巩等二十余州事皆听裁决"。[②] 汪氏甚为蒙古人所重,即便在李璮乱后,世祖忽必烈罢世侯时,秦巩汪氏家族亦未在迁转罢废之列。[③] 从某种程度上来说,意欲调整世侯辖地的"画境之制"在该地区似无明确划分对象。另外,该地区地方行政建置的改易,在太宗时期也并不明显,而且《地理志》亦并无反映,此其一。其二,从现有史料来看,丙申年前后,陕西地区并未见及课税所的设立等相关信息,京兆地区惟见马亨曾任京兆榷课所长官:"癸丑,从世祖征云南,留亨为京兆榷课所长官。京兆,藩邸分地也,亨以宽简治之,不事掊克。凡五年,民安而课裕。"[④]然则癸巳(1253)去丙申岁已有年矣。因此,上文所述画境"十道"是否具有课税所(抑或转运司)财政区划性质以及是否有针对世侯辖境的调整两个方面来看,丙申年间的陕西地区当不在此"十道"体系之内。

　　河南地区亦颇为特殊。该地区是蒙金战争争夺十分激烈的地区,1232年蒙军下汴梁等地,许多居民被俘掠至黄河以北各地,所谓"徙河南之民实河北郡县",[⑤]史称"壬辰北渡"。道士姬志真曾云:"壬辰之革,河南拱北,城郭虚厉,居民索寂。自关而东,千有余里,悉为屯戍之地。荒芜塞路,人烟杳绝,唯荷戈之役者往来而已。"[⑥]太宗六年,南宋收复三京的军队进入河南,发现不少州县"皆残毁无人居",[⑦]可见其时河南地区人口损耗的严重及社会的萧条。据《廉访使杨文宪公兖》载:"戊戌,天朝开举选,特

---

① 关于耶律朱哥的事迹,详可参阅周清澍:《元桓州耶律家族史事汇证与契丹人的南迁》,载其著:《元蒙史札》,内蒙古大学出版社,2001年版,第439—446页。
② 《元史》卷一五五《汪世显传》。
③ 姚燧:《牧庵集》卷八《乔木堂记》。
④ 《元史》卷一六三《马亨传》。另据《寓庵集》卷二《送宣课粘合正卿北上二首》载,似乎粘合正卿亦为其课税所官员。不过从诗文"春秋朝会新王命"来推测,时间亦应当在忽必烈治理京兆地区时为是。
⑤ 苏天爵著,陈高华、孟繁清点校:《滋溪文稿》卷二〇《易州李氏角山阡表》,中华书局,1997年版,第341页。
⑥ 姬志真:《云山集》卷七《洛阳楼云观碑》,《道藏》第25册,文物出版社、上海书店、天津古籍出版社,1988年版。
⑦ 周密:《齐东野语》卷五《端平入洛》,学苑出版社,1998年版,第60页。

诏宣德课税使刘公用之试诸道进士。君试东平,两中赋论第一。俄从监试官北上,谒中书耶律公,力奏荐之,宣授河南路征收课税所长官,兼廉访使。陛辞之日,言于中书公曰:'仆不敏,误蒙不次之用,以书生而理财赋,已非所长。又河南兵荒之后,遗民无几,烹鲜之喻,正在今日,急而扰之,糜烂必矣。愿公假以岁月,使得拊摩创罢,以为朝廷爱养基本万一之助。'中书甚善之。"①从这段史料来推测,河南地区课税所设立的时间应该是在1238年,丙申岁行"画境之制"时该地区尚未设立课税所,可以说其时尚不在课税所(转运司)体系的"画境之制"范围内。

其二,就目前史料来看,河南地区亦并无大世侯,尽管金亡时蒙廷"以监河桥万户刘福为河南道总管",②张子良于戊戌岁(1238)"率泗州西城二十五县、军民十万八千余口,因元帅阿术来归"。③张柔于己亥岁(1239)"以本官节制河南诸翼兵马征行事,河南三十余城皆隶焉"。④但因有关刘福、张子良等史料不甚明了,难以判断其具体身份;加上丙申岁前后,河南地区很不稳定,作为大汗所直接控制的尚未被分封掉的地区,它还不具备"画境"的条件。元代载籍亦较少反映出此一时期该地区地方建置改易的现象。因此,笔者以为河南地区亦不在丙申岁的"画境之制"之"十道"体系内。⑤

需进一步指出的是,陕西和河南地区靠近南宋前沿,具有很强的地域特殊性,大蒙古国时期它更多地应是种军管型地区。迨至宪宗时期,陕西、河南之地为忽必烈所选中,作为试点单独以治。在京兆地区,忽必烈于"岁癸丑,受京兆分地。诸将皆筑第京兆,豪侈相尚,帝即分遣,使戍兴元诸州。又奏割河东解州盐池以供军食,立从宜府于京兆,屯田凤翔,募民受盐入粟,转漕嘉陵。夏,遣王府尚书姚枢立京兆宣抚司,以孛兰及杨

---

① 《元朝名臣事略》卷一三。
② 《郝文忠公陵川文集》卷三五《故中书令江淮京湖南北等路宣抚大使杨公神道碑铭》。
③ 《元史》卷一五二《张子良传》。
④ 《元史》卷一四七《张柔传》。
⑤ 关于河南地区不是"十道"之一,张金铣《窝阔台"画境"十道考》文亦有所分析,可兹参考。

惟中为使,关陇大治。又立交钞提举司,印钞以佐经用"。① 他请求"分河外所属而试治之",并"不令牙鲁瓦赤有所钤制",②看来陕西地区课税征榷体系的完全建立可能要迟至宪宗时期。这是仅就京兆地区八州十三县而言。此外还有如巩昌等地区,情况则更为复杂。另据《世祖一》载:"[中统元年]秋七月戊辰,敕燕京、北京、西京、真定、平阳、大名、东平、益都等路宣抚司,造羊裘、皮帽、裤、靴,皆以万计,输开平。"③其间就并无指涉陕西、河南两地。是知此两地区在蒙元初期财赋征榷体系内的特殊性。

综上所述,笔者认为陕西、河南地区尚不在丙申画境"十道"的体系之内。不过须指出的是,丙申画境"十道"的格局不久之后便发生变化,1238年河南课税所得以建立;并且具有标志性意义的汉人世侯张柔辖地顺天,在太宗十一年亦得到恢复。这均意味着丙申年所谓"十道"之分道状况维持的短暂。

那么,既然陕西、河南地区不在丙申年的"十道"体系内,画境"十道"又究竟是指哪"十道"呢?笔者依据金元之际课税所体系(转运司体系)推测,此"十道"应为燕京道、西京道、平阳道、太原道、河北东西道、山东东道、山东西道、大名道(含邢洺)、彰德道(含卫辉)以及北京道。相较张金铣及李治安两先生的"十道"划分法,主要的不同点是将陕西、河南地区剔除,把"河东道"拆分为平阳、太原两道;另外,同意张氏观点,将大名、彰德拆分为两道;余则与李、张两先生观点相同。对于陕西、河南地区,前文所述甚详,这里主要就平阳、太原以及大名、彰德路的情形再加申说。

关于平阳与太原两路。我们知道,金代两地就为各自转运司之治所,④设立十路课税所时亦分别设有该机构。两道人口繁庶,若统领到一道之内,似有不妥。丙申分封时,平阳分封给拔都,太原分封给察合台,两

---

① 《元史》卷四《世祖一》。
② 《元朝名臣事略》卷七《丞相史忠武王天泽》。
③ 《元史》卷四。
④ 《金史》卷二六《地理下》。

系原本就不相融,常生纠纷。① 它在课税所(转运司)体系内亦应分开,史料当中未见及平阳、太原合为一道课税所的记载。需要特别说明的是,金元之际所谓"河东",不少场合所指称的是平阳路。② 郝经《河东罪言》云:

> 比年以来,关右、河南北之河朔少见治具,而河朔之不治者,河东、河阳为尤甚。近岁河阳三城亦在湔濯,分裂顿滞者独河东而已。夫河东表里山河,形胜之区,控引夷夏,瞰临中原,古称晋州天府,南面以莅天下。而上党号称天下之脊。……平阳一道,隶拔都大王,又兼真定、河间道内鼓城等五处,以属籍最尊,故分土独大,户数特多。……今王府又将一道细分,使诸妃、王子各征其民,一道州郡至分为五七十头项,有得一城或数村者,各差官临督。……国家血战数十年以有此土,何独加意于陕右、河南及河阳,置河东而不问。……愿下一明诏,约束王府,罢其贡金,止其细分,使如诸道。选明干通直者为之总统,俾持其纲维,一其号令。③

郝氏所谓河东,即指平阳,并未及于太原。另据王恽《待旦轩记》载:"至元壬申岁,予自御史调官平阳,扁私居之轩曰待旦,盖所以砺厥志而儆不逮也。矧河东列城五十,棋布相望,大府实根本所在而风俗系焉。"④ 所言"河东列城五十",即专指平阳一路无疑。《元史·李守贤传》所载:"岁戊子(1228)朝于和林,加金紫光禄大夫,知平阳府事,兼本路兵马都总管。……甲午(1234)冬十月卒。……子毅嗣。……辛丑(1241),朝行在

---

① 据《故进义副尉元氏县主簿马君墓碣铭》载:"圣朝既平金,平阳、太原郡各一王。辽山、和顺故隶平阳,与太原接壤,守臣主彼者,率其徒劫二县民籍之。民从违相半,遂自为敌,日千百斗击。君甚不平,谓众曰:'圣天子既定封,民各有属。此王之民,而为彼户可乎?'录其版白诸府,府畏忌,不果行。会灭薛二辈行断事官,往诉其状,寻奏复之,因檄君为和顺令。"参阅许有壬:《至正集》卷五五,《元人文集珍本丛刊》本。
② 金末平阳曾置行省,"平阳行省"又被称"河东行省"。《金史·胥鼎传》称,贞祐四年(1216)二月,"拜枢密副使,权尚书左丞,行省于平阳"。《金史》卷一四《宣宗纪上》载,贞祐四年,"河东行省胥鼎入援京师"。
③ 《郝文忠公陵川文集》卷三二。
④ 《秋涧先生大全集》卷三七。

所,授河东道行军万户总管,兼总管。……中统三年,改河东路总管。"①故而我们认为,此处所谓"河东道行军万户",其实只是承袭其父的平阳府路的总管万户,仅管辖平阳一路而已。

蒙古国时期,胡天禄主持平阳府行省事务;郝和尚拔都于己酉岁(1249)"特命升万户府为河东北路行省",②此两行省当为两个不同的机构。③ 关于太原道课税所,据王磐撰《忠定郝公神道碑铭》载:"戊申(1248)秋,[郝和尚拔都]奉诏还治太原。……己酉岁,复朝王府,王嘉公勤恤百姓,治效昭著,特升万户府为河东北路行省,所有军民人匠税课盐铁……皆隶本路,得以便宜从事。"④可见太原路课税所负责河东北路地区税务,它并未与拔都系所属的平阳道合而为一。

关于彰德与大名道的问题。彰德与大名两道均是实行"画境之制"时从严实东平路划出,所谓"及是,画境之制行,公之地于魏则别大名,又别为彰德"。大蒙古国时期,彰德地位特殊,地处南北交通孔道,人员往来频密,耗费繁多。窝阔台四年(1232),蒙廷于其地立彰德总帅府,领卫、辉二州。粘合重山父子亦曾开府彰德,⑤可见其地位之重要。而元人胡衹遹更曾明确指出:"彰德居十路之一,又当南北要冲,朝廷以公为能,自呼图克帐下扎萨克齐擢拜彰德路达噜噶齐。岁丙申之四月也。"⑥是知,丙申画境之时该地曾为"十道"之一。

大名路于金末曾置行省,丙申分封时,分予太宗长子贵由作为分地。该地从东平路析出,因东平世侯严实麾下赵天锡占有大名十七城未归的缘由,大名路的辖区未能完全恢复到原金时期的状况。虽即如此,倘若细

---

① 《元史》卷一五〇《李守贤传》。
② 胡聘之:《山右石刻丛编》卷二八《大元国乡宁县赵侯墓志》载有"叠授平阳府行省胡公丞相及总府文字"语;[明]朱昱:《嘉靖重修三原志》卷一〇《忠定郝公神道碑铭》,《四库全书存目丛书》史部第180册,齐鲁书社,1996年版。
③ 瞿大风:《元朝时期的山西地区》,第144页。
④ 《嘉靖重修三原志》卷一〇《忠定郝公神道碑铭》。
⑤ 关于粘合父子开府彰德事,详可参阅赵琦、周清澍:《蒙元时期的粘合家族与开府彰德》,载《中华文史论丛》总第67辑。
⑥ 胡衹遹:《紫山大全集》卷一五《大元故怀远大将军怀孟路达噜噶齐兼诸军鄂勒蒙古公神道碑》,文渊阁《四库全书》本。

加分析的话，笔者认为丙申岁大名路的建置还是应维持在原金时期的一种状况的。据史载，占有滑、浚等州的大名世侯王珍，于庚子岁（1240）入见太宗，"授总帅本路[大名路]军马管民次官"。① 戊戌岁（1238）前，"大名长官欲以冠氏等十七城改隶大名，玉汝皆辨正之"，②估计所指即丙申年间事。据元好问撰于戊戌岁的《冠氏赵侯先茔碑》载，该年赵天锡正为"东平左副元帅兼分治大名府路同知兵马都总管事"。③ 虽然当时冠氏等城未被析入大名，但作为一种彼此的妥协，冠氏等城在名义上很可能已划入大名，并由冠氏帅赵天锡出任大名长官。由此可推知，丙申年间的大名路是合由王珍、赵天锡等人所占城池，而复有原金规模。大名路作为一个大的重要路份，为课税征收体系中的"十道"之一，亦属必然。胡祗遹《故大名路征收课税所长官耶律公神道碑》即明载："己亥（1239），[耶律泽民]以从军之劳，授大名路征收课税所长官。"④

由上面的分析考较看来，笔者认为丙申岁的画境"十道"，应为燕京道、西京道、平阳道、太原道、河北东西道、山东东道、山东西道、大名道（含邢洺）、彰德道（含卫辉）以及北京道，共十道。其中燕京道应辖有燕京、涿州、保州等地；西京道辖西京路、宣德路；河北东西道辖真定、河间等地；山东东道辖济南、益都、滨棣等路；山东西道所辖应为画境之后的东平路五十余城；大名道应辖大名路，以及丙申年从真定分析出的邢洺路；彰德道应辖彰德、卫辉等地；北京道应辖有北京路、东京路、大宁府路等路。⑤

丙申画境"十道"的分道格局，在接下来的一两年内，便渐趋瓦解。"画境之制"的范围其实仍多集中在蒙元前期统治较为稳定的地区，这些区域其实就是后来形成的所谓腹里地区（北京道除外）。不过距离腹里地区的最后形成尚还有几十年时间，而在此期间，另一种"十道"体系的划分——中统初年十路宣抚司、十路宣慰司的形成及其崩解——为有元一

---

① 《元史》卷一五二《王珍传》。
② 《元史》卷一五三《王玉汝传》。
③ 《元好问全集》卷三〇《冠氏赵侯先茔碑》。
④ 《紫山大全集》卷一七。
⑤ 各道辖境部分参考了李治安、张金铣、赵琦等人观点，各道辖境之具体状况及不同点，下文在叙述十路宣抚司时将予以展开，兹不具论。

代腹里区域的逐渐形成提供了一个十分重要的观察视角。笔者认为,画境"十道"的分道状况并非一直沿袭至中统初年,其间尚有变化。接下来我们就中统初年十路宣抚司的辖境问题及其随后出现的演变状况等展开讨论,以明了腹里地区的历史形成过程。

四　中统初年"十路"宣抚司辖境状况考析

中统建元,忽必烈诏告天下,欲"内立都省,以总宏纲;外设总司,以平庶政"。随即便设立号称"总司"的十路宣抚司:

> 以赛典赤、李德辉为燕京路宣抚使,徐世隆副之;宋子贞为益都济南等路宣抚使,王磐副之;河南路经略使史天泽为河南宣抚使;杨果为北京等路宣抚使,赵昞副之;张德辉为平阳太原路宣抚使,谢瑄副之;孛鲁海牙、刘肃并为真定路宣抚使;姚枢为东平路宣抚使,张肃副之;中书左丞张文谦为大名彰德等路宣抚使,游显副之;粘合南合为西京路宣抚使,崔巨济副之;廉希宪为京兆等路宣抚使。①

此次十路宣抚司的分道问题,相较于丙申年间的画境"十道"而言,实已发生较大变化。不过,对于中统初年各路宣抚司的具体辖境状况,从十路宣抚司到十路宣慰司的演变过程中出现的各道变化,以及中统、至元之交"十道"体系崩解过程中所显示出的各块区域分化的历史过程等,这一系列问题目前仍缺乏明确回答。②下面首先就十路宣抚司的具体辖境状况,逐一进行考较、分析。

燕京路宣抚司。燕京路宣抚司应下辖燕京路、涿州路、顺天路、平滦

---

① 《元史》卷四《世祖一》。
② 关于十路宣抚司的辖境问题,前揭史卫民《元朝前期的宣抚司与宣慰司》有所提及,惟其所言甚简。

路、河间路等。太宗窝阔台八年,涿州自燕京路析出,升为路。顺天路为张柔辖地,其辖境一度"北负涿易,自为一道,统城三十",①丙申分封时为邻道所析分,据《元史·兵志一》载:"[太宗]八年七月,诏:'燕京路保州等处,每二十户签军一名,令答不叶儿统领出军。'"②是知保州时属燕京路所辖;太宗十三年置顺天路,乙卯岁(1255)顺天路六万户分拨给太祖大斡耳朵;徐世隆任职燕京宣抚司时,中统二年亦曾移治顺天。③ 从以上种种情况来看,顺天路属燕京路宣抚司所辖无疑。关于平滦路,蒙古国时期,该地曾隶北京路,《元史·吾也而传》载:"[太宗十三年,吾也而]俾充北京、东京、广宁、盖州、平州、泰州、开元府七路征行兵马都元帅,佩虎符。"④但至中统建元,"世祖皇帝践阼,分朔南为十路,肇建总管府,以公奕世材贤,授平滦路总管"。⑤ 估计其时已复金旧,归燕京路宣抚司辖。这里需特别指出的是河间路(即原金河北东路地区)。据《太常徐公世隆》载,中统元年徐世隆为燕京路宣抚使时,"清、沧盐课,前政亏不及额,公综核之,得增羡若干,敕赐白金三十笏,以嘉其能"。⑥ 清、沧属河间路辖地,是知此时河间路属燕京宣抚司辖。可以互相印证的是,据《经世大典·站赤三》载,该史料保存有一份至元二十五年(1288)正月为增加各地祇应钱钞而下达的一份公文。该公文对三道宣慰司设置后腹里地区的内部区划有所揭示,将保定、河间、平滦、隆兴四路划在直隶省部的范围内。⑦ 由此可知,河间路当为燕京宣抚司所辖。元中期的状况正与中统初年设立十路宣抚司时的状况具有一脉相承的联系。

益都济南等路宣抚司,又称益都宣抚司。⑧ 该宣抚司所辖路份应与丙申年间画境"十道"时的山东东道一致,未有变化。其时,济南路、滨棣路、

---

① 《郝文忠公陵川文集》卷三四《顺天府孔子新庙碑》。
② 《元史》卷九八。
③ 《元朝名臣事略》卷一二《太常徐公世隆》。
④ 《元史》卷一二〇。
⑤ 《秋涧先生大全集》卷五七《大元故昭勇大将军北京路总管兼本路诸军奥鲁总管王公神道碑铭》。
⑥ 《元朝名臣事略》卷一二《太常徐公世隆》。
⑦ 《永乐大典》卷一九四一八,中华书局,1986年影印。
⑧ 《元史》卷一五九《宋子贞传》。

益都路(时当仍称行省,并含淄州、莱州、登州、宁海州等)俱隶之。

河南路宣抚司。该宣抚司所辖路份应与原金南京路所辖大体一致。不过,因蒙古国时期建置划割改属频繁,仍有不少州县有所出入。例如单州,金时隶南京,蒙古国时期已改隶东平。

北京等路宣抚司。据《参政杨文献公果》载,北京路宣抚司"控制辽东,番夷杂处"。① 北京宣抚司辖境在金元之际应有较大变化。约太祖十年(1215),畏兀儿人塔本"授金虎符,镇抚北京行省都元帅,便宜行事。其管内北际漠北,西南接赵地及畿甸,而东至于高丽";② 太祖十九年(1224),史天祥"授右副北京等七路兵马都元帅";③ 再据《元史·吾也而传》载:太宗十三年(1241),吾也而"俾充北京、东京、广宁、盖州、平州、泰州、开元府七路征行兵马都元帅,佩虎符"。④ 由上述记载可知,丙申前后北京路的辖境范围大体含上述七路(府)之地。原金上京地区及其北部以远地区是否也在北京宣抚司管辖内,目前尚不十分明确。据《元史·太祖纪》载:"[太祖十年]金宣抚蒲鲜万奴据辽东,僭称天王,国号大真,改元天泰。十一月,耶律留哥来朝,以其子斜阇入侍","[太祖十一年]冬十月,蒲鲜万奴降,以其子帖哥入侍。既而复叛,僭称东夏"。⑤《元史·地理志二》载:"元初癸巳岁(1233),出师伐之,生禽万奴,师至开元、恤品,东土悉平。"⑥ 是知在原金上京地区的这个比较独特的政权即所谓东真国,其势力范围,西北自上京城,西南至婆速路,兼及辽东半岛,东南到曷懒路与恤品路。另据《元史》载,中统二年八月"贾文备为开元女直水达达等处宣抚使";九月,"以开元路隶北京宣抚司",十一月,"罢十路宣抚司,止存开元路"。⑦ 由上所述看来,原金上京地区在蒙元前期一直作为一个比较特殊的区域存在。它紧邻北京路,与其关系比较密切,或分或合。

---

① 《元朝名臣事略》卷一〇。
② 廉惇:《伊吾卢氏世系状》,《永乐大典》卷一三九九三引《廉文靖公集》。
③ 《元史》卷一四七《史天祥传》。
④ 《元史》卷一二〇。
⑤ 《元史》卷一。
⑥ 《元史》卷五九《地理志二》。
⑦ 《元史》卷四《世祖一》。

平阳太原路宣抚司,又称河东宣抚司。① 该路宣抚司的辖境范围当包括平阳、太原两路。因该两路与邻近路份较少发生划割改属状况,故其辖境较为稳定。不过需要特别指出的是,仍有如原来属河东南路的怀州划入他境,而不在平阳太原道宣抚司的管辖之内。

真定路宣抚司。真定宣抚司所辖当仅含原金之河北西路地区,与丙申时期的河北东西道课税所包括河北东、西道时的情形不同。② 河北东路从中划出,前文所述河间路归属燕京道即是明证。据《元史·地理志》载:"元初[真定]置总管府,领中山府,赵、邢、洺、磁、滑、相、浚、卫、祁、威、完十一州。后割磁、威隶广平,浚、滑隶大名,祁、完隶保定,又以邢入顺德,洺入广平,相入彰德,卫入卫辉;又以冀、深、晋、蠡四州来属。"③割出的邢、洺、磁、相、卫等州,形成后来的顺德路、彰德路以及卫辉等路,这些州不复在真定路宣抚司管辖之内。④ 因此真定宣抚司的管辖范围当只包括调整后的真定路。

东平路宣抚司。该宣抚司的辖境应与丙申岁山东西道的辖区前后相承,实即指"画境之制"后东平路所统的五十余城。据《东平行台严公神道碑》载:"岁庚辰(1220)秋七月,东平严公籍彰德、大名、磁、洺、恩、博、滑、浚等州户三十万,归于有司。……又四年(1224)朝于和林城,授东平路行军万户,偏裨赐金符者八人。初,公之所统,有全魏,有十分齐之三、鲁之九。及是,画境之制行,公之地于魏,则别大名,又别为彰德;齐与鲁,则复以德、兖、济、单归于我。丁酉(1237)九月,诏书命公毋出征伐。当是时,公以百城长东诸侯者十五年矣。"⑤所谓五十余城,就是在窝阔台时期实行"画境之制"后,分出大名路、彰德路,同时又划入德、兖、济、单诸州之后所

---

① 《秋涧先生大全集》卷四一《故翰林学士河东南北路宣抚使张公挽诗序》云:"迨中统辛酉,先生自河东宣抚改授翰林学士兼中书省参议。其秋,恽亦以都司就列,机务之暇,接论思殊。"
② 《牧庵集》卷二二《金故昭勇大将军行都统万户事荣公神道碑》载:"河朔平,太宗即位。三年辛卯,肇置征收课税所河北东、西道,辟为沧盐办课官。"
③ 《元史》卷五八《地理志一》。
④ 下文在考察大名彰德路宣抚司的辖境时将作详细考论。
⑤ 《元好问全集》卷二六。

形成的辖区。

大名彰德等路宣抚司。大名彰德宣抚司地处腹心,相较金末元初的"十道"划分,该道属新立。弄清楚其辖境状况,对于我们理解与其近邻的真定、东平、河南以及平阳太原等道的辖地情况显得十分重要。据胡祗遹《滴漏铭有序》云:"惟皇践祚之元祀,分天下而为十路,置宣抚使,以大名、怀孟、卫辉、相、磁、邢、洺实中夏之腹心,可择望崇位重者镇抚之,特命内相左丞张公茝焉。公来治魏,革旧弊,立新政,布宣教条";同氏撰《緱山先生杜公墓志铭》载:"中统建元,立十道宣司,左丞张公首奏先生提举大名六郡学校事。"①所谓六郡,在中统元年即应指大名、怀孟、卫辉、相(即彰德)、邢、洺磁。大名彰德路宣抚司所辖当即含此六郡。

不过这里要就怀孟州的问题再作进一步的讨论。王恽《中堂事记》载:"中统二年,奉圣旨,道与真定路宣抚司:据怀孟达鲁花赤密里吉、总管覃澄奏告……遍谕诸路宣抚司:今后各州城管民官,遇有关涉蒙古军人公事,理问时分,管军官一员,一同听断施行,毋得偏向。准此。"②清人钱大昕据此记载,指称怀孟地区于中统年间隶真定路宣抚司。③钱氏此说,尚值商榷。元人迺贤《河朔访古记》云:"国朝初,仍为河北西路,怀、卫、邢、洺、磁、相、保、大名、河间皆隶焉。"④该材料确实表明,宪宗以前,怀孟属真定路管辖,然在怀孟益为忽必烈封地后,其所属状况已然发生改变。中统初年设立十路宣抚司时,怀孟更已不属真定宣抚司,前文所引元人胡祗遹的记载已十分明确地揭示出这点。此外,《狱具之制》载:"中统二年七月,怀孟路承奉大名等路宣抚司指挥:钦奉圣旨节该:'所在重刑,宣抚司详照文案,当面审引,详察以情,若无异词,关部待报'",⑤云云;《元史·世祖纪二》载:"[中统三年二月]以中书左丞阔阔、尚书怯烈门、宣抚游显行宣慰

---

① 《紫山大全集》卷一四、一八。
② 《秋涧先生大全集》卷八二。
③ 详可参阅钱大昕著、陈文和主编、祝竹点校:《潜研堂金石文跋尾》卷一八《祭济渎记》,《嘉定钱大昕全集》第六册,江苏古籍出版社,1997年版,第481—482页。
④ 迺贤:《河朔访古记》卷上,文渊阁《四库全书》本。
⑤ 《元典章》卷四〇《刑部二·刑狱·狱具》。

司于大名,洺磁、怀孟、彰德、卫辉、河南东西两路皆隶焉;"①据姚燧所撰《湖广行省左丞相神道碑》亦可推知,其文云:"明年[至元二年],进嘉议大夫,佥南京、河南、大名、顺德、洺磁、彰德、怀孟等路行中书省事,始罢世侯,而易其地;"②再据苏天爵撰《元故征士赠翰林学士谥文献杜公行状》载:"世祖入继大统,肇新制度,详延海内方闻之士,咸登诸朝。使者至彰德,公闻王文统已居相位,专言功利,以固权宠,辄引避不见。会中书左丞张公文谦宣抚大名诸路,复奏起公[瑛]为大名、彰德、怀孟等路提举学校官,亦辞不拜。"③等等。

以上材料无不表明,怀孟于蒙元初期隶大名彰德宣抚(慰)司,而非隶真定宣抚(慰)司。钱氏之说殆误。《中堂事记》之记载的合理解释应是:其时真定路发生类似怀孟的事件,因此上奏朝廷请示处理,元廷依怀孟处置之先例,命真定路依此办理;又因怀孟发生的事情具有较大的普遍性,因此一并宣谕诸路宣抚司亦照此办理相关事务。我们并不能据《中堂事记》之记载,便遽断怀孟属真定路宣抚司管辖。需要进一步指出的是,怀孟在行政区划上曾属真定路,但其中统年间隶大名路宣抚司事,并未完全改变其行政区划上的隶属关系,概因此段时间是"以路为根杆的划一化"④的过渡时期,其存在形态比较特殊,且怀孟、彰德、卫辉等均在此前就已有比较独立的路、府地位。

西京路宣抚司。据《元史》载,在正式下诏立十路宣抚司之前,中统元年,蒙廷已命"粘合南合、张启元为西京等处宣抚使"。⑤ 西京路宣抚司当辖西京、宣德两路,据《世祖本纪一》载:"[中统二年十月]括西京两路官民,有壮马皆从军,令宣德州杨庭训统之,有力者自备甲仗,无力者官与供给。两路奥鲁官并在家军人,凡有马者并付新军刘总管统领。"⑥抚(后之兴和路)、桓(其时为开平府,即后之上都)地区,亦应在西京路宣抚司辖境。

---

① 《元史》卷五。
② 《牧庵集》卷一三。
③ 《滋溪文稿》卷二二。
④ 爱宕松男:《元代的录事司》,载《日本学者研究中国史论著选译》第五卷,第617页。
⑤ 《元史》卷四《世祖一》。
⑥ 《元史》卷四。

京兆路宣抚司。同西京宣抚司一样,在未正式下诏立十路宣抚司前,中统元年,蒙廷"以八春、廉希宪、商挺为陕西四川等路宣抚使,赵良弼参议司事"。① 京兆宣抚司的辖境应该包括所谓陕西四路、巩昌路地区以及四川部分地区。据史载:"上既即位,以秦蜀地重,非公莫可。及分十道宣抚,乃以关右、四川并为一道者,命公为宣抚使。"②其中关右当包括原金朝的京兆府路、鄜延路、庆源路以及凤翔四路。有论者以为,当时汪惟正被称为"宣抚",③推知巩昌总帅府的地位完全与宣抚司处于平级地位,认为巩昌地区不在京兆路宣抚司辖境。不过笔者并不同意这种意见。据《汪忠让公神道碑》载,中统三年,忠让因久劳于边,"代以忠惠,迁之巩昌,俾副都总帅,由行省受命";④再据胡祗遹撰《正议大夫两浙都运转使李公墓志铭》载:"中统建元,除太原等路宣抚司员外郎,奉官长,和同列,司政最诸路。二年,改西京等路宣抚司郎中。三年,迁中兴等路行中书省左右司郎中。……四年,转陕西五路、四川行中书省左右司郎中。"⑤这里所谓的"行省",应即指取代京兆宣抚司的陕西四川行省(又称秦蜀行中书省、陕蜀行省),亦当指"陕西五路四川行中书省"。所谓"陕西五路",当包括巩昌路在内的陕西东、西道。以此前溯一两年,巩昌地区亦由京兆路宣抚司辖,此当无大误。而且,这也是后来陕西行中书省辖境含巩昌路地区之逻辑发展的起点。

需指出的是,元中后期所形成的德宁路、净州路、泰宁路、集宁路、应昌路、全宁路、宁昌路以及砂井总管府等七路一府之地,因史料所载有限,中统初年,该地区具体归属哪些宣抚司管辖,尚不明了。笔者估计,很可能分散在紧邻的西京路和北京路宣抚司内。

---

① 《元史》卷四《世祖一》。另据魏初《赵公泉记》载:"赵公[良弼]家世将种。……上在潜邸,公与廉、赵、姚、张诸人偕入扈从。主上龙飞,诏公宣抚陕西、四川等路。"参阅魏初:《青崖集》卷三,文渊阁《四库全书》本。
② 《元朝名臣事略》卷七《平章廉文正王希宪》。
③ 《元朝名臣事略》卷一一《枢密赵文正公良弼》。
④ 张维纂:《陇右金石录》卷五,民国三十二年甘肃省文献征集委员会校印本,载《辽金元石刻文献全编》第三册。
⑤ 《紫山大全集》卷一八。

从上所述中统元年十路宣抚司的区域划分来看,所谓太宗时期画境"十道"的区划一直沿用到世祖中统、至元之初的观点,就金元之际"十道"体系下跨高层级辖区的区划规模而言,确实有一定道理;不过由于其中所涉及的诸道分合及其相应辖境状况的改变,这种观点又显得不甚合理。倘不细加查考,是盖难明晓其义的。中统初年十路宣抚司辖境的状况,透露出蒙元对原金统治地域的大致区划。其时,蒙古在原金各地的统治已趋于稳定和成熟,河南以及陕西地区已完全进入"十道"的划分体系范围内。不过,十路宣抚司很快便被罢废,紧接其后的十路宣慰司的设立及其相应分道情况的变化,以及同时出现的各地行中书省的存留或增设,使得河南、陕西以及北京地区逐渐逸出原来的"十道"区划体系。随着"十道"区划体系的逐步崩解,继之而起的则是中原汉地腹里区域的渐趋成型。

五 "十道"体系崩解下腹里区域的渐趋形成

十路宣抚司的存在时间比较短促,中统二年(1261)十一月,忽必烈"罢十路宣抚司,止存开元路"。① 从中统元年五月设立十路宣抚司算起,其存在时间大约只有十九个月。十路宣抚司罢后,各地逐渐出现宣慰司或行省机构。② 迨至中统三年(1262)十二月丁巳,"立十路宣慰司,以真定路达鲁花赤赵璧等为之"。③ 史卫民指出:"所谓十路宣慰司,并不是十路宣抚司的复置。见于记载的宣慰司有燕京、西京、北京、河东(又称山西、

---

① 《元史》卷四《世祖一》。
② 据《永乐大典》卷一九四一六《站赤一》记载的一份中统三年四月二十日的圣旨称:"谕各路宣慰司节该:据管下总管府……顺天、真定、大名、河间等路,陕西行省、东平、济南等路,北京、开元等路,西京、平阳等路,河南路,山东路。"另据《程雪楼文集》卷一五《跋姚雪斋赠周定甫诗后》云:"定甫事世祖潜邸。中统建元,召为中书详定官。明年,置……(此处疑有脱漏——笔者),行省平阳,授左右司郎中。又明年,建十路宣慰司,迁北京、平滦、广宁宣慰司参议。"此处记载十路宣慰司立于中统二年,误;而所谓"北京、平滦、广宁宣慰司"亦颇令人生疑,此是指上述三地都设宣慰司,还是仅指北京宣慰司? 若只指北京宣慰司,则平滦当不在其内,此阙疑待考。参阅程钜夫:《程雪楼文集》,《元代珍本文集汇刊》本,台北"中央"图书馆编印,1970年版。
③ 《元史》卷五《世祖二》。

平阳太原)、东平、大名、河南、真定、顺德、顺天、开元等。陕川地区和益都因立有行中书省,显然未置宣慰司。"①宣抚司罢后,从各地行省与宣慰司交替设立的现象中亦可见及相关情形:"中统三年春,山东守将李璮阴结宋人,据济南叛。史公已居相位,分省将兵往征之,以公为左司郎中。……璮既伏诛,改行省为济南、滨棣、益都等路宣慰司,复以公为参议。"②

可见,不仅十路宣慰司的分道情况已迥异于十路宣抚司,而且各道的辖境状况亦有差异。如中统元年大名宣抚司辖有六郡(路),而设立大名宣慰司时,统有七路,所谓"大名等七路宣慰司"。③ 此外,又有所谓秦蜀行省(陕西四川行省)、益都行省的存留或设立。至元元年(1264)八月,"罢宣慰司",立山东诸路行中书省,以新立条格颁诏天下,同时颁发了陕西、西夏中兴、北京三处行中书省条格。④ 行中书省的存留、增设以及十路宣慰司的设立与改废,已逐步消解掉原来的"十道"划分体系。从此,"行中书省成为朝廷认定的唯一的地方行政总司形式"。⑤

随着这一轮宣慰司与行中书省的设立或改废,原来的"十道"划分体系已逐步走向崩解。中统年间陕西行省的设立,以及至元初年北京设置行中书省,虽然它们或名称改易,或旋罢旋复,⑥但这些地区很明显地已逐渐逸出后来形成的所谓"腹里地区",转而各自发展成为独立的行省。迨至至元五年,又"立河南等路行中书省",⑦河南地区亦逸出原来的"十道"体系。随着此三大块区域的逐渐退出,剩下的"十道"体系内的其他诸道,逻辑地形成为后来所谓的"腹里地区"。由此可推论,蒙元前期所形成的

---

① 史卫民:《元朝前期的宣抚司与宣慰司》。
② 《滋溪文稿》卷一〇《元故少中大夫江北淮东道提刑按察使董公神道碑铭》。
③ 《紫山大全集》卷一八《龙虎卫上将军安武军节度使兼行深冀二州元帅府事王公行状》。
④ 《元史》卷五《世祖二》。
⑤ 史卫民:《元朝前期的宣抚司与宣慰司》。
⑥ 《元史》卷六《世祖三》载:"[至元二年十二月丁巳]又请罢北京行中书省,别立宣慰司以控制东北州郡,并从之";卷七《世祖四》载:"[至元八年]以国王头辇哥行尚书省于北京、辽东等路";卷八《世祖五》载:"[至元十一年二月]以廉希宪为中书右丞,北京等处行中书省事"。
⑦ 《元史》卷六《世祖三》。

"十道"体系及其崩解过程,其实正是腹里地区的历史形成过程;金元之际的"十道"划分体系,在区划有元一代中原地区行政地理格局中所起的作用是显而易见的。①

事实上,陕西、河南及北京地区的逸出,除有上所述其自身的历史发展渊源而外,更多地可能是因其所处的地理位置及当时形势使然。元人郝经于庚申(1260)四月所进《便宜新政》曾云:"定都邑,以示形势。今日于此建都,固胜前日,犹不若都燕之愈也。燕都东控辽碣,西连三晋,背负关岭,瞰临河朔,南面以莅天下。和林置一司分,镇御根本;北京、丰靖各置一司分,以为二辅;京兆、南京各置一司分,以为藩屏。夫燕云,王者之都,一日缓急便可得万众,虽有不虞,不敢越关岭踰诸司而出也。形势既定,本根既固,则太平可期。"②此定都建言,正是从整个形势来划分的:外则五司环置,内则为京畿重地,腹里区域于此顿显无疑矣。

金元之际"十道"体系的崩解及腹里区域的形成,亦与中统、至元初年"省并州县"以进行一系列行政建置的调整密切相关。这是蒙元走向中央集权的一个标志。腹里区域在此时渐趋形成,同时腹里地区内部的区划,亦在此时有所显现。据《世祖纪三》载,至元二年闰五月,"以平章政事赵璧行省于南京、河南府、大名、顺德、洺磁、彰德、怀孟等路,平章政事廉希宪行省事于东平、济南、益都、淄莱等路,中书左丞姚枢行省事于西京、平阳、太原等路"。③上述所指之地,既不包括陕西和北京路地区,也不包括河北东、西路地区在内;而最值得我们留意的是后者,即朝廷已不派员行省河北东、西路。④ 笔者以为,之所以不见蒙廷另行派员前往河北东、西路地区主持迁转工作,估计该地区已归由中书省直接管领。

---

① 十路宣慰司废后,中统至元之初虽有诸如十路奥鲁总管府、九路转运司或十一路转运司之设,但由于其存留时间不长,对于地区区划影响有限,兹不予详究。
② 《郝文忠公陵川文集》卷三二。
③ 《元史》卷六。
④ 据《金史》卷二五《地理志》载,金代河北东、西路分别以河间府和真定府为路总管府所在地,顺德(金邢州)、彰德、洺磁等地虽属河北西路,不过其他处河北西路的南端,金末元初这几个地区已逐渐与河北西路关系疏远。况且如前文所述,大名彰德已常被视为一道矣。

前文已述,中统、至元之初,北部中国地区先后设有十道宣抚司和十路宣慰司等机构。然而十路宣慰司被罢废之后,蒙廷曾多次派人行省河东山西和山东东西地区,之后于至元二十一年又各设立宣慰司作为两地的最高地方政权机构;而河南地区则因处于宋元对峙的前沿,当时尚设有经略使司,其后亦更有行省之建置;西北地区的兴元西夏行省、秦蜀行省等,则自中统、至元之初就已成立;独不见河北东、西路地区有较大型的高层级地方政区建置的出现。① 笔者以为,恰在此一时期,河北东、西路地区已归由中书省直接控制,成为直辖区,所谓"昔者国家设都于燕,保定、真定皆为辅郡"。② 倘不揣谫陋,似可作进一步推论的是,那就是明清时期所谓[北]直隶地区的生成,其胚胎或正肇端于中统、至元之交。

---

① 对于腹里地区的政区框架,李治安指出它"有意无意地模仿漠北蒙古本土中央兀鲁思和东、西道宗王兀鲁思的方位,设计了腹里地区中部由中书省直辖,东、西两翼另增设宣慰司的方式。"详可参阅氏撰《元中书直辖"腹里"政区考略》。其实,从成吉思汗分封时起,由诸兄弟统东部形成所谓"东道诸王",而其子嗣则统西部形成所谓"西道诸王";其后,到丙申年分封时,大致而言,西部(河东地区)仍主要分封给成吉思汗儿子尤赤和察合台系,东部(山东地区)则主要分封给成吉思汗诸兄弟及诸功臣,而中部地区则主要分封给代表大汗窝阔台系的后裔与成吉思汗幼子拖雷系。此种模式与漠北草原的分地分封模式,几乎如出一辙。某种程度上可以说,华北地区的政区设计,深深烙下了蒙古分封制度的痕迹。
② 《滋溪文稿》卷一三《礼部员外郎王君墓志铭》。

第二章 "腹里"内部区划的生成及其地位探析

一 问题的提出

对于今日部分省级区划的早期雏形或可追溯至秦汉时代,甚或更早,如所谓秦"三十六郡"、汉"十二州",以至于唐代"十道"、北宋初年"十五路"等,我们均可不同程度地从中观察到某些省区的依稀前身。不过,有些省级区划又是如何发展并被凸显出来进而得以大致确定其基本规模乃至延续于今日而大体不变的呢?在这一点上,则仍有不少话题是需要进一步探讨和思考的。例如,蒙元时代华北"腹里地区"出现中书直辖区及河东山西宣慰司、山东东西道宣慰司的两翼结构形态,应该说来这种形态就是今日山西、河北、山东三省的区划得以被凸显并奠定其后世基本面貌的源来。① 那么,蒙元时代腹里地区内部三分格局又大体是在哪个阶段形成的呢?

---

① 对于不同历史时期"河东"、"山西"、"河北"、"山东"等地理名词不同含义的变迁问题,因牵涉所及太过繁复,本章不作考察。元人晓山老人撰《明分野地名郡邑同异之别》云:"百王制度代有沿革,考究实难,况地名同异,古今混殽,尤难辨也。识以山川所留,时各异名,而郡邑之名又复非古,或沿其地而易其名,或袭其名而迁其域,地亦迁而名亦革,是必仰观推侯有失之弊。且如河东亦名也,有兖州之河东,有并州之河东,黄河北流故河北,东故在河之东,秦汉以还,河决东下,故河东移在并州。……河北一名也,有中国之河北,有阴山之河北。……今之河北乃古之河东,河北东路是也。……山东一名,也有指河南言,据华山言,有指河北言,杜牧之言,此川所留时各异名也。"参阅晓山老人编:《太乙统宗宝鉴》卷八,文渊阁《四库全书》本。

就相关史料以及学界业已取得的研究成果来看,腹里地区出现此种两翼三分结构形态的时间大致应在金末元初。对于腹里地区内部区划的形成,目前主要有以下两种解释:一是着眼于地理因素的分析。山西、山东、河北即以山、河为界,各成形胜之区,所谓"山川形便",这是最为常见的观察区划变迁的基本原则之一。① 二是蒙古分封形态的影响(中央兀鲁思外加左、右两道)。太宗丙申分封,实质上是将漠北草原分封形态扩展到华北汉地,右翼河东山西地区为成吉思汗诸子所领,②左翼山东地区则多为诸王、功臣、驸马所领,而地处中央的河北诸地则多为大汗斡耳朵与窝阔台系以及接续汗位的拖雷家族所领有。这种模式与成吉思汗漠北草原的分封异曲同工,对于腹里地区政区框架的安排,上一章曾引李治安观点指出:"元朝统治者还有意无意地模仿漠北蒙古本土中央兀鲁思和东、西道宗王兀鲁思的方位构建,设计了'腹里'地区中部由中书省直辖,东、西两翼另增设宣慰司的方式。"③

此外,笔者以为还应留意蒙古军事征伐路线(内亚游牧传统的左、中、右三翼结构)的影响。癸酉(1213)秋,蒙军大举攻金,"分兵三道:命皇子术赤、察合台、窝阔台为右军,循太行而南,取保、遂、安肃、安定、邢、洺、磁、相、卫、辉、怀、孟,掠泽、潞、辽、沁、平阳、太原、吉、隰、拔汾、石、岚、忻、代、武等州而还;皇弟哈撒儿及斡陈那颜、拙赤駙、薄刹为左军,遵海而东,取蓟州、平、滦、辽西诸郡而还;帝与皇子拖雷为中军,取雄、霸、莫、安、河间、沧、景、献、深、祁、蠡、冀、恩、濮、开、滑、博、济、泰安、济南、滨、棣、益

---

① 例如今日山西地区,周振鹤认为:"今山西省的边界在秦代就已大致形成,其东、南、西三面以太行山和黄河为界,在秦时也恰是太原、河东和上党郡的边界。""山西高原是凸地形,其西面和西南为滔滔大河所萦绕,东面和东南被巍巍太行所包围,整个高原雄踞于华北大平原上,也形成一个易守难攻的封闭的地理单元。"参阅周振鹤:《中国行政区划通史》(总论·先秦卷),第88、89页。
② 过去我们一度以为河东山西作为分地属术赤与察合台系,不过现有的研究业已表明,河东山西地区也有窝阔台和拖雷家族势力的存在。详可参阅村冈倫:《モンゴル時代の右翼ウルスと山西地方》;邱轶皓:《元宪宗朝前后四兀鲁思之分封及其动向——大蒙古国政治背景下的山西地区》。
③ 参阅李治安、薛磊著:《中国行政区划通史》(元代卷),第18页。

都、淄、潍、登、莱、沂等郡。"①三路进军路线清晰可辨,诸子先循太行东侧由北而南抄掠河北西部,再由南而北抄掠河东、山西;太祖与拖雷亦由北而南纵向抄掠河北东部和山东,所谓"分略山东、河北、河东而归"。② 虽然此次军事征伐路线更多地还是遵循地理因素,且此次征服对区划的实质性影响也十分有限;不过此种南北纵向走势的三翼进军格局还是值得留意的,因为它与随后蒙元对江南三行省的军事进军路线的设定以及相应区划的生成或许具有一定的联系。③

我们知道,燕南、河东山西、山东东西三道的区划格局要迟至至元二十三年才基本确定。④ 那么,金末元初此三块区域的划分有无其他缘由可寻? 金朝末年为抵抗蒙古来袭,在这块区域原有的政区设置框架之外,是否还曾出现过其他带有区划意义的相关机构的设置,如按察使司、按察转运使司、宣抚使司等诸种"使职差遣制度"影响之下所设置的各类型机构,⑤这类机构对原来的政区框架设置以及后来政区框架的安排产生过什么影响呢? 蒙元朝廷如何接续金朝遗制,在区划措置上又设置过何种类型的机构对这块区域进一步加以划分呢,其具体过程如何? 同时,腹里地区在蒙元治理华北的过程中被逐渐切割出来而成为一个实际上的高级地方政区,它在元代区划体系中又处于怎样的地位呢? 本章主要以金、蒙元朝廷所置诸类机构的演变为线索来理解其区划的形成问题。

---

① 参阅《元史》卷一《太祖纪》所载太祖八年事。另可参阅王国维校注:《圣武亲征录》,载《王国维遗书》第13册。此次分三道徇金,其实只是抄掠为主;随后木华黎经略华北,才真正占领这一地区,并行政之。
② 《元史》卷一四八《严实传》。
③ 周振鹤先生留意到元初行省区划中军事因素的影响,以陕西四川行省和江南三行省为例加以叙述,不过未及腹里地区。参阅周振鹤:《中国行政区划通史》(总论·先秦卷),第116—118页。
④ 《元史》卷一四《世祖十一》载,至元二十三年四月,"中书省臣请立汴梁行中书省及燕南、河东、山东宣慰司"。
⑤ 需特别申明的是,金元时期实质上并无宋代意义上那种使职差遣制度的存在,不过该时期出现的诸多使司机构或各类使职问题,虽性质不同于宋,但总的说来应该就是宋代使职差遣制度的某种余响。此处所谓"使职差遣制度",只是借用其名称而已。

二　蒙古袭来：金末华北区域划分的整合

今日河北、山东、山西地区于金代置有西京路、中都路、河北东路、河北西路、山东东路、山东西路、大名府路、河东北路、河东南路。① 金代这些路份于何时、曾以何种面貌被组合到一起？我们常可见及山东、河北地区的路份常被组合到一起，合一的现象比较明显；不过，山西地区则看不到合而为一的现象，它往往被分为河东（南、北）路和山西路（西京路），无论是从政治、军事，或经济、文化诸层面都是如此。兹从相关机构的设置来爬梳各区域诸路份的分化与统合问题。

1. 河北地区

北宋初年，天下分为十五路，河北地区置河北路；元丰年间宋分天下为二十三路，河北路析为河北东路与河北西路。② 北宋河北（东）路治所在大名府。今日河北地区与北宋河北路的辖境相比较，除燕云十六州以及今承德、张家口、秦皇岛等地区而外，雄州、霸州以南，黄河以北的地区大体在其范围内；辽则在其北部设有南京道、析津府。

金初天会七年河北分为东、西路，此前应一度存在"河北路"。③ 金代不存在北宋初年"河北路"那样的大政区架构，河北地区主要分由河北东路、河北西路、大名路以及中都路等政区所构成。不过从诸使司机构的设置来看，如按察司、按察转运使、宣抚司等，则常可见及河北东、西路与大名路合而为一的现象。例如，《金史·地理中》"河间府"条载："后复置总

---

① 《金史》卷二四、二五、二六《地理志》。
② 《宋史》卷八五《地理一》，《宋史》卷八六《地理二》亦载："河北路。旧分东西两路，后并为一路。熙宁六年，再分为两路。"另，《宋史·地理一》"京东路"条载："元祐元年，诸提点刑狱不分路。京东西路、京东东路并为京东路，京西南路、京西北路并为京西路，秦凤等路，永兴军等路并为陕府西路，河北西路、河北东路并为河北路，淮南西路、淮南东路并为淮南路，其后仍分为两路。"中华书局点校本，1977年版。下同。
③ 《金史》卷二四《地理上》"大兴府"条载："天会七年析河北为东、西路时属河北东路。""安肃县"条亦载："太宗纪载天会七年分河北为东、西路。"卷二五《地理中》载："河北东路。天会七年析河北为东、西路，各置本路兵马都总管。""河北西路。天会七年析。"

管府,河北东西大名等路提刑司。"《金史·张岩叟传》载:"起复大理少卿、河北东西大名等路按察转运副使。"《金史·食货四》载:"[泰和]五年六月,以山东、沧州两盐司侵课,遣户部员外郎石铉按视之,还言令两司分办为便。诏以周昂分河北东西路、大名府、恩州、南京、睢、陈、蔡、许、颍州隶沧盐司,以山东东西路、开、濮州、归德府、曹、单、亳、寿、泗州隶山东盐司,各计口承课。十月,签河北东西大名路按察司事张德辉言……"《金史·百官一》载:"宣抚司。泰和六年置陕西路宣抚使。……八年,改陕西宣抚司为安抚司。山东东西、大名、河北东西、河东南北、辽东、陕西、咸平、隆安、上京、肇州、北京凡十处置司。"①

从以上诸使司之设置来看,除中都路因为地位特殊外,金代河北地区的河北东、西路和大名路在当时一定程度上还是常被视作为一个大区域而存在的,虽然这并不是严格意义上的行政区划,但在军事、监察或经济意义上的区划性质则体现得十分明显。不过需指出的是,金代大名路的地位和处境稍显复杂,它与山东西路(东平路)地域切近而关系密切。《金史·选举一》载,府试策论,"中都、河北东西路者,则赴大兴府试。……山东西、大名、南京者,则赴东平府试"。又据《金史·食货三》载:"[泰和]六年十一月,复许诸路各行小钞。中都路则于中都及保州,南京路则于南京、归德、河南府,山东东路则于益都、济南府,山东西路则于东平、大名府,河北东路则于河间府、冀州,河北西路则于真定、彰德府……"②

---

① 以上分见《金史》卷五二;卷九七;卷四九;卷五五。需指出的是,《金史·百官一》标点疑误。金代诸使司之设,河北东、西路常与大名路合而为一,此处所谓"大名、河北东西"应为"大名河北东西",如此,方合"十处置司"之说。据《金史》卷一〇二《必然阿鲁带传》载,"[贞祐]二年,同知真定府事,权河北、大名宣抚副使";卷一二〇《徒单铭传》载,"大安三年,改知大名府,就升河北东西、大名路安抚使。……崇庆初,移真定府,复充河北东西、大名路宣抚使"。由上记载,笔者以为大名应合与河北东西。另据《金史·地理上》载,隆安、上京、肇州均属上京路,虽泰和年间(1201—1208)三处置宣抚司,不过它们同属金源旧地,地位特出;加之大蒙古国正建于此时(1206),金于此置三宣抚司,恰巧反映出这是金人对漠北局势的一种反应。
② 《金史》卷五一;卷二九。余蔚认为,金初大名府与山东同在伪齐境内,与河北归属不同,因此在金中后期,其实与山东的关系也非常密切,这从大名府与山东两路之沿革以及统军司的设置等方面,就可窥见一斑。关于大名府路与河北东西路、山东东西路的关系问题,确实仍待进一步思考。此点承余蔚老师提示,特此致谢。

逮至金后期,则已出现"河北行省",不过此河北行省似仅指河北东、西两路,并不包括大名路。贞祐三年(1215)八月,"以太常卿侯挚为参知政事,行尚书省于河北东、西两路";十二月,"侯挚复行尚书省于河北";兴定二年(1218),"兼行三司安抚事"。① 另据《金史·宣宗上》载,贞祐二年(1214)十月,"乙卯,遣参知政事苄术鲁德裕行尚书省于大名府"。② 是知,河北行省并不包括大名路在内,大名路自设有行省。此外,金末还有所谓"卫州行省",正大二年(1225),"起复平章政事致仕莘国公胥鼎为平章政事,行省事于卫州";聂天骥则于金末为"卫州行尚书六部事"。③ 卫州应属河北西路之地。

金末此类"行省"之设,诚如前田直典所称"路的行省"那般,④它们虽有一定的辖区范围,不过作为非常时期的措置,其所管范围又常交相重叠,并不严格恪守此疆彼界,如《张甫传》载,"兴定元年(1217)正月,甫与张进俱来降。东平行省蒙古纲承制除甫中都路经略使,进经略副使。二年,苗道润死,河北行省侯挚承制以李瘸驴权道润中都路经略使,甫与张柔为副"。⑤ 也就是说,东平行省与河北行省作为战时机构,均对中都路有承制处置之权。另,《金史·宣宗中》载,兴定二年五月"壬辰,河北行省复黄县"。六月"己酉,苗道润所部军请隶潞州元帅府,诏河北行省审处之"。十一月,"河北行省报海州之捷"。黄县、潞州、海州均不在河北东、西路的范围内。

2. 山东地区

"山东"一词由地理名词向政区名称的转变发生在金代。金代始将山东地区正式称为山东东路(益都府)、山东西路(东平府)。《徐文传》载,"天眷元年(1138)……朝廷以河南与宋,除文山东路兵马钤辖。"⑥这应是比较早的有关金代"山东路"的记载。作为一个政区,北宋初称该地为京

---

① 《金史》卷一四《宣宗上》;卷一〇八《侯挚传》;卷一五《宣宗中》。
② 参阅《金史》卷一四《宣宗上》;卷二六《地理下》;卷一〇一《苄术鲁德裕传》。
③ 《金史》卷一七《哀宗上》,卷一一五《聂天骥传》。
④ 前田直典:《元朝行省の成立過程》。
⑤ 《金史》卷一一八。
⑥ 《金史》卷七九。

东路,治济南府;后分为京东东、西两路,其辖地范围基本与今日山东地区相当。① 金代除置有山东东、西路这样的正式政区外,还有不少其他具有使职差遣辖区性质的机构设置,这十分明显地体现出"山东"作为一个整体大区划的存在,兹叙述如下。

山东路统军司。据《金史·地理中》载:"大定八年置山东东西路统军司",②治所在益都。③ 先后出任山东路统军使者有:大定八年(1168)宗尹、大定二十八年(1188)完颜婆卢火、明昌三年(1192)乌林荅愿、泰和六年(1206)纥石烈执中等。④ 山东统军司的辖区范围当包括山东东、西路以及大名路,石抹荣于大定二年(1162)充山东东西、大名等路都统;完颜撒改世宗初为山东路元帅副都统,大定四年(1164)"仍兼副统。领山东、大名、东平三路军八万余渡淮,会大军伐宋"。⑤ 大定八年复置山东东西路统军司,泰和六年,升诸道统军司为兵马都统府,以山东东、西路统军使纥石烈执中为山东西路兵马都统使,当年四月尚书省奏拟"山东东、西路军七千付统军纥石烈执中驻大名"云云。⑥ 大名路曾置统军司,《金史》卷四四《兵》载"[天德二年(1150)]九月,罢大名统军司,而置统军司于山西、河南、陕西三路,以元帅府都监、监军为使,分统天下之兵。"罢废之后,当改由山东统军司辖。

山东路按察使。按察司,本提刑司。⑦ 山东路按察司管领山东东、西

---

① 《宋史》卷八五《地理一》。
② 《金史》卷二五。
③ 《金史》卷五七《百官三》载:"统军司:河南、山西、陕西、益都。……督领军马、镇摄封陲,分营卫、视察奸。"山东统军使例兼益都府诸职,《金史》卷九三《宗浩传》载:"[大定二十三年(1183)],征为大理卿,踰年授山东路统军使,兼知益都府事";卷六六《扫合传》载,明昌四年(1193),"授山东东、西路副统军,兼同知益都府事";卷九二《徒单克宁传》载:"克宁改益都尹,兼山东路兵马都总管、行军都统。"
④ 《金史》卷七三《宗尹传》;卷八《世宗下》;卷九《章宗一》;卷一二《章宗四》。
⑤ 参阅《金史》卷九一《石抹荣传》、《完颜撒改传》。
⑥ 参阅《金史》卷一二《章宗四》;卷一三二《纥石烈执中传》。
⑦ 据《金史》卷五七《百官三》载,按察司,承安三年以上京、东京等提刑司并为一提刑使,兼宣抚使劝农采访事,为官称。另,《金史》卷一一《章宗三》载,承安四年(1199),"夏四月癸亥,改提刑司为按察使司"。卷一二《章宗四》又载,泰和八年(1208),"诏诸路按察使并兼转运使"。关于金代提刑司,可参考井黑忍:《金代提刑司考:章宗朝官制改革の一側面》,载《東洋史研究》60(3),2001年。

两路,据《金史·食货四》载,泰和五年(1205)十月,尚书省令山东按察司巡察莱州、密州等地盐课。泰和五年之前,贾益谦、李仲略曾先后为山东东西路按察使。① 另据《金史·地理中》载,"济南府……置山东东西路提刑司"。山东路按察司置司济南。贺扬庭于章宗初年置九路提刑司时,"驿召赴阙,授山东东西路提刑使"。② 不过需指出的是,贞祐年间,山东路按察司一分为二。贞祐二年,张行信"迁山东东路按察使,兼转运使,仍权本路宣抚副使";贞祐初,石抹元"累迁山东西路按察转运使";贞祐三年,移剌福僧"迁山东西路按察转运使"。③

山东宣抚使。据《金史·百官一》,宣抚司置于泰和六年,山东东西路宣抚司亦置于此时。《平章政事寿国张文贞公神道碑》载,泰和六年,"南鄙用兵,上以山东重地,须大臣镇抚之,手诏起公[张万公]判济南府,山东东西路宣抚使,便宜行事"。④ 山东路宣抚司起初管辖山东两路,逮至贞祐年间,复又分东、西路。《金史·宣宗上》载,贞祐三年,仆散安贞为山东宣抚使,山东西路宣抚使为完颜弼,山东路宣抚副使兼山东东路宣抚则为蒙古纲;蒙古纲被旨权山东路宣抚副使,屯东平,是由"枢密副使仆散安贞权于沿河任使之"。⑤ 山东宣抚使包括山东东、西两路,亦不含大名路;因"宣抚"曾改"安抚",山东安抚司也应含山东东、西路。⑥ 同时需指出的是,《金史·苗道润传》载,兴定四年(1220),曾分封九公,"九公皆兼宣抚使"。⑦ 宣抚司机构并非临时性的机构,它还

---

① 《金史》卷一〇六《贾益谦传》;卷九六《李仲略传》。
② 《金史》卷九七《贺扬庭传》。
③ 《金史》卷一〇七《张行信传》;卷一二八《石抹元传》;卷一〇四《移剌福僧传》。
④ 《元好问全集》卷一六。另据《金史·百官三》"按察司"条,"复改宣抚为安抚",故《金史》卷九五《张万公传》称,泰和六年,"特起万公知济南府、山东路安抚使"。
⑤ 《金史》卷一〇二《仆散安贞传》载:"[贞祐二年]朝廷遣安贞与兵部尚书裴满子仁、刑部尚书武都分道宣抚。于是除安贞山东路统军安抚等使";卷一一一《纥石烈牙吾塔传》载:"贞祐间,仆散安贞为山东路宣抚使。"卷一〇二《蒙古纲传》称:"尚书省奏:'东平宣抚使完颜弼行事多不尽。'乃以纲权山东宣抚副使。改山东路统军使,兼知益都府事,权元帅右都监,宣抚如故。"另据《金史》卷一〇三《完颜仲元传》载,贞祐三年,"改知济南府事,权山东东路宣抚副使"。
⑥ 《金史》卷一〇一《耿端义传》载,耿氏曾"同知东平府事,充山东东安抚使"。卷一〇四《孟奎传》载其于大安初,曾"改山东东西路安抚副使"云云。
⑦ 《金史》卷一一八。

形成为后来的诸路"行省"。另外,还有诸如招抚使,据《金史·宣宗中》载,兴定二年八月,田琢为山东招抚使。囿于史料,该使司具体情况不详。

金末山东地区置"行省"机构。承安五年(1200)九月,"命枢密使宗浩、礼部尚书贾铉佩金符行省山东等路括地",①这是较早设立的行省。景爱认为,此"山东等路行省"是为括地而置,行使权力的范围包括山东、河北、中都等路,它一直到1205年依然存在。② 此后,山东地区又设有其他行省。贞祐四年(1216)五月,"以尚书右丞侯挚行省事于东平",设"东平行省"。③ 兴定元年九月,"以元帅左监军必兰阿鲁带权参知政事,行省于益都",置"益都行省"。④ 另据《金史·宣宗上》载,贞祐四年,"山东行省上沂州之捷",七月"山东行省槛贼郝定等至京师,伏诛"。是知在东平、益都两行省外,又有"山东行省"之谓。

上述三行省的关系,尤其是"山东行省"与其他两行省的关系,尚需讨论。据《仆散安贞传》,擒获郝定者当为山东行省仆散安贞;⑤贞祐二年,"朝廷遣安贞与兵部尚书裴满子仁、刑部尚书武都分道宣抚。于是除安贞山东路统军安抚等使"。仆散安贞地位要高于侯挚以及后来出任山东行省的蒙古纲。笔者以为仆散安贞行省山东,所辖地面应包括山东东、西路。另,《金史·宣宗中》载,兴定元年四月,山东行省讨东平路滕州花帽军;兴定二年四月,东平行省"败黑旗贼,拔胶西县(属益都路)"。《金史·宣宗下》则载,兴定五年(1221)"山东行省报东平之捷";四月末,"山东行省"为蒙古纲。蒙古纲应该是作为仆散安贞的接任者。因特殊时期,东平行省与益都行省并非区分严苛,不过山东行省作为管辖两路的机构,则较

---

① 《金史》卷一一《章宗三》。
② 参阅景爱:《金代行省考》,载《历史地理》第9辑,上海人民出版社,1990年版。
③ 《金史·宣宗上》。另《金史》卷一〇八《侯挚传》载,贞祐四年,红袄军乱山东诸州县,"遂诏挚行省事于东平,权本路兵马都总管,以招诱之,若不从即率兵捕讨"。次年冬,侯挚转行省河北。
④ 《金史·宣宗中》。《金史》卷一〇二《必兰阿鲁带传》载其"权参知政事,行尚书省于益都"。
⑤ 《金史》卷一〇二。另据《金史》二八《食货二》载,贞祐四年五月,"山东行省仆散安贞"言事。

为常见。

另需指出的是,金末元初山东地区尚可见及其他行省机构。《金史·徒单益都传》载,"壬戌,国用安以行山东路尚书省事率兵至徐,张兴率甲士迎之";《金史·国用安传》则云:"[杨安儿]尝归顺大元,为都元帅、行山东路尚书省事。……未几,朝廷遣近侍局直长因世英、都事高天祐持手诏至邳,以安用为开府仪同三司、平章政事、兼都元帅、京东山东等路行尚书省事";《金史·哀宗上》则载,天兴元年(1232)乙未,封安用为兖王"行京东等路尚书省事"。"行山东路尚书省事"、"京东山东等路尚书省事"、"行京东等路尚书省事",①虽名称各异,但实质相同。所谓京东路,当沿袭北宋山东地区名称。

从以上所述我们可以窥知山东地区在金代的一般区划状况,山东东、西路虽各为正式政区,不过却经常合而为一,作为一个整体性区域存在。同时,金代大名路与山东地区关系亦较紧密,它常"依违"于河北与山东地区之间,前述山东路统军司即包含有大名路,此点应予留意。

3. 山西地区

山西地区在宋、辽、金时期的一般状况,目前已有比较清楚的认识。北宋、辽对峙时期,辽占有今山西北部一带(西京道南部地区),北宋则据有山西南部地区(河东府路)。宋、金对峙时期,山西地区尽为金有,分设有西京路、河东南路和河东北路三个路份。关于辽金时期所谓"山西"的问题,安介生曾对其源流作过一番考证。他认为辽金时期"山西"的概念一改此前秦汉以来"山西"所指的华山以西地区,辽代"山西"因契丹人据有燕地,其所指逐渐转而为太行山以西、雁门关以北地区。所谓辽代"山西路"应辖五州,实应含九州,云、应、朔、蔚、奉圣州外,外加归化、可汗州(即妫州)、儒州、武州等四州。金代"山西路"则基本承袭辽代。天德二年(1150),山西范围有所扩展,丰、桓等州包括在内,其后山西路为西京路所取代,但辖区基本不变。此外,金

---

① 《金史》卷一一七;卷一七。

代"山西"、"河东"是完全不同的两个地域概念。① 辽、金河东、山西地区路的设置规模恒定。那么,诸使司机构的设置情况又如何呢?兹简述于下。

山西路统军司。金初置山西统军司,《金史·兵志》载"[天德二年]九月,罢大名统军司,而置统军司于山西、河南、陕西三路,以元帅府都监、监军为使,分统天下之兵"。② 豰英于天德二年为"山西路统军使,领西南、西北两路招讨兵马"。③ 是知,山西统军司之设主要为军事缘由,所辖包括西南、西北招讨司,与河东两路基本无涉。从《金史·选举一》的一条记载亦可反映出山西与西南、西北两招讨司之关系:大定二十年(1180),府试策论进士,"西京并西南、西北二招讨司者,则赴大同府试"。金初与统军司关系甚为密切的是都统司,《金史·太宗纪》载,天辅七年(1123),"西南、西北两路都统"为宗翰;天会二年(1124),"西南、西北两路都统宗翰、宗望请勿割山西郡县与宋"。所谓"宗翰为都统经略山西",此应指山西都统司。④ 山西都统司,亦不及河东地区。

河东宣抚司。据《金史·百官一》载,泰和年间置河东南北宣抚司,未见西京路置宣抚司事。《金史·宣宗上》载,贞祐三年四月"河东宣抚使胥鼎言利害十三事",河东宣抚司所管应仅及河东地区,而不及山西路。

按察司。《金史·百官三》载,泰和八年(1208),"中都、西京路按察司官止兼西京路转运司事"。中都路与西京路设"中都、西京等路按察使",关于此点《金史》记载颇多,兹不赘述。河东则置"河东按察司",泰和年间任河东路按察使者,可考的有张行信、裴满亨等;其后复分为河东北路和

---

① 安介生:《"山西"源流新探——兼考辽金时期山西路》,载《晋阳学刊》1997年第2期。金代"山西"所指即西京路,《金史》卷二《太祖纪》载,天辅六年(1122)四月,"闍母、娄室招降天德(即丰州)、云内、宁边、东胜等州,获阿疎而还。是时,山西城邑诸部虽降,人心未固"。此四州当属西京路。
② 《金史》卷四四。另据《金史·百官三》"统军司"条载,置河南、山西、陕西、益都统军司,"督领军马、镇摄封陲、分营卫、视察奸"。
③ 《金史》卷七二。
④ 《金史》卷七八《刘颃传》。另,关于宗翰为山西都统事,可参阅《金史》卷七一《斡鲁传》的相关记载。

河东南路按察司。① 可见,河东、山西在按察司区分体系下也是各分开而置的。

金末山西地区亦置行省,其中最具代表性的是"河东行省"(又谓"平阳行省")之设。《金史·宣宗上》载,贞祐四年二月,"以河东南路宣抚使胥鼎为枢密副使,权尚书左丞,行省于平阳。鼎方抗表求退,诏勉谕就职,因有是命"。平阳行省之设,显然是为防御蒙古,此年正月,蒙军略地霍、吉、隰等地。兴定元年三月,胥鼎移镇陕西,绛阳军节度使李革知平阳府,兼河东南路兵马都总管,权参知政事,代胥鼎为河东行省。② 另据《金史·古里甲石伦传》称,兴定三年(1219),"诏陕西、河东行省分粮与之,请兵之事以方伐宋不从"。金末河东、陕西作为统一防区,甚至出现京兆行省兼统河东事,《金史·哀宗上》载,正大元年(1224),"以延安帅臣完颜合达战御有功,授金虎符,权参知政事,行尚书省事于京兆,兼统河东两路"。

大安元年(1209),置西京行省,以抹捻尽忠"拜尚书右丞,行省西京"。据《抹捻尽忠传》称,纥石烈执中自紫荆关走还中都后,以尽忠兼西京留守,行省西京。③ 至大安三年,仍有"西京行省选充合扎万户"事。④

此外,据景爱研究,金末山西地区至少还有如下几个行省:为防御蒙古,明昌六年(1195),左丞相夹谷衡行省抚州,承安二年(1197),温昉仍行六部尚书于抚州;大安元年(1209),承晖行省宣德,大安二年九月罢;至宁元年(1213),为防蒙古,尚书左丞完颜纲将兵十万行省缙山;元光二年(1223),完颜伯嘉行尚书省于河中府,同年六月即罢。⑤ 这些行省都为临时因事而置,并无以体现其区划意义,兹不具论。

由上所述诸使司以及诸"行省"等非正式政区的设置情形来看,金代

---

① 参阅《金史》卷一〇七《张行信传》、卷九七《裴满亨传》。河东北路按察使尚有完颜定奴、王扩、萧贡等;河东南路按察司官员则有宋扆、乌古论仲温等。详可参阅:《金史》卷九八《完颜定奴传》、卷一〇四《王扩传》、卷一〇五《萧贡传》;卷一二一《宋扆传》、《乌古论仲温传》。
② 《金史》卷一五《兴宗中》、卷九九《李革传》。
③ 《金史》卷一〇一。《金史》卷一三二《纥石烈执中传》载,执中入紫荆关至中都,在大安元年。贞祐初年,宣宗诏抹捻尽忠曰:"卿总领行省,镇抚陪京,守御有功,人民攸赖。"
④ 《金史》卷一〇三《纥石烈桓端传》。
⑤ 景爱:《金代行省考》。

"河东"与"山西"基本无涉。① 有金一代,河东、山西从未出现合属一个机构的先例,这是不同于河北和山东的一个明显不同地方。之所以如此,当有其特殊原因。辽、金设"五京制",②均置有西京。《辽史·百官志四》载:"辽有五京。上京为皇都,凡朝官、京官皆有之;余四京随宜设官,为制不一。大抵西京多边防官,南京、中京多财赋官。五京并置者,列陈之;特置者,分列于后。"③西京与河东南、北路,宋、辽、金一直都是分立而置的。辽代山西与河东分属辽、宋,金代西京路承继辽制,置西京路备御西北,主要也是出于军事目的。因此辽、金时代的山西与河东一直维持其分而不合的传统。

就总体而言,从金代使职差遣辖区以及金末诸种行省划分状况的考察来看,我们可以大体窥知今日河北、山东、山西地区在金代大区划意义上的些许情状。金末出现大量带有或军事、或监察性质的使司机构,往往将两路或三路合而为一,这种合属一个机构的证据,在河北、山东地区有比较明显的体现。宋代有两路分置的传统,金代将两路或三路统合在诸使司之下,应该说逐渐合一的趋势开始明显起来。金末华北出现的宣抚司、宣慰司等使司机构,④以及临时性处理军政事务的各类"行省",它们或许就是后世山西、山东以及燕南河北地区的过渡形态。

上述诸使司辖区的出现及其调整,大多反映的是金泰和以降之事,而诸路行省的出现则基本出现于贞祐、兴定以后,之所以出现这种状况,大

---

① 《金史》卷一〇八《胥鼎传》载,"鼎复上言:'自兵兴以来,河北溃散军兵、流亡人户,及山西、河东老幼,俱徙河南。'"中华书局标点本于此出校勘记称:"及山西、河东老幼,按山西与河东意复。上文'北兵非止欲攻河东、陕西',又'是时,大兵已过陕州,自关以西皆列营栅,连亘数十里'。疑'山西'当作'陕西'"云云。事实上,山西、河东语义并不重复,这点尚值得重新考虑。
② 《辽史》卷三七《地理一》;《金史·地理上》。参阅《辽史》,中华书局,1974年版。下同。
③ 《辽史》卷四八。
④ 《金史·苗道润传》载,兴定四年封"河朔九公",其中多为诸使司之使,如沧州经略使王福,河间路招抚使移剌众家奴,真定经略使武仙,中都东路经略使张甫,中都西路经略使靖安民,平阳招抚使胡天作,昭义军节度使完颜开,山东安抚副使燕宁,且"九公皆兼宣抚使"。

抵因北方蒙古边患日重的情势使然。① 贞祐南迁后,所谓"贞祐之时,仆散安贞定山东,仆散端镇陕西,胥鼎控制河东,侯挚经营赵、魏,其措注施设有可观者。故田琢抚青、齐,完颜弼保东平,必兰阿鲁带守上党,皆向用有功焉。……然后田琢走益都而青、齐裂,蒙古纲去东平而兖、鲁蹙,仆散安贞死而南伐无功"。② 贞祐之后,除陕西地区外,黄河以北之地则基本划分为所谓山东、河东、赵魏(河北)三大块区域。

金代山西、山东、河北三块区域的地位以及各自内部的问题,在此仍有必要述及。山西地区,平阳地位重于太原,所谓"平阳,河东之根本,河南之藩篱也"。③ 不仅诸使司设治于平阳,金末行省亦设于此地。明昌元年(1190)府试,"河东南北路则试于平阳"。④ 太原虽在更早的历史时期具有十分突出的地位,不过在金代则有所下降;太原地位的再度凸显,则要到元代初期。金末山东地区地位特出,赵秉文曾主张迁都山东,"山东富庶甲天下,杜牧所谓'王不得不王,伯不得不伯'。又利建汉道可以通辽东兵运直接上京,开黄河故道,由沧、景而入海,则是河南、山东为一,大河险阻共之也。有关河之形,固上京、中都之本,而辅之以建侯之势,一举而三者,得其与迁河南、陕西不侔矣"。⑤ 山东内部各路府地位不一,金代东平府和益都府地位远重于济南府,济南地位的抬升亦要到元代。在河北地区,我们发现,大名路地位比较特殊,在诸使司区划上,它与河北东、西两路关系密切,但又有时合于山东东、西路,依违两者之间。金代中都路为京畿所在,故河北地区主要由三大块组成:中都路、河北东西路和大名路。

---

① 虽按察、提刑、转运诸司之设并非出于备御北方边患之需,不过因其具有较为明显的区划属性,它有助于加深我们对金元之际华北区域划分的理解,故此特别提出并加以讨论。
② 《金史》卷一〇二"赞曰"部分。
③ 《金史》卷一二二《奥屯丑和尚传》。
④ 《金史》卷五一《选举一》。
⑤ 参阅赵秉文:《滏水集》卷一四《迁都论》,文渊阁《四库全书》本。另可参阅《元好问全集》卷一七《闲闲公墓铭》。另,元好问对山东亦颇为看重,所谓"山东地方数千里,齐、魏、燕、赵皆在其中,士马强富,豪杰辈出,耕蚕足以衣食天下,形势足以控制四方"。"山东重地所在,天下莫与为比。"参阅《元好问全集》卷一九《内翰冯公神道碑铭》、卷二六《东平行台严公祠堂碑铭有序》。

三 画境中州：蒙元在华北地区统治的展开

太祖元年(1206)，即金泰和六年，成吉思汗立国漠北，始议伐金；六年(1211)，太祖亲统大军南徇金地；太祖七年(1212)，在拔获金山西(西京路)之后，于次年(1213)秋，分兵三道大规模抄掠整个华北地区。① 遭此残破，金弃燕迁汴，所谓"甲戌(1214)之秋，南北分裂，河北、河东、山东郡县尽废"。② 太祖十年(1215)，"取城邑凡八百六十有二"。太祖十二年(1217)，成吉思汗诏封木华黎为太师、国王、都行省承制行事，由其负责经略华北，逐步建立起对汉地的行政统治机构。己丑岁(1229)，窝阔台继承汗位，即议伐金；太宗三年(1231)，确定攻金战略，分三路南下；太宗六年(1234)，克蔡州，金亡。

蒙古人于13世纪初期在完成对华北汉地各区域军事征服的同时，开始着手建立起正常的统治秩序，当时其所倚重的主要还是当地汉人世侯。原金在华北地区的地方行政及其区划则面临着崩解的命运。从木华黎"都行省承制行事"开始，华北地方又开始出现各类行省以及诸种使司性质的机构，如十路课税司、十路宣抚司、诸路宣慰司等；同时，路府、州县等建置亦升置频繁，甚而一度出现所谓"山东十路、山西五路"的状况。③ 蒙元初期对华北汉地实行画境而治，那么，各地正式政区中"路"级机构的设置以及相伴而衍生出的所谓"[路的]行省"的设置状况又究竟如何呢？兹对上述三个地区分别加以考察。

河北地区"诸路"的设置。《畿辅通志》载："唐为河北道，而旁延于河东、河南，为州者二十有九。宋分河北为东、西二路。建康以后，地入于金。……元立中书省以分镇藩服，而河北之为路者九。"④元代所谓"为路

---

① 《元史》卷一《太祖纪》。
② 刘因：《刘文靖公文集》卷二〇《泽州长官段公墓碑铭》。
③ 《元好问全集》卷二八《大丞相刘氏先茔神道碑》。
④ 《畿辅通志》卷一三《建置沿革》。

者九",所指应是保定路、真定路、顺德路、广平路、彰德路、大名路、怀庆路、卫辉路、河间路。① 它完全改变了宋、金以来河北地区的置路状况,上所述九路是有元一代河北地区稳定的置路规模,而且大多是在金元之际蒙古袭来的情况下由蒙元所设置。如太宗十一年置顺天路(保定路);中统元年,立顺德府,至元二年,升顺德路;太宗八年,置邢洺路;宪宗二年,置洺磁路(后改"广平路");太宗四年立彰德总帅府,至元二年,复立彰德总管府;宪宗七年,置怀孟路;中统元年,升置卫辉路。② 而真定路(原河北西路)、③河间路、大名路,则仍金之旧。

除上所述九路与京畿之地的燕京路(大都路)外,河北地区还出现如下几个路份,如涿州路,据《元史·地理志一》载,太宗八年,置涿州路;中统四年,废路为州。如兴平府,亦属河北地区,中统元年,升平滦路,大德四年,改永平路。此外,据《元史·奥敦世英传》载:"[奥敦保和]锡虎符,改雄州总管。"《元史·石抹孛迭儿传》则载:"辛巳(1221),木华黎承制升孛迭儿为龙虎卫上将军、霸州等路元帅。"④所谓"雄州总管"、"霸州等路"所指即为"雄州路"或"霸州路"等,不过这应只是典型的临时性的"军马路"。河北地区还常可见及"河北东西路(河北路)"之称,如乙亥岁(1215),鲜卑仲吉授"河北等路汉军兵马都元帅";⑤庚寅(1230),太宗始建十路征收课税所,置河北东西路课税所。⑥

蒙元前期河北地区出现的这些路份,从上一章的考订中我们可以看

---

① 《元史》卷五八《地理志一》。需指出的是,此九路之地,与宋代割属金之"河北路"的区域颇为切近。《大金吊伐录》卷三《宋主与河北、河东敕》载,天会初年,割属金的"河北路"地面有:浚州、卫州、相州、磁州、洺州、邢州、赵州、真定府、中山府、永宁军、深州、祁州、北平军、河间府、莫州、安肃军、顺安军、广信军、雄州、保定军、信安军、保州、霸州。同卷《枢密院告谕两路指挥》所涉及的"河北路"则另外再加上永静军、冀州、恩州、青州。参阅佚名著、金少英校补:《大金吊伐录校补》,中华书局,2001年版。
② 以上俱见《元史》卷五八《地理志一》。
③ 迺贤《河朔访古记》卷上《常山郡部》云:"国朝初,仍为河北西路,怀、卫、邢、洺、磁、相、保、大名、河间皆隶焉",文渊阁《四库全书》本。
④ 参阅《元史》卷一五一。
⑤ 《元史》卷一六五《鲜卑仲吉传》。
⑥ 《元史》卷一六三《马亨传》。据《牧庵集》卷二二《金故昭勇大将军行都统万户事荣公神道碑》载:"太宗即位三年(1231)辛卯,肇置征收课税所河北东西道,辟为沧盐办课官。"所谓"太宗三年",疑误,应为太宗二年。

到,由于燕京路为京畿重地,其地位特出,自不同于其他几个路份;河间府路、保定路则逐渐逸出原河北东、西路地区,渐成直辖区;真定路(河北西路)虽遭析分,不过仍然维持一个较大的区域而存在,后来也成为京畿"辅郡";大名路则仍然处于一种独立于河北东、西路之外的地位,在蒙元初期又与顺德、洺磁、彰德、怀孟等路合而为一,形成一个较为独立性的区域。

山东地区"诸路"之设。《山东通志》载,山东地区在宋代主要分由京东东路、京东西路和河北东路三路分辖,金代则分由南京路、河北东路、山东东路、山东西路、大名府路等五路分辖。① 蒙元初期,山东地区主要由以下路份(部分直隶州)组成:东平路,太祖十五年(1220),"东平严实籍彰德、大名、磁、洺、恩、博、滑、浚等州户三十万来归,木华黎承制授实金紫光禄大夫、行尚书省事";② 至元四年立博州路,后改东昌路;至元八年立济宁府,十六年升路。③ 曹州,至元二年直隶省部;濮州,至元五年直隶省部;高唐州,至元七年升置隶省部;泰安州,至元五年析隶省部;德州,至元初隶省;恩州,至元七年析隶省部;冠州,至元六年省置并隶省部。④ 以上为原属东平路(山东西路)地区。

山东东路地区则有如下路份:益都路,太祖二十二年(1227),国王孛鲁授李全为"山东淮南楚州行省",郡县闻风款附,山东悉平。⑤ 太宗三年(1231),李全攻扬州败死,妻杨妙真袭行省职,所谓"遂授东台之任,奖舒

---

① [明]陆钶:《山东通志》卷二《建置沿革上》,明嘉靖刻本。另据《齐乘》卷一《沿革》载,金于齐地"置益都、济南二府,立山东东路统军司于益都,辖十三州焉。潍、淄、密、莒、宁海、登、莱、沂、海、滨、棣、清、沧。国初以济南、益都立二帅府,益都仍行省事,后并废,置益都、济南、般阳三路总管府,割德州、宁海为隶省之州,四分齐成。立宣慰司于益都以镇,廉访司于济南,以按治,属山东东西道,皆古全齐之地也"。
② 《元史》卷一《太祖纪》、卷一四八《严实传》。然而,据《元史》卷一一九《木华黎传》载,木华黎"以实权山东西路行省",《元朝名臣事略》卷一《太师鲁国忠武王木华黎》则载,"以实权济南等路都总管"。
③ 辛巳(1221),木华黎承制授石珪为"济兖单三州兵马都总管、山东路行元帅"。癸未(1223),太祖仍诏其为"山东诸路都元帅"。不过其后嗣基本承袭济、兖、单三州之地。参阅《元史》卷一九三《石珪传》。
④ 以上俱见《元史》卷五八《地理志一》。
⑤ 《元史》卷一一九《孛鲁传》。

南顾之状",其头衔为"特进山东东淮南尚书省事"。① 嗣后李璮继职,袭"益都行省",随后更有诸如"山东行省"、"山东行省大都督"、"益都、淄莱等路大都督"之谓。② 中统三年(1262),李璮叛蒙,速被勘定,"璮既伏诛,改行省为济南、滨棣、益都等路宣慰司"。③ 济南路,太祖二十一年(1226),张荣归附蒙古,授山东行尚书省兼兵马都元帅,知济南府事。④ 淄莱路,至元二年置,后改般阳府路。宁海州,至元九年,直隶省部。

蒙元初期,山东地区主要分由东平严实、益都李璮、济南张荣三大世侯所占据,其中不少路份和直隶州,主要是针对大世侯辖地(尤其是严实)的析分而来,其路份的设置相较于宋、金时代,更趋绵密。

山西地区"诸路"之置。宋划割给金的所谓"河东路",就是金代河东南路与河东北路的地面。⑤ 金代于山西地区设西京路、河东北路、河东南路。蒙元前期,路置渐行增多,太祖十八年(1223),甚而出现所谓"山东十路、山西五路"的状况。⑥ 事实上,山西地区在蒙元前期的置路状况相较于前代并无太大改变,主要还是由西京路(山西路,或谓大同路)、河东北路(太原路,或谓冀宁路)与河东南路(平阳路,或谓晋宁路)构成。金元之际山西地区的世侯及置路状况如下:山西西路(西京路),《元史·刘伯林传》载,太祖七年(1212),"以本职充西京留守、兼兵马都元帅"。⑦ 河东北路,

---

① 耶律楚材:《湛然居士集》卷八《答杨行省书》,《四部丛刊》本;陈高华:《杨四娘子的下落》,载氏著:《元史研究论稿》,中华书局,1991年版;[民国]《平度县志》卷二录《张枢重修石上清观记》。
② 参阅《元史》卷二〇六《叛臣传·李璮》。民国《昌乐县续志》卷一七《李氏先茔碑记》载,1238年,"山东行省委以千夫长";同卷《赵敦武先茔记》载,1252年,赵佺"尝充山东行省帐前百户";《元史》卷四《世祖一》载,中统元年"赐山东行省大都督李璮"云云;《昌乐县续志》卷一七《刘氏先茔碑记》载,中统元年"任山东行省议事,越明年改授益都、淄莱路大都督总管府议事"。[民国]赵文琴等纂:《昌乐县续志》,民国二十三年铅印本。
③ 《滋溪文稿》卷一〇《元故少中大夫江北淮东道提刑按察使董公神道碑铭》。
④ 《元史》卷一五〇《张荣传》。
⑤ 《大金吊伐录》卷三《宋主与河北、河东敕》所载"河东路"包括有:岢岚军、隰州、保德军、宪州、火山军、忻州、辽州、太原府、汾州、怀州、宁化军、平阳路、石州、平定州、绛州、威胜军、泽州、隆德府、代州。同卷《枢密院告谕两路指挥》所涉河东路则又增加有岚州、慈州、河阳府、河中府。
⑥ 王颋认为,此山西五路中应包括有西京、宣德、丰净、德兴、应武五路。参阅氏著:《元代行政地理研究》,第55—56页。
⑦ 《元史》卷一四九。

太祖十三年(1218),攸哈剌拔都授"河东北路兵马都元帅,镇太原";河东南路,李守贤、李守正、李守忠等均曾为河东南路兵马都元帅。①

需指出的是,该时期山西地区还出现"山西东路(宣德路)"。《元史·刘黑马传》载,太宗元年(1229),"授金虎符,充管把平阳、宣德等路管军万户,仍金太傅府事";太宗三年(1231),"宣德路长官,太傅[耶律]秃花失陷官粮万余石,恃其勋旧,密求奏免";戊戌(1238),刘氏选试魁西京,"选充山西东路考试官"。② 这些记载都十分清楚地揭示大蒙古国时期宣德路的存在。不过,宣德路于中统四年改宣德府,隶上都路。此外,还有所谓"河东南北路"之称,③不过这更多只是种临时便宜之置。

河北、山东、山西地区除出现上所述诸路建置外,还有诸使司机构的存在,这类机构与金末出现的各类使司机构有着十分明显的前后继承关系,如代表军事制度的宣抚、宣慰诸司,代表地方行政监察制度的诸提刑、按察、廉访诸司,④代表税收制度的课税、转运使司等机构。仅以山东地区为例,当时就有所谓山东经略司与山东统军司之设。撒吉思与诸王哈必赤镇压李璮后,"授资德大夫、山东行省大都督,迁经略、统军二使兼益都路达鲁花赤。辞不拜"。⑤ 所谓经略、统军司应设于中统三年。《元史·世祖二》载,中统三年九月,"以侍卫亲军都指挥使董文炳兼山东路经略使",此时撒吉思则为益都路行省大都督;十二月,"立河南、山东统军司",以塔剌浑火儿赤为河南路统军使,茶不花为山东路统军使;中统四年(1263)正月,军民官各从统军司及宣慰司选举。有诏云:"以诸路汉军奥鲁毋隶各万户管领。其科征差税,山东、河南隶统军司,东西两川隶征东元帅府,陕

---

① 《元史》卷一九三《攸哈剌拔都传》;卷一五〇《李守贤传》;卷一九三《李伯温传》。
② 《元史》卷一四九、《元文类》卷五七《中书令耶律公神道碑》、《秋涧先生大全文集》卷五八《浑源刘氏世德碑铭并序》。另,《滋溪文稿》卷三《陕西乡贡进士题名记》、卷二九《题咸淳四年进士题名》均提及1238年"山西东路征收课税所"长官刘中事。
③ 《元史》卷一五一《杜丰传》载,壬午(1222),授"河南南北路兵马都元帅,便宜行事"。
④ 如山东地区于中统三年置"山东东路转运廉访使司",至元二年设山东廉访使司等。参阅任士林:《松乡集》卷三《故奉直大夫赵公墓志铭》,文渊阁《四库全书》本;《元史》卷六《世祖三》。
⑤ 欧阳玄:《圭斋文集》卷一一《高昌偰氏家》,文渊阁《四库全书》本。

西隶行户部。"① 由上所述可见,统军司和经略司之设始于弹压李璮之乱,随后应是出于对付南宋的需要。撒吉思、茶不花、塔出等曾任山东统军使;董文炳、王俨等曾担任山东经略使。至元九年(1272)正月,"改山东东路都元帅府统军司为行枢密院,以也速带儿、塔出并为行枢密院副使";至元十二年(1275)六月,"罢山东经略司"。② 山东经略、统军二司应是军政机构,其所辖地域范围应当就是山东地区。

此外,还值得注意的是金末元初常可见及的"行六部"(或谓"行部")问题。据史载,"[承安元年]河北西路转运使温昉行六部事,主军中馈饷",李革于"[贞祐二年]行河北西路六部事";"泰和伐宋,守愚为山东行六部员外郎",泰和六年(1206)九月"己亥,尚书户部侍郎梁镗行六部尚书事于山东";张觳于贞祐二年"迁河东南路转运使、权行六部尚书"等。③ 此外,还可见及有"上京行六部"、"北京行六部"、"岚州分治行六部"等等。④ 金末此类"行六部"应是尚书省的派出机构,就目前所见材料来看,这一机构应与路级建置关系密切。蒙元前期也有"行六部"之设,宪宗置"行六部"于燕京;至元四年(1267)九月,"立大理等处行六部"。⑤ 前者被认为是专指燕京行省负责财政、赋调等事的大必阇赤机构,⑥应视为蒙元定制前的中央机构;而后者则纯粹是一个地方机构。蒙元前期置"行六部",并不见得就是蒙古人昧于中原制度而随意为之,实因金"乱"在前,并行承袭而已。

---

① 《元史》卷五《世祖二》。另可参阅《元史》卷九八《兵一》;卷九九《兵二》。
② 以上俱见《元史》卷七、卷八。
③ 参阅《金史》卷九八《完颜匡传》;卷九九《李革传》;卷一二八《女奚烈守愚传》;卷一二宗四》;卷一二八《张觳传》。此外,《金史》卷九五《张万公传》记有"山东行部";卷一〇四《孟奎传》载其于大安初改山东东西路安抚副使,后以本官为行六部侍郎;卷七五《卢亨嗣传》载:"山东宣抚司讨杨安儿,亨嗣行六部";据《孔氏祖庭广记》卷三载,泰和元年十一月,"行山东路尚书六部申明条格"云云,参阅孔元措:《孔氏祖庭广记》,清光绪《琳琅秘室丛书》本。
④ 参阅伊葆力:《金代官印考证》,载《哈尔滨学院学报》2003年第1期;景爱:《论金代官印的学术价值》,载《北方文物》1992年第3期。
⑤ 《元史》卷六《世祖三》。
⑥ 姚大力:《从"大断事官制"到中书省——论元初中枢机构的体制演变》,载氏著:《蒙元制度与政治文化》,第203—205页。

第二章 "腹里"内部区划的生成及其地位探析

除上述诸路级机构外,蒙元前期还存有一系列"行省"机构,前田直典将其总结为四种类型的行省,如外地统治的行省、临时事务处理的行省、军前行省以及路的行省等。其中"路的行省"被视为是这个时期较为典型的一种机构。据前田直典统计,成吉思汗时期出现的行省大致如下:1217年木华黎的都行省、1216年石抹咸得不的燕京行省(燕京行尚书省、燕京尚书省)、1215年塔本的兴平行省、1220年严实的东平行尚书省(山东西路行省、东平行台)、夹谷通住的山西路行省(应指西京路行省)、1221年石天应的陕西河东路行台(河东南北路陕右关西行台)、1226年张荣的山东行尚书省(济南行省)、1227年李全的山东淮南路行尚书省(山东淮南行省、山东淮南楚州行省、山东行省、益都路行省)、1228年梁仲的大名路(行)尚书省、1214年耶律阿海的行中书省、1215年耶律捏儿哥的右丞行省辽东以及中都台。① 这里头的一些行省甚至延续到元初,例如益都行省。

上述诸行省主要出现在山东东路、山东西路、中都路和大名路地区。事实上,河东、山西地区也出现不少"行省"机构。据《张氏新阡表》称,"太祖十九年(1224),太傅、行尚书省[耶律秃花]奏[张子玮]前后战功多,宣授元帅都监"。② 所谓"行尚书省",即指"山西东路行尚书省"。夹谷通住为"山西西路行省"。③ 赵仲"迭授平阳行省胡公[天祥]丞相暨总府文字";"[太原路]行省恒察嘉其[聂圭]绩,予以金虎符"。④ 王颋认为此两路行省在太宗三年前,曾分别统领太原、九原、平定、大定(岚管)、延安和平阳、隆德、翼绛(河中)、怀孟等九路。⑤

同时需指出的是,河东南路、河东北路两行省或有分合:太祖十六年

---

① 前田直典:《元朝行省の成立過程》,载《元朝史の研究》,第148页。
② 萧㪺:《勤斋集》卷三《张氏新阡表》,文渊阁《四库全书》本。另据《通鉴续编》卷二〇载,太祖九年(1214)四月,"蒙古置行尚书省于宣平县(属宣德路),以撒没喝领其事,统金降民"。参阅陈桱:《通鉴续编》,文渊阁《四库全书》本。
③ 李庭:《寓庵集》卷六《唐兀歹墓志》;同卷《故宣授陕西等路达鲁花赤夹谷公墓志铭》云:太祖"擢通住为山西路行省兼兵马都元帅"。
④ [民国]《乡宁县志》卷一二《赵仲墓志》;[光绪]《平定州志》卷八《聂圭墓碑》,参阅[清]赖昌期修、张彬等纂:《平定州志》,光绪八年刻本。
⑤ 王颋:《元代行政地理研究》,第55页。

(1221),木华黎表授石天应为"陕西河东路行台兵马都元帅";《元史·木华黎传》载,"乃以天应权河东南北路陕右关西行台,平阳李守忠、太原攸哈剌拔都、隰州田雄,并受节制"。① 石天应所领有的这个行省应该与稍后郝和尚拔都所领的行省具有一定关联性。据史载,郝和尚拔都于庚子岁(1240)进拜"宣德、西京、太原、平阳、延安五路万户",为"河东行省五路军民万户"。②

以上主要以"路"为主干,对腹里地区出现的"路"、"路的行省"以及部分使司机构作了一番考察。从前文的分析来看,我们或可总结出如下几个特点:一是蒙元前期华北地区路的设置较之前代要更加细密化,也就是说,蒙元前期华北地区路的设置规模要远远超过宋、金时代。这尤其明显地体现在河北和山东地区,应该说来与这两个地区汉人世侯势力过于强大以及蒙古投下食邑单独置路州的政策推行密切相关。二是金末元初河东山西地区世侯远不如河北、山东地区世侯那样强横难治,画境分割以治的要求并不突出;河东、山西主要分封给成吉思汗诸子术赤、察合台系,分封所涉路份较为齐整,并未出现山东地区那般因蒙古诸王分封而大量增设路(直隶州)的现象。三是河北地区除大名路外,较少见及类似"路的行省"等诸种"行省"机构,它不同于山东和山西地区,藉此我们可以观察到其渐为直辖区的端倪在蒙元初期已逐渐被凸显出来。

就总体而言,随着蒙元统治的展开,汉人世侯占地和蒙古分封的问题愈见突出(蒙古中原投下食邑封户散在汉世侯辖区内),它使得华北地区的建置和区划发生变化并呈现出各区域性特征。同时,这也为蒙元初期腹里地区内部区划的生成埋下了伏笔,日后山东、河北、山西的各自成型,其缘由各异。蒙元统治华北汉地实行画境治理,一方面"以路为根干"对这一区域进一步加以细分;同时又在承继宋、金旧制的前提下,对腹里地

---

① 《元史》卷一四九《石天应传》;另可参阅《元朝名臣事略》卷一《太师鲁国忠武王木华黎》载:"乃以天应权河东南北路陕右关西行台,以平阳、太原、吉、隰等郡帅府皆受天应节制。"
② 《元史》卷一五〇《郝和尚拔都传》、卷一七四《郝天挺传》。此外,《山右石刻丛编》卷二五《重修汾东王庙记》载,太原晋祠庙碑有"宣差五路万户府参议田伯英篆额"字样。

区内部各路(直隶州)重新进行分化整合,由此逐渐形成三大块区域。

四 腹里内部区划的生成以及腹里的地位问题

蒙元初期腹里地区如何形成,陕西、河南地区是如何被逐渐区划于外的呢?腹里地区内部区划的生成过程如何?此外,腹里在有元一代区划体系中又处于怎样的地位呢?以下拟对这些问题加以澄清。

上一章我们主要就金元之际华北地区"十道"设置的变迁问题进行过思考分析,指出"十道"崩解的过程恰巧又从另一侧面揭示出腹里区域的形成过程。此处拟从诸王镇戍和蒙古分封的层面进一步加以探讨、稍作补充。

从宗王镇戍的角度看。《元史·太宗纪》载,太宗七年(1235),"遣诸王拔都及皇子贵由、皇侄蒙哥征西域,皇子阔端征秦、巩,皇子曲出及胡土虎伐宋,唐古征高丽"。太宗八年(1236)十月,"阔端入成都。诏招谕秦、巩等二十余州,皆降"。窝阔台即位后,阔端主要负责川陕甘宁青藏一带的攻略征伐,后来其基本领地又扩大到原唐兀惕二十四城。宪宗朝,忽必烈益封京兆后,阔端兀鲁思的领地逐渐缩小到西凉府一带较小的范围。[①]阔端征秦巩、入川蜀,显示出早在大蒙古国时期,秦蜀及以西区域就有类似于忽必烈时期"宗王镇戍"的现象,所谓"皇子阔端之镇西土也"。[②]忽必烈至元初年,"皇子安西王出镇秦蜀","至元十年,皇子安西王分治秦、蜀",其后更有"安西省"之称。[③]此类情形表明,秦蜀及其以西区域与腹里地区是很不一样的。

另据《经世大典·政典序录·屯戍》载:"国初征伐,驻兵不常其地,视山川险易,事机变化而位置之,前却进退无定制。及天下平,命宗王将兵

---

① 李治安:《元代分封制度研究》,第37—38页。
② 《元史》卷一二三《赵阿哥潘传》。
③ 参阅《元史》卷一五五《汪惟正传》;卷六〇《地理三》;卷一〇《世祖七》载,至元十六年,"改京兆为安西路",卷一一《世祖八》亦载,至元十八年二月有"安西省"。

镇边徼襟喉之地,如和林、云南、回回、畏吾、河西、辽东、扬州之类。"①《元史・兵志二》亦载:"世祖之时,海宇混一,然后命宗王将兵镇边徼襟喉之地,而河洛、山东据天下腹心,则以蒙古、探马赤军列大府以屯之。淮、江以南,地尽南海,则名藩列郡,又各以汉军及新附等军戍焉。"所谓回回、畏兀、河西对应的大致区域应该就相当于"秦蜀夏陇"及以西之地。②

与安西王镇秦蜀夏陇相类似,河南地区亦曾出现有宗王出镇之故事。至元二十二年五月"甲申,立汴梁宣慰司,依安西王故事,汴梁以南至江,以亲王镇之"。③ 不过,至元二十四年,镇南王脱欢移镇汴梁,不久后又移镇扬州,同时河南行省又得以成立。以上史料所涉虽为至元中后期,但它至少表明秦蜀夏陇及以西地区和河南地区跟腹里地区很不一样。另需指出的是,除中书省地面外,元代诸行省中,唯有江浙、江西、湖广三省没有直接对应的出镇王。④

此外,就腹里内部的军队镇戍体系设置而言,据史载:"岁丙申(1236),太宗命五部将分镇中原,阔阔不花镇益都、济南,按察儿镇平阳、太原,孛罗镇真定,肖乃台镇大名,忔烈台镇东平。"⑤从镇戍体制安排上我们可以看到,山东地区分山东东(益都、济南)、西(东平)两处,河北地区则分真定路和大名路,山西地区则仅及河东地区。这一镇戍体系的地域安排形态,应该说大致与原金在华北地区各主要路份的设置基本吻合,它具有某种程度上前后继承的联系。

从蒙古分封来看。太宗八年七月,蒙廷在华北地区实行五户丝食邑分封,是为"丙申分封",这是蒙古漠北草原分封在汉地的一种延伸。《元

---

① 《元文类》卷四一。
② 语见《儒生颂德碑》,该碑载,至元十年,忙哥剌"胙土关中,秦蜀夏陇,悉归控御"。另据姚燧《牧庵集》卷一〇《延釐寺碑》载:"在昔宪庙大封宗室,以世祖母弟,国之关中。于后立极之十三年,当至元九年,诏立皇子为安西王,以渊龙所国之。……教令之加,于陇于凉,于蜀于羌,诸侯王、郡牧、蕃酋,星罗棋错于其间者……"参阅罗振玉撰:《金石萃编未刻稿》卷上,民国七年上虞罗氏石印本,载《历代碑志丛书》,江苏古籍出版社,1998年版。
③ 《元史》卷一三《世祖十》。
④ 王晓欣:《论元代与江南有关的出镇宗王及江淮镇戍格局问题》,载《西北师大学报(社会科学版)》2009年第3期。
⑤ 《元史》卷一二三《阔阔不花传》。

史·太宗纪》载：

> 诏以真定民户奉太后汤沐，中原诸州民户分赐诸王、贵戚、斡鲁朵：拔都，平阳府；茶合带，太原府；古与，大名府；孛鲁带，邢州；果鲁干，河间府；孛鲁古带，广宁府；野苦，益都、济南二府户内拨赐；按赤带，滨、棣州；斡陈那颜，平、滦州；皇子阔端、驸马赤苦、公主阿刺海、公主果真、国王查刺温、茶合带、锻真、蒙古寒札、按赤那颜、坼那颜、火斜、尤思，并于东平府户内拨赐有差。

除属于辽阳行省的广宁府路外，其他诸路、府、州均在今日河北、山东、山西地区之内。丙申分封比较明显地透露出，陕西和河南地区尚未被大块地分封掉。宪宗甫一登位，设立燕京等处、别失八里等处以及阿母河等处三行尚书省以"画境"蒙古帝国；与此同时，又在汉地以及吐蕃等处，分兵征伐未平地区，所谓"以茶寒、叶了干统两淮等处蒙古、汉军，以带答儿统四川等处蒙古、汉军，以和里觯统土蕃等处蒙古、汉军，皆仍前征进"。① 在对中原汉地行政建置与区划的设置方面，宪宗朝基本承袭太宗朝以来的规制，并无多少革新。丁巳岁（1257），宪宗命阿蓝答儿会计京兆、河南财赋，一般认为这是有意针对忽必烈的举措；不过从区划设置这一方面来看，因为这两块区域并不同于腹里地区，另行派员进行钩考，其理由充足。

逮至中统元年五月，元廷立十路宣抚司，此十路分别为燕京路、益都济南等路、河南路、北京等路、平阳太原路、真定路、东平路、大名彰德等路、西京路、京兆等路；此外，又另以汪惟正为巩昌等处便宜都总帅。② 此十路宣抚司之设是蒙元朝廷对所征服的中原汉地全境的一次大区划，较之太宗时期的十道征收课税之设有较大改变，此时河南以及陕西等地区已涵盖在整个范围之内。

---

① 《元史》卷三《宪宗纪》。
② 《元史》卷四《世祖一》。

然而,十路宣抚司体系维持不长,很快被十道宣慰司所取代。中统三年十二月,"立十路宣慰司,以真定路达鲁花赤赵璧等为之"。① 张德辉曾"出为东平宣慰使,出佥山东行省,复召参议中书省事";李德辉则宣慰山西;郑鼎则授平阳太原宣慰使,等等。② 不过,十路宣慰司存在时间亦很短促,不久即罢。

至元初年,元廷整顿中原诸地。至元元年(1264)八月,"立[山东]诸路行中书省,以中书左丞相耶律铸、参知政事张惠等行省事。……又颁陕西四川、西夏中兴、北京三处行中书条格";至元二年(1265)闰五月,元廷"以平章政事赵璧行省于南京、河南府、大名、顺德、洺磁、彰德、怀孟等路,平章政事廉希宪行省事于东平、济南、益都、淄莱等路,中书左丞姚枢行省事于西京、平阳、太原等路"。③ 至元二年派员分省三大区域,它主要所涉及的是今日河北、山东、山西以及河南地区。从此次分省的区域划分中,我们可以注意到以下三点:一是真定、保定、河间等原属河北东、西路的地区未被置于分省的范围内,此地区切近京畿重地,或已为中书省所直辖。二是宋、辽、金以来的河东、山西地区已被视作合一的区域加以对待,今日山西之名与实,始得形成。④ 三是山东、山西地区已逐渐被切割出来,不同于腹里直辖区,山西、河北、山东三分的基本面貌亦在此次分省区划中开

---

① 《元史》卷五《世祖二》。关于世祖初期宣抚司与宣慰司的问题,可参阅史卫民:《元朝前期的宣抚司与宣慰司》。需指出的是,据《元史》卷一五六《董文炳传》载:"庚申,世祖即位于上都,是为中统元年,命文炳宣慰燕南诸道。"所谓"宣慰燕南"应是蒙古在汉地的中央机构,与此处所指的宣慰司不同。
② 苏天爵《元朝名臣事略》卷一〇《宣慰张公德辉》;《元史》卷一六三《李德辉传》、卷一五四《郑鼎传》。另据《元史·世祖二》载,中统三年三月,"遣郑鼎、瞻思丁、答里带、三岛行宣慰司事于平阳、太原。……以撒吉思、柴桢行宣慰司事于北京"。
③ 《元史》卷五《世祖二》、卷六《世祖三》。据史料记载,至元二年分省人员还有以下数人:山东地区有耶律铸、宋子贞、张德辉等;河东山西地区有贾居贞、商挺等。以上俱见诸《元史》本传。张德辉事亦可参阅王恽《秋涧先生大全文集》卷四一《故翰林学士河东南北路宣抚使张公挽诗序》,其云:"至元二年,公以前东平宣慰起复签山东等路行省事,适恽从事在鲁。"
④ 姚燧《牧庵集》卷一五《中书左丞姚文献公神道碑》载:"至元之元,出省臣三,罢世侯、置牧守,迁转河东山西、河南、山东官宪。公行省河东山西,明年而归。"同书卷一九《参知政事贾公神道碑》云:"至元始元,官朝请、参议中书省事。诏同燧先世父太师文献公,时以中书左丞行省河东山西、罢世侯,置牧守。"

始体现出来。

今日上述三省区在宋、金时期的内部区划上,诸"路"是最为重要的地方区划单元;不过,笔者以为诸"使司"等机构的设置以及由此而衍生出来的"使职差遣辖区"也构成当日地方区划的重要组成部分。唐宋以来,各类使职差遣渐次发展,在该制度的影响下形成各色辖区,这类辖区实质上是一种跨高层的"准政区",在此我们莫若将其视为"使职差遣跨高层辖区"。使职差遣制度影响下的辖区具有自身的特性,它给地方行政与区划制度所带来的影响常常被以政区变迁研究为核心的传统沿革地理学,或现今影响较为普遍的行政区划史的研究所忽视。金元时期其实并无宋代意义上的那种所谓使职差遣制度的存在,不过具有诸使之名号的各类机构却仍大量出现,在此类机构直接或间接影响之下所形成的诸使职辖区,它们大小不一,甚至有些使职辖区间彼此又叠相重合,殊为复杂难辨。这点从前文所涉金末诸使司所管辖路份的考释上就可窥见一斑。

金、元时期"使职差遣制度"所影响下的地方行政制度与区划变迁的问题,对于我们探讨地方行政制度中"行省"与"路"的生成具有不可忽视的作用,尤其值得注意的是在对"行省"生成方面的影响,元代不少行省区划的形成与此有着千丝万缕的联系。前文所述诸如转运使司、统军使司、宣抚使司、宣慰使司以及按察使司(即元代的肃政廉访使司)等使职辖区对该时期或后世地方行政区划所带来的影响不容低估。这里就元代宣慰使司和肃政廉访使司在区划腹里内部所起到的作用方面稍加置喙。

宣慰司道是世祖时始推行的地方一级正式行政单位,其区划意义不言自明。至元初年设诸路宣慰司,不久即废。至元二十三年(1286)十二月,"置燕南、河东、山东三道宣慰司"。关于此次所设诸宣慰使司的辖区问题,《永乐大典》保存有一份至元二十五年(1288)兵部公文,记载腹里区域诸路在宣慰司辖区内的大致划分面貌:直隶省部四路,保定路、河间路、平滦路、隆兴路;燕南河北道宣慰司辖九路,真定路、顺德路、广平路、彰[德]路、卫辉路、大名路、恩州、怀孟路、冠州;河东山西道宣慰司辖三路,西京路、平阳路、太原路;山东东西道宣慰司所辖一十二路,东平路、济宁路、益都路、济南路、东昌路、般阳路、濮阳、高唐州、德州、曹州、泰安州、宁海州。① 不久之后,腹里诸宣慰司有变,燕南河北道宣慰司遭裁撤,原所属路、州则直隶省部;山东东西道宣慰司治益都,领益都、济南、般阳三路和宁海州;河东山西道宣慰司治大同,领大同、冀宁、晋宁三路。② 燕南、河东、山东宣慰司之设恰好体现的就是腹里内部三分的大致面貌。

在元代的一般行政区划体系中,除行省、宣慰司外,肃政廉访使司当亦具有一定的区划功能,所谓"国朝始王皇子,视封建;置行中书省、廉访司视中国"。③ 这则记载提示我们,廉访司在区划意义上具有与行省同样重要的地位。腹里地区肃政廉访司的设置曾有几番变化,最后形成为三道稳定的肃政廉访司体系:山东东西道,济南路置司,领东平路、济宁路、益都路、济南路、东昌路、般阳路、濮阳、高唐州、德州、曹州、泰安州、宁海州;河东山西道,冀宁路置司,领冀宁、大同、晋宁;燕南河北道,真定路置司,领真定、顺德、广平、彰德、大名、怀庆、卫辉、河间、保定等路以及恩州、冠州。④ 这里所展现的也是腹里三分的形态。设若我们再细致分析元代所立二十二道肃政廉访司的分布状况,⑤我们还可发现其分道状况与今日省区之划分状况又十分的近似。

关于腹里内部的区划问题,赵天麟曾提出另立"燕南行省"取而代之,

---

① 《元史》卷一四《世祖一一》;《永乐大典》卷一九四一八《站赤三》。
② 至大年间两宣慰司亦复有变。《元史》卷二二《武宗一》载,至大元年十二月,省河东宣慰司,以大同路隶中都留守司,冀宁、晋宁二路隶中书省。后又恢复。《武宗二》则载,至大二年五月,"以益都、济南、般阳三路,宁海一州属宣慰司,余并令直隶省部"。另据至元年间所修《齐乘》,齐邑就是指山东东西道宣慰司所辖的地面,东平等路已直隶省部。默书民《元代的山东东西道辖区考析》(载《中国史研究》2007年第3期)一文认为,燕南河北道宣慰司废于至元二十九年;至元二十三年设山东东西道宣慰司时,其辖区与山东提刑按察司的监察区相同。后宣慰司辖区有一个由大变小的过程,至大二年以后山东东西道宣慰司所辖仅剩三路一州;而山东东西道肃政廉访司的辖区则没有随之变小。
③ 刘岳申:《申斋集》卷六《云南中庆路儒学新制礼器记》,文渊阁《四库全书》本。
④ 《元史》卷八六《百官二》"肃政廉访司"条。此三道肃政廉访司的辖区划分主要依据谭其骧《中国历史地图集》第七册(元明时期)附录的说明,山东东西道肃政廉访司的辖区则参考默书民《元代的山东东西道辖区考析》一文对谭图所作的重新考订,燕南河北道则参考丁一《元代监司道区划考》(未刊)。
⑤ 《元史》卷八六《百官二》"肃政廉访司"条。

以尊崇中书省(都省)。赵天麟上策云:"更望陛下于腹内取中,别立一省,谓之燕南等处行中书省,以间汴梁、北京、辽阳、安西四省之间。凡外路受敕牒以下官,行省注之,然后咨呈都省,乞颁敕牒可也。凡随朝诸有司当受付身者,委都省出之;凡外路诸有司当受付身者,行省出之。如此,则上廉远地,而堂陛愈高;都省增崇,而天王益重矣。或者以为国家因四远及蛮荆之新附,故立行省以镇之,腹内不须立也。殊不知汴梁有省,岂汴梁亦新附之城哉?事在不疑,惟陛下察其可否而行之。"①不过,终元一代,这一建议并未得到采纳。

蒙元前期腹里内部区划形成过程已如前述。那么,腹里在元代区划体系中又处于何种地位呢?《元史·地理志》载:"中书省统山东西、河北之地,谓之腹里。"《元文类·都邑》亦云:"舆地之广,古所未有,遂分天下为十一省。以山东西、河北之地为腹里,隶都省,余则行中书省治之。下则以宣慰司辖路,路辖府州若县,星罗棋布,粲然有条。"②所謂"腹里",被称作"在内的兀鲁思"(蒙古语:qol-un ulus),③其具体所指是山之东、西和黄河以北之地,亦被称作"内地"。

所谓"内地"一词,蒙元不同时期所指不同:蒙元初期,"太祖皇帝肇定区夏,视居庸以北为内地",④漠北本部就是当时的"内地"。前四汗时期是以草原本位为主而保持草原游牧国家政治体制的原有形态,外围地区的中原汉地、突厥斯坦与河中、袒桲答儿、呼罗珊及其以西地区,它们都只是蒙古帝国一隅。⑤忽必烈建元以后,蒙元朝廷逐渐将华北"内地化",⑥它所反映的是蒙古草原本位的传统逐渐让位于中原传统汉制。在元朝人的意识中已逐渐出现"中州内地"、"河洛、山东,据天下腹心"等观念,和林、

---

① 赵天麟:《论增崇都省并于腹里别立一行省》,载陈得芝辑校:《元代奏议集录》,浙江古籍出版社,1998年版,第308页。
② 《元史》卷五八;《元文类》卷四〇《都邑》。
③ 关于此处"腹里"蒙语的推定,详可参考前田直典《元朝行省の成立過程》,载氏著:《元朝史の研究》,第171页。
④ 袁桷:《清容居士集》卷二五《华严寺碑》,文渊阁《四库全书》本。
⑤ 姚大力:《论蒙古游牧国家的政治制度:蒙元政治制度史研究之一》,第5页。
⑥ 参阅前田直典:《元朝行省の成立過程》第四节"华北的内地化与忽必烈初期(中统年间的行省)"。

云南、回回、畏吾、河西、辽东、扬州之类则为边徼之地。①

南宋亡后,元代行省天下,亦常出现"行省"与"内郡"(腹里)对举的现象,而"江南"在元人的意识中则常被叙述成"内附"的对象,"江南""内郡"常常对举并列出现。那么此类现象该如何看待呢?

周振鹤认为,行省与内郡对举有其用意,行省在外拱卫内郡,"只是内郡所指仍不十分明确,似乎不应该只指中书省,还应包括河南江北行省在内,因为据《元史》,从未有内郡与河南江北行省对举之例。岭北行省是蒙古故地,或不被视为边疆,也许算作内郡,其余行省或许就是边疆区了"。② 实际情况又究竟如何呢,也就是说当时人又如何看待河南江北行省以及岭北行省的呢?检核元代史籍,我们发现河南应视为"内郡",而岭北则非"内郡"。

宋元对峙期间,河南作为前沿,自不同于内地腹里州郡;③元灭宋后,河南则被视作内地。郑元祐曾云:"河南省三岁贡士,裁七人,视湖广则少矣,视江西则尤少,视江浙裁三之一。……夫河南为国家内地,其归版图甲子两周于兹矣。"④是知,河南异于江南三行省。另据元人宋褧称:"世祖皇帝平定海寓,立御史台,画天下为二十二道,置提刑按察司,后易今名曰肃政廉访。内郡凡八道,隶御史台,山南其一也。"所谓"内郡八道",包括山东东西道、河东山西道、燕南河北道、江北河南道等。⑤ 再据《元史·成宗四》称,大德七年(1303)"己卯,尽除内郡饥荒所在差税,仍令河南省赈恤流民,给北师钞三十八万锭"。由上所述看来,河南当属内郡。

岭北地位特殊,前四汗时期作为根本之地,自为"内地";入元以后,则非内郡。据《元史·百官七》"岭北等处行中书省"条载,国初,太祖定都哈

---

① 《滋溪文稿》卷五《送察君白赴广西帅府经历序》;《元文类》卷四一《经世大典·政典序录·屯戍》。
② 周振鹤:《中国行政区划通史》(总论·先秦卷),第206页。
③ 《元史》卷七《世祖四》,至元八年、九年条均载有河南省相关事条,河南与"内地州郡"常并列对举。
④ 郑元祐:《侨吴集》卷八《送赵克上序》,文渊阁《四库全书》本。
⑤ 参阅宋褧《燕石集》卷一二《山南察院题名记》,文渊阁《四库全书》本;《元史》卷八六《百官二》。

剌和林河之西，因其名，立元昌路。中统元年，始置宣慰司都元帅府。大德十一年，改立和林等处行中书省。皇庆元年，改岭北等处行中书省。①和林实为"重镇"，"常选勋戚大臣以镇，重之至"。② 虽即如此，和林亦被视为濒冲边要之地，"朔漠穷处，地沍寒，不敏艺植，禽鸟无树栖，而畜牧逐水草转徙。举目莽苍，无居民。……和林非内地"。③ 所谓"和林百年来，生殖殷富埒内地"，④和林（岭北行省）常与甘肃、云南、辽阳等同被视为边远之地，且其不同于"内地"之地位常常被强调，在赋役、酒禁、出使官员奉给等方面均有不同的对待。⑤ 岭北由"内地"而为"边地"，反映出蒙元统治重心的南移。

"行省"与"内郡"对举，一方面固然有强调行省拱卫内郡的意思，但另一方面更多应看作是元王朝对帝国境内各地区统治政策的差异性。在《元典章》的诸多记载中，我们常可看到"腹里路分（所辖）"、"行省路分（所辖）"并列对举情形。因所处区域、所属管辖机构的不同，其相关政策各异。如《医官合设员数》云："腹里各路提举司、提领，与行省所设提举司所办事务不同"；《院务官品级》载："各处行省所辖并腹里应管诸色钱谷五百定之下合设人员，行省所辖的，交行省依例于合迁转人内委付，腹里所管的，交吏部依体例委付呵"；《通制条格》卷五《学令·科举》则谓："乡试中选者各给解据，录连取中科文，行省所辖去处，移咨都省送礼部；腹里、宣慰司及各路关申礼部"，等等。⑥

----

① 《元史》卷九一。许有壬《至正集》卷四五《敕赐兴元阁碑》云："且和林自元昌路，为转运司，为宣慰司，又为岭北行中书省。""转运司"虽为财政机构，不过其作为一种行政机构的性质，在此有所体现。
② 朱思本：《贞一稿》卷一《和宁释》，文渊阁《四库全书》本；柳贯：《待制集》卷一八《跋虞司业撰岭北行省左右司即中苏公墓碑文》，文渊阁《四库全书》本。
③ 张养浩：《归田类稿》卷三《送田信卿上和林宣慰司都事序》，文渊阁《四库全书》本。
④ 许有壬：《至正集》卷四七《敕赐故中宪大夫岭北等处行中书省左右司郎中赠集贤直学士亚中大夫轻车都尉追封真定郡侯苏公神道碑铭》。
⑤ 《元史》卷五八《地理一》；《元史》卷二一《成宗四》"大德七年五月"条；刘孟琛：《南台备要·出使官员俸给》。参阅赵承禧等编、王晓欣点校：《宪台通纪（外三种）》，浙江古籍出版社，2002年版，第218页。
⑥ 参阅《元典章》卷九《吏部三·医官》；同卷《吏部三·场务官》；方龄贵校注：《通制条格校注》，中华书局，2001年版。

"腹里"与"江南"对举的现象在元代载籍中更是俯拾可见:《整治站官事理》谓"江南、腹里事体不同";《典史公服》云:"目今腹里省部拟注,其江南者行省定夺";《江南申灾限次》载:"江南天气风土,与腹里俱各不同。……送户部照拟得:'江南风土既与腹里不同,合依行省所拟,具呈照详。'"① 王晓欣认为腹里、江南并列是因为皇帝直辖区,元代宗王出镇区仅及江北两淮,而无江南。② 元代政策多由都省定拟,各地行省则比附腹里体例量加施行。蒙古对华北征服在前,其政策的制定和推行亦较早并相对成熟,新近征服占领的江南则相对陌生。笔者以为,蒙古人在统治初期常生硬地将原来在北方实行的政策推广到江南而未作太大变更,以致出现不少问题,而后不得不反复申明腹里、江南之异。③

在蒙元征服汉地全境的过程中,河南、陕西四川、巩昌等地区以及后来所征服的江南地区,渐次发展成为元代各行省。④ 对于这些地区的相关问题,则已非本课题所能及,兹存而不论。

---

① 《元典章》卷九《吏部三·站官》、卷二九《礼部二·服色》、卷二三《户部九·灾伤》。
② 王晓欣:《论元代与江南有关的出镇宗王及江淮镇戍格局问题》。
③ 元代江南和腹里政策的差异性问题,爱宕松男曾从另一方面加以解析,他将蒙元对江南和北方在税制、役法、军制和地方行政上的统治差异,视作为一种"江南支配脆弱性论"的证据,认为蒙古人和北方汉人对江南缺乏自信,使得南宋地区制度得以稳固存在下去。不过笔者以为这种差异性,恰巧显示出蒙古人为适应各地方而不得不采行不同的统治策略的结果,应有其合理性。详可参阅爱宕松男:《元の中国社会と漢民族社会》,载護雅夫、佐伯富等编《岩波講座世界歴史9(中世3)》,东京:岩波书店,1970年。
④ 陕西四川地区在蒙元初期亦曾设立宣抚司、行省等机构:1233年田雄"开府陕西行总省事";1254年廉希宪为"关西道宣抚使",中统元年"以八春、廉希宪、商挺为陕西四川等路宣抚使";中统改元,商挺为"行台陕西兼西蜀四川";又有所谓"秦蜀五路四川行中书省"之称。参阅李庭《寓庵集》卷六《故京兆路都总官府提领经历司官太傅府都事李公墓志铭》、《元史·世祖纪一》、《寓庵集》卷六《陕西行中书省左右司员外郎郭公行状》、《元朝故洵州三河县令兼镇抚军民李公墓志铭》。对于江南三行省的问题,程钜夫甚至提出罢废的建议:"宜罢诸处行省,立宣抚司,一浙东西,二江东西,三淮东西,四福建,五广东西,六湖南北,自江淮以南,止并为六个宣抚司。"不过这一提议亦未被采行。参阅程钜夫:《程雪楼文集》卷一〇《论行省》。

第三章 汉人世侯严实、张柔辖地的变迁

——以丙申"画境之制"为主线

前文曾就金元之际华北"十道"的变迁问题作了比较详细的考证、分析，它从一个侧面揭示出腹里地区形成的历史过程。在针对太宗窝阔台丙申年(1236)实行"画境之制"的讨论中，笔者特别指出"十道"的划分具有财政区划意义层面的考量；当然不可忽视的是，它同时又具有对汉人世侯辖境进行调整的考虑。由于金元之际汉人世侯占有华北州郡，有的世侯占地多则达数十州县，少则仅一州或一县之地，且各自为境，这种混乱状态严重冲击华北的行政建置。因此，探讨蒙元前期汉人世侯辖地的变迁问题显得尤为必要。

一 问题的提出

蒙古人南下徇地征服中原汉地的过程中，华北各地出现一大批拥兵自保的汉人地方武装，[①]其中款附蒙古的武装势力，逐渐发展为雄踞一方的"汉人世侯"。他们不仅配合蒙军南下攻城略地，还在各所属区域内荡平各种势力，各自为境，渐次发展成为专制各郡的地方军政长官。

[①] 时人描述各地方武装纷起的情状称："金源氏末，天造草昧，豪杰并起，于是拥兵者万焉，建侯者万焉，甲戈者、骑者、徒者各万焉，鸠民者、保家者、聚而为盗者又各万焉，积粟帛金具子女以为己有者、断阡陌占屋宅跨连州郡以为己业者，又各万焉。"参阅郝经：《郝文忠公陵川文集》卷二五《万卷楼记》。

当时蒙古人对于投诚汉人世侯规定:"北人能以州县下者,即以为守令,僚属听自置,罪得专杀",①"除已画定州县外,如能收复邻近州县者,亦听管属"。② 当时许多势力强大的汉人世侯,可承制封拜下级僚属,占有不少州郡。如保定张柔氏,"蔡国张公柔开府满城,凡州县来归者,皆承制封拜",③"国朝开创,棋布诸路,分选勋旧帅臣世之,其守令不必请于天子,听诸帅才而使之。有能胜任者,子以嗣职,然必上下同仁,如身之使臂,臂之使指,则治效斯立。燕南涞水县,顺天府之甸邑,万户张公〔柔〕实主之。方草昧之初,公威德并著,民之从者如市,故能抚定二十余城"。④

汉人世侯对其所攻占之州县或向其投诚的州县,具有很强的领属权;在灭金以前,蒙廷对于汉人世侯占有州郡的情形基本不予太多的关注,而更多地是将各块区域寄予各地世侯,由世侯自行治理;丙申岁(1236),行"画境之制"后,世侯在各自辖地内也大体还是各自为政。蒙廷对华北汉地的统治,更多意义上还只是一种"间接统治",它反映出来的是一种类似于承包制的形式,即各地世侯分块负责,向蒙古朝廷缴纳赋税。⑤ 而蒙古人由"间接统治"向"直接统治"的转变,则要到世祖忽必烈于中统、至元之交"罢世侯"、"行迁转法"之时。

灭金之后,蒙廷开始着手恢复中原州郡,"诏天下郡县各治其故"。⑥ 太宗窝阔台汗八年丙申岁,蒙廷又逐步加强监督汉人世侯的统治,于"州县守令上,皆置监";⑦同年,"太宗命五部将分镇中原,阔阔不花镇益都、济

---

① 姚燧:《牧庵集》卷二五《磁州滏阳高氏坟道碑》。
② 元好问:《元好问全集》卷二六《严实神道碑》。
③ 《畿辅通志》卷一六九《怀孟万户刘公先茔碑》。
④ 《涞水县志》卷末,敬铉所作《李伯甫政绩》,[清]陈杰等纂修:《涞水县志》,清光绪二十一年刊本。
⑤ 关于这种各地世侯类似于承包一地、负责向蒙古朝廷缴纳赋税的问题,或许有个十分具体的事例可资说明。据《元史·严忠济传》载:"忠济治东平日,借贷于人,代部民纳逋赋,岁久愈多。及谢事,债家执文券来征。帝闻之,悉命发内藏代偿。"此处虽只是提及"代部民纳逋赋",但其背后所体现出的真正内涵,实质上却正是各地世侯承包、负责一地税赋之事。"强悍难制"之大世侯尚且如此,其他世侯的情况则更可想见。
⑥ 敬铉:《李伯甫政绩》,载《涞水县志》卷末《余录》。
⑦ 姚燧:《牧庵集》卷二四《谭公神道碑》。

南,按察儿镇平阳、太原,孛罗镇真定,肖乃台镇大名,怯烈台镇东平",[1]以加强对华北地区大世侯的监督与威慑;与此同时,蒙廷开始对汉人世侯的辖地逐步进行调整,推行著名的"画境之制":"丙申岁,析天下为十道,沿金旧制画界,保之属城多为邻道所分割。阅数岁,有诏特还之,升州为府,赐名曰顺天;""初,公之所统,有全魏,有十分齐之三、鲁之九。及是,画境之制行,公之地丁魏,则别大名,又别为彰德;齐与鲁,则复以德、兖、济、单归于我。"[2]可见,太宗丙申岁是蒙古统治华北汉地的一个关键时点,而"画境之制"则是汉人世侯辖地发生变化的转捩点。同时,这无疑也是汉人世侯权力发生变化的表征之一。

金元之际,华北地区的大世侯主要有天成刘氏、真定史氏、保定张氏、东平严氏、益都李氏、济南张氏以及藁城董氏等等。彭大雅于壬辰岁(1232)随南宋使节前往蒙古时,曾叙及华北汉地世侯势力:"汉地万户四人,如严实之在郓州,则有山东之兵;史天翼之在真定,则有河东河北之兵;张柔之在满城,则有燕南之兵;刘黑马之在天成,则有燕蓟、山后之兵。他虽有领众者,俱不若此四人兵数之多、势力之强也。"[3]而当时人们常常提及的最为显赫的三大世侯就包括了史天泽、严实与张柔:"窃念壬辰北渡后,诸侯各有分邑,开府忠武史公之于真定,鲁国忠武严公之于东平,蔡国武康张公之于保定,地方二三千里,胜兵合数万,如异时齐、晋、燕、赵、吴、楚之国。"[4]这几大世侯基本控制着原金河北东西路、山东西路以及中都路等地区。

有关汉人世侯辖地状况的研究,过去的研究视角多着眼于何地分布

---

[1] 《元史》卷一二三《阔阔不花传》。
[2] 王磐:《张柔神道碑》,载《畿辅通志》卷一六八;《元好问全集》卷二六《东平行台严公神道碑》。
[3] 彭大雅撰、徐霆疏:《黑鞑事略》,《王国维遗书》第13册。
[4] 魏初:《青崖集》卷五《故总管王公神道碑》。

有何世侯等问题，①近来亦有对汉人世侯问题的个案研究，这些个案研究或多或少都涉及世侯辖地问题。② 这些研究颇具启发意义，然则在回答蒙廷处理世侯辖地问题前后所展现出来的地方州郡划割改属的一系列具体变化情状方面，却仍有待深入探讨。我们知道，太宗窝阔台丙申年间实行的某种程度上旨在调整世侯辖境的"画境之制"，既是对过去蒙金对峙以来直至金亡时期汉人世侯占有州郡状况的一次总结；更奠定了自此之后直至忽必烈中统三年"罢世侯、行迁转法"时，大约三十年间汉人世侯占有州郡的基本格局。

为弄清汉人世侯辖地在丙申岁实行"画境之制"前后的变迁状况，我们首先有必要对各地世侯分布的特征作一简要交代。③ 由于河东山西地区多为中、小世侯，且呈散状分布，而且这一地区的平阳和太原两路又整块地大部分被分别封予术赤和察合台两系，其境内州郡的划割改属情况不太频繁。就目前掌握史料来看，这一地区因世侯问题而使地方行政建置发生变动的情形较少见及。此外，大同路除在后来设立大都路和上都路时而割出部分州、县外，也几乎没有出现太多的划割改属情况。因此，太宗窝阔台调整世侯辖境时，并未深入涉及河东山西地区，故而本章不对该地区作具体查考。

河北东西路、大名府路以及山东东西路地区有较多大世侯，这些汉人世侯辖地跨州连郡，其中大者占有数十州县，小者亦有数城之地，所占地盘有的横跨数路，其疆界犬牙交错，致使华北地区的地方行政建置及其区

---

① 例如，日本学者爱宕松男在其论文《李璮の叛亂とその意義——蒙古朝治下における漢地の封建制とその州縣制への展開》中，有对蒙金议和前各地世侯分布问题的研究；池内功《モンゴルの金国経略と漢人世侯（一）》则从世侯投诚时间先后问题上，对爱宕松男的研究进一步加以考校和订正。赵文坦的博士论文《大蒙古国时期汉人世侯研究》第三章"画境之制"与世侯特权》与张金铣《元代地方行政制度研究》第二章《汉人世侯与中原地方行政》的相关内容，都涉及各地区的世侯问题。这些研究对于我们认识汉人世侯问题是有帮助的，不过这些论著对于世侯辖地问题，则几乎未予讨论、分析。
② 如陈高华《大蒙古国时期的东平严氏》，载氏著《元史研究新论》；赵文坦《大蒙古国时期的顺天张氏》。
③ 关于汉人世侯分布的特征问题，日本学者井ノ崎隆兴所撰《蒙古朝治下における漢人世侯——河朔地區と山東地區の二つの型》（载《史林》37-6,1954）一文，选取真定史氏与益都李氏为观察视角，认为当时存在河朔地区忠顺型与山东地区反抗型两种世侯形态，这对于我们随后即将谈到的"画境之制"所涉地域的侧重点问题，颇有启发。

划显得十分混乱;这个时期路、府、州级建置的频仍变更也十分突出地表现在上述这几个地区。而在上述这些地区所涉世侯当中,东平严实与保定张柔占地甚广,现存史料中在谈及"画境之制"时,亦多与此两大世侯密切相关;而且,史籍对于这两大世侯所统辖之州县数,又有着十分明确的记载,如谓严实统领"五十四州县"、张柔领有"八郡"、"三十城"等。得是之故,本章拟以考订此两大世侯辖地所领州县数为中心,就其于丙申画境前后占有州郡的变迁状况详加考述,以期从一个侧面揭示出汉人世侯占有州郡给华北地区部分路、直隶州的形成所起的直接或间接作用,并考察其给华北地方行政设置与区划调整所带来的影响。

二 东平严实统领"五十四州县"考

金元之际,汉人世侯严实控驭东平,其所统领之州县规模,史籍有所谓"五十四州县"、"五十余城"、"五十城"诸说。《元史·地理志一》"东平路"条载:"元太祖十五年,严实以彰德、大名、磁、洺、恩、博、浚、滑等户三十万来归,以实行台东平,领州县五十四。实没,子忠济为东平路管军万户总管,行总管府事,州县如旧。"《奥屯忽都禄神道碑》亦云:"东平控郡邑五十四";[1]而《元史·宋子贞传》则载:"七年,太宗命子贞为行台右司郎中。中原略定,事多草创,行台所统五十余城,州县之官或擢自将校,或起由民伍,率昧于从政。"[2]另,《东平行台严公祠堂碑铭有序》谓:"[严实]长魏、齐、鲁五十城者,逾二十年。"《博州重修学记》亦谓:"今行台特进公以五十城长东诸侯,凡四境之内,仙佛之所庐及祠庙之无文者,率完复之,故学舍亦与焉。"[3]由上述诸种史料来看,东平严实当领有五十四州县无疑;

---

[1] 《永乐大典》卷三五八七。
[2] 《元史》卷一五九。
[3] 参阅《元好问全集》卷二六、卷三二。另据《至元六年海美石用谒庙题名碣》载:"前陕西五路西蜀四川廉访都转运使继授东平路五十四城转运使海美石用,至元已巳冬十月十有八日,敬谒宣圣祖庭。"是知入元以后,关于东平领有五十四城的说法仍然一直存在。参阅骆承烈汇编:《石头上的儒家文献——曲阜碑文录》(上),齐鲁书社,2001年版,第217页。

所谓"五十余城"、"五十城"者,显系"五十四州县"之概称。①

东平严实于庚辰岁(1220)领八州之地附蒙,后随蒙军南下,攻城略地,所获城邑无算。据《东平行台严公神道碑》载:"[1234年]朝于和林城,授[实]东平路行军万户,偏裨赐金符者八人。初,公之所统,有全魏,有十分齐之三,鲁之九。及是,画境之制行,公之地于魏,则别大名,又别为彰德;齐与鲁,则复以德、兖、济、单归于我。丁酉岁(1237)九月,诏命公毋出征伐。当是时,公以百城长东诸侯者十五年矣。"②由此可见,严实所领有的城池前后发生过很大的变化,曾"以百城长东诸侯者"。而史籍一般所谓"五十四州县"者,应是指在窝阔台汗八年丙申岁实行"画境之制"以后,分出大名、彰德、滑、浚等地,同时又划入德、兖、济、单诸州,而形成的比较稳定的辖境。陈高华就曾指出此点,认为"五十四州县",应是就"此次调整后的辖地而言"。③

清末民初人屠寄则以《元史·严实传》为据,认为"及画境制行,割大名、彰德外属,实领东平一路外,唯兼有德、兖、济、单四州,总二十余城"。④对此,陈高华认为应具体考察元代山东行政区域的变化才能弄清此问题。陈氏依据《元史·地理志》的记载,统合东平路以及从东平路分出的东昌路、济宁路和直隶中书省的曹州、濮州、高唐州、泰安州、德州、恩州、冠州等所领有之县数,进而推知至元初年割裂前的东平路,辖县达五十一,"另有恩、冠二州",认为"画境后东平路辖五十余城之说无疑是正确的"。⑤ 其说甚是。

然则,设若再进一步追问的话,史籍确指之"五十四州县"究竟是指哪"五十四州县"呢? 显然,陈高华注意到《元史·地理志》所载东平路以及至元初年从东平路分割出去的路、直隶州所领有的县数问题,这对于我们

---

① 据赵珙《蒙鞑备录》称:"我使人相辞之日,国王戒伴使曰:'凡我好城子多住几日,有好酒与吃,好茶饭与喫,好笛儿、鼓儿吹着打着。所说好城子,乃好州、县也。"是知,当日所谓"城"即指州、县。赵珙:《蒙鞑备录》,《王国维遗书》第13册。
② 《元好问全集》卷二六。
③ 陈高华:《大蒙古国时期的东平严实》,《元史研究新论》,第308—309页。
④ 屠寄:《蒙兀儿史记》卷五二《严实传》,上海古籍出版社、上海书店,1989年版。
⑤ 陈高华:《大蒙古国时期的东平严实》,《元史研究新论》,第309页。

据此而复原丙申岁行"画境之制"后严实辖地所领的州县数问题，无疑是极富指示意义的。不过，由于金元之际华北地方行政建置改易十分激烈，它涉及太多建置的划割改属与升置降黜。我们显然无法径依《元史·地理志》记载的东平路及其随后由该地所分割出去的路与直隶州所领有的州县数目，而据以复原画境后严实所统领的、比较稳定的"五十四州县"辖地。因为《元史·地理志》所反映出来的肯定是历经一系列变动之后的"残缺"图景。

为此，我们有必要检校诸种史籍之记载，就画境前后数年间（个别州县的时间观照点可能会稍稍放宽）严实所领有的东平路或附近地域内（即主要是指严实降蒙时控制的八州之地：相、魏、磁、洺、恩、博、滑、浚等州；以及后来征服或被划入的曹、济、兖、单等州）曾归由其统领的诸州县的升置降黜以及划割改属等情况，逐一进行考释排查，以期最大限度地复原严实所领有的"五十四州县"这一稳定的辖地。兹按《元史·地理志》之编排顺序，逐一考证如下。

元东平路，仍金东平府之旧，领有须城、东阿、阳谷、汶上、寿张、平阴六县，此六县在金元之际未见有任何变动。作为严实根本之地，上述诸县均当在"五十四州县"内，"东平府"这一建置，则自当不计入"州县"之范围内。此自不待言。

元东昌路，即金之博州，为严实辖地。① 《元史·地理志》载其领有聊城、堂邑、莘县、博平、茌平、丘县六县；金代博州则领有聊城、堂邑、博平、茌平、高唐五县。② 其中聊城、堂邑、博平、茌平四县未有变动，均当包括在内。丘县，本为镇，属金洺州平恩地，为入元以后之复立县，当不在严实所统州县内。莘县，金代属大名，《元史·地理志》未载其割属博州之具体年代。然据《元史·世祖纪三》载："［至元四年五月］丙辰，析东平之博州五城别为一路。"此语颇生疑义：所谓"五城"，是指原金博州所领之聊城、堂邑、博平、茌平及高唐五县，还是指除丘县而外的聊城、堂邑、博平、茌平、

---

① 详可参阅《元史》卷一五二《齐荣显传》。
② 此处所谓金代博州之状况，均依据《金史·地理志》记载而来。本章凡所涉及金代之状况者，亦同。

莘县五县?《新元史·地理志》认为是指原金五县。① 倘若如此,高唐后升为直隶州,岂不应析自博州路,而非析自东平路? 再者,若高唐既已分属阔端大王位下之博州路,缘何又会被析出成汪古部赵王封邑?② 笔者以为所谓五城,应指后者。莘县早在蒙古国时期已由大名割隶东平,它应是严实麾下冠氏侯赵天锡所领的原属大名路下的十七城之一。得上述之缘由,莘县应在"五十四州县"内。高唐县曾属博州,画境前后尚未升州,但其时应已在东平严实统辖范围内,属"五十四州县"之一。统合上述,博州及聊城县、堂邑县、博平县、莘县、茌平县、高唐县,共一州六县之地,俱在严实"五十四州县"内。

济宁路,含济、兖、单三州,此三州原系汉人世侯石天禄辖地。甲午岁(1234),划归东平严实。至元六年(1269),济州升府,后发展成元代的济宁路。此三州之地当在画境之后严实所统领的"五十四州县"内无疑。惟各州所领之具体县份,前后有差,尚需仔细辩明。③ 济州金时领有郓城、金乡、任城、嘉祥四县,画境前后,此四县未见变动,当均系于"五十四州县"内。《元史·地理志》所载济宁府与济州尚有数县,兹有必要加以排比、辨析。济宁府治巨野县,至元六年复立,此县应予排除。肥城为至元十二年(1275)新立县,亦应排除。砀山县,该县于金兴定元年(1217)改属归德府,五年属永州,寻为水圮县废。④《元史·地理志》载该县于宪宗七年(1257)"始复置县治",砀山复县当在此时,因此画境前后并不存有此县,兹予排除。虞城县,宪宗二年(1252)始复置县,并来属东平,亦当排除。丰县,宪宗二年方来隶,亦应排除。鱼台县,太宗七年(1235)来属济州,画境之后当在"五十四州县"内。沛县,原属益都世侯领辖地滕州,迟至至元二年(1265)省入丰县,至元八年(1271)方隶济宁府,兹予排除。据此,济州以及其下所辖郓城县、金乡县、任城县、嘉祥县、鱼台县,共一州五县之

---

① 柯劭忞:《新元史》卷四六。
② 关于博州与投下封君关系问题,详可参阅李治安:《中国行政区划通史》(元代卷),第43—44页。
③ 济州升济宁府时间在至元六年,其后才府、州分立,故而此处将《元史·地理志》所载系于济宁府下之诸县均调整至画境前后的济州之下。
④ 乾隆《大清一统志》卷六九"砀山县"条,文渊阁《四库全书》本。

地,均在严实"五十四州县"内。

兖州,金领嵫阳、曲阜、泗水、宁阳四县。画境前后此州建置均无出现变更情况。此一州四县之地,当俱在严实"五十四州县"内无疑。

单州,金时领有单父、成武、鱼台、砀山四县。元仅领单父、成武二县,此两县于画境前后无变化,当属其内。鱼台县,太宗七年属济州,已统计入济州内,兹不再计入。砀山县,宪宗七年方复设立,兹予排除。元单州领有嘉祥县,但于宪宗二年方来隶单州,且前文已计入,兹不复计。因之,单州及其属县单父、成武,共一州两县之地,属"五十四州县"内。

曹州为严实辖地。① 据元好问撰《五翼都总领豪士信公之碑》载,信亨祚在1227年前已由东平严实任命为"同知曹州军州事,官宣武将军"。② 金时曹州领有济阴、定陶、东明三县。画境前后,前两县无变更,当在其内无疑。关于东明县,《元史·地理志》载是县于"太宗七年,[自曹州]割隶大名路",因此不再属东平,兹予排除。《元史·地理志》另载曹州尚领有其他几个县份,兹作一考较:成武县,原属单州,具体改隶曹州时间不详,但无论划割改属情形若何,因曹、单均在严实所统领之下,属内部改动,因此当在"五十四州县"内;惟因前文已计入单州,兹不复计。禹城县,原属济南府,《元史·地理志》谓该县于至元二年隶曹州,然据《齐乘》"曹州之禹城县"条记载明确指出:"[禹城]宋、金并属济南,国初乙未年(1235)属曹州";③ 另据王恽《曹州禹城县隶侧近州郡事状》云:"今照得:本投下和斜拜答汉,止系千户功臣之家,不同诸王、公主、驸马等族人。合无将五户丝依例分付本投下,外据县司一切事理,就令侧近州府节制照管,官民似为两便";④ 再据《元史·食货志三》记载,太宗丙申岁,曹州一万户曾赐予和斜拜答汉。统合以上诸记载,我们完全可以推知,禹城当早在丙申分封时已属曹州无疑,《齐乘》关于禹城属曹州系于乙未年的记载是完全可信的,《地理志》之说殆误。因此,禹城县于画境后当在严实所领州县内。楚

---

① 详可参阅《元史》卷一五二《刘通传》。
② 《元好问全集》卷三〇。
③ 于钦:《齐乘》卷三。
④ 王恽:《秋涧先生大全集》卷八五。

丘县，来属曹州时间不详，据《元史·刘通传》载："初从严实来归，继从收濮、曹、相、潞、定陶、楚丘。"是知楚丘县早已在严实辖境内矣，该县亦当在"五十四州县"内。因此，曹州及其下属的济阴、定陶、禹城、楚丘，共一州四县之地，画境后处在严实辖地内，属"五十四州县"之内。

濮州，陷蒙后为东平行台严实所控制。① 金时领鄄城、范县二县，此二县于画境前后无变更，当在严实辖地内。《元史·地理志》记濮州下还领有朝城、馆陶、观城三县，此三县原属大名路，在至元初年来属濮州，当早已隶东平路下，为赵天锡所统领之地，而且馆陶是可以完全予以确认的，该县小世侯张弼，就属严实麾下。② 故而此三县当在"五十四州县"内。临清县，属恩州地，该县由恩州来隶濮州时间不详，但因恩州亦为严实辖地，无论何时改隶，俱属内部变动，故均在严实"五十四州县"内无疑。统合上述，濮州及其所属鄄城、朝城县、馆陶县、观城县、范县、临清，共一州六县之地，画境前后俱隶于严实辖地。

高唐州，金高唐县，至元七年（1270）方升州，领有高唐、夏津、武城三县。高唐县画境前后仍为县，因前文已述及，且已做统计，兹不再计。夏津县原隶大名府，蒙元时期为驸马都尉武毅王汤沐邑。《元史·地理志》所谓"初隶东平"，殆指其时夏津随大名属东平之故，笔者以为其应在严实麾下赵天锡所统领之地，属"五十四州县"之一。武城县为恩州地，无论如何改属，均在严实领地内变动而已，因此，武城县自当在"五十四州县"内无疑。③ 另外还需指出的是，此三县均同时为驸马都尉武毅王汤沐邑，笔者以为，它们均当在"五十四州县"之内无疑。故高唐、夏津、武城三县俱为严实辖地。

泰安州，金属东平路，为严实领地。④ 金时领有奉符县、莱芜县、新泰

---

① 详可参阅《元好问全集》卷三〇《濮州刺史毕侯神道碑》的相关记载。
② ［民国］丁世恭修、刘清如纂：《馆陶县志》卷一〇《张元帅墓志铭》，民国二十五年刊本。
③ 据《齐河县志》卷三三《钟离氏义甫公墓志》载："公讳珍，字义甫，本姓钟离氏。……不恤小嫌，严鲁公［实］与之游。……岁丙戌，严鲁公授以都巡之职，使镇西境，御水上下，诸邑获安。岁壬辰收金，公将兵三千渡河，因誓众曰'金已亡矣，百姓何辜，但以不幸为杀……'岁戊戌，授武卫将军、武城县尉。岁丙申授武城县丞，始朝命也。"武城属严实，是为明证。［民国］杨豫等修、阎廷献等纂：《齐河县志》，民国二十二年铅印本。
④ ［清］毕沅、阮元撰：《山左金石志》卷二一《振衣冈题名二种》，参阅《辽金元石刻文献全编》第一册。

县三县，此三县于画境前后未见变动，应在严实属县内。《元史·地理志》还于泰安州下记有长清县，该县原隶济南府，此县来属泰安时间，《元史·地理志》谓其于至元二年割泰安州，疑误。据《齐乘》卷三载，长清县于"国初乙未年（1235）属泰安"；另据己酉岁（1249）立于长清县境内之《洞真观公据碑》，该碑首题"东平府给"四字，① 显示长清县于己酉年前已属东平府无疑；再据道光《长清县志》载，长清县境内石麟山上有丙辰碑一块，碑文有"权泰安州长清县处都达鲁花赤刘仲杰"、"权长清县达鲁花赤孙纵只乞"、"宣差泰安州长清县等处总管达鲁花赤高□□"等文字，《县志》纂修者认为，"元初甲子纪年，未立国号与年号也，此丙辰在中统之前，当宋宝祐四年（1256）"。② 《县志》纂修者无疑是正确的，此亦可进一步证明长清属泰安州当在大蒙古国时期无疑。因此，《地理志》载长清县于至元二年属泰安州的记载不确，当从《齐乘》。长清县于乙未年已来属泰安州，故画境之后在严实"五十四州县"内。统合以上考证，泰安州及奉符县、莱芜县、新泰县、长清县，共一州四县之地，画境后为严实领地。

德州，金隶东平路，为严实辖地。③ 金时领有安德、平原、德平三县，此三县画境前后无变动情况，当俱隶严实。《元史·地理志》记载德州还领有齐河与清平两县。齐河县原属济南，至元二年来隶，当不在画境前后严实辖地。④ 清平县原属大名府，来隶时间不详，笔者推测其应亦在冠氏赵

---

① 《山左金石志》卷二一。
② [清]舒化民修、徐德城纂：《长清县志》卷一六《备考》之"张鹤鸣"条，清道光十五年刊本。
③ 《元史》卷一五二《刘通传》。此外，据杜仁杰撰《故宣差千户保靖军节度使李侯神道碑》，记载有严实麾下李顺为德州防御使事。参阅舒化民修、徐德城纂：《长清县志》卷一〇。
④ 关于齐河县的归属问题，兹简述于此：《元史·刘通传》载："[严]实荐[通]于太师木华黎，以通为齐河总管。寻授镇国上将军、左副都元帅、济南知府、德州总管、行军千户。"而据《元好问全集》卷三一《齐河刘氏先茔碑记》载："录侯[刘通]前后功，授镇国上将军、知济南府事兼东平路左副元帅，治齐河。"所谓"齐河总管"，应是指齐河为济南府治。关于此点，依据刘敏中《齐河县尹李氏墓碑》亦可推知，该墓碑云："[李忠]仕东平侯严武惠公。……壬辰以劳授武节将军，齐河县尹。……[齐河]县有小十四乡，乱中陷于历城，公办诸济南，遽归之。"可见，作为济南治所的历城，在金元之际与齐河多相交错，济南设治于齐河，亦可得解。参阅刘敏中：《中庵先生刘文简公文集》卷一〇，《北京图书馆古籍珍本丛刊》第 92 册。

天锡所领之十七城内，画境前后应属严实领地。① 因之，德州及安德、平原、清平、德平共一州四县之地，俱在严实统领之州县内。

恩州，金隶大名府路，蒙古国时期为严实辖地，至元初升为直隶州。金时领有历亭县、武城县、清河县、临清县四县，其中历亭县要到至元二年才废，画境前后该县自当存留。武城、临清两县，前文已述，且已予统计，兹不赘述。清河县，据《元史·地理志》载："本恩州地，太宗七年，籍为清河县，隶大名路。"该地为"飞地"，它很可能早在丙申岁时已因分封而自恩州分割出去，故清河县于画境之后，已不在严实辖地内。统合上述，恩州及历亭，共一州一县之地，画境后属严实统领之地。

冠州，金为冠氏县，蒙古国时期为严实麾下赵天锡所属。② 至元六年方升为直隶州。冠氏县在画境前后均属严实所统领，当在"五十四州县"内。

综上考证，画境后严实所统之"五十四州县"应为：须城县、东阿县、阳谷县、汶上县、寿张县、平阴县、博州、聊城县、堂邑县、博平县、莘县、茌平县、高唐县、济州、郓城县、金乡县、任城县、嘉祥县、鱼台县、兖州、嵫阳、曲阜、泗水、宁阳、单州、单父、成武、曹州、济阴、定陶、禹城、楚丘、濮州、鄄城、朝城县、馆陶县、观城县、范县、临清、夏津、武城、泰安州、奉符、莱芜、新泰、长清、德州、安德、平原、清平、德平、恩州、历亭、冠氏县，为九州四十五县，共"五十四"州县。史籍所谓严实领有"五十四州县"之情状，大体明矣！

另需指出的是，史籍记载严实曾一度挈"彰德、大名、磁、洺、恩、博、浚、滑"八州之地来归，而且陆续又收附有濮、曹、潞等州。③ 然而，"画境之制"前，大多实际已划出，其中彰德、大名各自析出为路；洺州、磁州亦于太

---

① 据《舒穆噜某神道碑》载，金元之际，舒穆噜氏为清平人，大名破后，在东平严实麾下任职。其时，清平、馆陶一带当已隶属严实。参阅胡祗遹：《紫山大全集》卷一六。
② 《元史》卷一五一《赵天锡传》；《元好问全集》卷二九《千户赵侯神道碑铭》。
③ 关于潞州，据《元好问全集》卷三〇《故帅阎侯墓表》载"[壬午(1222)严实]借国兵略地上党"云云，是知其情。

宗八年析出为路,此均为史所明载,不必赘言。① 滑、浚两州虽无明文,但因其在《元史·地理志》中已看不出有"画境之制"时仍属东平严实管辖的丝毫痕迹,这两州很大的可能就是于"丙申画境"时随大名一起析出,组成一路。潞州等地,乃兵行而过之地,更不在其管领范围,故不予讨论。

严实所领之辖地,画境前后变化甚大,各州所领之建置划割改属亦极为频密。不惟如此,至元初年,严实所统领之上述"五十四州县"中的绝大部分,进而还被一裂为十,稳定为有元一代的三路、七直隶州之建置。这些路份与直隶州所领有之州县建置,亦复变动纷繁。此足可窥见金元之际华北地方行政建置变动剧烈之一斑。

三 保定张柔所领"八郡"、"三十城"考

金元之际,与东平严实同被称为"汉人四万户"之一的保定张柔,亦占地甚广,张柔辖地在蒙廷行"画境之制"前后亦出入甚大。由于史籍未能明确揭示出其具体沿革,且张柔辖地变迁直接关系到元代顺天路之形成,因而进一步考较、廓清张柔辖地前后变化的状况,显得十分必要。

金末蒙军南下,张柔聚宗族数千家辟西山东流㵎以自保,先后攻下雄、易、安、保、完诸州,其所控制的州县数及其统域范围,史籍记载有"三十余城"、"三十城"、"八郡"诸说:《元史·张柔传》载:"己卯(1219),[武]仙复来攻,败走之,进拔郎山、祁州、曲阳,诸城寨闻之,皆降。既而中山叛……擒藁城令刘成,遂拔中山。……略地至鼓城,单骑入城,喻以祸福,城遂降。又败仙于祁州,进攻深泽、宁晋、安平,克之。分遣别将攻下平棘、藁城、无极、栾城诸县,辟地千余里。由是深、冀以北,真定以东三十余城,缘山反侧鹿儿、野狸等寨,相继降附。"王磐撰《张柔神道碑》则载:"由是闻者莫不畏慕,深、冀以北相率而自归者三十余城,阔地千里。于是,朝

---

① 关于磁州自严实所统之地析出之事,据徐世隆所撰《张元帅墓志铭》记载:"庚寅,上断制,割磁州隶河北西路,行台(指严实,笔者注)矫制,仍领磁州元帅府事,食邑以前户,金封一百户。"是知,早在庚寅岁(1230),磁州已有从严实领地析出的相关动向。参见《馆陶县志》卷一〇,民国二十五年刊本。

廷加公荣禄大夫、河北东西等路都元帅";①《顺天府营建记》亦提及保定张柔辖地:"统城三十,制诏以州为府,别自为一道,并控关陕、汴洛、淮泗之重";②《左副元帅祁阳贾侯神道碑铭并序》云:"于是有城数十,地方千余里,节度之州二,刺史之州五,胜兵数万,而户不啻十余万。西尽常山之尾,缴出镇定,左转蜚狐之口;东包河间,出九河;南入冀野;北尽涿、易,横络上谷、卢龙之塞,而跨有燕赵";《故易州等处军民总管何侯神道碑铭有序》亦云:"于是辟地千余里,取三十余城,南直滹沱,背荡幽陵,西塞蜚狐之口,东跳瀛、博。鹰扬虎踞,隐然一军,跨有燕赵";另,《顺天府孔子新庙碑》载:"顺天故清苑县,置于隋唐间,为鄚州属邑,宋初置保塞军,以其赵氏之故家在焉,故县北丰沛升为保。国朝奄有中夏,今万户张公柔自满城建牙于保,开斥土宇,西尽常山,东出瀛、博,南逾滹沱,北负涿、易,自为一道。统城三十,仍兼河南诸道,诏锡名曰顺天,开大帅府焉。"③此外,据《大朝宣差万户张侯孝思之碑》载:"[宣授千户保州等处都元帅张公]召门下客王鹗,谓之曰:'今吾以仡仡一夫,遭际亨会,坐制八郡,出总万兵,自忖虚庸,何以得此?'"④

我们知道,丙申岁行"画境之制"时,保定张柔所受冲击甚大。据《万户张忠武王柔》载:"诸道所统,仍金之旧,保居燕、赵之间,分隶无几。"⑤王磐撰《张柔神道碑》亦载:"丙申岁,析天下为十道,沿金旧制画界,保之属城多为邻道所分割。阅数岁,有诏特还之,升州为府,赐名曰顺天。"可见,画境前后,保定张柔的辖地曾经历过十分重大的变迁。上所述"三十余城"、"三十城"、"八郡"诸说,究竟反映的是实行"画境之制"以前,还是之后的情状呢?这些州、县具体又是指哪些呢?为弄清这些问题,兹以《元史·地理志》之相关记载为依归,仍以"画境之制"为主线,就史料记载金元之际涉及由张柔所统辖的地域范围,逐一加以考校、清理。

---

① 光绪《畿辅通志》卷一六八。
② 《元好问全集》卷三三。
③ 参阅郝经:《郝文忠公陵川文集》卷三五;卷三五;卷三四。
④ 杨晨纂:《定兴县志》卷一七,清光绪十六年刻本。
⑤ 苏天爵:《元朝名臣事略》卷六。

保州，金隶中都路，为张柔根本之地。金时领有清苑、满城两县，画境前后，此两县并无变动，当为张柔属地。《元史·地理志》"保定路（即保州或谓顺天府）"条下还记载有其他县份，兹逐一分析之：行唐、唐县、庆都、曲阳四县，除行唐县于金代隶真定府外，其他三县俱隶中山府。据《元史·地理志》"曲阳县"条载："元初改[曲阳为]恒州，立元帅府，割阜平、灵寿、行唐、庆都、唐县以隶之。逮移镇归德，还隶中山府，复为曲阳县，后隶保定。"是知此四县在行"画境之制"前并不在保州张柔的控制范围，即便恒州废后，此四县亦归属中山府辖。它们来属保定的时间，据《大明清类天文分野之书》"曲阳县"条载："辛丑（1241）属顺天路"，①再据《元史·地理志》"庆都县"条，该处明确记载是县于"太宗十一年来属[保定]"，据此两条材料，可推知上述四县均当在画境之后亦即太宗十一年（1239）设立顺天路后来属。② 新安县，原为渥城县，隶安州，至元二年渥城废，后改置为新安县，于至元九年（1272）方来属，兹不列入。博野县，金隶蠡州，至元三年（1266）省入蠡州，据王恽《论复立博野县》载："照得至元三年钦奉圣旨节该……略举顺天路祁州博野县并入蒲阴县分是也。"③是知至元初年博野曾省入祁州蒲阴县。然迟至至元三十一年（1294）方得复立，来属保定。可见，博野县在画境前后均不属张柔辖地。统合上所述，画境后，保州、清苑、满城、唐县、庆都、行唐、曲阳，共一州六县之地，属张柔统辖。

易州，金隶中都路。关于易州在蒙古国时期归属哪一世侯的问题，需结合涿州一起来稍加探讨。据《元史·赵柔传》载，癸酉岁（1213），太祖破紫荆关，赵柔率众降蒙，被授予涿、易二州长官；丙戌岁（1226），以功迁龙虎卫上将军，真定、涿等路兵马都元帅；庚寅岁（1230），太宗命兼管诸处打捕总管；太宗八年丙申岁，加金紫光禄大夫，同年卒。④ 而据马祖常撰《敕

---

① 刘伯温：《大明清类天文分野之书》卷一一《赵分冀州》，《续修四库全书》本。
② 需要特别指出的是，曲阳升恒州后，张柔麾下将乔惟忠于金末曾受苗道润承制封拜为恒州刺史，但此后征伐匆匆，不再见及乔氏在曲阳的记载，曲阳并不必然在张柔所统之内。设立恒州元帅府后，该地更是独立于张柔所统之外无疑。详可参阅《元好问全集》卷二九《千户乔公神道碑铭》。
③ 王恽：《秋涧先生大全集》卷八九。
④ 《元史》卷一五二。

赐御史中丞赵公先德碑铭》,谓赵柔曾授:"龙虎卫上将军,真定、涿易等路兵马都元帅。"①苏天爵《赵惠肃侯神道碑铭》亦称赵柔为:"金紫光禄大夫、真定、涿易等路兵马都元帅。"②由上述可知,自丙戌至丙申,赵柔当领有涿、易两州,且系衔"真定、涿易等路兵马都元帅"。③《元史》不提"涿易路",盖太宗八年前涿易路当只指一种临时性建置,是种典型的"军马路"。另据《地理志》载,易州于太宗十一年割隶顺天府,此亦可推知易州此前并不在张柔所统领的州县内。易州初应在涿州路内,但存留仅数年时间,故而不太有"涿易路"之称;再据郝经所撰《故易州等处军民总管何侯神道碑铭有序》载:"戊戌(1238),张公[柔]入觐……乃赐[何伯祥]宣命金符,充易州等处行军千户兼军民总管。"④笔者以为,易州在丙申岁前并不在张柔辖地,画境之后数年,张柔陛奏,易州方来属,此记载与《地理志》所谓"元太宗十一年,割隶顺天府"之说,可互为呼应,得其确解。因此,易州画境后来属张柔;所谓张柔辖地"北尽涿、易"之说,仅指张柔一度攻伐并占有过涿、易,但并未成为其稳定的辖地。

金易州领易县、涞水二县。易县,《元史·地理志》谓"元初[易州]存州废县,至元三年复置",易县的废而复置,很可能与至元初年大量省并州县有关,而在画境前后,该县当一直存留。涞水县未有变动,画境后仍旧。⑤《元史·地理志》还记载易州领有定兴县。定兴县,金时隶涿州,其来属易州时间不详,不过据《论定兴隶属涿州事状》载:"窃见定兴、新城及自亡金系京畿属邑,况根本所在,势无太重,合无改正,复隶涿州。"⑥此事虽年月未详,但据此《事状》,笔者推测定兴县由涿州而改属易州,当为世祖时期之事。画境前后,该县不在张柔辖地。因此,易州、易县、涞水一州

---

① 马祖常:《马石田文集》卷一三,《元人文集珍本丛刊》本。
② 苏天爵著,陈高华、孟繁清点校:《滋溪文稿》卷一一。
③ 关于赵柔初降蒙古的具体情况的考证,可详参阅池内功:《モンゴルの金国経略と漢人世侯(一)》。
④ 郝经:《郝文忠公陵川文集》卷三五。另,《元史》卷一五〇《何伯祥传》亦载:"后攻汴梁,拔洛阳,围归德,破蔡州,论功居多,授易州等处军民总管。"
⑤ 涞水属张柔麾下李伯甫所领,参阅《涞水县志》卷末,敬铭所作《李伯甫政绩》。
⑥ 王恽:《秋涧先生大全集》卷八六。

二县之地,于画境不数年之后,归属张柔。

祁州,金元之际为张柔麾下得力干将贾辅领地。① 实行"画境之制"时曾被划出,太宗十三年(1241),或此前一两年,该地复归张柔。金祁州领有蒲阴、鼓城、深泽三县,此三县在画境前后的划割改属等问题,需作细致分析。

蒲阴县,据《元史·地理志》载,至元三年,"立附郭蒲阴县"。其说是否表明此前该县曾遭省并?《新元史·地理志一》认为,蒲阴为金旧县,"《旧志》至元三年置,误";另据《畿辅通志》"蒲阴故城"条载:"今祁州治。《清类天文书》[载],金天会初,祁州别筑西城,移州治焉。元复移于东城。"②所谓"元复移于东城",不知是否即指"至元三年立附郭蒲阴县"事,俟考。不过可以稍加推测的是,至元初年大并州县时,并不排除蒲阴曾遭省并,但其后很快又得以复置。笔者以为,蒲阴县在画境前后是存在的。

深泽县,画境前后未有变动,当随祁州之变动而改变。

鼓城县,据《元史·地理志》载,太宗十年(1238)曾立鼓城等处军民万户府。元人任毅撰《晋州治记》载:"故当时保定元帅[张柔]嘉其[王某]英伟。时申奏于朝廷,乞旌擢,得蒙准奏,遂改此邑[鼓城县]为晋州。迁辅国上将军、右副元帅、晋阳军节度使。至乙未(1235),为帅府所辖司县,止行鼓城县事。厥后分属王府,乃作军民万户,所管辖鼓城、安平、武强、饶阳四县。……中统辛酉(1261)夏六月,王公昆仲俱诣京师朝觐,赖真定路总管史楫闻奏,朝廷准奏,依旧改作晋州,所辖鼓城、安平、武强、饶阳四县,并听节制。"③由上述史料看来,画境前,晋州属张柔;画境后,该地设万户府,直至中统年间再设晋州,不过已属真定。因此,实行"画境之制"以

---

① 刘因:《刘文靖公文集》卷二〇《怀孟万户刘公先茔碑》载:"蔡国张公柔开府满城,凡州县来归者,皆承制封拜,令各城守相为应援以御敌,乃以祁州为祁阳府,令左副元帅贾公辅行帅府祁阳,以府君为行府右监军。"《郝文忠公陵川文集》卷三五《左副元帅祁阳贾侯神道碑铭并序》亦云:"侯[贾辅]遂有镇(真)定东南诸郡。万户张公开都元帅府于满城,侯行元帅府事于祁,号南府,祁南皆隶焉。"
② 《畿辅通志》卷五三。
③ 《古今图书集成》卷一〇五《晋州治记》,中华书局、巴蜀书社影印本,1985年版。

后,鼓城县并不在张柔辖境内。

　　与鼓城县沿革变迁息息相关的,还应涉及武强、饶阳、安平三县的归属问题。《元史·地理志》"安平县"条载:"太祖十九年(1224),为南平州,于此行千户总管府事,领饶阳一县。太宗七年,复改为县,隶深州。宪宗在潜,隶鼓城等处军民万户府。中统二年(1261),改立晋州,仍为安平县隶焉。"《地理志》"武强县"条亦载:"元初创立东武州,领武邑、静安。太宗六年,废州复为县,改隶深州。十一年,割属祁州。宪宗在潜,隶鼓城等处军民万户府。中统二年,置晋州,县隶焉。"结合两则记载,我们有理由推测,丙申岁前,安平、武强曾隶深州;太宗十一年,又复隶祁州,旋又改隶鼓城军民万户府。据《元孝感圣姑庙碑》载:"皇元丙午(1246),南平州帅赵澄,惜旧祠隘陋,增构庙室。"纂者吴汝纶针对此碑所涉安平、武强等地沿革变迁,评述到:"其云'皇元丙午',乃'丙戌(1226)'之误,元太祖十九年,改安平为南平州,是年岁次甲申,赵澄为南平州帅当在此后。越十年,岁在甲午(1234),为元太宗七年,南平州废,复为安平县。计南平置州十年,中不得有丙午,故知碑云丙戌误也。……碑云祁州知州撰文,内称安平为本郡,则是时(指立碑时间至顺二年——笔者注)安平仍隶祁州。《元史·地理志》:'安平,太宗七年隶深州,宪宗在潜,隶鼓城万户府。'鼓城,中统二年为晋州,是安平始属深,后属晋,未当属祁。惟武强,云太宗十一年割属祁州,武强属祁,则安平、饶阳亦皆随属祁矣。史文不详耳。《地理志》:'宪宗在潜,武强亦隶鼓城万户府。'是属祁未久又割属晋。今据此碑,则至顺二年安平仍隶祁州,武强、饶阳当亦随属。盖中统之后,又有改易,史文亦未详也。"①笔者对吴氏之考述,甚为赞同。从上文所述,安平、饶阳、武强三县应在太宗十一年前后曾短暂割隶祁州,不过后又复入鼓城万户府,此当为特例。

　　此外,《元史·地理志》还记载祁州领有束鹿县,该县属深州,至元三年方来属,兹予排除。

---

① ［清］吴汝纶纂:《深州风土记》卷一一《元孝感圣姑庙碑》,据清光绪二十六年文瑞书院刻本影印,参阅《辽金元石刻文献全编》第三册。

统合上所述，祁州、蒲阴、深泽，共一州二县之地，画境之后，属张柔无疑；惟武强县、安平县、饶阳县三县于画境后曾短暂隶祁州，是否统计于内，尚需视具体情形而再定。不过笔者以为，此三县于画境之后应曾一度被视为张柔辖地。

雄州，据史载，张柔附蒙后，曾"下雄、易、安、保诸州"，雄州似曾为张柔所占。惟据《元史·奥敦世英传》载："[奥敦]保和，由万户升昭勇大将军、德兴府元帅，锡虎符，改雄州总管。"①雄州当系奥敦家族所辖地。此应指太宗行"画境之制"前之事。另据《元史·石抹孛迭儿传》载："辛巳（1221），木华黎承制升孛迭儿为龙虎卫上将军、霸州等路元帅，佩金虎符，以黑军镇守固安水寨。"②所谓"雄州总管"、"霸州等路元帅"的存留，似乎可以说明的是，雄州在行"画境之制"前，很可能并不在张柔统驭范围之内。《元史·地理志》载："元太宗十一年，割雄州三县属顺天路。至元十年，改属大都。"可知画境之后，雄州方划属张柔辖地。金雄州领归信、容城、保定三县，此三县在画境前后无大变动，画境后自当随雄州一起，划割为张柔领地。另，《元史·地理志》记载雄州下领新城县，该县于"太宗二年，改新泰州。七年，复为县，隶大都路。十一年，隶顺天路。至元二年，隶雄州。十年，隶大都"。是知画境之后，该县亦曾归属张柔。因此，可以确定的是，画境以后，雄州以及归信、容城、保定、新城，共一州四县之地均在张柔统领范围内。

安州，为张柔辖地。③ 画境时曾析出，后复隶张柔。该州在金代领有渥城、葛城、高阳三县，画境前后，此一州三县之地均无大变动，当均为张柔辖地所领。

遂州，为张柔辖地。画境时曾析出，后复隶张柔。金时该州领有遂城县，至元二年被废。画境之后很长时间，遂州、遂城一州一县之地，均属

---

① 《元史》卷一五一。
② 《元史》卷一五一。
③ 张柔麾下乔惟忠曾"兼行两安州帅府事"、"行二安州元帅事"，所谓"两安州"，当系指安州与安肃州。参阅《元好问全集》卷二九《千户乔公神道碑铭》；《郝文忠公陵川文集》卷三六《乔千户行状》。

张柔。

安肃州,为张柔辖地。① 实行"画境之制"时被析出,后复隶张柔。金代该州领有安肃县,估计至元初年遭省并,画境前后当存留。安肃州及安肃县于画境之后,当在张柔辖地无疑。

完州,为史天泽辖地,画境之后估计于太宗十一年左右与祁州一起划归张柔。完州乃于金贞祐时期由中山府所属的永平县升而为州。《元史·地理志》载其于至元二年复改为永平县,后复升完州,该州不领县。完州一州之地于画境后属张柔。

以上乃依据《元史·地理志》所载顺天路领有州县的状况而作出的分析。需进一步指出的是,金元之际,张柔因攻伐而占有的州县,当还涉及有深州、冀州、晋州(鼓城)、蠡州以及赵州宁晋等地。据郝经撰《左副元帅祁阳贾侯神道碑铭并序》载:"遂归国朝,诏副万户张公〔柔〕领州如故。……侯〔贾辅〕将本路兵略地,所向克捷。取庆都,攻蠡吾,还拨安平,取深州,近右诸县鼓城、束鹿等望风降附。于是逾滹沱,取冀州,兵势大振。武义、宁晋、衡水、饶阳皆下,遂逼镇定(真定),而仙复叛去。侯建有镇定东南诸郡,万户张公开都元帅府于满城,侯行元帅府事于祁,号南府,祁南皆隶焉。"②另据胡祗遹撰《龙虎卫上将军安武军节度使兼行深冀二州元帅府事王公行状》载:"戊寅(1218)拔束鹿,进攻深州,太守张公以城降。顺天都元帅张柔多公〔王义〕之能军,表奏授深州节度使,兼深、冀、赵三州招抚使。秋八月,金恒山公武仙拥众四万,攻束鹿,公烽火谨斥。……张帅复称表上功,授公龙虎卫上将军、安武军节度使,行深、冀二州元帅府事,佩金虎符。"③宁晋李直、李让于己卯年(1219)降蒙后,"仍听元帅蔡国公节制"。④ 由上述可知,深、冀两州以及晋州(由鼓城所升置)、蠡州、赵州

---

① 金末苗道润即为中都路安肃人,《畿辅通志》卷一六八《古迹·陵墓》即载有苗道润墓在安肃县;而金末苗道润所领州县,应都由张柔承继。
② 郝经:《郝文忠公陵川文集》卷三五。
③ 胡祗遹:《紫山大全集》卷一八。
④ 王恽:《秋涧先生大全集》卷六〇《宁晋县尹李公墓碣铭》。

宁晋等地均曾为张柔所统驭。① 除此之外，中山府亦曾归由张柔节制。②无怪乎《元史·地理志》于"真定路"条内载："又以冀、深、晋、蠡四州来属"，是知行"画境之制"前，这些州应属张柔统辖。

金元之际人们在描述张柔辖地范围时有所谓："西尽常山之尾，缴出镇定，左转虫狐之口；东包河间，出九河；南入冀野；北尽涿、易，横络上谷、卢龙之塞，而跨有燕赵"，"西尽常山，东出瀛、博，南逾滹沱，北负涿、易"，以及"深、冀以北相率而自归者三十余城，阔地千里"等，此地域范围所涵盖的建置当涉及有中山府、深、冀、晋、祁、蠡、安、保、雄、遂、安肃、易等十余（府）州。设若从此角度去分析，又与张柔占地"三十余城"、"三十城"、"八郡"之说，完全不相符合。唯一比较合理的解释就是，前者所指涉的地域范围，是张柔曾先后控制过的一些地方，这些地方构成十分广大的地域范围。金元之际的人之所以如此来表述张柔的辖地，实多有谀美不实之嫌。再者，这些地方在实行"画境之制"前是否构成为张柔的稳定辖地，还是一个需要进一步考虑的问题。③ 而后者所谓占有"三十城"、"八郡"之说，则更多地应是指实行"画境之制"以后的状况。画境后不数年间，蒙廷陆续将一些分割出去的州县重新划归张柔，其辖境进而形成比较稳定之情状。这也就无怪乎张柔对门下王鹗所云，称自己"坐制八郡"。此"八郡"应即指行"画境之制"后所领有的稳定的州数。

因此，上文依《元史·地理志》而考定的保州、清苑、满城、唐县、庆都、行唐、曲阳、易州、易县、涞水、祁州、蒲阴、深泽、雄州、归信、容城、保定、新

---

① 《元史·地理志》"真定路"条内有所谓"又以冀、深、晋、蠡四州来属"之说；另据《元史·食货志三》载，戊戌岁（1238），真定深州一万户拨属察合台位下，晋州（即太宗十年所立鼓城等处军民万户府）亦于此年划属尤赤位下，应该说来这些地方在行"画境之制"后，是不在张柔辖地内的。
② 戊寅（1218）、己卯（1219）年间，己卯降蒙的中山府治中王善，以及同年升为知中山府事的藁城董俊，其归降和投附的统帅当为张柔。详可参阅赵文坦：《大蒙古国时期的顺天张氏》，载氏著：《大蒙古国时期汉人世侯研究》，第42—43页。
③ 如赵文坦认为，庚辰岁（1220）史天倪镇真定以后，张柔及其部属所攻占的真定府、中山府以及赵州等地，陆续划归史天倪的河北西路地区。其说待细考。参阅赵文坦：《大蒙古国时期的顺天张氏》。

城、安州、渥城、葛城、高阳、遂州、遂城、安肃州、安肃县、完州，为八州十九县之地，共二十七城；设若再加上曾于画境后一度短暂归属祁州的武强、安平、饶阳三县，正好形成"八州"、"三十城"之说。而此"八州"、"三十城"，也正是构成有元一代顺天路的基本州县。

四　余　论

通过以上对东平严实与保定张柔在丙申岁推行"画境之制"前后辖地变迁的考证，我们可以从一个侧面看到画境前后世侯占地变迁的较为详细的情形。史籍所谓东平世侯严实"领州县五十四"、"东平控郡邑五十四"之说，以及所谓顺天世侯张柔"坐制八郡"、"统城三十"之记载，它所指涉的辖地范围，应是在实行"画境之制"调整之后，两大汉人世侯比较稳定的统地范围。这一辖地范围大致而言，应维持至中统、至元之交蒙元朝廷"罢世侯"、"行迁转法"之时。

需指出的是，推行"画境之制"前后有所谓"大名长官欲以冠氏等十七城改隶大名"之说。此冠氏等十七城应是后来划入东平路之地的原属大名路的州县。今统计尚可得十五城，为濮州、鄄城、朝城县、馆陶县、观城县、范县、清平县、恩州、历亭县、武城县、清河县、临清县、冠氏县、夏津县、莘县等。另有两个州、县未能详悉。估计当时亦有涉及升置降黜之事，惟史已不载，兹阙疑待考。

依照前文对东平严实与保定张柔辖地变迁的考订方式，我们还可对画境前后平州王珤、涿州赵柔、真定史天泽、山东东路李璮、济南张荣以及大名王珍等世侯的辖地变迁问题亦作出相应的考述。在此其间亦涉及不少路、府、州、县的划割改属与升置降黜，详情可参看本章"附表"与"附图"部分。大体而言，王珤所占平、滦两州，画境时未见变动，中统元年之前为兴平府，后发展为平滦路。赵柔辖地一度领有涿、易两州，画境时析出易州，后独立为涿州路，至中统四年，废路为州。真定史天泽一度领有中山府，赵、邢、洺、磁、滑、相、浚、卫、祁、威、完等州，窝阔台汗四年（1232）曾划出卫、辉两州，画境时又析出邢、洺、磁、威四州,后发展成顺德、洺磁、卫辉等路。大名梁仲、王珍在画境前所领仅大名府和开州,画境后划入滑、浚等州,形成有元一代的大名路。济南张荣原本占地甚小,画境时未有大变动,基本维持其原有规模。而益都李璮则领有山东东路之地,占地甚广,因其所处地域的特殊,画境时除析出滨、棣两州组成一路外,其余基本未变。① 上述诸世侯所辖地域的基本情状,可参考下文"附表"和"附图"(分别为图一《窝阔台八年行"画境之制"前世侯占地示意图》、图二《窝阔台八年行"画境之制"后世侯占地示意图》)。

金元之际汉人世侯所占州郡的具体辖境的变迁状况,显示出它给华北地区地方行政建置与区划所带来的不小的影响。而其中最为显著的影响就是出现了一些新的路份,体现得十分明显的有如顺天路、涿州路以及平滦路等。更为重要的是,它对于真定、大名、彰德、卫辉、东平、滨棣、济南以及益都等路的形成及其辖境的区划调整,实质上也作用明显。而且,需进一步指出的是,为削弱汉人世侯势力,元初在河北东、西路与山东东、西路地区还形成有近十个直隶州,这些直隶州的形成,一方面固然有蒙廷为照顾蒙古封王而单独划一的考虑,②但其背后还应包含有削弱汉人世侯势力以强化蒙古统治的缘由在内。

【附　　表】

本章以及本研究"下篇"对各相关路、府、州、县建置的考释,为我们廓清窝阔台丙申岁推行"画境之制"前后各地世侯辖境的变迁情况提供了比较坚实的依据。兹省去繁琐考证,将本课题所涉地域范围(原金河北东西路、山东东西路、大名路以及中都路等地区)的大致情状,制一简表于下。

---

① 详可参阅《元史》卷五八《地理志》。
② 关于蒙古投下封地单独置路、州的问题,详可参阅李治安《元代中原投下封地置路州发微》一文,载氏著:《元代政治制度研究》。

表 3-1　汉人世侯丙申岁(1236)行"画境之制"前后辖境变迁简况表

世侯	画境之前	画境之后	备注
王㬚	平州、卢龙县、迁安县、抚宁县、海山县、昌黎县、滦州、义丰县、乐亭县、石城县、马城县	仍旧	中统元年之前为兴平府,后发展为平滦路[永平路]。
赵柔	涿州、范阳县、房山县、固安县、易州、涞水县、定兴县	涿州路、范阳县、房山县、定兴	易州改隶顺天路;涿州置路,中统四年废而为州,隶大都路。
史天泽	真定府、真定县、藁城县、栾城县、元氏县、获鹿县、平山县、灵寿县、阜平县、涉县、行唐县、中山府、安喜县、新乐县、无极县、曲阳县、完州、永平县、唐县、庆都县、赵州、平棘县、宁晋县、隆平县、临城县、蠡州、博野县、柏乡县、高邑县、赞皇县、邢州、邢台县、巨鹿县、内丘县、平乡县、广宗县、沙河县、南和县、唐山县、任县、洺州、永年县、曲周县、肥乡县、鸡泽县、广平县、宗城县、新安县、洺水县、成安县、磁州、滏阳县、武安县、邯郸县、威州、井陉县、卫州、汲县、新乡县、获嘉县、胙城县、辉州、苏门县	真定府、真定县、藁城县、栾城县、元氏县、获鹿县、平山县、灵寿县、阜平县、涉县、中山府、安喜县、新乐县、无极县、赵州、平棘县、宁晋县、隆平县、临城县、柏乡县、高邑县、赞皇县、冀州、信都县、南宫县、枣强县、武邑县、新河县、深州、静安县、衡水县、饶阳县、安平县、武强县、晋州、鼓城县、蠡州、博野县	太宗八年(1236)置邢洺路,邢(领邢台县、巨鹿县、内丘县、平乡县、广宗县、沙河县、南和县、唐山县、任县)、洺(永年县、曲周县、肥乡县、鸡泽县、广平县)、磁(滏阳县、武安县、邯郸县、成安县)、威(洺水县、井陉县)四州析出,后形成顺德路、洺磁路。太宗四年(1232)划出卫州(汲县、新乡县、获嘉县、胙城县)、辉州(苏门县),后形成卫辉路。完州则划归张柔。
张柔	保州、清苑县、满城县、祁州、蒲阴县、深泽县、安州、葛城县、高阳县、遂州、遂城县、安肃州、安肃县、深州、束鹿县、静安县、武强县、安平县、饶阳县、冀州、信都县、南宫县、枣强县、武邑县、新河县、衡水县、晋州、鼓城县	保州、清苑县、满城县、唐县、庆都县、行唐县、曲阳县、易州、易县、涞水县、祁州、蒲阴县、深泽县、武强县、安平县、饶阳县、雄州、归信县、容城县、保定县、新城县、安州、渥城县、葛城县、高阳县、遂州、遂城县、安肃州、安肃县、完州	太宗十一年前后基本形成为顺天路(保定路);雄州、涿州、易州因有比较切近的其他世侯所领有,兹在画境前不予列入。

第三章　汉人世侯严实、张柔辖地的变迁　127

（续表）

世侯	画境之前	画境之后	备　注
梁仲、王珍	大名府、元城县、大名县、南乐县、魏县、开州、濮阳县、长垣县、清丰县	大名府、元城县、大名县、南乐县、魏县、清河县、东明县、开州、濮阳县、长垣县、清丰县、滑州、白马县、内黄县、浚州、黎阳县	后形成大名府路。
严实	彰德府、安阳县、汤阴县、临漳县、辅岩县、林虑县、冠氏县、夏津县、莘县、滑州、白马县、内黄县、浚州、黎阳县、恩州、历亭县、武城县、清河县、临清县、东平府、须城县、东阿县、阳谷县、汶上县、寿张县、平阴县、博州、聊城县、堂邑县、博平县、茌平县、高唐县、曹州、济阴县、定陶县、东明县、禹城县、濮州、鄄城县、朝城县、馆陶县、观城县、范县、泰安州、奉符县、莱芜县、新泰县、长清县、德州、安德县、平原县、清平县、德平县	东平府、须城县、东阿县、阳谷县、汶上县、寿张县、平阴县、博州、聊城县、堂邑县、博平县、茌平县、高唐县、济州、郓城县、金乡县、任城县、嘉祥县、鱼台县、兖州、嵫阳县、曲阜县、泗水县、宁阳县、单州、单父县、成武县、曹州、济阴县、定陶县、禹城县、楚丘县、濮州、鄄城县、朝城县、馆陶县、观城县、范县、临清、夏津县、武城县、泰安州、奉符县、莱芜县、新泰县、长清县、德州、安德县、平原县、清平县、德平县、恩州、历亭县、冠氏县	洺、磁两州曾为严实辖地，1230年已划归真定，故不再属严实。画境后彰德析出为路（后领三县一州）。东昌路丘县不列入；楚丘县入曹州时间无法确定，估计亦在此段时间内；禹城县、长清县均于1235年已入曹州，兹不统计入济南府内。画境后，严实所领之地后又发展为三路、七直隶州。
石天禄	济州、郓城县、金乡县、任城县、嘉祥县、兖州、嵫阳县、曲阜县、泗水县、宁阳县、单州、单父县、成武县、鱼台县	悉割入东平	济、兖、单三州后来形成为元代济宁路。

(续表)

世侯	画境之前	画境之后	备注
张荣	济南府、历城县、章丘县、济阳县、临邑县、齐河县、淄州、淄川县、长山县、新城县、高苑县、邹平	济南府、历城县、章丘县、济阳县、齐河县、淄州、淄川县、长山县、新城县、高苑县、邹平	临邑县太宗七年割河间,齐河县至元二年入德州。
李璮	益都府、益都县、临淄县、临朐县、乐安县、寿光县、穆陵县、博兴县[州]、潍县、北海县、昌邑县、昌乐县、胶州、胶西县、即墨县、高密县、密州、诸城县、安丘县、莒州、莒县、沂水县、日照县、新泰县、沂州、临沂县、费县、滕州、滕县、邹县、沛县、峄州、兰陵县、棣州、厌次县、商河县、阳信县、[东]无棣县、滨州、渤海县、利津县、沾化县、蒲台县、莱州、掖县、胶水县、招远县、莱阳县、登州、蓬莱县、黄县、福山县、栖霞县、宁海州、牟平县、文登县	益都府、益都县、临淄县、临朐县、乐安县、寿光县、穆陵县、博兴县[州]、潍州、北海县、昌邑县、昌乐县、胶州、胶西县、即墨县、高密县、密州、诸城县、安丘县、莒州、莒县、沂水县、日照县、新泰县、沂州、临沂县、费县、滕州、滕县、邹县、沛县、峄州、兰陵县、莱州、掖县、胶水县、招远县、莱阳县、登州、蓬莱县、黄县、福山县、栖霞县、宁海州、牟平县、文登县	滨、棣于太宗丙申年析出自为一路,后划入济南路;淄、莱亦在后来单独为路,形成般阳府路;无棣县设置年份不详;蒲台于元初才划归淄州。

说明:1. 本表对画境前后所涉州县的划割改属及置废变迁等问题,均给予充分考虑,其所主要依凭的是本研究"下篇"的相关考证。

2. 本表所截取的时间基本以太宗丙申年(1236)为节点,对其前后三五年之内所涉诸种情形均予以适当考虑。画境之前或之后数年间的情形,可比较好地反映出各世侯占有州郡的基本状态。

3. 中都路地区还涉及一些世侯,如中都地区曾为石抹明安家族所领之地;字迭儿曾领霸州,后改隶中都路;奥屯世英领有雄州,后改隶顺天路。不过因其辖地较小,且多非汉人,兹不列入。

第三章　汉人世侯严实、张柔辖地的变迁　129

【附　　图】

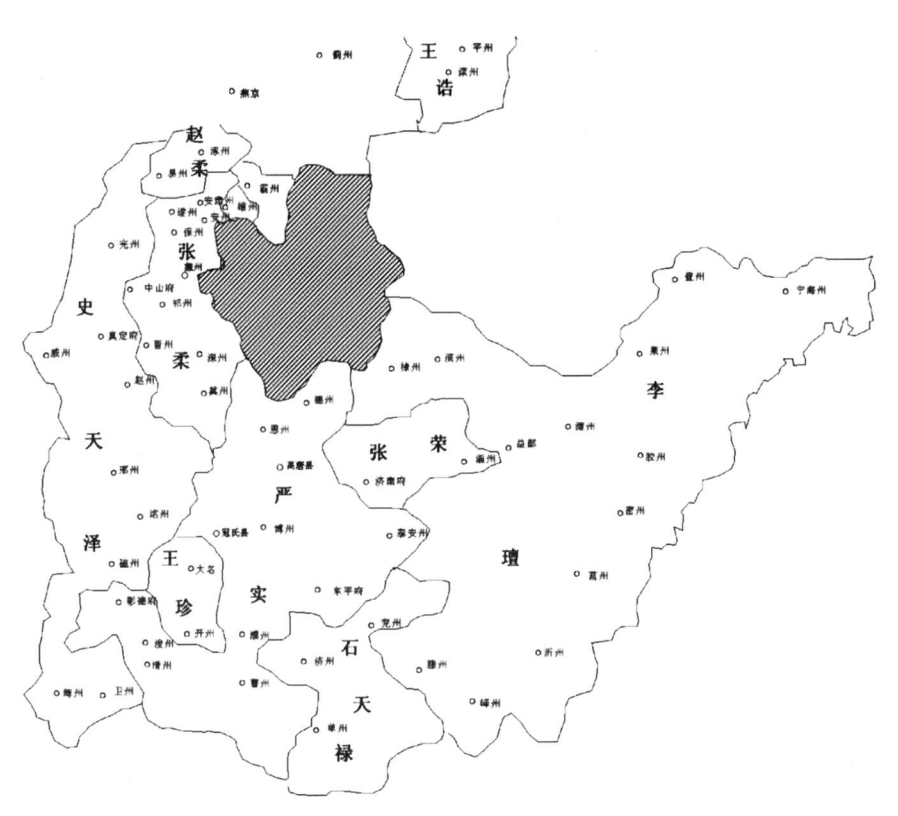

图一　窝阔台八年行"画境之制"前世侯占地示意图

【说明】1. 本图所反映的世侯占地状况，并非确指实行"画境之制"前某一年份内世侯占有州、县的情形，它更多地反映出的是画境以前世侯们曾一度占有州、县的大略情形。
2. 阴影部分为河间府路地区，因其地世侯占地状况不甚明了，兹以此区别之。

图二 窝阔台八年行"画境之制"后世侯占地示意图

第四章 "万户路"、"千户州"

——蒙古千户百户制度与华北路府州郡体系

一 问题的提出

就解析蒙古草原游牧国家政治制度与各被征服农耕定居社会的传统政治制度是如何接榫的问题而言，作为草原游牧政治三大基本制度之一的千户百户制，应该说来比蒙古怯薛制与草原分封制更具有普遍意义上的内在分析价值。[①] 这是因为后两者牵涉所及，更多地是与蒙古黄金家族和草原勋贵等统治集团关系密切，与各征服地区的当地统治阶层则所涉有限；相比较而言，千户百户制作为黄金家族对全蒙古部众实行军事行政控制的基本社会组织和游牧国家结构的基础，[②] 则更深入地被推行到各征服地区的基层统治集团和更广泛的各类群体

---

① 蒙古草原游牧型政治结构，由千户百户、怯薛组织和分封三项基本制度所构成。姚大力认为："现有的研究业已指出，就主从关系对于成吉思汗完成其国家组织的重大意义而言，怯薛制度和千户百户制度，乃是蒙古游牧政权的'两大支柱'。另一方面，根据蒙古国家作为'黄金氏族'（altan uruq）的共有家产，因而必须由这个家族的所有成员共同分享的原则，整个蒙古国家又形成为包含着大汗的直属兀鲁思、若干长幼宗亲兀鲁思乃至诸多爱马（aimaq）或投下封领的典型的复合统治体制，而这种复合统治体制的核心制度，则是分封制。"参阅姚大力：《论蒙古游牧国家的政治制度——蒙元政治制度史研究之一》，第3页。
② 姚大力：《论蒙古游牧国家的政治制度——蒙元政治制度史研究之一》，第212页。

中间。① 也就是说,千户百户制度在各征服地区推行的过程中势必会与当地传统的政治制度更多地发生联系、出现更多的"咬合"情形,透过对这些情景变迁的分析,我们或可更好地观察和理解蒙古旧制与当地制度榫合的具体历史过程。

另一方面,蒙元史学界大体同意,蒙古帝国对东西方世界的统治面临着"地方化"的趋势。T. 爱尔森(Thomas T. Allsen)在围绕赋役制度、户口检括以及军事机器等方面对蒙古帝国东、西方世界的差异性问题进行考察之后,认为蒙古帝国在行政管理中不可避免地要适应地方的实际和传统,采用当地的传统管理方法。② 舒尔曼(H. F. Schurmann)在更早期也曾观察到这样一种现象,即在华北汉地,地方基层保留汉地因素,而上层则大量存在蒙古(或外来)因素。③ 就是说越接近基层则当地因素越明显,越往上层则蒙古因素越凸显。姚大力亦同意这一看法,认为"在越低的行政层次,被征服地区原有的行政组织形式以及其他相应制度,保留得就越多。……这种地方化更多的是从较低的行政层次逐渐巩固并且向上发展的"。④ 十分有意思的是,姚大力此观点所直接指向的就是"完全反映着游牧经济独特性的军事—行政联合的千户百户制度",认为其"更加不易在农业人口中推行"。如果不至于太过曲解其本意的话,我们或许可以这样认为,即具有浓厚草原军事行政区划单元性质的千户百户制度,在各征服地区的地方基层,尤其是在军事、行政区划的领域中,是不太可能得到更深入而广泛地推行的。

以上所述似乎略存悖谬,一方面强调千户百户制度在各地方基层会得到更广泛而深入地推行,而另一面却又指出其在各被征服农耕定居社

---

① 在此需特别指出的是,怯薛组织在蒙元前期兼有宫廷服侍和行政职能,元中后期其行政功能渐趋消退。大蒙国古时期虽有汉人得预怯薛,不过大多限于勋贵大臣子弟;元初虽有出身普通汉人投充怯薛,但多为获取廪饷并藉此求官,成宗朝则明令禁止汉人入怯薛。关于蒙古分封制度,涉及汉人者更是寡鲜,影响有限。
② Thomas T. Allsen, *Mongol Imperialism: The Policies of the Grand Qan Möngke in China, Russia, and the Islamic Lands*, 1251-1259, University of California Press, 1987, pp. 221-222.
③ H. F. Schurmann, Mongolian Tributary Practices of the Thirteenth Century, *Harvard Journal of Asiatic Studies*, Vol. 19, No. 3/4, Dec., 1956, p. 307.
④ 姚大力:《论蒙古游牧国家的政治制度——蒙元政治制度史研究之一》,第4页。

会的地方基层不易推行。事实上,这看似悖论的背后其实并不矛盾。前者所欲强调的是在蒙古征服初期,尤其是在其统治秩序尚未完全确立之前,千户百户制度得以在各地试探性地推行;而后者观点的提出乃是基于蒙古在各地统治逐步深入之后而观察到的一种普遍现象,即蒙古人的统治在历经"地方化"过程后,草原因素逐步让位于当地因素,也就是说千户百户制度最终被当地制度所取代。它所反映出的正是蒙古草原传统在与各被征服地方的原有制度接榫的过程中,草原因素逐渐被各地方因素所遮蔽的现象,而这却常常为我们所不易察觉。那么,千户百户制度与中原汉地的哪种制度结合得最为紧密呢?该制度是如何逐渐被汉地因素所遮蔽,遮蔽的具体历史过程究竟如何呢?这是本章试图揭示的一个问题。

笔者以为,作为一种深刻体现草原地区军事、行政区划单元性质的千户百户制度,它与中原汉地传统的中央集权体制下路府州郡的行政区划体系之间,无疑是最具对应关系的。此种对应性关系的存在,元代史籍在在可见:严实麾下张晋亨朝觐,宪宗欲授其金虎符,张氏辞曰:"'虎符,国之名器,长一道者所佩,臣隶忠济麾下,复佩虎符,非制也。臣不敢受。'帝益喜,改赐玺书、金符,恩州管民万户。"①中统三年,诏"各路总管兼万户者,止理民事,军政勿预。其州、县官兼千户、百户者仍其旧"。② 在征服南宋过程中作为一种权宜之计,军官兼理民政,"凡以千户守一郡,则率其麾下从之,百户亦然"。③ 生活于元中后期的郑玉亦称:"各路设总管府以治民、万户府以统军。"④而元末明初人叶子奇更是讲到:"元各路立万户府,各县立千户所,以压镇各处。"⑤上述史料中除最后一条略有不洽之处外,

---
① 《元史》卷一五二《张晋亨传》。
② 《元史》卷五《世祖二》。中华书局标点本"州""县"间不作点断,笔者以为当点断为是。
③ 《元史》卷九九《兵志二》。所谓"至元十五年(1278)三月,重申军民异属之制,南北划一,军民分治,只有草原上的蒙古千户,仍然保持着军政合一的旧制"。参阅白寿彝总主编、陈得芝主编:《中国通史》第八卷"元时期"上册,第974页。
④ 郑玉:《师山集》卷六《徽泰万户府达鲁花赤珊竹公遗爱碑铭》,文渊阁《四库全书》本。
⑤ 叶子奇:《草木子》卷三下,中华书局,1997年版,第64页。此外,据《潮州三阳图志辑稿》卷之二《建置志·营寨》载:"元革命制度一新。镇守一路,设万户府及镇抚、千户、百户以统兵。"它所反映的也是这一情形。参阅陈香白辑校:《潮州三阳图志辑稿》,中山大学出版社,1989年版,第111页。

其他史料或可向我们透露出这样一种带有总体性特征的信息,那就是蒙古草原的千户百户体制与中原汉地的路府州郡体系间存在着较为明显的对应性关系。然而,此一对应关系是否确实能够成立,它是否曾被较为广泛地推行过? 它又是如何发生演变,其具体情状究竟若何? 这些都是需要仔细考证厘清的,也是本章所欲回答的另一方面的问题。

  上述诸条史料所指向的时间节点大部分都是在建元中统以后,也就是说反映的是蒙古人在征服和统治中原汉地较长一段时间以后的情状,①对于这类史料所描述的问题,曾有学者提出过质疑。② 不过本章此处所关心的是,蒙元前期(1210 至 1260 年代)蒙古经营华北数十年间,代表蒙古草原制度的万户、千户与中原汉地的路府、州郡的设置体系之间所存在的一种对应性关系究竟是怎样被具体地呈现出来的。我们知道,当时华北各地的统治阶层多为汉人世侯,他们兼领军民之职,大多得授万户、千户之衔,透过对这些职衔与世侯们所领有的路府、州郡进行比对,我们或可更好地理解这一问题。本章的主要思路也将围绕此而展开。

二　蒙古千户百户制度在华北的推行

  作为蒙古入主中原汉地先导的女真,它的发展壮大的历程不同于蒙古。女真人在地处森林草原结合地区发育壮大之后逐渐南下农耕城郭地区,其部族主体并未直接西进到漠北草地的中心地带并对当地展开直接的统治,而是设立诸如东北、西南、西北招讨司等机构来间接管理阻

---

① 姚燧《牧庵集》卷二三《真定新军万户张公神道碑》载:"盖列圣之制,职兵民者死,其子孙皆世之,变自世祖夺职民者符节。""其有相而兼将万夫者,诏俾自择为之,欲将弃相,欲相弃将。"发生转变的关键是在中统、至元之交罢世侯之后,蒙元由间接统治转为直接统治。

② 如萧启庆先生针对叶子奇所言"各路立万户府,各县立千户所"的问题,就曾指出元代不可能每个路都立万户府,叶氏所言反映的只是其本地区(浙江及福建)的情况,而非通制。那么,叶子奇所言究竟是否恰当,笔者以为尚待进一步探讨。参阅萧启庆:《元代的镇戍制度》,载氏著:《内北国而外中国:蒙元史研究》(上册),第 260—261 页。

卜等部。① 早期蒙古人则自 8 世纪后即已逐渐开始西迁至漠北草原中心地区并在随后填补由原回鹘汗国瓦解之后所留下的权力真空,在此后长达三个多世纪的历史发展进程中,他们吸收了不少源自突厥—回鹘的政治文化传统。因此,在蒙古南下徇地中原以前,乃至于在尚未成长为一支值得重视的政治力量之前,女真人的猛安谋克制度是否对蒙古人的千户百户制曾产生过影响,目前看来尚无史料能直接证明。②

不过,在蒙古人进入汉地之前,所谓"千户百户"体系就已在华北地区出现,与此有直接联系的应该是女真金制,亦即代表女真早期军政合一性质的社会基层编制——猛安谋克制度。③ 女真人将猛安谋克体制引入华北汉地,它与中原地方行政中的路府州郡体系之间曾否发生过一定程度的对应性关联? 它是否会给蒙古人留下影响,蒙古人是否会在踵其旧迹的同时又有所发展呢? 对此类问题有必要加以讨论。

---

① 《金史》卷四四《兵志》载:"大定五年,复罢府,降为统军司。寻又设两招讨司,与前凡三,以镇边陲。东北路者,初置乌古迪烈部,后置于泰州。泰和间,以去边尚三百里,宗浩乃命分司于金山。西北路者置于应州,西南路者置于桓州,以重臣知兵者为使,列城堡濠墙,戍守为永制。"

② 关于蒙古千户百户制与金制的关系,目前难以估计。较早涉及金蒙关系的一条史料是《大金国志》所记载的皇统六年(1146)之事:"[女真金]且册其酋长熬罗勃极烈为朦辅国主,至是始和,岁遗甚厚。于是熬罗勃极烈自称祖元皇帝,改元天兴。"该记载比较清晰地揭示出,金授予早期蒙古部落首领的封号是"勃极烈",这是女真人最常见的官名。至于女真人的这一官称在蒙古人中的影响,我们无以得知。另需指出的是,此则材料之真实性曾引起学者们的怀疑,兹存而不论。其后,金边地部族首领又有许多称"忽里"者,铁木真因助金攻塔塔儿部之功被封"札兀惕忽里",屠寄最先指出"札兀惕忽里"译言百夫长,伯希和同意其看法,不过又指出"忽里"一词非女真语,而可能是契丹语。姚大力认为,金曾颁赐铁木真"札兀惕忽里"官号,其实与大蒙古国的千户百户制度影响有限。"漠南汉地的情况与漠北有所不同。蒙古征服早期,汉地出现了许多归属于蒙古帅府的万户、千户、百户。直到窝阔台汗调整汉地军制之前,这主要是蒙古对于降附他们的汉地世侯、金朝官员将领等仍用金朝官号以自誉的现象一律予以承认的结果。可以认为这是对金朝猛安谋克制度的沿袭。蒙古本部的千户百户进入中原内地以后,专以军户立籍,军需部分自筹。这也可以认为是受到了猛安谋克制度的影响。但是,对于猛安谋克制度在蒙古千户百户制起源问题上的影响和作用,或许不应当作太高的估计。"参阅宇文懋昭撰、李西宁点校:《大金国志》卷一二,载《二十五别史》,齐鲁书社,2000 年版,第 101 页;姚大力:《草原蒙古国的千户百户制度》,载《蒙元制度与政治文化》,第 9—10 页。

③ 猛安谋克是女真特有的一种社会和经济组织,它"不仅是军事组织的单位,同时也是行政组织的单位"。参阅三上次男著、金启孮译:《金代女真社会研究》,黑龙江人民出版社,1984 年版,第 173 页。

（一）女真猛安谋克制与汉地地方行政制度

《金史·兵志》载:"金之初年,诸部……部长曰孛堇,行兵则称曰猛安、谋克,从其多寡以为号,猛安者千夫长也,谋克者百夫长也。"①宋人记载早期女真军编制甚为详备:"其官名则以九曜、二十八宿为号曰:孛极烈。勃极烈,官人。其职曰:忒母,万户;萌眼,千户;毛毛可,百人长。蒲里偃,牌子头。勃极烈者,统官也,犹中国言总管云。自五户勃极烈推而上之,至万户勃极烈,皆自统兵。缓则射猎,急则出战。"②

随着女真人进入汉地后统治的深入,猛安谋克制逐渐面临挑战。收国、天辅年间,置都统司,"天辅五年（1121）袭辽主,始有内外诸军都统之名。时以奚未平,又置奚路都统司,后改为六部路都统司,以遥辇九营为九猛安隶焉,与上京及泰州凡六处置,每司统五六万人,又以渤海军为八猛安。凡猛安之上置军帅,军帅之上置万户,万户之上置都统"。③ 又所谓"主兵官:曰天下兵马大元帅,次曰左副元帅、右副元帅、左翊都统、右翊都统,又其次曰逐军万户。每一万户所辖十千户,一千户辖十谋克（谋克,谓百户也）,一谋克辖两蒲辇（蒲辇,五十户也）"。④ 可见,猛安、谋克、万户等职衔等级并不高,其上已更设置有兵马大元帅、副元帅、都统等职。⑤ 不过,元帅、都统等职衔应多袭自辽制,而所谓的"辽制"其实又杂糅有"汉

---

① 《金史》卷四四。
② 徐梦莘:《三朝北盟会编》卷三,上海古籍出版社,1987年版。所谓"萌眼"、"毛毛可"即女真语"猛安"、"谋克"歧译。王曾瑜据以上记载认为,猛安谋克军有五、十、五十、百、千、万六级编制。不过刘浦江以为,猛安谋克军只有万户、千户（猛安）、百户（谋克）、五十户（蒲里衍）四级编制。金朝侍卫亲军定制仅二百人,设护卫十人长、五十人长、百人长,与猛安谋克军的编制不可类比。参阅王曾瑜:《金朝军制》,河北大学出版社,2004年版,第81—93页;刘浦江:《〈金朝军制〉平议——兼评王曾瑜先生的辽金史研究》,载《历史研究》2000年第6期。
③ 《金史》卷四四。
④ 徐梦莘:《三朝北盟会编》卷二四四。另据《正隆事迹》载:"遂以五十户为蒲里演,百户为谋克,千户为猛安,万户为都统。"参阅李澍田主编、傅朗云编注:《金史辑佚》,载《长白丛书（四集）》,吉林文史出版社,1990年版,第226页。
⑤ 《金史》卷五五《百官一》载,都元帅一员,从一品。左副元帅一员,正二品。右副元帅一员,正二品。元帅左监军一员,正三品。元帅右监军一员,正三品。左都监一员,从三品。右都监一员,从三品。

制"成分。

逮至金朝末年,尤其是金宣宗以后,因军额不足而虚设都统、万户、千户的现象屡见不鲜。

贞祐年间,古里甲石伦奏请:

> 招集义军,设置长校,各立等差。都统授正七品职,副统正八品,万户正九品,千户正班任使,谋克杂班。仍三十人为一谋克,五谋克为一千户,四千户为一万户,四万户为一副统,两副统为一都统,外设一总领提控。①

贞祐四年(1216),陈规上奏称:

> 况今军官数多,自千户而上有万户、有副统、有都统、有副提控,十羊九牧,号令不一,动相牵制。切闻国初取天下,元帅而下惟有万户,所统军士不下数万人,专制一路岂在多哉,多则难择,少则易精。今之军法,每二十五人为一谋克,四谋克为一千户,谋克之下有蒲辇一人、旗鼓司火头五人,其任战者十有八人而已。……伏乞明敕大臣,精选通晓军政者,分诣诸路,编列队伍,要必五十人为一谋克,四谋克为一千户,五千户为一万户,谓之散将。万人设一都统,谓之大将,总之帅府。数不足者皆并之,其副统、副提控及无军虚设都统、万户者悉罢省。②

元光年间(1222—1223),情况亦复如此。《金史·兵志》载:

> 元光间,时招义军以三十人为谋克,五谋克为一千户,四千户为一万户,四万户为一副统,两副统为一都统,此复国初之名也。然又

---

① 《金史》卷一一〇《古里甲石伦传》。此语亦见《金史》卷一〇二《蒙古纲传》。
② 《金史》卷一〇九《陈规传》。

外设一总领提控,故时皆称元帅为总领云。①

上述史料反映出,贞祐以降女真人的猛安、谋克制实际上已经完全崩溃。万户、千户等职衔授予甚滥。所谓"各等长校计有总领提控、都统、副统、万户、千户、谋克等"。"总领、提控、都统等等,倒是成了拥有武装的汉人地主头目相当普遍的称号(当然,其中有些是授予的,大部则是自称的)。"②刘浦江认为,金后期由于猛安谋克制度的崩溃,在整个蒙金战争时期,金朝兵制中出现很多权宜性和非制度性的内容。自卫绍王后经常增设各种临时性的军事机构,金朝后期官印中包括大量的都统印、副统印、提控印、副提控印、万户印、行元帅府印等等,将帅设置十分冗滥。③

诚然,上述所揭示的是猛安谋克作为军事组织性质的面相,而作为地方行政组织的猛安谋克与中原地方路府州县之间又有何关联呢?早在金太祖时期,女真人就将猛安谋克视作一种地方行政机构,所谓"太祖命三百户为谋克,十谋克为猛安,一如郡县置吏之法"。④金熙宗官制改革后,移居华北的猛安谋克户自成一系,与汉人州县并存,所谓"猛安,从四品,掌修理军务、训练武艺、劝课农桑,余同防御。……诸谋克,从五品,掌抚辑军户、训练武艺。惟不管常平仓,余同县令"。⑤张博泉认为,"猛安谋克迁入中原后犬牙交错于汉人之州县,与州县并成为两套组织,互不干涉,它们虽然都隶属于节度使或总管府,但两者之间则

---

① 《金史》卷四四。
② 到何之:《关于金末元初的汉人地主武装问题》,载《元史论集》,人民出版社,1984年版,第173页。
③ 参阅刘浦江:《〈金朝军制〉平议——兼评王曾瑜先生的辽金史研究》。需提及的是,青木敦将近几十年来出土的金朝官印所折射出的内容,置于金世宗朝猛安谋克的衰退以及贞祐南渡后河北支配力的丧失等背景下来加以考察,从一侧面揭示出金末军事以及赋役征敛等机构设置的混乱无序。参阅青木敦:《13世纪華北における地方行政の崩壊と誕生》,载《近代世界システム以前の諸地域システムと広域ネットワーケ》,平成16~平成18年度科学研究費補助金(基盤研究B)研究成果報告書,2007。承作者寄赠文章pdf版,谨致谢意。
④ 《金史》卷一二八《循吏传》。
⑤ 《金史》卷五七《百官三》。

无相互隶属与管辖的关系。从其地位来看,猛安相当于防御使,谋克相当于县令"。①

此外,金初在猛安谋克之上设路,有所谓万户路、都勃堇路、都统司路和军帅司路的不同。迨至海陵王时期,一度废置"万户路"。《金史·兵志》载:"[天德]三年(1151),以元帅府为枢密院,罢万户之官,诏曰:'太祖开创,因时制宜,材堪统众授之万户,其次千户及谋克。当时官赏未定,城郭未下,设此职许以世袭,乃权宜之制,非经久之利。今子孙相继专揽威权,其户不下数万,与留守总管无异,而世权过之。可罢是官。若旧无千户之职者,续思增置。国初时赐以国姓,若为子孙者皆令复旧。'"②海陵王此次改革的对象主要是针对女真旧部,且其直接的措置就是罢"万户路"而改置为节度使、都总管路。③而尤应值得注意的是,所谓"若旧无千户之职者,续思增置",则又在一定程度上表明,"千户"作为一种基本的军政区划单元则得以继续存留。海陵王的这一改革,将汉地制度引入到其所从出的"金源故地",某种程度上可视作是女真人在汉化道路上走得比他们的前任——契丹辽——更深一层的体现。

值得特别注意的是,宋人当时就已观察到一种现象,所谓"金人以万户比都总管之职,千户比节度使,百人长比刺史。今燕云诸路民兵,千户、

---

① 张博泉:《论金代猛安谋克制度的形成、发展及其破坏的原因》,载《文史哲》1963年第1期。三上次男亦指出:"单单作为地方官来看,猛安、谋克的任务远较防御使或县令单纯。因为一般县令要管理数千户居民整个地区的事务,而谋克仅管辖三百户以内的谋克户部落而已。猛安和谋克的官级所以规定分别相当于防御使和县令甚至高于防御使和县令,可能是因为他们不仅是地方官,还肩负军事上的重要责任。同时还必须考虑到他们是属于统治民族的"。参阅氏著:《金代女真社会研究》,第260页。另据《元好问全集》卷二〇《资善大夫吏部尚书张公神道碑铭并引》载:"一日,闻者告:'百夫长夜破门钥,挟两妓以出。'公谓:'夜破门钥,盗也。'遽吏捕还,榜掠至百数,且械系之。明日,千夫长与其属哀请不已,约此后不复犯平民,乃释之。"此为泰和年间事,时传主张公理为县级官僚。从此描述来看,猛安、谋克除作为军队的指挥官和驻屯女真户的首长外,并无其他事权。地方庶务由州、县长官负责。
② 《金史》卷四四。另见《金史》卷五《海陵王》,天德三年,"诏罢世袭万户官,前后赐姓人各复本姓"。
③ 关于此点,下述史料亦有所揭示:《金史》卷二四《地理上》载:"蒲与路,国初置万户,海陵例罢万户,乃改置节度使。""恤品路,节度使。……以海陵例罢万户,置节度使,因名速频路节度使。""胡里改路,国初置万户,海陵例罢万户,乃改置节度使。"《金史》卷七〇《习室传》载:"初,海陵罢诸路万户,置苏滨路节度使",等等。

百人长乃以家业或丁数定之。在军则权为千户、百人长,散则还为散民"。① 宋人的这一观察与《金史·百官志三》的记载有所出入。不过,这并不妨碍我们去寻绎一种总体性的对应关系——兵马总管府(万户)路、猛安(千户)(防御)州、谋克(百户)县——这也是女真猛安谋克地方行政系统与汉人地方州县体制之间的同(即所谓的某种对应性关系)与不同。

那么,金末猛安谋克制度瓦解之后,该制度是否又羼入到汉地州县的军事、行政系统中呢?靖安民于贞祐初"充义军,历谋克、千户、总领、万户、都统,皆隶苗道润麾下。以功遥授定安县令,迁涿州刺史,遥授顺天军节度使,充提控。兴定元年,遥授安武军节度使"。② 严实曾被任命为百户,权长清令,"癸酉之秋,国兵破中夏,已而北归。东平行台调民为兵,以公为众所伏,署百夫长……戊寅六月,摄长清令"。③ 此类现象在金元之际华北地区十分普遍,下文也将屡会述及,兹不赘述。这一现象背后所反映出的是,女真金的猛安谋克制(千户百户系统)与中原汉地的州县体制间存在一种对应性关联。那么这种对应性关联又会给南下攻金的蒙古人及其时代以何种影响呢?这是我们接下来要详细考察的另一个问题。

(二)蒙古千户百户制在华北的状况

关于草原蒙古国的千户百户制度,前辈学者已有十分深入的讨论。④ 蒙古千户百户制的起源,最引人瞩目的两则记载是:十三翼之战时(1190),铁木真"按万、千、百人点数,总共是十三个古列延";癸酉、甲子岁(1203、1204)铁木真大举进攻乃蛮前夕又对部众进行大规模整编,所谓"数自的行共着,千那里千做着,千的官人,百的官人,十的官人那里委付了"。⑤ 至

---

① 徐梦莘:《三朝北盟会编》卷一四一。
② 《金史》卷一一八《靖安民传》。
③ 《元好问全集》卷二六《东平行台严公神道碑》。
④ 姚大力《草原蒙古国的千户百户制度》一文,围绕千户百户制度的起源、千户序列、内部结构与社会关系以及其对蒙古社会发展的影响等,对大蒙古国草原千户百户制所涉诸层面的问题都有比较系统而深入的研究。详可参阅氏著:《蒙元制度与政治文化》。
⑤ 拉施特主编,余大均、周建奇译:《史集》第一卷第二分册,商务印书馆,1983年版,第112页;《蒙古秘史》,第191节。

1206年蒙古帝国建立并分封千户时,千户百户制才得以最终定型。①

蒙古千户分封之后,随即又作出严格规定:"人们只能留在指定的百户、千户或十户内,不得转移到另一单位去,也不得到别的地方寻求庇护。违反此令,迁移者要当着军士面处死,收容者也要受惩罚。"②就蒙古草原游牧千户百户制度的主体划分而言,千户既是最基本的军事单位,③也是漠北地区最基本的行政单元。④ 相比较说来,万户则更多的是一种位列千户之上的军事单位,其行政单元的性质相较于千户、百户而言并不显突出。⑤

蒙古经略中州内地采取"置侯牧守"的统治策略,由于蒙古人并不晓谙中原官制,署僚任命随所自欲,各种官衔授予十分混乱,所谓"既定中原,取四方,豪杰之来归者,或因其旧而命官,若行省、领省、大元帅、副元帅之属者也;或以上旨命之;或诸王大臣总兵政者承制以命之。若郡县兵民赋税之事,外诸侯亦得自辟用,盖随事创立,未有定制"。⑥ 当是之时,"官制未立,诸侯得自辟属,曰长,曰太守,皆从一时之制云"。⑦ 虽各种职衔多由世侯自择,诸色头衔十分冗滥,不过值得注意的一点是,代表草原传统的"万户"、"千户"之衔则非可乱自号,似未见滥置,盖因"国初官制,

---

① 参阅姚大力:《蒙元制度与政治文化》,第4—5页。
② 志费尼:《世界征服者史》,内蒙古人民出版社,1980年版,第34页。
③ 美国学者保罗·布尔勒认为:"从作为主要防御力量的游牧千户到内部各个地方组织,探马赤军的每个部分都是一个自治、自给的统一体。在蒙古统治中国期间,千户是有效的组织单位。"另,南宋赵珙指称蒙古创国主为"千户":"成吉思乃旧牌子头结娄之子,牌子头者,乃彼国千人之长也,今为创国之主。"某种程度可见千户地位之重要。参阅保罗·布尔勒:《蒙古帝国探马赤军的社会作用》,载《蒙古学译文选》(历史专集),内蒙古社会科学院情报研究所编,1984年,第40页;赵珙:《蒙鞑备录》,《王国维遗书》第13册。
④ 参阅陈得芝:《元岭北行省建置考》(上),载氏著:《蒙元史研究丛稿》,第131页;另,同书第199页,作者引《元典章》卷一六《户部二·禁治久食分例》,《元史·仁宗本纪》等史料,进一步说明千户那颜不仅管理赋役,一般的断案等司法权也由千户那颜掌管,它表明漠北地区的千户作为地方行政单位的职能日显完善。
⑤ 《蒙古秘史》第220节载:"如今孛斡儿出做了右手万户,木合里做了国王、左手万户,你做中军万户者。"大蒙古国初期得授万户者鲜,千户、百户作为漠北地区最基本的军事、行政单元,万户则更多的是作为一种军事单元存在。不过在进入华北汉地后,情况又有所变化。同样,反观金代猛安谋克制,万户虽被置于猛安、谋克之上,也应当具有一定的行政功能,所谓"万户路"的存在即是明证。
⑥ 苏天爵:《元文类》卷四〇。
⑦ 刘因:《刘文靖公文集》卷二〇《怀孟万户刘公先茔碑》。

惟万户、次千户贵"。① 万户之衔更是"虽蒙古世臣亦不轻授"。②

大蒙古时期万户、千户等衔在华北汉地的授予状况,不少学者曾有所述及。赵文坦针对窝阔台时期的万户之设,认为"成吉思汗时期的汉军官制沿袭金朝的制度。窝阔台即位伊始,用蒙古军的编制和官称改编汉军,设立汉军'三万户',分统汉军"。"'七万户'的封授既不是出于对汉人世侯实力的认可,也不是出于灭金战争的需要,而是对蒙金三峰山战役中立有卓著功勋的汉军将领的论功行赏。事实上,汉人世侯自随蒙古军征金起,其职守升迁的依据即是军功。《元史》内汉人世侯列传中诸如'论功'、'录功'、'上功'、'计功'之类的字眼即可说明这一点。"③王颋则认为,"元太祖在位时期存在于完颜氏故封上的'万户',本系采用金末旧有官制,地位卑下,居于'都统'和路'总管'、'留守'之下"。不过该氏又指出,"实际上,即使是'蒙古世臣亦不轻授'之'万户'下级的'千户',当成吉思汗和窝阔台罕初年,也并没有对投靠未久的汉人'轻授'"。④

那么成吉思汗与窝阔台时期的万户和千户授予状况究竟如何,这些学者的判断是否符合历史的实际?随后的蒙哥汗时代以及忽必烈汗初期的万户、千户授予状况又如何呢?"万户"、"千户"的授予,其背后究竟存在何种比较特殊的对应性关系,尤其是与当地的地方行政制度发生过怎样的联系呢?

除曾数次亲征西夏以及最南抵达过金中都路地区外,成吉思汗到中原汉地的次数和时间都比较有限。从现有史料看来,华北汉地的万户、千户直接由成吉思汗任命的很少见及,大部分是由木华黎承制封授。如太祖八年,"史天倪、萧勃迭率众来降,木华黎承制并以为万户"。⑤ 不过这种

---

① 刘敏中:《中庵先生刘文简公文集》卷七《赠嘉议大夫工部尚书上轻车都尉陇西郡侯董公神道碑》。另需指出的是,姚燧《牧庵集》卷一七《颍州万户邸公神道碑》载:"后强诸侯,颇以力夷,恶相下属,皆求将校其军,而千夫之长亦觊得焉。由是,万户布列天下。"此处所谓"万户布列天下",笔者以为应包括两层面的意思,一是指进入窝阔台后期万户授予数量的增加,二是指华北地区各路、府基本分由各大万户所控制,而非指万户之设已滥。
② 语见钱大昕《廿二史考异》卷八六。
③ 赵文坦:《〈元史·刘黑马传〉"七万户"蠡测》,载《历史研究》2000 年第 6 期。
④ 王颋:《万户命将——大蒙古国汉军万户的组建和迁易》,《龙庭崇汗:元代政治史研究》,第 23、26 页。
⑤ 《元史》卷一《太祖本纪》;卷一一九《木华黎传》。

封授都必须获得大汗的认定方具效力。木华黎获承制封授之权而大量封授汉地万户、千户之事，当在丁丑岁(1217)后，这一年木华黎始以"太师、国王、都行省"身份"承制行事"，①经略华北。

  关于萧勃迭(即石抹孛迭儿)初授衔为千户还是万户的问题，钱大昕早已作出详明辨析。② 不过此处需要特别提出的是石抹氏的晋升顺次及其所反映出的蒙元时代的军事符节制度的问题。《元史·石抹孛迭儿》载："岁甲戌(1214)，从木华黎觐太祖于雄州，佩以银符，充汉军都统。……乙亥(1215)，授左监军，佩金符，与北京都元帅吾也儿，分领锦州红罗山、北京东路汉军二万。……辛巳(1221)，木华黎承制升孛迭儿为龙虎卫上将军、霸州等路元帅，佩金虎符。……庚寅(1230)，朝太宗于行在所，赐金符。"③一般而言，蒙元万户授金虎符(有时径称"虎符")、千户授金符、百户则授银符。④ 石抹孛迭儿由银符升金符，再而升金虎符，反映了

---

① 《元史》卷一一九《木华黎传》。
② 钱大昕：《廿二史考异》卷八六。
③ 《元史》卷一五一《石抹孛迭儿传》。
④ 关于蒙元时代的牌符制度，据《元史》卷一三九《乃蛮台传》载："国初，诸军置万户、千户、百户，时金银符未备，惟加缨于枪以为等威。至是乃蛮台为请于朝，皆得绾符。"可见蒙古早期并无此制度。蔡美彪认为，太祖时期颁赐刘伯林、史天祥等人的金银牌来自金朝，而非蒙古自铸，"牌符及驿传制度都并非蒙古新创而是直接或间接地继承了汉文化的传统"。蒙元的牌符应跟金制有一定的关系，据《金史》卷五八《百官四》"符制"条载："收国二年(1116)九月，始制金牌，后又有银牌、木牌之制，盖金牌以授万户，银牌以授猛安，木牌则谋克、蒲辇所佩者也。故国初与空名宣头付军帅，以为功赏。……虎符之制，承安元年(1196)制。"入元后，符节授予制度已有详细规定。《元文类》卷四一《军制》载："典军之官，视军数为名，设万户、千户。……万户、千户、百户，分上中下。万户佩金虎符，符跌为伏虎形，首为明珠，而有三珠、二珠、一珠之别。千户金符，百户银符。"《元史》卷九八《兵制一》亦载："万户佩金虎符。符跌为伏虎形，首为明珠，而有三珠、二珠、一珠之别。千户金符，百户银符。"《元典章》卷九《吏部三·吏制三·军官·定夺军官品级》载，三品官佩虎符，四品、五品官佩金牌，六品、七品官佩银牌。以上所言主要针对的是武官品级的牌符而言。实际上，元朝牌符分类有差，箭内亘认为元朝有金虎符、金符、银符三符与海青圆符二符；蔡美彪认为元代朝廷颁授的牌符约有两类，一类是官员佩带的长牌，一类是差使乘驿的圆牌；而党宝海根据实物的研究指出，蒙元时期各种牌符可划分为三大类：乘驿牌、职官牌和夜禁牌三种。本章所讨论的牌符，是特指职官牌类。另需特别指出的是，这种职官牌符并非只授予使臣及军官，民官亦往往许加佩用，本章讨论有不少涉及民官诸层面者，因为箭内亘氏已有比较充分的揭示，兹不赘述。参阅蔡美彪：《叶尼塞州蒙古长牌再释》，载《中华文史论丛》2008年第2期；箭内亘：《元朝牌符考》，载氏著，陈捷、陈清泉译：《元朝制度考》，商务印书馆，1933年版；党宝海：《蒙古帝国的牌符——以实物为中心》，载《欧亚学刊》第4辑，中华书局，2004年版。

其由百户、千户、万户的晋升顺次。不过到太宗窝阔台庚寅岁,石抹孛迭儿却又被授予金符。为何会出现这种状况呢?这就涉及蒙元时代符节换授的问题。大汗去世,新汗继位,都要对前任大汗所授予的符节予以换授(赐),加以重新认定,所谓"故事:祖宗宾天,所授臣下制书符节悉收换之";"如故事,尽收臣下先朝制书符节,故公金符亦入之官。明年,制赐还之";"宪宗即位,凡中土列圣符节告身,尽收之官。明年入觐,还金符,仍位总管上。……世祖立极,中统庚申,收上符节告身如先朝。以前屡入觐潜藩熟公,还金符"。① 一般而言,非出现重大问题,所授符节等制基本仍因袭前汗时代。那么,为何石抹氏在成吉思汗时代被授予金虎符(万户),而太宗时代却仅换授金符(千户)呢?其具体缘由,容后文详述。

成吉思汗时代由木华黎承制授予的万户和千户,比较混乱无序,一些职位比较低级的投诚官员,亦可得授万户、千户。如赵秉温"署为百户,从攻蠡州。……论功,授冀州行军都元帅,佩金虎符";王玉"金季为万户,镇赵州。太师、国王木华黎下中原,玉率众来附,领本部军,从攻邢、洺、磁三州,济南诸郡,号长汉万户";奥敦世英"岁癸酉,太祖兵下山东,淄州民奉世英及弟保和迎降,皆授以万户";唐庆"事太祖,为管军万户。太祖伐金,以庆权元帅左监军。岁丁亥,赐虎符"。② 王兴秀"[太祖八年]大兵徇地,长千夫、长万夫,授怀远大将军、招抚使,佩金符";刘义"起行伍,元帅史天倪辟署权黑军万户";张德用"累官行军万户"。③ 上述诸人所授万户或千户,显然更多的是出于木华黎的权宜之举。这些职衔多承袭自金末乱来旧制,万户地位较低,尚不如都统、总管、留守等职。甚至太祖朝时期诸多史料所指称的几大万户,如史天倪、萧勃迭以及被视为附蒙第一人的刘伯

---

① 《牧庵集》卷一六《兴元行省瓜尔佳公神道碑》;卷一七《颍州万户邸公神道碑》;卷二四《武略将军知弘州程公神道碑》。
② 《元史》卷一五〇《赵秉温传》;卷一五一《王玉传》;卷一五一《奥敦世英传》;卷一五二《唐庆传》。
③ 吴澄:《吴文正公集》卷六六《王彦弼墓碑》,《元人文集珍本丛刊》;马祖常:《马石田文集》卷一三《刘成墓碣》;苏天爵著,陈高华、孟繁清点校:《滋溪文稿》卷一四《张延墓志》。

林,也被疑非真授得"万户"。①

应该说来成吉思汗时期中原汉地万户、千户的授予还处于未有规制的状态,进入太宗窝阔台时期以后,情况则开始发生变化,万户、千户的授予渐已规整并趋于定型。

己丑岁(1229),窝阔台即位之初,即设立汉军三万户。②"己丑,太宗即位,议立三万户,分统汉兵。天泽适入觐,命为真定、河间、大名、东平、济南五路万户";"太宗即位,公入觐,朝议方选三大帅分统汉地兵";③"岁己丑,太宗即位,始立三万户,以黑马为首,重喜、史天泽次之";"[己丑]会置三万户、三十六千户以总天下兵。"④

庚寅岁(1230),蒙古汗廷开始将成吉思汗时期所授万户、千户符节收回并予换授,所谓"庚寅,有旨收诸将金符"。⑤ 这一年,蒙廷召集汉地将帅赴漠北朝觐,以便换赐符节。庚寅北觐的记载甚多:史天祥"庚寅,朝太宗于卢朐河,乞致仕,不允";严实"庚寅四月,朝太宗于牛心之幄殿,帝赐之坐,宴享终日,赐以虎符";石抹孛迭儿"庚寅,朝太宗于行在所,赐金符";张荣"庚寅岁,觐太宗皇帝,赐锦衣三袭,坐诸侯王上"。⑥ 也正是在这一年,窝阔台开始整饬兵马预备亲征,"庚寅,先帝新登基,将亲举兵南伐,乃大集诸将问以方略"。⑦

甲午岁(1234),太宗六年,金亡。窝阔台又推行一系列政策,在漠北

---

① 关于汉地此三人非万户问题的考证,钱大昕《廿二史考异》卷八六讨论了史氏和石抹氏的万户问题;关于刘伯林万户问题之考证,则可参阅黄时鉴《关于汉军万户设置的若干问题》,载《黄时鉴文集Ⅰ》。
② 黄时鉴认为,广义的万户包括了契丹、女真等族人群所拥有的军队。"万户是蒙古国的一种军民合一的军事政治组织,汉军万户的设置无疑是蒙古万户制度在山后地区和中原地区的延伸。汉军万户始立和增置的直接目的乃是为了战事的需要。随着战事的发展,万户的设置不断增多。"本文涉及的"万户"就是从广义而言。参阅黄时鉴:《关于汉军万户设置的若干问题》。
③ 《元史》卷一五五《史天泽传》;王恽:《秋涧先生大全文集》卷四八《开府仪同三司中书左丞相忠武史公家传》。
④ 《元史》卷一四九《刘黑马传》;卷一六六《石抹狗狗传》。
⑤ 《元史》卷一五〇《何实传》。
⑥ 《元史》卷一四七《史天祥传》;卷一四八《严实传》;卷一五一《石抹孛迭儿传》;《元文类》卷五〇《济南路大都督张公行状》。
⑦ 李庭:《寓庵集》卷六《故宣差京兆府路都总管田公墓志铭》。另,《元史》卷一五〇《张荣传》亦载:"庚寅,朝廷集诸侯议取汴,荣请先六军以清跸道,帝嘉之。"

草原实行"新制"。据《元史·太宗纪》载："[甲午岁]夏五月,帝在达兰达葩之地,大会诸王百僚,谕条令曰:'凡当会不赴而私宴者,斩。诸出入宫禁,各有从者,男女止以十人为朋,出入毋得相杂。军中凡十人置甲长,听其指挥,专擅者论罪。其甲长以事来宫中,即置权摄一人、甲外一人,二人不得擅自往来,违者罪之。……诸千户越万户前行者,随以木镞射之。百户、甲长、诸军有犯,其罪同。不遵此法者,斥罢。'"

与此同时,又进一步调整汉地军制。所谓"甲午中,朝廷更定官称"。①为此,授予汉地军队将帅以万户"虎符",同时裨赐"金符"予诸万户以便分赐所属各千户。② 其他诸如元帅、都元帅、监军、都统等称谓则被废去。"万户之外,还保留了一些总帅、行省等名号。"③王颋认为,窝阔台六年实行的"新制",无论蒙古军、汉军,凡出任万户者,他们在"大蒙古国"整个武装力量中地位略等,实际上"汉军万户"与"蒙古军万户"并列,应该说来只有在窝阔台时期才能做到,万户、千户也在窝阔台时期才能够成为军队的划一单位和划一官职。④ 据史载,昔里钤部出征归来,所谓"六年而归,功长千户,礼秩与国人为千户侯者等,加宴服,四序异宜,凡若干袭,与大会者皆同其色"。⑤ 依据文意,所谓"六年而归"者,乃指太宗十二年(1240),也就是说太宗时期,非蒙古人而得授千户者,其地位可与蒙古人相埒。它表明在窝阔台时期,其他族群得授万户、千户者,已具有蒙古千户百户制度的性质。

太宗窝阔台时期,历经庚寅年符节的换授以及甲午岁汉地军制的调整,华北汉地的各种制度逐渐完善起来。那么窝阔台时期所谓万户长与

---

① 王若虚:《滹南遗老集》卷四二《千户贾侯父墓铭》,辽海出版社,2006年版,第508页。
② 苏天爵:《元朝名臣事略》卷六《万户张忠武王柔》载:"甲午,入觐,上劳之,历数战勋曰:某军之胜,汝之功也,某州之拔,又汝之功也,如亲见之。乃论功行赏,升万户,易金虎符。"同书卷六《万户严忠武公实》云:"甲午,朝于和林城,授东平路行军万户,偏裨赐金符者八人。"此两位万户麾下的千户,也是同年所授,据《元好问全集》卷二九《千户乔公神道碑铭》载:"岁甲午,朝廷第功,张公[柔]因申奏,于是特恩以宝书、金符,授公行军千户。"同书卷二九《千户赵侯神道碑铭》云:"又明年(太宗六年),用行台公荐,宣授行军千户,仍赐金符。"
③ 史卫民:《元代军队的兵员体制与编制系统》,载《蒙古史研究》第3辑。
④ 王颋:《龙庭崇汗:元代政治史研究》,第42页。
⑤ 姚燧:《牧庵集》卷一九《资德大夫云南行中书省右丞赠秉忠执德威远功臣开府仪同三司太师上柱国魏国公谥忠节李公神道碑》;《元史》卷一二二《昔里钤部传》。

千户长的设立究竟居于何种标准呢？也就是说除军功而外,有无其他因素影响或左右万户、千户的授予或设立呢？兹举两例试析之：

《元史·石抹孛迭儿》载：

> 岁甲戌,从木华黎觐太祖于雄州,佩以银符,充汉军都统。……乙亥,授左监军,佩金符,与北京都元帅吾也儿,分领锦州红罗山、北京东路汉军二万。……辛巳,木华黎承制升孛迭儿为龙虎卫上将军、霸州等路元帅,佩金虎符。……庚寅,朝太宗于行在所,赐金符。

《元史·任志传》载：

> 岁戊寅(1218),太师、国王木华黎略地至潞州,志首迎降,国王授以虎符,俾充元帅,收辑山寨。……木华黎尝召诸将议事,志亦预征,道经武安,其县已反为金,志死之。国王闵之,令其子存袭。庚寅岁,金将武仙攻潞州,存战死。辛卯(1231)正月,有旨潞州元帅任存妻孥家属,令有司廪给,仍赐第以居之。十一月,以存父子死事,子立尚幼,先官其侄成为潞州长官,待立长而还授之。成卒,授立潞州长官,佩金符。①

从这两则记载中我们可以发现,太宗窝阔台时期,原来的"金虎符"(万户)仅能换授"金符"(千户)。② 一方面它反映出窝阔台是在对前代符节授予无序状态的一种重新调整；另一方面,太祖朝的"万户"转而却成太宗朝的"千户",笔者以为最根本的缘由已不再仅依据军功,而是根据各世侯(或将帅)所领有的路府、州郡的等级而定。亦即万户对应于中原地区的一个路或府,千户则对应于中原地区的一个州郡单元,笔者为此将其归纳为"万户路"、"千户州"。此一观点的最好注解,在《元史·张晋亨传》里表达得十分明确：

---

① 《元史》卷一九三。
② 类似例子尚多,如《牧庵集》卷一八《戍守邓州千户杨公神道碑》载："将之来归,授万户,徙定兴,思立戎劳,不乐民治。[太宗六年]从战淮北,复徐、邳二洲,劳升将千户。"兹不一一列举。

丁亥(1227),从国王孛罗征益都,以功迁昭毅大将军,领恩州刺史,兼行台马步军都总领,再迁镇国大将军。[严]实征淮楚、河南,晋亨毕从。甲午,从实入觐,命为东平路行军千户。实卒,子忠济奏晋亨权知东平府事。……辛亥,宪宗即位,从忠济入觐。……[帝]欲赐晋亨金虎符,辞曰:'虎符,国之名器,长一道者所佩,臣隶忠济麾下,复佩虎符,非制也。臣不敢受。'帝益喜,改赐玺书、金符,恩州管民万户。

所谓"虎符,国之名器,长一道者所佩",也就是说只有"路"(辽金以来"道"即谓"路")之长官才得以佩虎符。① 张晋亨仅为恩州长官,则止佩金符。职是之故,我们就比较好理解窝阔台时期降等而授的现象了:石抹氏于太祖朝为"霸州等路"元帅,"霸州路"应即"雄霸路",到太宗时该路已不复存在,代表其地位的自然就已非虎符;任氏世守潞州,潞州仅为州,其子嗣世袭其符爵,所对应的亦当授千户。再如济州长官石天禄,木华黎后裔孛鲁国王曾承制授其金虎符,甲午岁后则改授为"征行千户",其后嗣亦承继千户。② 此类记载尚存很多,下文有较为详尽的考证,兹不赘述。就总体而言,太宗时期这种榫合了蒙古千户百户制度与中原路府州郡体制的"万户路"、"千户州"的形态,对蒙元一代影响颇大。

有一个关涉甚大且引起学者们长久学术兴趣的话题就是窝阔台设置"七万户"的问题。关于"七万户"的争论,源于《元史·刘黑马传》的一则记载:

岁己丑,太宗即位,始立三万户,以黑马为首,重喜、史天泽次之,授金虎符,充管把平阳、宣德等路管军万户,仍佥太傅府事,总管汉军。……庚寅,睿宗入自大散关,假道于宋以伐金,命黑马先由兴元、金、房东下。至三峰山,遇金大将合达,与战,大破之,虏合达,斩首数万级,乘胜攻破香山寨及钧州,赐西锦、良马、貂鼠衣,以旌其功。会增立七万户,仍以黑马为首,重喜、史天泽、严实等次之。

---

① 关于金元之际"道"与"路"的问题,第一章已有较为详细的阐述,兹不赘述。
② 《元史》卷一五二《石天禄传》。

第四章 "万户路"、"千户州"

这一争论的中心是围绕着己丑、甲午年间究竟是指哪"七万户"的问题而展开,至今未有定论。① 学者们主要从授予时间节点层面来进行推

---

① 就笔者所见,参与讨论的文章有:唐长孺、李涵:《金元之际汉地七万户》,载《文史》第11辑,中华书局,1981年;黄时鉴:《关于汉军万户设置的若干问题》;王颋:《蒙古国汉军万户问题管见》,《元史论丛》第4辑,中华书局,1986年;赵文坦:《〈元史·刘黑马传〉"七万户"蠡测》;胡小鹏:《窝阔台汗己丑年汉军万户萧札剌考辨——兼论金元之际的汉地七万户》,载《西北师大学报》(社科版)2001年第6期。赵文坦《〈元史·刘黑马传〉"七万户"蠡测》一文认为,所谓"七万户"应是耶律朱哥、刘黑马所领的宣德、西京、河东方面军之下另增设了六个汉军万户,并蠡测由耶律朱哥、刘黑马、奥屯世英、田雄、夹谷龙古带、张札古带、天成万户纪侯等构成。该文未重视《刘黑马传》中提及的重喜、史天泽、严实,其索解方式尚值商榷;另外,在认定是否为"万户"的问题上,亦可再加讨论。例如关于田雄壬辰(1232)是否为万户的问题。赵氏据李庭《寓庵集》卷七《故宣差京兆府路都总管田公墓志铭》的记载,认为田雄于壬辰岁已被授予万户。详情究竟如何呢?兹将关节处具引如次:"时太师以王爵统诸道,得承制拜封,授公[田雄]隰、吉州刺史,兼镇戍军节度使,易金符。庚寅,先帝新登基,将亲举兵南伐,乃大集诸将,问以方略。时余人各有所对,公独无言。上问故,对曰:'异日遇劲敌,出死力,当自见之。今奚言?'上大悦,更赐符印,升千户,充御前先锋使。明年,从驾至陕西,既破凤翔,驾还,诏公率兵从主将按只觯道汉川以取河南,踰渔茆,拔兴元,径捣襄、邓。壬辰春,车驾会于钧州,遇金军,公以劲卒麾三峰下,大破之,河南遂平。……癸巳,诏书命公镇抚陕西。……甲午,宣赐金虎符,以太原、平阳两路军皆隶麾下。"从文意看,田雄被授予万户要到甲午年,壬辰年并未被授予万户;《元史·田雄传》亦未提及此事。再如奥屯世英是否于壬辰年得授万户事,《寓庵集》卷七《大元故宣差万户奥屯公神道碑铭》载:"[1227]遂举众归降,以材武为皇伯抚军所知,荐之于列祖成吉思皇帝。上亦喜,眷爱甚厚,屡降恩旨,仍赐虎符,俾隶朵火鲁虎彻立必麾下效用。庚寅岁,王师复下陕右,公与扎古带偕至富平,主帅命诸将分主其地,公以桑梓之故愿得蒲城,帅从之。……蒲城既下,公与大军复合,同攻鄜城。……从皇考四大王大军由兴元历金洋州,所至城寨无不降附。复徇唐、邓、拔钧、许,麾三峰山下,遂破金军。及奉上命镇守河中,招收天和、人和二堡,尔后偕塔海都元帅累岁征南。十余岁间,其勤劳亦已至矣。皇伯合罕皇帝在凤翔也,许公以河中府尹之职,命未及下,会以它事不果。其后公入觐,上喜曰:'曩之所许,今当相付。'命有司草制。公奏曰:'臣名在四大王府有年,今改属别部,何面目见唐妃子母乎?'上始怒,徐复喜曰:'尔言是也。'唐妃闻其言喜甚,四大王尝谓妻子曰:'大哥吾所爱,尔辈勿以降虏视之。'及是,待遇益厚,与家人辈无异,以至唐妃亲视公肥瘠,裁衣制帽以彰殊宠。辛丑岁(1241)夏,河中船桥官谢以事诬公,讼于有司,夺公虎符。唐妃闻之大怒,言于上,复以虎符畀公,仍命皇兄蒙哥大王亲草懿旨,谓大哥以有功之故,朵火鲁虎奉成吉思皇帝圣旨锡此虎符,不可夺也。仍授以万户之职。"笔者以为,奥屯在太宗朝并未被授予万户。前文已述及,旧汗去世,新汗嗣位,符节需重新换授认定。奥屯世英虽于太祖时得授"万户",不过那时止是便宜之举。庚寅年,奥屯并未觐见新汗换赐新符,"万户"其实是不被窝阔台汗庭所承认的;另外,碑文中提及窝阔台欲以河中府尹褃赐,又不果行。因此,窝阔台汗时期反复几次述及奥屯之事,恰恰反映出奥屯氏在窝阔台时期并未得授万户,其原来所领的虎符是不具效力的。也正因如此,蒙哥后来才又重新草拟懿旨再授万户予以确认。该史料十分真切地反映出窝阔台系与拖累系之间的争斗。因此,笔者愚见,田雄与奥屯世英并不在此"七万户"之列。

测。笔者以为,倘若从其时华北地区路、府的大致构成去进行分析的话,或可从另一侧面来寻求解答。环视当日华北,领有其地并得以封授万户者鲜少,所谓"万户,盖国朝大官,开创以来授汉人才六七"。① 倘若依据"万户路"的原则加以考虑,再结合前人研究成果,兹可推定以下七人构成所谓的"七万户":其一为平阳宣德等路管军万户刘黑马;其二为"己丑年换受哈罕皇帝宣命、金虎符,充管把兴州、北京、懿州、临潢府、平滦州、燕京、顺天府等路管军万户"的石抹札剌儿之子重喜,重喜自辛卯岁(1231)袭父符爵;②其三为真定路史天泽;其四为东平路严实;其五为保定路张柔;其六为济南路张荣;其七则当为壬辰岁征服并获取河南等地的万户塔不已而。此七人之地域分布恰好体现了当日华北地区诸路府的大部分,唯一不甚契合者应当是益都路李璮。

关于李璮于己丑、甲午间是否为万户事,黄时鉴先生已给予否定回答,不过未给出较为有力的证据。事实上有一则材料比较重要,未尝引起重视。耶律楚材曾致信益都世侯李全之妻"杨行省"者,谓:"某[耶律楚材]再拜,复书于行省阁下:辱书谕及辞位事,请闻奏施行者。故行省李公,虽稽北觐之期,颇著南伐之绩。时不适愿,天弗假年。"③此处所谓"虽稽北觐之期",很明显就是指李全未能到漠北觐见。据《元史·李璮传》称,太宗三年,李全攻宋扬州败死,其所"稽迟"之事,应该就是指此前一年,即庚寅年(太宗二年)窝阔台汗召集各地将领赴漠北觐见以重新换易符节事。因此,益都李氏未曾北觐,显然不可能得授万户之衔。而李全后嗣李璮,亦无史料表明其曾于太宗朝赴漠北或得授万户事,因此所谓"七万户"之中当不含益都李氏。④

---

① 杨晨纂:《定兴县志》卷一七《大朝宣差万户张侯孝思之碑》,清光绪十六年刻本。
② [明]姚卿修、孙铎纂:《(嘉靖)鲁山县志》卷九《石抹公墓志铭》,明嘉靖刻本。
③ 耶律楚材:《湛然居士文集》卷八《答杨行省书》,《四部丛刊》本。
④ 另,据《元史》卷二〇六《李璮传》载:"中统元年,世祖即位,加璮江淮大都督。……诏出金符十、银符五授璮,以赏从士有功者,且赐银三百锭,降诏奖谕。……[二年]既而来献涟水捷,诏复奖谕,仍给金符十七、银符二十九,增赐将士。"李璮既然获金符、银符给赐属下,按蒙古千户百户制度,其本人应具有万户(金虎符)身份,方可得授其下属千户、百户之衔。不过,此时去太宗时代已远,兹不具论。

第四章 "万户路"、"千户州" 151

太宗后期,又有不少人得授万户衔,如邸顺、郝和尚拔都等。① 太宗十二年(1240),"命张柔等八万户伐宋"。② 这些史实提醒我们,对于这些万户亦需仔细辨别,因为随着蒙古征伐的深入,会出现很多种不同性质的万户,如王安仁为晋州鼓城军民万户。③ 此外,还有其他诸如舟桥水军万户、炮军万户、监军万户,等等,这些万户不同于兼领有军民之职的万户。关于此点,下文将再详予讨论。

宪宗时期,"岁辛亥(1251),朝议(吏)定官制,州郡武职多见易置",④其具体所指尚待进一步考察;不过,以万户、千户分别对应一个路府或州郡的形态则继续得以推行,并没有其他材料显示它被完全更张或颠覆。关于宪宗时期"万户路"、"千户州"的存在形态,绝好的体现是在云南地区。宪宗三年(1253),蒙古军队攻克云南后,在随后的几年时间里,蒙古人在当地所推行的政策就是于路府、州郡之地相应地设置万户、千户,以进行军事性权宜统治,这种情况十分集中地反映在《元史·地理志四》中。⑤ 直到赛典赤主政云南后,这一状况才逐渐得以改变:"[至元]十二年,奏:'云南诸夷未附者尚多,今拟宣慰司兼行元帅府事,并听行省节制。'又奏:'哈剌章、云南壤地均也,而州县皆以万户、千户主之,宜改置令长。'并从之。"⑥虽云南作为一个特殊地域与华北汉地有别,不过作为我们观察蒙古千户百户制度与被征服地区当地的行政制度相互杂糅的一扇窗口,它无疑又给"万户路"、"千户州"的存在形态以一定程度的印证。

逮至世祖忽必烈时期,路府、州、县与万户、千户、百户的对应关系则

---

① 《蒙兀儿史记》卷五一《刘嶷传》云:"太宗十二年,新立五万户:张柔、邸顺、严实、张荣、郝和尚。"魏初《青崖集》卷三《重修北岳露台记》载:"己亥(1239),诏公[邸顺]以万户统诸道之兵,围宋师于归德府,取之,以功镇其地。"《元史》卷一五〇《郝和尚拔都传》载:"庚子岁(1240),太宗于行在所命解衣数其疮痕二十一,嘉其劳,进拜宣德西京太原平阳延安五路万户,易佩金虎符。"
② 《元史》卷二《太宗纪》。
③ 《古今图书集成》卷一〇五《晋州治记》。需指出的是,此类万户其实是路总管府下辖的"管民万户",应仅为一种行政单位。
④ 《山右石刻丛编》卷三〇《繁峙王氏先德之碑》。
⑤ 《元史》卷六一。
⑥ 《元史》卷一二五《赛典赤赡思丁传》。

已基本明晰。中统三年,益都李璮叛,"世祖令各州县长官子弟充千户"。①平定李璮乱后有诏称:"各路总管兼万户者,止理民事,军政勿预。其州、县官兼千户、百户者仍其旧。"②需指出的是,该诏书乃针对李璮之乱而发,意在中原汉地推行军、民分制,改变原来世侯占有路府州郡而专兵民之权的格局。另一方面,忽必烈在征南宋时,降蒙的南宋旧臣得授万户、千户者亦渐行增多;③而且越趋混乱,蒙元诸大臣或各机构亦可承制封授千户。④ 不过,它并未逾越"万户路"、"千户州"的基本形态。⑤ 蒙元征服南宋地区而出现的"万户路"或"千户州"的形态,体现出一种军、民分制的性格特征,它既不同于草原军政合一的体制,亦当有别于金元之际华北的状况。

最后还需强调指出的是,不止华北、云南、原南宋地区出现"万户路"、"千户州"的形态;同时期在吐蕃、今日东北以及陕甘等蒙古人所攻略的地区,亦存在千户百户制度与当地传统制度相杂糅而出现的某种类似的对应性形态,或完全相同的形态。⑥

———————

① 《元史》卷一六六《郑义传》。
② 《元史》卷五《世祖二》。
③ 《元史》卷一八四《王都中传》载,王积翁至元十三年降蒙,入觐世祖于上京,"降金虎符,授中奉大夫、刑部尚书、福建道宣慰使",后"徙广东道宣慰使都元帅,三易镇,皆佩元降金虎符"。另,《元史》卷一六一《杨大渊传》载:"[中统二年]秦蜀行省以大渊及青居山征南都元帅钦察麾下将校六十三人有功,言于朝。诏给虎符一、金符五、银符五十七,令论功定官,以名闻。……秋七月,诏以大渊麾下将士有功,赐金符十、银符十九。"同卷《刘整传》载:"[中统二年]赐金虎符,仍赐金银符以给其将校之有功者。"需特别指出的是,此处所颁赐的符节,大多出于酬答功勋,非常时期它是否完全对应万户路、千户州的形态,则有待进一步研究。
④ 《元史》卷一六二《高兴传》载,至元十二年,"丞相伯颜伐宋,至黄州,兴从奕出降,伯颜承制授兴千户";卷一六八《陈天祥传》载:"[中统三年]河北河南宣慰司承制以天祥为千户;"卷一〇《世祖七》载,至元十五年十二月,"诏授虎符者入觐,千户以下并从行省授官"。
⑤ 《元史》卷九九《兵志二》载:"凡以千户守一郡,则率其麾下从之,百户亦然。"
⑥ 在西藏地区,据《元史·按竺迩传》载,元初"诏授呵哩禅波哩揭为万户,赐金虎符,诸酋长为千户,皆赐金符"。是知,千户百户制度与当地体制有所结合,因俗而治。关于元代西藏地区蒙古千户百户制度与藏地地方体制的糅合问题,可参阅沈卫荣:《元代乌思藏十三万户行政体制研究》(一、二),分载《西藏研究》1988年第1、2期。在东北地区,如《元史》卷一四八《王珣传》载,1217年入朝,赐金虎符,镇辽东便宜行事,兼义、川等州节度使。子荣祖,1229年,授北京等路征行万户,换金虎符。《元史》卷一四九《耶律留哥传》则载,帝命赐金虎符,仍辽王。1220年,留哥卒,皇太弟承制以其妻姚里氏佩虎符,权领其众者七年。后收国奴袭爵,行广宁府路总管军民万户府事。1251年,睿宗命佩虎符赐之。在陕甘地区,如巩昌路汪世显家族,其得授虎符、金符的详情,可参阅《元史》卷一五五《汪世显传》。

三 蒙古千户百户制度与华北路府州郡体系之对应关系析考

以上就金元之际蒙古千户百户制度进入华北汉地的大致历程作了一番考察,前文提出当日华北地区存有"万户路"、"千户州"的形态,那么,作为一种非具详明制度性规定的通行惯例是否得以成立,它又究竟在多大程度上得到贯彻推行呢? 这是需要进一步详细论证的问题。

为更有效地讨论并回答这个问题,最好的解决路径莫若将观察视角放置到当时华北汉地世侯(以及部分不属世侯之列的官员)所系万户、千户职衔与其所占有的路府、州郡之间的对应性关系上来,即一方面注意观察世侯势力的分布以及其所占据的路府、州郡变迁的详细状况,另一方面又需考察这些世侯或其他官员所系万户、千户职衔(或所授符节)的演变状况。只有将两者结合起来进行分析,我们才可判定出其基本面貌。在对蒙古千户百户制度与华北路府州郡体系的对应关系进行深入讨论之前,有必要先廓清以下几个问题。

首先需要特别注意的一个问题是,有几种不同性质、不同类型的万户或千户,我们必须加以厘清并作出区分,因为这些性质或类型各异的万户、千户与我们所要讨论的领有汉地路府州郡并担任实际地方长官的万户、千户不同。如各专业军种的将帅,即所谓"舟桥万户(或千户)"、"(炮)水军万户(或千户)"等,这些将帅虽得授金虎符(万户)或金符(千户),不过很多将帅实际上并不实际领有州县。[①] 如文官系统人员亦有被授予虎符或金符者,作为一种荣誉,概为旌表其功劳或彰显其地位,也不实际领

---

① 如薛塔剌海"佩虎符,为炮水手军民诸色人匠都元帅,便宜行事";高闹儿"授金符,总管管领山前十路匠军";贾塔剌浑能用炮,授"四路总押,佩金符以将之";张拔都,"甲午,金亡,以汉都虎为炮手诸色军民人匠都元帅,守真定",张荣之子奴婢"袭万户符、炮水手元帅,领诸色军匠";张万家奴世领虎符而为船桥万户,张禧则领"水军万户,佩虎金符"等等,不一而足。参阅《元史》卷一五一《薛塔剌海传》、《高闹儿传》、《贾塔剌浑传》、《张拔都传》、《张荣传》;卷一六五《张万家奴传》、《张禧传》。

有州县。① 还有诸如作为方面军统帅的"某某五路万户"等。② 上述诸类万户、千户之设与汉地路府、州郡之置并无太多关联,本章不作讨论。至于蒙古人的万户以及所谓"监战万户"等,③亦不在讨论之列。

正因为万户、千户有上所述如此繁杂的系统和种类分别,关于"万户路"、"千户州"的问题才不易为我们所察觉,常致湮没不显。不过即便如此,我们还是可以从《元史》列传的编排中发现,史书编纂者其实是意识到万户和千户诸类型的差异而有意为之的,如卷一五一所列诸传主就是性质相类的各类万户或千户,如水军或炮水军、舟桥万户等;卷一五三所列诸传主则是司职各异,却大多得赐虎符或金虎符者,如刘敏、王楫、王守道、高宣等。不过,他们却并非是实际领有州县的万户或千户。

本章所欲强调的是实际领有地方路府、州郡的长官,他们系有万户、千户之衔,这是指广义汉军万户、千户而言。所谓"国家当肇造际,所在豪杰应期孝顺,累世侯迭将,镇据一方,父死子继,兄没弟及";"我朝以神武起北方,幽燕以南,风从云会。功成事定,剖符锡命,列为侯伯,连城数千,

---

① 如刘仲禄曾悬虎头金牌,孙威于太祖时配以金符,刘秉恕于中统二年赐金符、三年赐虎符,郝经中统元年佩金虎符,姚枢辛丑岁(1241)得赐金符,许国桢于世祖即位后得授金符、金虎符等等。参阅李志常撰、王国维校注:《长春真人西游记》,《王国维遗书》第 13 册;《元史》卷二〇三《孙威传》;卷一五七《刘秉恕传》、《郝经传》;卷一五八《姚枢传》;卷一六八《许国桢》。此外,还有颁赐给其他人员以符节的例证,据黄溍撰《广东道都转运盐使赠推诚守忠全节功臣资德大夫河南江北等处行中书省右丞上护军追封高昌郡公谥忠愍合剌普华公神道碑》载,传主宿卫世祖,后"奉上旨,立二铁冶于益都四脚山,遂赐金符,为其都提举"。黄溍:《金华黄先生文集》卷二五,《四部丛刊》本。箭内亘指出,由于元代殊恩特例颇多,赐符甚滥,故要求整理牌符之敕亦常见于《元史》,但其弊端仍无法全革。因此对于本章所要分析的对象,需特别小心。详可参阅氏撰:《元朝牌符考》。
② 如郝和尚拔都为"宣德西京太原平阳延安五路万户",史天泽为"真定、河间、大名、东平、济南五路万户"等,这类万户只是方面军统帅。参阅《元史》卷一五〇《郝和尚拔都传》、卷一五五《史天泽传》。所谓五路万户,概为征伐临时所置。据《元史·史格传》云:"众军渡江,平章阿尬将二十五万户居前,每五万户择一人为帅统之,格居其一。"此外,更有所谓"总押七路兵马"者:如魏初《青崖集》卷五《总押七路兵马邸公神道碑铭》云:"明年[太宗九年],奉御呼图克(忽都忽)奏公有战功,遂锡金符,俾总押真定、大名、河间、西京、洺磁、怀孟、滨棣七路兵马,路置千长一人"云云。
③ 监战万户多由蒙古侍卫出身,其设置的主要目的是监视汉人万户。《元史》卷一五四《谒只里传》载,李璮平,"朝议选宿卫之士监汉军,谒只里佩虎符,监军于毗阳。至元七年,命为监战,以所领诸军围襄阳"。关于监战万户的问题,详可参阅村上正二:《元初に於ける監戰萬戶設置の意義に就て》,载《東方学報》11-1,1940。

户数十万,租赋焉、生杀焉,一出于侯伯",①其中所指即为实际领有地方路府州郡的汉地世侯,"所谓豪杰者,后皆真拥雄城而为大官"。② 当然,汉地世侯并非仅止汉人,还包括契丹人、女真人等。对于汉地世侯诸万户及其所属诸千户,爱宕松男曾择其主要者简述如下:山西地区主要以北部西京万户刘黑马和南部太原万户梁瑛为首;河北真定万户史天泽、顺天张柔、中山万户邸顺、大名路万户王珍;山东东平万户严实、济南万户张荣、益都行省李全。其中史天泽麾下千户有王玉、张兴祖、张全、李伯祐、张思忠;张柔旗下有何伯祥、王义、李让、聂福坚;严实部下有李玉、朱全、张晋亨、朱楫、赵天锡;张荣领有刘斌、刘鼎等。③ 事实上,汉地系有万户或千户之衔的大大小小世侯远不止此。

其次,需特别留意的另一个问题是,即便是领有军民之职的汉地万户及其内部诸千户系统本身亦当有所区分。如万户严实麾下分有五翼军和各千户系统,前者是严氏的侍卫亲军,后者各千户则是作战部队。④ 哪类万户或千户才实际领有诸路府州县,则应当具体分析。与此紧密相关联的是,作为万户的大世侯与其所从属的千户或百户世侯之间的军事领属关系,是否又必然地与其在行政区划上的隶属关系相一致呢?这是十分紧要的问题,藉此我们可以观察到蒙古千户百户制度进入华北汉地之后与地方行政区划及其建置所发生的联系和产生的影响。

如所周知,中统、至元"罢世侯、行迁转法"前,由于领有兵民之权的世侯具有世袭之权,一门数人甚至十数人领有兵符者,不在少数,于是同一路府州郡就出现有"军民"、"征行"("管军")、"管民"、"奥鲁"、"军民人匠"、"炮手诸色军民人匠都元帅"等诸类型万户

---

① 王恽:《秋涧先生大全文集》卷五七《总管王公神道碑》;胡祗遹:《紫山先生大全集》卷八《广博州赵总管致仕还乡八秩诗序》。
② 刘因:《刘文靖公文集》卷二一《易州太守郭君墓铭》。
③ 参阅爱宕松男:《李璮の叛乱とその意義——蒙古朝治下における漢地の封建制とその州県制への展開》,载《東洋史研究》6-4,1941年。
④ 参阅陈高华:《大蒙古国时期的东平严氏》,载氏著:《元史研究新论》,第312—313页。

(府)或千户。① 一门之内,既有管民万户,亦有征行万户,这是因为第一代大世侯领有军民之职,而随着子嗣渐增,延及下一代,就会出现此种变化。真定史氏即是显例。史天泽曾对宪宗奏称:"臣始摄先兄天倪军民之职,天倪有二子,一子管民政,一子掌兵权,臣复入叨寄遇,一门之内,处三要职,分所当辞,臣可退休矣。"②另据《元史·严忠济传》载:"从其父入见太宗,命佩虎符,袭东平路行军万户、管民长官,开府布政,一法其父。……忠济初统千户十有七,乙卯,朝命括新军山东,益兵二万有奇。忠济弟忠嗣、忠范为万户,以次诸弟暨勋将之子为千户,城戍宿州、蕲县,而忠济皆统之。"《元史·严忠嗣传》则云:"辛亥,其兄忠济授以东平人匠总管,遥领单州防御使事。乙卯,充东平路管军万户。"也就是说,严实故去之后,其子嗣为万户者至少有三人,不过这三人为万户者中,只有作为长子的严忠济才是军民之长。此类实例提示我们,对于世侯子嗣所领的万户称谓,亦要多作区分。

与此紧密相关的是,一个万户路系统内部又会出现各有所掌的局面,所谓"是时四方犹未平,例以长官主征伐,民政悉听于倅贰"。③ 万户严实麾下千户张晋亨,虽得称"恩州管民万户",不过其所佩仍仅为金符。即便中统三年,张晋亨已"改本道奥鲁万户。四年,授金虎符,分将本道兵充万户,戍宿州"。"至元八年,改怀远大将军、淄莱路总管,寻兼军事。"不过,其子张好古仍由严忠济承制以命其权父军,戍宿州。"戊午,奏真授行军

---

① 需指出的是,若同一路府州郡内同时出现一些万户或千户,则须分析其具体情形;若非同时出现,仅见其一者,如军民人匠府、军民总管、管民万户等,则应就是当地长官。如景州军民人匠长官郑氏,据《元史》卷一六六《郑义传》载,太宗时,"佩金符,山东路都元帅,兼景州军民人匠长官"。后其弟郑江袭职,佩金符。中统三年,"世祖令各州县长官子弟充千户",江子郁为千户,是知郑氏即为景州千户。再如易州赵氏,《元史》卷一五○《赵瑨传》载,丁丑(1217),"论功,授冀州行军都元帅,佩金虎符"。瑨让其兄珪,朝廷从之,改授瑨军民总管,稍迁易州达鲁花赤,佩金符。太宗下河南,瑨自易州驰驿输矢二十余万至行在"。是知,易州的军民长官为赵氏。另据《元史》卷一六六《张荣实传》载,其父张进壬辰(1232)降蒙,为征行万户,卒后其子荣实得继授金符,为征行水军千户,后为雄州保定、新城等处管民长官。中统元年授金虎符、水军万户,其子颜代为"霸州七处管民万户"。关于"霸州七处管民万户",尚待进一步研究,兹阙疑待考。
② 《元史》卷一五五《史天泽传》。
③ 胡祇遹:《紫山先生大全集》卷一六《大元故顺天路总管府权府事王公神道碑》。

千户。"①也就是说,张晋亨虽有"管民万户"或"奥鲁万户"之称,其实真正领有的还只是"千户"衔。同样的还有千户齐荣显、刘通、齐珪、李顺等:《元史·齐荣显传》载其九岁即代父任为千户,佩金符,后"升权行军万户,守宿州";《元史·刘通传》:"实荐于太师木华黎,以通为齐河总管,寻授镇国上将军、左副都元帅、济南知府、德州总管、行军千户。太宗锡金符,升上千户。……岁丁酉,迁德州等处二万户军民总管。岁丙辰卒。子复亨,袭为行军千户。"《元史·齐秉节传》载,齐珪"有功,授无棣县尹,摄征行千户,后兼总管,镇枣阳。中统三年,李璮以益都叛,征诸道兵进讨,枣阳精锐尽行,仅留羸卒千余。珪时摄万户府事,与宋襄、郢对垒。……珪率众力战,敌退走,城赖以完。事闻,赐金符,真授千户。至元三年,告老,举秉节自代。……七年,升上千户,权万户"。②杜仁杰《故宣差千户保靖军节度使李侯神道碑》则载:"辛丑(1241)武惠公薨,嗣公北觐,上侯之功,特授金符,充东平路都镇抚,仍摄府事。……俄起为德州防御总管……朝命藉兵,以东平民众,益军三万有奇,以侯积劳,当不在封例,遂授东平行军千户。时供调繁急,仍特授奥鲁千户。后移镇甬上,兼领保靖军节度使,在戍五年,摄行万户事。"③上述严实麾下诸将,多曾"权""摄"万户,其实仅权宜之计而暂理其事,并非"真授";他们虽或曾有各类总管、万户之称,但本人或其子嗣仍不过仅系金符为千户而已。因此,这些将领虽有诸"万户"之称,但从其后嗣袭职的情况来看,也多仅停留在"行军千户"层面,而并非真正意义上的"万户"。中统三年十二月,元廷下诏:"各路总管兼万户者,止理民事,军政勿预。其州、县官兼千户、百户者仍其旧。"④它显示出"万户路"的情况要复杂些。

由上所述看来,虽有"万户"或"千户"之称者,我们仍需注意到其军、民系衔与所佩符节的差异,应将关注的焦点放到领有各路府州郡世侯们

---

① 《元史》卷一五二《张晋亨传》。
② 参阅《元史》卷一五二、卷一五二、卷一六五。
③ 道光《长清县志》卷一〇。据《元史·严忠济传》,1255年,山东括新军,"益兵二万有奇",该志与此异。
④ 《元史》卷五《世祖二》。

的军事系衔上来，而非其"管民"之称谓。关于汉军万户与麾下所属各千户的军事和行政隶属关系的问题，亦当密切留意。兹以前人研究较为深入的两大世侯万户及其所领诸千户之间的关系为例，稍加探讨。

东平路万户严实及其所属诸千户的问题。据史载："甲午（1234），朝于和林城，授东平路行军万户，偏裨赐金符者八人。"①所谓"金符者八人"，是指哪八个千户呢？《元史·严实传》称，严实初携相、魏、磁、洺、恩、博、滑、浚等八州之地附蒙，是不是此八州之地即对应于此八千户？另据《元史·严忠济传》载，忠济嗣位即"初统千户十有七"，此十七户是否又对应于十七州之地呢？事实上，问题并非如此简单。陈高华指出，严实的军队似乎有两个系统，即五翼军系统（侍卫亲军）与各千户系统，前者包括有信亨祚、王得禄、毕叔贤、李顺、张晋亨、岳存等；而后者（即起初的"八千户"）则包括有张晋亨、齐荣显、赵天锡、刘通、齐珪、李顺，以及可能还有石天禄等。② 而严忠济时所谓的其他万户和十七千户，则无疑应是括新军之后所增加的万户或千户。恩州刺史张晋亨、博州防御使齐荣显、③冠州长官赵天锡、④德州总管刘通、濮州毕叔贤、曹州信亨祚、济州长官石天禄、⑤泰安州刺史张郁，⑥上述诸人应该是万户严氏麾下实际领有州县的诸千户。

此外，笔者以为张弼亦当为严实麾下千户。据《张元帅墓志铭》载，张弼，字公辅，"乙酉（1225），第功超授广武将军，大名治中、副都总管、右副

---

① 苏天爵：《元朝名臣事略》卷六《万户严武惠公实》。
② 参阅陈高华：《大蒙古国时期的东平严氏》，载《元史研究新论》，第312—316页。陈高华认为："以上诸人中，张晋亨、齐荣显、刘通应在最初的八千户系列；赵天锡在十七千户系列，李顺则是新军千户，齐珪情况不详。"
③ 《元史》卷一五二《齐荣显传》载："从实入朝，授东平路总管府参议，兼领博州防御使。"
④ 据《元史》卷一五一《赵天锡传》与《元好问全集》卷二九《千户赵侯神道碑铭》记载，赵氏曾为"冠氏令"。陈高华指出这只是承袭金朝旧称而已。
⑤ 陈高华认为石氏很可能也在最初的东平八千户之列。《元史》卷一五二《石天禄传》载："甲午，入觐，改授征行千户，济、兖、单州管民总管。"而《元史》卷一五三《王玉汝传》则载："济州长官欲以州直隶朝廷。……玉汝皆辨正之。"济州长官即为石氏。
⑥ 参阅[清]毕沅、阮元撰：《山左金石志》卷二一《振衣冈题名二种》，载《辽金元石刻文献全编》第一册。另，泰山天街玉泉寺有海迷失后二年（1250）立《重修谷山寺记碑》，碑题有："昭勇大将军、泰安州刺史兼知军事张郁。宣差都总管府参议、知泰安军节度使、兼提控修护林庙事、都功德主王玉汝立石。"参阅：http://new.taian.gov.cn/zhts/task/shique/200706/t20070629_64164.htm。

元帅。丙戌(1226),移镇磁州,行元帅府事。……庚寅(1230),上断制,割磁州隶河北西路,行台侯矫制,仍领磁州元帅府事。……子男五人,之纲最长且为人美风仪,足材行,历试州县,所在有治声。由馆陶簿升为令,擢东平路镇抚军民弹压,迁博州防御使,今为东平路管民决官、权府事,晋镇国上将军,勋封食邑,悉与父同"。① 张弼应与上述严实麾下诸千户位列相同。另有一人则为吕义,中统四年七月,"乙未,以故东平权万户吕义死王事,赐谥贞节"。② 此人具体行实未知,待考。

  金元之际东平地区各州长官的称谓,有称"刺史"者(如濮州刺史毕叔贤、恩州刺史张晋亨、泰安州刺史张郁),有称"防御使"者(如博州防御使齐荣显),王玉汝称为"节度使兼管内观察使";此外,亦有称"军民总管"者(如德州等二万户军民总管刘通)、"管民万户"者(张晋亨为恩州管民万户),等等。前者应仍袭金旧,后者则应是蒙古国时期所创立的名称。"县的长官沿袭金制称为令,如赵天锡为冠氏令,毕叔贤曾遥授邹平、齐河两县令,岳存曾任冠氏县主簿。……这也是金朝原有的。州、县长官常由千户一级军官兼任,如赵天锡以行军千户兼冠氏令,刘通以千户兼德州军民总管,张晋亨以千户权知东平府事后改恩州管民万户等。"③赵天锡和刘通等虽曾系县级职衔,不过就其实际领有辖地和千户地位而言,他们均应为州级长官。因此,由万户严氏所节制的这些实际领有州郡的千户,我们很自然地就可推导出这些州郡隶属于东平路。

  保定路万户张柔及其所属诸千户的问题。灭金之后,张柔由"宣授千户保州等处都元帅"而封授"万户",得以"坐制八郡,出总万兵"。④ 另又言张柔"有城数十,地方千余里,节度之州二,刺史之州五,胜兵数万,而户不啻十余万"。⑤ 所谓"八郡"或领有七州之地,是不是也意味着张柔手下领有八位或者七位千户呢?这个问题也仍需进一步讨论。张柔升万户后,

---

① 民国《馆陶县志》卷一〇《张元帅墓志铭》,民国二十五年刊本。
② 《元史》卷五《世祖二》。
③ 陈高华:《大蒙古国时期的东平严氏》,载《元史研究新论》,第316—317页。
④ 杨晨纂:《定兴县志》卷一七《大朝宣差万户张侯孝思之碑》。
⑤ 《郝文忠公陵川文集》卷三五《左副元帅祁阳贾侯神道碑》。

麾下有不少千户、百户，据《元史·宪宗纪》载："张柔遣张信将八汉军戍颍州。王安国将四千户渡汉南，深入而还。"元好问又称张柔"将佐乔惟忠孝先而下，赐金银符者十数人"。① 就目前史料来看，张柔麾下诸千户可考者有如下数人：

千户乔惟忠。"岁甲午，朝廷第功，张公因陛奏：'臣之副乔惟忠出入百战，功最多，乞加宠擢'。于是特恩以宝书、金符，授公行军千户。"②丙午年（1242），乔惟忠卒后，长子乔珪袭职为行军千户。乔惟忠所领州县不明，史籍记载乔本人曾为"恒州刺史"（恒州后废为曲阳县），后又"兼行两安州帅府事"、"行二安州元帅事"，所谓"两安州"，应指安州与安肃州；其次子琚，曾为顺天路人匠总管，雄州、新城等处长官。③

易州千户何伯祥。戊戌（1238），张柔入觐陛奏何伯祥功，"乃赐宣命金符，充易州等处行军千户，兼军民总管"。长子瑛，袭行军千户；次子玮，"玮始袭父职，知易州。兄行军千户卒，玮复袭之，镇亳州。……[至元十一年]授武德将军、管军总管，佩金虎符"。④

祁州千户贾氏。据《元史·贾文备传》载，贾辅领有祁州，后合与张柔，张柔主兵于外，贾辅居守顺天，并被授予金符。后"官制行，宣授行军千户，权顺天河南等道军民万户"。卒后，"文备袭侯爵，文兼袭祁州刺史、行军千户"。⑤ 至中统之后，贾氏才真正"佩金虎符"、"改授万户"。另，据《左副元帅祁阳贾侯神道碑》载，贾辅长女适"行军千户刘克刚"，此人应当为张柔麾下一千户，具体则阙疑待考。《千户乔公神道碑铭》则载，乔惟忠长女适"千户贾某"，此贾某应就是祁州贾氏。可见，张柔麾下诸千户间后人的婚配现象颇值得留意。⑥

---

① 《元好问全集》卷三二《顺天府营建记》。
② 《元好问全集》卷二九《千户乔公神道碑铭》。
③ 《元好问全集》卷二九《千户乔公神道碑铭》；《郝文忠公陵川文集》卷三六《乔千户行状》。
④ 《郝文忠公陵川文集》卷三五《故易州等处军民总管何侯神道碑》；《元史》卷一五〇《何伯祥传》。
⑤ 《郝文忠公陵川文集》卷三五《左副元帅祁阳贾侯神道碑》。
⑥ 详可参阅萧启庆：《元代几个汉军世家的仕宦与婚姻》，载氏著：《内北国而外中国》（上册）。

晋州千户王安国。《元史·宪宗纪》、《元史·张柔传》均记载，王安国为张柔麾下将。元人任毅所撰《晋州治记》称："故当时保定元帅[张柔]嘉其[王某]英伟，时申奏于朝廷，乞旌擢，得蒙准奏，遂改此邑[鼓城县]为晋州，迁辅国上将军、右副元帅、晋阳军节度使。至乙未(1235)，为帅府所辖司县，止行鼓城县事。厥后分属王府，乃作军民万户，所管辖鼓城、安平、武强、饶阳四县。"①《晋州五岳观碑》碑末题名："宣授千户王安国、宣授千户王安民、奥鲁千户王安德，宣差节度使功德主王安仁。"②是知王安国为晋州千户。

此外，张柔麾下还有其他诸类型千户，如郝亮，"自行伍间从蔡国武康张公取河南，以功升千户，领水军屯杞"。③ 王汝明，"甲午(1234)，从蔡[蔡国公张柔]南征。蔡以兵千人，俾公屯襄之皇王度而田焉……庚戌(1250)奏授金符，真领千夫长。癸巳(疑为1253"癸丑"，据《元史·宪宗本纪》载，蒙元初籍新军在甲寅，即1254年——笔者注)移戍亳，以旧军不及万，奏以新军足之，仍以公之子俨代治曲阳军，以公为新军总管。……男八人，长曰俨，先袭曲阳千长。公没后，复袭顺天新军总管"。④ 解诚，"善水战，从伐宋，设方略，夺敌船千计，以功授金符、水军万户，兼都水监使"。⑤ 笔者以为，解诚为张柔麾下千户当在宪宗之前，其虽授水军万户，不过仍领金符；其后则因军功得授万户，领金虎符。另据《元史·张柔传》载，张柔于甲寅(1254)移镇亳州后，其麾下将亦从其南下，所提到的将领有张果、王仲仁、王安国、胡进、⑥田伯荣、宋演、张信等人，他们很可能均得授千户。前文提及贾辅长女适"行军千户刘克刚"，刘氏亦应当为张柔麾下一千户。⑦ 遗憾的是囿于史料，上述这几个千户因其所领具体州县不明，难以遽论其对应性联系。还有一种情形是，史料虽确载其为州县长官，不过却未见记载其为千户，如郭弘敬，1247年授束鹿长；1250年迁易州太守；壬

① 《古今图书集成》卷一○五《晋州治记》。
② 沈涛：《常山贞石志》卷一五，清道光二十二年刻本，载《辽金元石刻文献全编》第三册。
③ 魏初：《青崖集》卷五《故水军千户郝公神道碑铭》。
④ 魏初：《青崖集》卷五《故总管王公神道碑铭》。
⑤ 《元史》卷一六五《解诚传》。
⑥ 《元史》卷六《世祖三》载，至元三年四月，"亳州水军千户胡进等领骑兵渡淝水"云云。
⑦ 详可参阅赵文坦：《大蒙古国时期的顺天张氏》，载《元史论丛》第10辑。

子(1251)又改完州太守。①

　　由上所述可知,保定路万户张柔麾下诸千户及其所对应之州郡的情况至为复杂,下文还将逐一对相关州郡再加考察。应该说来严实、张柔两大万户世侯及其所领诸千户间的军事隶属关系和行政上的隶属关系是相一致的。不过,随着太宗"画境之制"以及世祖朝初期的"罢世侯"、"行迁转法"的推行,这种隶属关系又被剥离,然而万户路、千户州的对应形态却仍继续得以维持。

　　当然,我们也不能将万户路、千户州这种对应性关联加以泛化,它并非绝对地严丝合缝,仍有不合之特例。例如有一种所谓"军民万户府"者,就需区别对待。晋州曾立"鼓城等处军民万户(府)","合兰府水达达等路,土地旷阔,人民散居。元初设军民万户府五,抚镇北边"。② 王颋认为此类"军民万户"是总管府路所辖的"管民万户",其性质应为行政单位。③这与我们所指的"万户路"问题似有不合,究其原因在于其本身的特殊性。鼓城等处军民万户府以一州四县之地而置,据《晋州治记》载:"故当时保定元帅[张柔]嘉其[王某]英伟,时申奏于朝廷,乞旌擢,得蒙准奏,遂改此邑[鼓城县]为晋州。……厥后分属王府,乃作军民万户,所管辖鼓城、安平、武强、饶阳四县。"④另据《元史·食货志三》载,戊戌岁(1238),真定晋州一万户拨属尢赤位下。是知,此鼓城军民万户府之设当与尢赤位下的食邑建置有关,它应该更多的只是种权宜之计。逮至中统辛酉(中统二年)夏六月,又恢复州级建置,"王公昆仲俱诣京师朝觐,赖真定路总管史楫闻奏,朝廷准奏,依旧改作晋州,所辖鼓城、安平、武强、饶阳四县,并听节制"。⑤ 前文已言,晋州王氏为千户。至于水达达等路所置"军民万户府",因地广人稀,特置万户府以镇抚,其内中缘由甚明,兹不赘言。

　　通过上文对东平严实、保定张柔两路万户及其所领诸州千户的状况

---

① 刘因:《刘文靖公文集》卷二一《易州太守郭君墓铭》。
② 《元史》卷五八《地理一》;卷五九《地理二》。
③ 王颋:《万户命将——大蒙古国汉军万户的组建和迁易》,载氏著:《龙庭崇汗:元代政治史研究》,第39页。
④ 《古今图书集成》卷一○五《晋州治记》。
⑤ 《古今图书集成》卷一○五《晋州治记》。

的考察,我们对万户路、千户州的形态已有相当的认识,不过这显然只是部分的状况。金元之际整个华北地区的路府州郡设置以及相应的万户、千户授予的具体情形又究竟呈现何种样态呢?兹逐一考证,列于下表:

表 4-1 金元之际华北路府、州郡与万户、千户对应表

路/府/州	万户/千户	当地长官所系职衔或所授符节考证
大都路	万户	金大兴府,元改中都路(或谓"燕京路")。《元史·石抹明安传》载,石抹明安助蒙下中都,长子石抹咸得不袭职为燕京行省;次忽笃华,太宗时,为燕京等处行尚书省事,兼蒙古汉军兵马都元帅。《元史·耶律楚材传》亦载,太宗时燕京路长官为石抹氏。石抹氏是否为万户、佩虎符,史未明载。笔者推测其应佩虎符。另据《元史·耶律阿海传》载,阿海于1214年拜太师、行中书省事。长子忙古台,太祖时佩虎符,管领契丹汉军,守中都;次子绵思哥,后守中都路也可达鲁花赤,佩虎符。
涿州	千户	《元史·地理志》载,1236年升路,1263年复州。《元史·赵柔传》载,1213年,赵柔降,为涿、易二州长官,佩金符。1226年,以功迁龙虎卫上将军,真定、涿等路兵马都元帅,佩金虎符,后应降改金符。《马石田文集》卷一三《敕赐御史中丞赵公先德碑铭》载,赵柔长子守赟,佩金符。
霸州	千户	《元史·石抹孛迭儿传》载,霸州孛迭儿迎降,木华黎擢为千户。1221年,承制升霸州等路元帅,佩金虎符。1230年,朝太宗,赐金符。太祖时所谓"霸州等路",乃未定制前事。
通州	千户	《元史·太祖纪》载:"乙亥春正月,金右副元帅蒲察七斤以通州降,以七斤为元帅。"《元史·石抹明安传》载,蒲察七斤降石抹明安,被置于麾下,应为千户。
蓟州	不详	《元史·张九思传》载,其父张滋,为蓟州节度使。系衔不详。
漷州	不详	金为漷阴县,至元十三年方升州,不予讨论。
顺州	不详	史料阙载。
檀州	万户	《元史·萧拜住传》载,契丹石抹氏,曾祖丑奴,太祖授檀州军民元帅,后擢檀顺昌平万户,仍管打捕鹰房人匠。弟老瓦,袭檀州节度使。丑奴子青山,中统元年袭万户。青山子哈剌帖木儿,仕为檀州知州。拜住,哈剌帖木儿子,亦特授檀州知州。可见萧拜住家族长期管领檀州,其地位独特。

(续表)

路/府/州	万户/千户	当地长官所系职衔或所授符节考证
东安州	不详	中统四年由县升州,史料阙载。
固安州	不详	中统四年由县升州,史料阙载。
龙庆州	不详	延祐三年方升州,不予讨论。
上都路	万户	金桓州。中统元年升府,至元五年升路。王恽《秋涧先生大全文集》卷八二《中堂事记下》载,耶律氏"在前金时,成桓州,官爱里德,汉语守成[城]长也"。《元史·耶律秃花传》载,太祖时来归。从木华黎收山东、河北,赐虎符。子朱哥嗣,仍统刘黑马等七万户。
顺宁府	万户	金宣德州,蒙元升府,并一度升路,中统四年改宣德府。《元文类》卷五七《中书令耶律公神道碑》记有"宣德路长官太傅秃花",此太傅秃花,当为万户耶律秃花。
保安州	万户/千户	1210年,为金德兴府,隶西京路。据《元史·奥敦世英传》载,太祖时,奥敦保和授万户,后"由万户升昭勇大将军、德兴府元帅,锡虎符"。后又改雄州总管,再改真定路劝农事,后疑为千户。至元三年降府为奉圣州,后改保安。
蔚州	不详	史料阙载。
兴州	不详	史料阙载。
松州	不详	中统三年由县升州,史料阙载。
桓州	不详	此当为旧桓州地,与原上都所在之新桓州地异。当为契丹人耶律家族领地。
云州	不详	中统四年由县升州,史料阙载。
兴和路	千户/万户	金抚州,中统三年升路。《勤斋集》卷三《威宁张氏新阡表》载,张氏曾与刘忠顺公等迎拜太祖,"俾长千夫";1242年,总管万户奏其"充总管天成、怀安、宣平、威宁鄂勒(奥鲁)事",是知张氏仍为抚州长官。另据《元史·赵炳传》载,1259年前,世祖以赵炳为抚州长。中统年间,赵炳赐金虎符。
宝昌州	不详	金昌州。史料阙载。

第四章 "万户路"、"千户州" 165

（续表）

路/府/州	万户/千户	当地长官所系职衔或所授符节考证
永平路	万户	金兴平军。太祖十年，改兴平府。中统元年，升平滦路；大德四年，改永平路。《秋涧先生大全文集》卷五七《大元故昭勇大将军北京路总管兼本路诸军奥鲁总管王公神道碑铭并序》载，王㴛于贞祐初任兴平军节度幕官，摄府事。太祖时附蒙，授兴平路兵马都总管、知兴平府事。寻锡金虎符。1251年，王遵入觐宪宗，授本路总管兼万户。世祖时，授平滦路总管。
滦州	千户	《元史·鲜卑仲吉传》载，1215年，仲吉首率平滦路军民降，太祖命为滦州节度使。后以功赐虎符。1232年，平蔡有功，升兴平路都元帅、永安军节度使，兼滦州管内观察使。寻卒。子准，充管军千户。中统元年，赐金符。
保定路	万户	金保州。保定万户张柔。《元史·张柔传》载，太宗赐金虎符，升军民万户。1242年，升保州为顺天府。1251年，宪宗换授金虎符，仍军民万户。
易州	千户	《元史·赵瑨传》载，朝廷尝授瑨军民总管，稍迁易州达鲁花赤，佩金符。《滋溪文稿》卷一五《元故鹰坊都总管赵侯墓碑铭》载，侯之祖考以易州总押都统来归，拜易州军民太守。寻为猎户别置鹰坊总管府司之。仍锡元帅、金符，兼领其职。《郝文忠公陵川文集》卷三五《故易州等处军民总管何侯神道碑铭有序》载："戊戌张公[柔]入觐。……乃赐宣命金符，充易州等处行军千户兼军民总管。"
祁州	千户	《元史·贾文备传》载，贾辅，仕金为祁州刺史，张柔开帅府，命辅行元帅府事于祁州。累功，改行军千户，赐金符。寻领顺天河南等路军民万户，卒。子文备袭父千户职。
雄州	千户	《元史·奥敦世英传》载，1213年，太祖兵下山东，世英及弟保和迎降，皆授以万户。保和由万户升昭勇大将军、德兴府元帅，锡虎符，改雄州总管。依据保和四子后之行实判断，长子希恺后来亦仅知景州、幼子希尹亦仅充真定路行军千户，概进入太宗朝后，奥屯氏当仅系金符。
安州	千户	《元好问全集》卷二九《千户乔公神道碑铭》载，千户乔惟忠为元帅都监，以功迁左副元帅，"兼行两安州帅府事"。所谓"两安州"，应指安州与安肃州。

(续表)

路/府/州	万户/千户	当地长官所系职衔或所授符节考证
遂州	不详	史料阙载。
安肃州	不详	见"安州"条。
完州	千户	金贞祐二年升州。《刘文靖公文集》卷二一《易州太守郭君墓铭》载,郭弘敬于1247年授束鹿长,1250年迁易州太守,1252年改完州。所谓太守,乃因"时官制未立,诸侯得自辟署,曰长、曰太守,皆从一时之制云"。据《束鹿县志》卷一〇《大元敕赐赠中奉大夫河南江北等处行中书省参知政事护军追封高阳郡公耿氏先世碑铭》载,束鹿曾为安定州,耿氏为束鹿军民长官。《新元史·耿福传》称太祖时授金虎符。笔者以为,太宗后应佩金符。所谓易州太守、完州太守当为千户。另据《唐县志》卷一〇《元清虚宫重显子返真碑铭》载,1254年,"完州元帅甄道基",其具体系衔不详。
真定路	万户	金真定府。《元史》卷一四七记载史氏家族先后得任真定万户者甚众:史天倪,1215年授右副都元帅,改赐金虎符。1242年史楫为真定兵马都总管,佩金虎符。另据《永清县志》所载《大朝故北京路行六部尚书史公神道碑铭并序》,1220年,王命公长子天倪为河北西路兵马都元帅,镇真定。长孙楫,袭其父爵,持节督八州。所谓"金节虎符,朝家是锡"。碑末题"宣权正定等五路万户男天安立石,宣差正定等五路万户男天泽同立。□□岁己酉(1249)九月四日"。
中山府	万户	《元史·董俊传》载,"己卯(1218),以劳擢知中山府事,佩金虎符"。《元史·邸顺传》载,曾赐金虎符,1231年,知中山府。《元史·王善传》载,1226年以功赐金虎符,1241年授知中山府事。《元史·史楫传》载,1239年,知中山府事。史氏家族多人佩虎符,据沈垚《落帆楼文集》卷七《元史氏庆源碑跋太宗十二年》载,史天安曾为"五路万户、知中山府事。元初军民官皆世袭,天安子枢,继父知中山府,传于天安不言知中山府,至枢始言以勋臣子知中山府,亦史之疏矣"。

(续表)

路/府/州	万户/千户	当地长官所系职衔或所授符节考证
赵州	千户	金改沃州,元为赵州。《元史·王玉传》载,金季为万户,镇赵州。附蒙后亦号长汉万户,后"权真定五路万户,假赵州庆源军节度副使"。当系金符。《元史·耶律忒末传》载,1214年从史天倪略赵州;1221年,佩金符;1225年,朝廷以天祐镇赵州。1227年,洺州征行元帅,兼赵州安抚使。《元好问全集》卷三〇《龙山赵氏先茔之碑》载,赵振玉于1229年之前,赵州复庆源军之号,为节度使兼赵州管内观察使。《牧庵集》卷二三《真定新军万户张公神道碑》载,张兴祖之父张林,曾为赵州观察使,太宗赐金符。
冀州	万户/千户	《元史·赵瑨传》载,1217年从攻蠡州,论功,授冀州行军都元帅,佩金虎符。瑨让其兄珪,朝廷从之。《牧庵集》卷二七《提刑赵公夫人杨君新阡碣》谓:"进冀州元帅、虎符。……改公冀州军民总管,别赐虎符。"《紫山大全集》卷一八《龙虎卫上将军安武军节度使兼行深冀二州元帅府事王公行状》载,1218年,张柔表奏授深州节度使,兼深、冀、赵三州招抚使。1220年,复称表上功,授公龙虎卫上将军、安武军节度使,行深、冀二州元帅府事,佩金虎符。需指出的是,据《滋溪文稿》卷二〇《洛阳刘氏阡表》载:"皇有中夏,为深州管民总管。"因此,"冀州军民总管"、"深冀元帅府",表明太宗时期曾短暂置有深冀路。不过逮至画境之制后,深、冀两州由张柔麾下划拨至真定,路则不存,其长官所系符节亦当改为千户。
深州	千户	可参见"冀州"条。
晋州	千户	金为祁州鼓城县。《元史·地理志一》载,1215年,改晋州。1238年,立鼓城等处军民万户府。1261年,复为晋州。《常山贞石志》卷一五《晋州五岳观碑》碑末题:"宣授千户王安国、宣授千户王安民、奥鲁千户王安德,宣差节度使功德主王安仁。"另据《晋州治记》,王氏于1238年立军民万户前为晋州长官(晋阳军节度使)。1261年,王公昆仲俱诣京师朝觐,赖真定路总管史楫闻奏,依旧改作晋州。
蠡州	千户	《吴文正公集》卷七〇《元怀远大将军行都漕运使赠昭勇大将军真定路总管上轻车都尉博陵郡侯谥桓靖崔公墓表》载,崔德彰父祥,降蒙隶真定史氏,官至管军千户。1255年,崔德彰摄蠡州庆都等处行军千户。

(续表)

路/府/州	万户/千户	当地长官所系职衔或所授符节考证
顺德路	千户/万户	金邢州。《刘太傅藏春集》卷六《故光禄大夫太保赠太傅仪同三司谥文真刘公行状》载,1220年立都元帅府于邢。《古今图书集成·职方典》卷一一九《改邢州为顺德府记》载,1262年,诏邢州为顺德府,割磁、洺、威三州为属邑。1265年升路。《元史·何实传》载,1227年,赐金虎符,便宜行元帅府事。1230年,有旨收诸将金符。1237年,太宗取金符亲赐之。是知邢为千户所领。升路后符节有变,《元史·刘秉忠传》载,弟秉恕,1260年,擢邢州安抚副使。1262年,升邢为顺德府,赐金虎符,为顺德安抚使。
广平路	万户	金洺州。1236年,置邢洺路总管府,以邢、磁、威隶之。1251年,于邢州置安抚司。1252年,为洺磁路,止领磁、威二州。1278年,升广平路。《元史·耶律忒末传》载,1221年,木华黎承制加忒末洺州等路征行元帅,后又承制授忒末真定路安抚使、洺州元帅。1227年,为洺州征行元帅。《牧庵集》卷二七《鄢陵主簿毛府君阡表》载:"邢、洺钧功臣封邑",丙申分封右手万户孛鲁带等封户,其地位特殊。《元史·李守贤传》载,中统三年,改河东路总管,佩金虎符。未几,转洺磁路。
磁州	千户	《牧庵集》卷二五《磁州滏阳高氏坟道碑》载,1215年升滏源军节度,隶真定,磁州守杜国用。《馆陶县志》卷一〇《张元帅墓志铭》载,1230年,"上断制,割磁州隶河北西路。行台矫制,仍领磁州元帅府事"。另据《紫山大全集》卷一六《故磁州安抚使李公神道碑铭》,李氏曾擢为磁州刺史。1220年,木华黎承制授公滏源军节度使、行元帅府事、佩金虎符。1240年,以勋旧改磁州安抚使。长子天祐袭爵;次子天瑞,滏阳行军百户;次天禄,鄂勒百户。从其子嗣袭职情况看来,李氏在太宗时期应改授金符。
威州	千户	《元史·张础传》载,1260年,赐金符,后知威州。

第四章 "万户路"、"千户州" 169

（续表）

路/府/州	万户/千户	当地长官所系职衔或所授符节考证
彰德路	万户	金彰德府。1215年置元帅府；附蒙后仍置彰德总帅府，1252年为散府，蒙哥分封彰德给旭烈兀，并自成一府。1265年复总管府路。《元史·谭资荣传》载，1263年，易虎符，后历彰德同知。《元史·刘秉恕传》，1263年，赐金虎符。至元元年，历彰德等路总管。《紫山大全集》卷一五《大元故怀远大将军彰德路达噜噶齐扬珠台公神道碑铭》载，曾受令旨充本位下达噜噶齐。"先帝龙飞，金符授彰德路达噜噶齐，以本位汤沐邑也。未几，佩虎符，职如故。"《紫山大全集》卷一八《龙虎卫上将军安武军节度使兼行深冀二州元帅府事王公行状》载，其子椅，元初曾为"彰德路总管兼鄂勒、佩金虎符"。《秋涧先生大全文集》卷五七《大元故昭勇大将军北京路总管兼本路诸军奥鲁总管王公神道碑铭并序》载，王遵于1251年已授虎符，1266年为彰德路总管。
林州	不详	金升州。蒙古国时期废为县，1252年复州。1265年复县，未几又复州。
大名路	万户	金大名府。《元史·王珍传》载，珍曾为大名路治中，后兼大名路安抚使。国王斡真授梁仲行省，同知大名府事、兼兵马都元帅。仲死，国王命仲妻冉守真权行省事，珍为大名路尚书省下都元帅，将其军。1240年，珍入见太宗，授总帅本路军马管民次官，佩金符。1249年，入朝定宗，进本路征行万户，加金虎符。子文干，袭行军万户。元初，顺天路管民总管万户张宏范曾为大名路管民总管。
开州	不详	史料阙载。
滑州	不详	《清容居士集》卷二六《武略将军裕州知州李公神道碑铭》载，滑州世侯李英，1265至年由滑州改顺德路判官，治理滑州达三十年之久。李氏所系符节不详。
浚州	不详	史料阙载。
怀庆路	万户	金怀州，元初复为怀州。1232年，行怀孟州事。1257年，改怀孟路总管府。1319年，改怀庆路。《元史·谭资荣传》载，1219年，资荣款附，授金符，后以功赐金虎符，升行元帅府事。子谭澄，1260年，为怀孟路总管。1261年，赐金符。1263年，易虎符。

(续表)

路/府/州	万户/千户	当地长官所系职衔或所授符节考证
孟州	不详	钱大昕《廿二史考异》卷八八认为,中统纪元以前,孟州未尝单独为州,怀、孟并存。《元史·史天倪传》载,万户史楫次子史辉,曾知孟州。
卫辉路	万户	金卫州。1252年,卫、辉二州自彰德帅府划出,隶真定路。1260年,升总管府。1265年,卫辉隶彰德。《卫辉府志》卷四五《卫辉路庙学兴建记》载,1266年,卫辉因分封玉隆答失,而"立总管府,列河朔一路"。1269年,卫辉与彰德、怀孟正式析分成三个路。《元史·陈祐传》载,1266年,赐虎符,卫辉路总管。《元文类》卷四九《翰林学士承旨董公行状》载,1276年董文用亦为卫辉路总管,佩金虎符。
辉州	不详	史料阙载。
淇州	不详	金为县。《秋涧先生大全集》卷五四《淇州创建故江淮都转运使周府君祠堂碑铭》载,1255年,诏以彰德、大名、卫辉漏版户五千实之,因易号曰淇州,县曰临淇。
河间路	万户	金河间府。1265年,置河间路总管府。《河间府新志》卷二〇《河间总管题名记》云:"皇元平一海内,重司牧之任。以河间为重寄,其出镇者皆禄位高秩,而总管统兵民治之,其权比古节度使,来居此者又多素有功。"《元史·世祖二》载,1265年,"敕顺天张柔、东平严忠济、河间马总管、济南张林、太原石抹总管户,改隶民籍"。马总管当为万户。《元史·吾也而传》载,吾也而太宗时已佩虎符,子雪礼最著,太宗时授北京等路达鲁花赤。1270年,改河间路总管。
沧州	千户	1215年沧州置行司。《元史·王楫传》载,太祖授都统,佩以金符。令招集山西溃兵。1215年,清、沧诸城款附,置行司于沧州以镇之。后入觐,仍前职,兼御史大夫,世袭千户。
景州	千户	金故州,原观州。《元史·世祖三》载,1265年,升蓚县为景州。《元史·郑义传》载,事太宗,佩金符,山东路都元帅,兼景州军民匠长官。世祖北征,郑氏家族郑江得赐金符,仍兼景州军民匠长官。1262年,李璮叛,世祖令各州县长官子弟充千户,以江子郇为千户,领景州新签军千余。
清州	不详	史料阙载。

第四章 "万户路"、"千户州" 171

（续表）

路/府/州	万户/千户	当地长官所系职衔或所授符节考证
献州	千户	《元史·张础传》载，1260年，赐金符，为平阳路同知转运使，改知献州。
莫州	不详	史料阙载。
陵州	不详	金将陵县。1253年升陵州。《元文类》卷五〇《济南路大都督张公行状》载："朝廷考课为天下最，乃割河间之将陵、临邑等六处，以旌治绩，乃升陵为州。"
东平路	万户	金东平府。东平万户世侯严实。《元史·严实传》载，1230年，朝太宗于牛心之幄殿，帝赐以虎符。1234年，朝于和林，授东平路行军万户。严实次子忠济，1241年，入见太宗，命佩虎符，袭东平路行军万户、管民长官。
东昌路	千户/万户	金博州。1267年，析为博州路总管府；1276年，改东昌路。《元史·齐荣显传》载，荣显代父为千户，佩金符。后升权行军万户。后从实入朝，授东平路总管府议，兼领博州防御使。《元史·徐世隆传》载，1272年，佩虎符，为东昌路总管。《秋涧先生大全集》卷八四《弹博州总管杨庭训不之任状》称，杨氏授博州路总管，后受宣命虎符。
济宁路	千户/万户	金济州。1271年，升济宁府；1279年，置路总管府。《元史·石珪传》，1221年，木华黎承制授珪济兖单三州兵马都总管、佩金虎符。王逢《梧溪集》卷一《妇董行有前后引》谓，石珪往觐太祖皇帝，"上功受黄金符"。应为金符。《元史·石天禄传》载，珪子天禄袭爵，李鲁承制授东平路元帅，佩金虎符。1234年，入觐，改授征行千户，济、兖、单州管民总管。天禄长子兴祖袭千户，至1279年，方佩金虎符。是知，济、兖、单三州长官石氏长期仅佩金符，为千户。济州设路，殆因分封，《山东通志》卷一一《元重建至圣文宣王庙碑》载："国初封建宗室，画济、兖、单三州为鲁国大长公主驸马济宁王分地，置济宁总管府。"
济州	不详	见"济宁路"条。
兖州	千户	《元好问全集》卷三〇《兖州同知五翼都总领王公墓铭》载，王公"隶五翼军，以功转总领"，应佩金符。王氏曾迁"同知兖州军州事"。《紫山大全集》卷一五《张彦明世德碑铭》载，1265年宣命金符，为济南路诸军鄂勒总管。1271年，知兖州事。

（续表）

路/府/州	万户/千户	当地长官所系职衔或所授符节考证
单州	千户	《紫山大全集》卷一八《耶律氏墓铭》载，耶律泰亨甫冠袭爵，佩金符。1253年，改授提领陕、虢二州事。1273年，改授单州尹。
曹州	千户	《元好问全集》卷三〇《五翼都总领豪士信公之碑》载，信亨祚于1227年前已由严实任命为"同知曹州军州事"，"署五翼都总领，佩金符"。
濮州	千户	《元好问全集》卷三〇《濮州刺史毕侯神道碑铭》载，先是毕叔贤由严实承制封拜，自行军总领，遥授邹平、齐河两县令，里翼总领，提领本路僧道；1246年，复充左提领，遥授濮州刺史。严实麾下"总领"当授金符。《牧庵集》卷二〇《少中大夫叙州等处诸部蛮夷宣抚使张公神道碑》载，张庭瑞于1261年赐金符，迁濮州尹。
高唐州	千户	金为县，至元七年升州。《元史·张庭瑞传》载其曾知高唐州、后改濮州尹。《元史·世祖四》亦载，至元八年，高唐州尹张庭瑞。张氏于1261年得赐金符。
泰安州	不详	史料阙载。
德州	千户	《元史·刘通传》载，木华黎以通为齐河总管，寻授济南知府、德州总管、行军千户。太宗锡金符，升上千户。1237年，迁德州等处二万户军民总管。子复亨，袭为行军千户。宪宗西征，复亨摄万户，兼德州军民总管。复亨子浩，1263年袭千户。
恩州	千户	《元史·张晋亨传》载，1251年入觐。宪宗欲赐晋亨金虎符，辞曰："虎符，国之名器，长一道者所佩，臣隶忠济麾下，复佩虎符，非制也。臣不敢受。"遂改赐金符，恩州管民万户。
冠州	千户	金冠氏县，至元六年升州。《元史·赵天锡传》载，1221年，归行台东平严实，以功授冠氏令。1238年，卒于冠氏。子贲亨嗣，袭行军千户。1270年，偕元帅刘整朝京师，命为征行千户，赐金符。另据《元好问全集》卷二九《千户赵侯神道碑铭》载，1233年，宣授行军千户，仍赐金符。

第四章 "万户路"、"千户州" 173

（续表）

路/府/州	万户/千户	当地长官所系职衔或所授符节考证
益都路	万户	金益都府，原山东东路。益都世侯为李全、李璮父子。1227年，太师国王李鲁承制授全为山东淮南楚州行省；1231年，李全败死，其妻杨妙真袭行省职；杨氏死后，李璮袭益都行省职。史虽未明载李氏父子为万户，但据其地位观之，李璮在太宗后期或中统初年应当为万户。另据《元史·董文炳传》载，1261年，擢山东东路宣抚使，佩金虎符。李璮伏诛，文炳为山东东路经略使，出金银符五十，有功者听与之。民国《昌乐县续志》卷一七《李氏先茔碑记》载，1238年，李青"从圣元收附淮楚，山东行省委以千夫长"。是知，益都长官应领有金虎符。
潍州	不详	史料阙载。
胶州	千户	金胶西县。据《元史·地理志》，1227年升州。《元史·贺祉传》载，父贺进，尝守淄州；后改千户，守胶州。祉，1269年袭父职为千户，仍守胶州。《元史·王国昌传》载，王氏为胶州千户。《元史·世祖四》载，1271年，胶州千户蒋德。另，段松苓《益都金石记》卷四《故胶州知州董公神道碑》载："除知胶州，授金符。"
密州	不详	史料阙载。《重修胶州志》卷三六《孔密州追述祖先之墓志》载，1230年，孔氏为元帅右都监、知密州。
莒州	千户	《元史·王英传》载，袭父职，为莒州翼千户。陈懋修、张庭诗纂《日照县志》卷八载，莒州有侯名相林者，金寻授武德将军、宣翼千夫长，未任。后益都行省授日照县令兼总领之职，仍分成兵千人。
沂州	千户	金元之际沂州长官为胡氏。《临沂县志》卷一二《胡公迁葬祖先之碑》载："授沂州□元帅府事，□制沂、邳、滕□□□。……[甲午秋八月]弟宣武将军沂州行元帅府合札翼都提泰、同夫人王氏共立石；骠骑卫上将军琅邪军节度使兼沂州管内观察使右副元帅、沂州行□胡义，同夫人吕宗善立石。"《齐乘》卷一载，李璮据齐，以其姻亲胡某者知沂州事，胡氏当为千户。《元史·世祖二》载："沂州监战塔思、万户孟义。"《元史·世祖十》载，1285年所设三十七翼中有沂郯翼万户，不过此与地方行政无关。

(续表)

路/府/州	万户/千户	当地长官所系职衔或所授符节考证
滕州	千户	《元史·郭宝玉传》载,子侃,曾以功为千户,1265年,调同知滕州。
峄州	不详	史料阙载。
博兴州	不详	金博兴县,蒙古国时期升州。
济南路	万户	金济南府。济南汉人世侯张荣为万户。《元史·张荣传》载,太祖授荣山东行尚书省,兼兵马都元帅,知济南府事。长子邦杰,袭爵,先卒;次子邦直,行军万户。
棣州	万户/千户	据《元史·地理志》:"元初滨、棣自为一道,中统三年,改置滨棣路安抚司。至元二年,与滨州俱隶济南路。""元初"指大蒙古国时期,滨、棣已为一路(道)。滨、棣州长官韩世安,《中庵先生刘文简公文集》卷九《林棠曹氏先德碑铭》记有"棣帅韩侯"。《元史·世祖二》载:1262年,"万户韩世安率镇抚马兴、千户张济民,大破李璮兵于高苑。……[六月]滨棣安抚使韩世安败宋兵于滨州丁河口。"《元史·世祖四》载,1271年仍有"滨棣万户韩世安"。
滨州	千户	《元史·姜彧传》载,1262年曾"以功授大都督府参议,改知滨州"。1268年得赐金虎符,改信州路总管。是知此前当系金符、为千户。
般阳府路	千户/万户	金淄州。至元元年,升淄州路;二年,改淄莱路;二十四年,改般阳路。淄州始立千户,《元史·张均传》载,1262年,升千户,领兵守淄州。《元文类》卷二一《中书左丞李公家庙碑》载,李惟忠,"以金符监淄州";《吴文正公集》卷二四《滕国李武愍公家传后序》亦载其"后作州牧,治淄州"。淄州升路后,立万户。《金华黄先生文集》卷三五《上都新军管军千户夹谷公墓志铭》载,夹谷留乞,受知太宗,以万户受诏。世祖嗣,换虎符,"历懿州、平滦、淄莱三路总管,终于淄莱"。《元史·赵瑨传》载,佩虎符,"至元元年,转淄莱路总管"。《元史·隋世昌传》记载,至元七年有"淄莱万户府"之谓。《元史·张晋亨传》载:"至元八年,改淄莱路总管,寻兼军事。"

(续表)

路/府/州	万户/千户	当地长官所系职衔或所授符节考证
莱州	不详	史料阙载。李图等纂《光绪重修平度州志》卷二四《元昭武大将军汉军都元帅左监军崔公神道碑》载，崔世荣，曾授莱、登二州汉军都元帅左督监军。
登州	不详	登州世侯刘佺。《益都县图志》卷二八《修东岳行宫碑并阴》(1230年立)碑末题"同知益都府事、本路兵马都元帅权登州事刘佺";1257年作《灵源观记》(载王宗昱著《金元全真教石刻新编》),碑末题"登州权管民官刘显,登州管民长官刘佺"。疑为千户。
宁海州	千户/万户	初隶益都路,至元九年直隶省部。宁海世侯姜房。《牟平县志》卷九《元昭武大将军总管万户姜房墓碑》载,李全授姜房宁海州同知,后迁宁海州刺史。朝廷又加授胶、潍、莒、密、宁海等州总管万户,仍锡金符以宠之。1240年卒,李璮遂表其长子思明,俾承总管之符节,次子思聪袭本郡刺史。另据《光绪增修登州府志》卷六五《元玄都观碑》(1258年立)末题"宁海刺史监知军事姜思聪"、"宁海州管民长官兼胶、潍、莒、密等处总管万户姜思民"。是知,宁海州未直隶省部前,所谓的"总管万户"仍系金符。直隶省部后,宁海州长官则已为万户,《元史·郭宝玉传》载,郭侃,世祖时擢万户,"江南平,迁知宁海州"。
大同路	万户	金西京路,1288年改大同路。《元史·刘伯林传》载,太祖赐金虎符,充西京留守。子黑马,1222年,袭父职,为万户,佩虎符,兼都元帅。1229年,始立三万户,以黑马为首,授金虎符,充管把平阳、宣德等路管军万户,总管汉军。1241年,改授都总管万户,统西京、河东、陕西诸军万户。夹谷忙古歹、田雄等并听节制。刘黑马长子元振,亦摄万户。
弘州	千户	《程雪楼文集》卷一九《赵国公田府君神道碑铭》载,田闰父子成,金元之际佩金符,为人匠总管,"诣弘州"。《牧庵集》卷二四《武略将军知弘州程公神道碑》载,程公佩金符,至元四年,公子松,长千夫,后知弘州。至元十年,"四川上松战功,制问故符安在,对以弘州仍佩"。
浑源州	不详	史料阙载。《归潜志》卷一四《归潜堂记》载,刘祁还浑源后,"乡帅高侯为筑室以居",此帅即高定,其职衔不详,疑为千户。

(续表)

路/府/州	万户/千户	当地长官所系职衔或所授符节考证
应州	不详	史料阙载。应州世侯当为韩诰。《秋涧先生大全集》卷五八《浑源刘氏世德碑铭并序》有"应州元帅韩公"之谓；另据《牧庵集》卷一二《报恩寺碑》载，韩诰为"兵马都元帅、彰国军节度使"。疑为千户。
朔州	不详	史料阙载。
武州	不详	史料阙载。
丰州	千户	《元史·宪宗纪》载，1258年有"丰州千户郭燧"。《勤斋集》卷二《元故荣禄大夫平章政事议陕西等处行中书省事赵公墓志铭》载，赵弼之祖为大定间进士，考得贤，曾为"丰州军民总管"。
东胜州	不详	史料阙载。
云内州	不详	史料阙载。
冀宁路	万户	金太原府。太祖十三年(1218)立太原路总管府。《元史·攸哈剌拔都传》载，1218年，授金虎符、河东北路兵马都元帅，镇太原。1229年哈剌拔都死，长子忙兀台嗣镇太原。《元史·郝和尚拔都传》载，1240年，太宗授宣德、西京、太原、平阳、延安五路万户，易佩金虎符。1249年，升太原路万户府为河东北路行省，得以便宜从事。长子天益，佩金符，太原路军民万户都总管；次子仲威，袭五路万户。《秋涧先生大全文集》卷五七《大元故昭勇大将军北京路总管兼本路诸军奥鲁总管王公神道碑铭并序》载，王遵袭万户，至元九年，"升授太原路总管兼府尹"。
汾州	千户	元初立汾州元帅府，至元二年，复行州事。《青崖集》卷五《故征行都元帅五路万户梁公神道碑铭》载，1220年，梁瑛"锡虎符，升征行都元帅，以县行汾州事，俾公领之"。1229年，"入觐，特授金符，御前千户"。
石州	不详	史料阙载。

(续表)

路/府/州	万户/千户	当地长官所系职衔或所授符节考证
忻州	千户	尝升为九原总管府。《元史·郝和尚拔都传》载,1228年,为九原府主帅,佩金符。《山右石刻丛编》卷二七《故左副元帅权四州都元帅宣授征行千户周侯神道碑》载,贞祐初,周献臣为定襄令,授金符。后因勋升九原府左副元帅、权四州都元帅、行九原府事。1240年,仍宣授征行千户、佩以金符。所谓"四州",据《元史·世祖三》,应是崞、代、坚、台四州。《定襄金石考》卷二《玄元观记》(1254)碑题"前御前悬带金牌宣授宣差千户、权五路万户周献臣"。
平定州	千户	《山右石刻丛编》卷二八《大元故平定等州大总帅聂公神道碑铭并序》载,1226年,聂珪任平定等州兵马都元帅。1228年都行省授金虎符。1233年,"□河北南路曰□北路□□西路□□□□总帅,金符"。1235年,拜平定、皋、邢、晋等处长官。卒后,其长子承袭平定等州军民长官。
临州	不详	金临泉县。《元史·地理志一》载,1262年升州。不过,临泉实早已升临州、或大定府。《元史·地理志一》校勘记第56条指出,据《永乐大典》卷五二〇〇引《太原志》,临泉县,"元己卯年(1219),置临州行兵马都元帅府"。《牧庵集》卷一七《袁公神道碑》云:"孚以便宜升临为州"。《山右石刻丛编》卷二七《通玄大师珏公纪行之碑并序》载:"以临邑与大河为近渡,乃先得临邑,改临为大定总管府"。《山右石刻丛编》卷二九《大元武略将军辽州知州刘公神道碑》载,至元九年,辽州军民长官刘义知临州。刘义疑为千户。
保德州	不详	史料阙载。金故州隩州、芭州两州亦并入保德州,详情待考。
崞州	千户	金崞县。《永乐大典》卷五二〇〇引《太原志》载,1219年,"升崞县为崞州"。《山右石刻丛编》卷二四《李君墓志》(1232年立)载,崞州降,木华黎授行右副元帅,悬带金牌便宜行事。
管州	不详	史料阙载。
代州	不详	史料阙载。
台州	不详	史料阙载。
兴州	不详	金合河县,升州时间不详。与上都路兴州异。

(续表)

路/府/州	万户/千户	当地长官所系职衔或所授符节考证
坚州	千户	《山右石刻丛编》卷二七《刘会碑》载,刘会为"坚州都元帅兼节度使、悬带虎符金牌便宜行事",卒后,懿旨令子泽承袭职任充坚州管民长官。此碑铭有所谓"金符荣职"之语,是为千户。
岚州	千户	《松雪斋集》卷八《蔚州杨氏先茔碑铭》载,至元十六年,佩金符,后知岚州。
孟州	不详	史料阙载。
晋宁路	万户	金平阳府,大德九年改晋宁路。《元史·李守贤传》载,大安初,守贤家族降蒙,朝太祖,授守贤锦州临海军节度观察使,弟守忠守河东。后守贤自锦州迁河东南路兵马都总管。1228年,朝和林,知平阳府事,兼本路兵马都总管。1230年,子毂嗣。1241年,朝行在所,授河东道行军万户,兼总管。中统三年,改河东路总管,佩金虎符。另据《元史·李伯温传》,李守贤家族或为平阳征行万户,或为河东南路兵马都元帅兼知平阳府事。
河中府	万户	《元史·地理志一》载,宪宗在潜,置河解万户府,领河、解二州。至元三年,罢万户府。《寓庵集》卷七《大元故宣差万户奥屯公神道碑铭》载,1230年奉命镇守河中;1241年,以事巫,欲夺奥屯虎符,未果。蒙哥亲草懿旨,赐虎符不可夺,仍授万户。
绛州[府]	万户	金故州。兴定二年升晋安府。元初为绛州行元帅府,河、解二州诸县皆隶。后罢元帅府,仍为绛州。《元史·刘亨安传》载,1220年,亨安兄世英为绛州节度使,兼行帅府事;1226年,木华黎承制命亨安领其众,奏赐金虎符,绛州节度使,行元帅府事。《山右石刻丛编》卷二六《绛阳军节度使靳公神道碑》载,1219年降蒙,"而有金节之赐"。《程雪楼文集》卷六《靳同知墓碑》则载,太宗锡以虎符,官以镇南大元帅。1232年从破河南,授绛州军民长官。笔者以为至元初年以前存在绛州府,为万户。后罢府存州。
潞州	千户	《元史·任志传》载,1218年,木华黎授任志以虎符,俾充元帅,守潞州。卒后,子存袭职,为潞州元帅。存死,1231年,"以存父子死事,子立尚幼,先官其侄成为潞州长官,待立长而还授之。成卒,授立潞州长官,佩金符"。《元史·李孟传》载,李孟祖昌祚,归朝授金符、潞州宣抚使。

(续表)

路/府/州	万户/千户	当地长官所系职衔或所授符节考证
泽州	千户	《元史·段直传》载,"署直潞州元帅府右监军。其后论功行赏,分土世守,命直佩金符,为泽州长官"。《刘文靖公文集》卷二〇《泽州长官段公墓碑铭》亦载,段直"起泽,应得泽,遂佩黄金符,为州长官,凡廿余年"。
解州	千户	《山右石刻丛编》卷三〇《解梁仪氏□□记(仪氏先茔记)》载,解州兴定间陷蒙,"赐公金符、解州节度使"。
霍州	不详	史料阙载。
隰州	千户	《元史·木华黎传》有"隰州田雄"之谓。田雄开府隰、吉二州,《元史·田雄传》载,1221年,木华黎承制授隰、吉州刺史,易金符。太宗时,赐金符,授行军千户。1233年,授镇抚陕西总管京兆等路事。治绩事闻,赐金符。定宗时入觐和林。另,《乾隆沁州志》卷六《人物》,沁州千户杜丰子思明,中统四年迁转法行,曾刺隰州。据《山右石刻丛编》卷二五《神农黄帝尝谷之台》载,碑阴隰州属官有"宣差州尹杜思明"。《山右石刻丛编》卷二七《刘会碑》载,坚州千户刘会之孙刘怀玉,至元十五年亦终于隰州知州。
沁州	千户	《元史·杜丰传》载,从国王攻平阳,以功赐金虎符,升征行元帅左监军。1222年,授河东南北路兵马都元帅。1235年,升沁州长官,在沁十余年。《乾隆沁州志》卷六《人物》载,杜丰子思明,袭爵充沁州管民长官,中统新法肇立,思明迁隰、陕、邓三州刺史,悉有能声。1276年灭宋,思明锡虎符,授吉州路总管。杜思明应袭千户职。另据《元史·郑鼎传》载,1234年前,曾为泽、潞、辽、沁等州千户。
辽州	千户	《山右石刻丛编》卷二九《大元武略将军辽州知州刘公神道碑》载,1234年蔡州破,刘恩款附天朝,荐拜辽州军民长官,佩银符。1256年,恩子刘义袭父职,充辽州军民长官。1264年,改同知绛州事。1272年知临州。应为千户。《元史·郑鼎传》载,1234年前,曾为泽、潞、辽、沁等千户。
吉州	不详	《元史·田雄传》载,1221年,木华黎承制授隰、吉州刺史,易金符。另据《山右石刻丛编》卷二八《大元国乡宁县赵侯墓志》载,乡宁赵仲降蒙,1233年承命建乡宁城市,为抚治长官,犹今令尹也。未几,镇西元帅田雄开府隰、吉二州,擢侯签判吉州事。更详细之史料阙载。

(续表)

路/府/州	万户/千户	当地长官所系职衔或所授符节考证
永安州	千户	金藁城县,元仍旧。《常山贞石志》卷一八《追赠董俊圣旨碑·碑阴并两侧》,1221年升藁城县为永安州。另据《康熙藁城县志》卷一二《太傅忠烈公神道碑》载,1222年升藁为永安州匡国军;《元史·地理志》云,1235年罢。《元史·董俊传》载,藁城升永安州,"事一委俊"。1254年,文炳解所佩金符以让文蔚,授藁城等处行军千户。董文直,亦曾为藁城长官,佩金符。因此,永安州(藁城)千户应为董氏。
恒州	千户	金曲阳县,元仍旧。《元好问全集》卷二九《千户乔公神道碑铭》载,金末苗道润承制封拜,授乔惟忠为定远大将军、恒州刺史。恒州废为曲阳县时间不详。《元史·邸顺传》载,1216年,升曲阳为恒州,顺为安抚使。后赐金虎符,恒州等处都元帅。1231,太宗以顺知中山府。1239年,佩金符,为行军万户。
溟州	不详	金乐亭县,元仍旧。具体置废年代不详。《乐亭县志》卷二《古迹》载,县治南崇法寺立有元中统四年重修碑,该碑题名"前溟州刺史、镇国上将军石昌"。
荣州	千户	金荣河县,元仍旧。《金史·地理志》载:"贞祐三年升为荣州。"荣州废州为县时间详载。《山右石刻丛编》卷二六《吴信碑》载,1228年,吴信据有其地,为镇西元帅,1230年授金符。
南平州	千户	金安平县,元仍旧。《元史·地理志一》载:"太祖十九年,为南平州,于此行千户总管府事,领饶阳一县。太宗七年,复改为县。"
闰州	不详	金丰闰县,元仍旧。《丰润县志》卷四《丰润县碑记》载:"庚辰之岁(1220),改县为闰州。以李公充镇国上将军、行节度使。"
安定州	千户	金束鹿县,元仍旧。《康熙束鹿县志》卷一〇《大元敕赐赠中奉大夫河南江北等处行中书省参知政事护军追封高阳郡公耿氏先世铭》载,1213年,木华黎拜耿福为安定州节度使、行元帅府事便宜行事。福子孝祖,袭束鹿军民长官。《新元史》卷一四四《耿福传》载,谒太祖于行在,赐安定军节度使行元帅府事,佩金虎符。后,顺天帅张柔上其功,加辅国上将军。张柔上其功,当在虎符之下,应佩金符。

(续表)

路/府/州	万户/千户	当地长官所系职衔或所授符节考证
西元州	不详	金元氏县,元仍旧。《常山贞石志》卷一六《栾城县太极观记》载,1230年,"真定路西元州元帅左监军韩侯智"。
西宁州	千户	金获鹿县,元仍旧。《大明清类天文分野之书》卷一一《赵分冀州》"获鹿县"条,1228年改为西宁州,1235年复为获鹿县。《元好问全集》卷三〇《西宁州同知张公之碑》载,张荣祖为获鹿人,今经略使史侯所倚信,累功至监军兼行西宁州事。1230年,"迁总统巡山军民千户"。
南平州	不详	金安平县,元仍旧。《大明清类天文分野之书》卷一一《赵分冀州》"安平县"条记载,安平升州时间在癸酉岁(1213)。太宗七年复废为县。吴汝纶纂《深州风土记》卷一一《元孝感圣姑庙碑》载:"皇元丙午(1246)南平州帅赵澄,惜旧祠隘陋,增构庙室",吴汝纶认为此处"皇元丙午"乃"丙戌(1226)"之误。
保垣州	不详	金长垣县,金仍旧。《长垣县志》卷一五录杜仁杰作于至元八年的《崇真观碑》云:"前金灭亡之际,会当圣朝开创之初,而乃升县为州。……复寓保垣州,有节使吴帅、经历刘君久歆德业之尊。"
元州	不详	金蓚县,元仍旧。《景县志》卷一四《元统军郑甫墓》载,郑甫之兄郑义尝为永安军节度事、元州兵马都元帅。
晋州	不详	金寿阳县,元仍旧。此与河北之晋州异。1220年置,废年不详。
宁乡州	不详	金宁乡县,元仍旧。《紫山大全集》卷一六《同知石州事高公神道碑》载,1228年,"县升为州,就升军判"。
宪州	不详	金楼烦县,元仍旧。《山右石刻丛编》卷二六《郭泰铭》(又名《大朝宪州权官之铭》)载:"公乃权宪州之职,十有余年。"《元一统志》载,1252年罢宪州,立楼烦县事。
岢岚州	不详	金岢岚州,元为岢岚县。废年不详。

（续表）

路/府/州	万户/千户	当地长官所系职衔或所授符节考证
翼州	不详	金翼城县，元仍旧。《翼城县志》卷三七《杨宜墓表》载，杨氏归降蒙古，杨宜"拔于行间，升行大元帅府，镇翼，表授忠勇校尉，佩银符，守平阳府"。杨宜任县尹职"三十余年"。
绛州	千户	金阳城县，元仍旧。《阳城县志》卷一四《元故忠昌军节度使郑公神道碑铭》云，1228年，"新命公为忠昌军节度使"。绛州废县年代不详。阳城为郑氏辖地，《元史·郑鼎传》载，鼎初为泽、潞、辽、沁千户。1245年，迁阳城县军民长官。1260年，以功迁平阳、太原两路万户。
蒲州	不详	金蒲县，元仍旧。1221年升州，《山右石刻丛编》卷二九《昭勇大将军镇边大元帅府事谢公碑铭并序》载，1233年，谢天吉"为帅兼领蒲政"。
宁边州	不详	金宁边县，元废。《元史·地理志一》谓其至元二年半入武州、半入东胜。

说明：1. 本表所列路府州郡的编排顺次依《元史》卷五八《地理志一》。德宁路、净州路、泰宁路、集宁路、应昌路、全宁路、宁昌路、砂井总管府等七路一府之地，不予讨论。另有永安州、恒州、溟州、荣州、南平州、闽州、安定州、西元州、西宁州、南平州、保垣州、元州、晋州、宁乡州、宪州、岢岚州、翼州、绛州、蒲州、宁边州等二十州于金元之际所升置，不过不久即遭罢废，未见著录于《元史·地理志》，兹补入表内。
2. 本表所列诸建置的讨论时间，基本限定在1210年代至1260年代间。少数建置可能会稍超此时限，不过，最迟不逾至元十年，对于至元十年后所升置的路、州，原则上不作讨论。因考论之需，偶有举证之史料会涉及到至元十年后之事。
3. 本表所关注的各路府、州郡长官的系衔情况，因窝阔台庚寅年是蒙古军制划一的重要时点，庚寅年之前太祖朝时期所授万户、千户以及对应之符节，仅作参考之用，一般不用作对"万户路"、"千户州"的论证。另外，表内路府州郡长官并非全为"世侯"，特予申言。
4. 为避免表格过于繁杂，表内所征引的文献版本信息不予特别注明，详细版本信息可参看"下篇"所涉各建置的相关考证，或书末所附"主要征引文献"。下同。

在表4-1考释的基础上，我们可再进行整体性分析。金元之际出现路、府建置共29个，它们均有系万户职者或配金虎符者任长官。少数至元初年新升置的路，如济宁路，早期虽由千户者出任长官，不过至元中后期之后已改由万户者出任。另有保安州（德兴府）、中山府、顺宁府、河中府、绛州府等亦由万户者出任官长，不过至元中后期因大部分

第四章 "万户路"、"千户州" 183

降府而为州，当亦改由千户者出任，因其逸出我们所关注的时段，故不具论。

州郡一级状况则比较复杂，需分以下几种情形加以讨论：首先，由几个州级单位，一度由万户者出任官长，如雄州（含霸州）、檀州、冀州（含深州）、棣州（含滨州）、宁海州、绛州（含解州）等六处；后因建置发生变化，其中的四个又回复到"千户州"的基本形态，另两州则因其地位特出（宁海州作为直隶州，檀州则一直由萧拜住家族控制）而仍置有万户，不过这只是特例。其次，共有五十四个州可完全确认为"千户州"的形态。再次，部分州则因史料阙载，情况不明，共计四十六州。① 复次，澴、龙庆两州分别升置于至元十三年和延祐三年，不予讨论。最后，尚有二十州不见于《金史·地理志》与《元史·地理志》之记载，它们基本置废于1210年代至1230年代，其中可以认定七个州为"千户州"，其他则因史料所限，未知其详。统而观之，金元之际共出现一百二十个州，其中大体可确认具"千户州"之形态者有六十一个，占去太半。在此需特别指出的是，表内所列情况不明的州郡，并未发现一例是由百户或万户者出任其长官的，是知"千户州"的形态基本稳定。

由此我们认为，金元之际华北各级官员所系万户、千户之衔与其所占有的路府、州郡间的对应性关系是十分显著的，路、府长官为万户（或佩虎符），州郡长官则为千户（或佩金符）。虽然表4-1考证所提供的仅是1210年代至1260年代间出现的片断性状况，而并非完全揭明了贯穿整个时段内的连续性变迁序列，但这并不妨碍我们去做出这样的结论，"万户路"、"千户州"的形态确曾在金元之际的华北地区得到非常广泛而深入地推行。

另一方面需强调指出的是，作为万户的大世侯与其所从属的千户或百户世侯之间的军事领属关系，很明显地又与其在行政区划上的隶属关系相一致。它给地方行政建置带来不小的影响。不过由于太宗朝"画境

---

① 不过可以指出的是，这些情形不明的州大部分主要集中于大都以及河东山西地区，主要也是因为这些州的划割改属状况不太明显，故失于记载。

之制"的实行以及世祖初期"罢世侯"举措的推行,这使得原来这种军事和行政上的隶属关系被打破,最具典型性的莫如东平路。大蒙古国时期东平路浸大无比,远甚金代;元初罢废世侯,东平路遭致割裂,仅领六县之地,其余州郡或改为路,或为直隶省部之州,而不再具有统属关系。

四 结 论

所谓"万户路"、"千户州"这种非具详明制度性规定的惯例曾在华北被广泛地推行,其意涵十分明显,那就是具有蒙古草原性质的"万户"对应于中原地方行政体制中的路或府,而一个"千户"则对应于一个州郡单元。

蒙古人早期在华北所封授的万户或千户具有军民兼统性质,太宗窝阔台以前,"时兵、民未分";①等到进入汉地统治渐趋稳固后,又逐渐更张前制,所谓"太宗旧制,设官分职,军民之事,各有所司"。② 事实上,在中统、至元之交平定李璮之乱前,中原汉地基本上还是处于一种由蒙古人任命世侯进行间接统治的格局,各地世侯军、民之职兼领并且具有世袭之权,所谓"出征则为队将,回则宰民事,此国初之制也"。③ 平定李璮乱后,元廷开始罢世侯、行迁转法,逐步建立起汉式中央集权的统治格局,此后才基本呈现一种"军民各异属,如初制"的局面。④ 由此,我们可以观察到蒙古草原制度与中原汉地制度相杂糅的一个具体的历史过程:初下中原之时,蒙古草原的千户百户制度强烈地冲击汉地原有的官制系统,路、府或州级长官多系有万户(或佩虎符)、千户(或佩金符)之衔,军政合一的草原性质较为突出。当蒙元统治渐趋巩固之后,蒙古草原的因素则逐渐让渡给传统的汉制官僚体系,千户百户制度本身已不再凸显,以至到元代中

---

① 《秋涧先生大全集》卷四八《开府仪同三司中书左丞相忠武史公家传》。
② 《元史》卷九八《兵志一》。另据《元史》卷一四六《耶律楚材传》载,耶律楚材曾于太宗辛卯(1231)奏称:"凡州郡宜令长吏专理民事,万户总军政,凡所掌课税,权贵不得侵之。"不过,这一奏议并未得到切实贯彻,以至于至元中期下江南以后,元廷还一再重申要求遵循"太宗旧制",亦即所谓的军、民分制的原则。
③ [民国]王树枏等纂修:《冀县志》卷八《严氏墓碑铭》,民国十八年铅印本。
④ 《元史》卷九九《兵志二》。

后期我们反而习焉不察。

虽然蒙古南下造成中原官制混乱无序,不过作为蒙古三大制度之一的千户百户制度进入到中原地区后,广义汉军中的万户、千户的封授都是严格而有序的,它并不像同时期其他汉式封号那样滥授,其中"万户路"、"千户州"就是当日所遵循的一项基本原则。这在太宗窝阔台划一军制之后体现得尤其明显。设若将时间往后延推、将地域往南部中国地区推展的话,我们会发现,原来在华北地区推行的"万户路"、"千户州"的这种原则,亦被推展至南宋旧地,甚而发展成元代的一种通行惯例。① 倘若我们据此再次回读叶子奇所谓"各路立万户,各县立千户"这句话,或许它所表达的其实正是元人对于漠北蒙古草地军政体制与中原汉地传统路府州郡地方行政体系所作的一种比附而已。当然,另一方面更值得特别提出的是,结合前文所引的两条史料,即郑玉所称"各路设总管府以治民、万户府以统军",《潮州三阳图志辑稿》所谓"元革命制度一新。镇守一路,设万户府及镇抚、千户、百户以统兵",上述这些记载所揭示的都是兵凶相仍的元末江南地区的状况,那么这是否意味着江南每个路、州均置有万户、千户,进而成为一种常制呢?这有待于我们进一步对江南地区的路、州进行全面的考察。②

姚大力指出,蒙古人把产生于漠北高原的某些制度成分,以及反映这些制度的观念意识带到各征服地区,最终在各地方本土制度文化的背景下发生着各种各样的变异和演化。③ 蒙古千户百户制度取代部落的军事

---

① 关于江南地区万户路、千户州的存在问题,前文已述,兹不赘言。另,据《元史》卷一〇《世祖七》载,至元十五年八月,"中书省臣言:'近有旨追诸路管民官所授金虎符,其江南降臣宜仍所授。'从之"。《元史》卷一五二《铁哥传》则称:"至元十六年,铁哥奏曰:'武臣佩符,古制也。今长民者亦佩符,请省之,以彰武职。'从之。"其所反映出的正是当日佩符现象的冗滥。
② 叶子奇的这一看法尚需修正,所谓"各县立千户",应是"各州立千户"。此外,意大利学者伯戴克对叶子奇此语亦存误读,他认为万户管理一个地区(路),后来变成路一级机关的一名低级官员或者被安排管理次一级机构。事实上万户所对应的基本都是路府一级机构,而非州一级。参阅伯戴克著、张云译:《中部西藏与蒙古人——元代西藏历史》(增订本),兰州大学出版社,2010年版,第48页。
③ 姚大力:《蒙元时代西域文献中的"因朱"问题》,载氏著:《蒙元制度与政治文化》,第340页。

行政制度,瓦解掉原来的血缘联系,对草地社会深层次的结构具有颠覆性的革新意义;而外,它又随着蒙古人进入到中原地区,与华北汉地的路府州郡体制杂糅到一起,又呈现出如上文所述的那种微妙的历史变迁。倘若联系到明代的十进制军事单元(如卫所体系的"千户")和军户制度,笔者以为这种具有内亚军事传统的典型特征的存在,与蒙元的征服和统治不能说是没有丝毫关系的。

第五章 州的划分体制变迁

——以"节度—刺史"体系为讨论中心

一 问题缘起

州作为一种正式的行政区划单位,应确立于东汉后期。不过,起于汉武帝时期而具有监察区性质的刺史州,在某种意义上说来也当具有一定的区划功能。诚如童书业所言:"自西汉武帝确立州制之后以至隋代,地方最高区划制度未变。""自西汉武帝至隋炀帝,州制巧成循环。"[①]然自唐中、后期始,由于地方行政制度中"道"的出现,州的最高行政区划地位已逐渐出现被取代的端倪。迨至宋、金时期,路制已渐趋酝酿并发育,"路"的地位更在州之上;其时,"路"虽尚未成为严格意义上的正式行政实体,不过其已具有某种行政区划的性质则已体现得相当明显。[②]

[①] 参阅童书业:《童书业历史地理论集》,中华书局,2004年版,第61、67页。需指出的是,中国古代行政区划与行政组织层级,秦汉为郡、县二级制,而魏晋南北朝则为州、郡、县三级制,隋唐又回到州(郡)、县二级制。详可参阅周振鹤:《中国地方行政制度史》,上海人民出版社,2005年版。

[②] 宋人赵彦卫云:"东汉末分天下为州,如唐之道,本朝之路,非如今之州,但指一郡言也。"赵彦卫:《云麓漫钞》卷五,文渊阁《四库全书》本。关于"路"作为一级行政区划单元定型时间的问题,目前学界仍有争议,有主北宋说者,有主金代说者。

宋代州的划分体制主要有按"等制"与"格制"两种类别：所谓"等制"是指所有的州都按辅、雄、望、紧、上、中、中下、下分有八等。① 所谓"格制"，则是因其名义上的长官所带使职之衔的不同，而有节度、防御、团练和刺史（军事）四格之别；且这四格之间亦有地位高下之殊。"格制"是一种军事系列的等级划分系统。② 节度、观察、防御、团练等俱为使职，应源于唐后期的方镇制度。节度、防御、团练、刺史四格州制的形成，是依"节度—刺史"体系的等第系统而产生的，其地位依次而降。③ 辽、金时期的州亦存在按"等制"与"格制"进行划分的体制：在"等制"划分上，辽、金时代的州仅有上、中、下三个等级，其等级划分之依据，目前尚不十分清楚。④ 在"格制"划分上，辽代州大略参以唐制，分有节度、观察、防御、团练、刺史等；⑤而金代的州则参杂宋、辽之制，未设团练与观察州，其余则与宋或辽相类。兹以下表说明之：

---

① 此分等之制当因袭唐，户口多寡显然是其划分等第的重要依据。宋乾德二年诏谓："三年一度，别取诸道见管户口升降。"参阅［清］徐松辑：《宋会要辑稿》第一八九册《方域》七之二五上，中华书局，1957年版。另，宋代州郡又有所谓"剧郡"与"闲郡"之分，不过这是关涉人口、地理、法制等诸多层面的问题，本章不予讨论。
② 关于宋代州"格制"划分问题，详可参阅聂崇岐：《宋代府州军监之分析》，载氏著：《宋史丛考》，中华书局，1979年版，第98—108页。据《宋史·地理志》统计，北宋北方节度州加南方节度州约为107个、防御州27个、团练州21个、军事州105个，其余军则未定"格"。参阅苗书梅：《宋代州级属官体制初探》，载《中国史研究》2002年第3期。
③ 关于唐至宋节度、观察、防御、团练、刺史体系的演变问题，可参考余蔚：《唐至宋节度、观察、防御、团练、刺史体系的演变》，载《中华文史论丛》2003年第3期。需特别申明的是，所谓"'节度—刺史'体系"之称，亦正援用此文所提出的说法。
④ 据《辽史·地理志》，有些州甚至连等第状况都未著录，如丰州。因该《志》未著录户口数，我们无从判断其在"等制"划分上的具体依据。《金史·地理志》虽著录有户口数据，某种程度上显示出户口的多寡是其分等依据之一，但也并不足以据此完全反映实情，如吉州有户一万三千三百二十四，为下州，与其户口相差无几的辽州却为中州；更有甚者，濮州有户五万两千九百四十八，却仅为下州。
⑤ 《辽史》卷四八《百官志四》。辽之团练州实质上仅一个，余蔚认为辽只有遥领的团练使，而并无实际团练州的存在，因此将团练州排除在外。参阅余蔚：《辽代州制研究》，载《历史地理》第24辑，上海人民出版社，2010年版。此处仍将团练州列入，主要基于《辽史》记载所反映的辽代州之划分体制的制度性安排。

表 5-1　宋、辽、金时期州之划分体制简表

	宋	辽	金
等制	辅、雄、望、紧、上、中、中下、下	上、中、下	上、中、下
格制	节度、防御、团练、刺史	节度、观察、团练、防御、刺史	节度、防御、刺史

说明：宋、辽、金时期州的"等制"与"格制"划分之间并无关联性，各有一套升降机制。如宋代莱州格制为防御州，而等制却为"中"；淄州为刺史州，等制反居"上"；汾州系望郡，格制仅为刺史；渭州属下州，格制却为节度之州。辽代涿州、易州、蓟州的等制为"上"，而格制却定为刺史州；云内州、朔州等制为"下"，格制却又为节度。金代云内州、蔚州等制为"下"，而格制却为节度。

资料来源：《宋史·地理志》、《辽史·地理志》、《金史·地理志》。

宋"以文官知州事"，节度、防御、团练、刺史为武臣迁转之阶，或亲王宗室所带阶，其所系州名，仅挂名邀领而已，实际并"不之任"。① 所谓"节度、承宣、观察、团练、防御、刺史，则俱无职任，特以为武臣迁转之次序"。② 宋代州之长官全称"权知某州军州事"，简称"知州"。知州之职能涉及州级军政、民政、财政、司法、监察等诸多方面。③ 州由唐代"刺史制"至宋代"知州制"的转变，是唐宋变革时期官僚制度发生变化的一个表征。宋代以文官充当州郡主官的"知州制"，取代了方镇割据赖以维系其统治的地方官僚体系。④

宋代相关各州在"格制"上有节度、防御、团练、刺史之分，也正反映出各州地位之等差。余蔚针对宋代节镇的升等原则以及节度、防御、团练、

---

① 钱大昕对于宋代州的"格制"划分现象曾云："宋时州有四等：曰节度，曰防御，曰团练，曰刺史(亦曰军事)。节度为三品州，防、团为四品州，军事为五品州。凡除节度、防御、团练使、刺史者，皆不之任，唯差京朝官知军州事，俱为亲民之官，而班资有崇卑，故《宋志》于每州之下系以节度及防御、团练、军事之名。……宋时州有节度、防御、团练、刺史四等，以是分州之大小，如今制，州县分繁简耳。"参阅钱大昕《十驾斋养新录》卷九《元史》不谙地理》。需指出的是，北宋一朝并非所有节度使都仅虚衔遥领，在边境地区，尤其是在毗邻契丹和西夏的地区，节度使仍手握重兵，节镇一地。如《续资治通鉴长编》卷一三五"仁宗庆历二年二月辛丑"条载："辛丑，以新知澶州、保静军留后王德用为保静军节度使。契丹人渝盟，上起用德用于曹州，复留后，知青州，不数日改澶州，入见上，流涕言臣前被大罪，陛下幸赦而不诛，今不足辱命。上慰劳曰：'河北方警，藉卿威名镇抚尔。'又赐手诏以遣之，即拜节度使。"参阅李焘：《续资治通鉴长编》，上海古籍出版社，1986年版。再如，《宋史》卷二五三《折德扆传》载，折氏为节度使世代镇守边疆，控驭一方。
② 马端临：《文献通考》卷五九《职官一三》，中华书局，1986年版。
③ 苗书梅：《宋代知州及其职能》，载《史学月刊》1998年第6期。
④ 李昌宪：《略论宋代知州制的形成及其历史意义》，载《南京大学学报》(人文社科版) 1996年第4期。

刺史州的分布状况等进行过比较细致的考察，指出该体系下州（尤其是节度州）的分布是因袭唐时的设置思路，即主要还是取决于军事因素而置；不过余蔚也同时指出，宋代节度州并非如唐、五代那样是军政合一的政区，它只表达一种军事地位的单向关系，是军事地位之表征。①

辽代州制甚为复杂，州的类别划分因契丹旧制与中原制度的混杂共生而呈现多种样态，有所谓"南面方州"（或径称为"方州"）、头下军州、斡鲁朵州、奉陵邑州等。② 据《辽史》载，辽"南面方州"官乃"冠以节度，承以观察、防御、团练等使，分以刺史、县令，大略采用唐制"。③ 是知，辽代州的实际长官就是"节度—刺史"体系下的官员，或为节度使、观察使、团练使、防御使，或为刺史，仍维持"刺史制"。与宋代州"节度—刺史"体系官员的"不之任"情形不同，除去部分"遥领"之职外，该体系官员作为辽代南枢密院所属州的实际长官是领有实职的，关于"节度—刺史"体系下诸使到任并实际处理事务之记载，辽代史料屡见不鲜。④ 揆诸辽代史籍，节度使多兼管内观察使；节度之衔或为实授或为虚封，不过大多加带"刺史"，以表示其实际管领其地。不过需特别指出的是，囿于史料记载，辽代"节度—刺史"体系下州长官的具体职掌，尤其在是否具有兵事上的权限方面，仍

---

① 余蔚：《宋代的节度、防御、团练、刺史州》，载《中国历史地理论丛》2002年第1期。需指出的是，北宋"节度—刺史"体系下州"格"的升降变动较为频繁，其中河北、河东、陕西等地设置的节度州较多，这与其地切近辽、西夏有关；而南宋州的此类升降变动情况则较少。
② 有关辽代州制的最新、也较为全面的研究清理，应为余蔚《辽代州制研究》一文，该文在整合前人研究基础上，提出辽代之州可归为三类：属南枢密院之方州、隶宫同、隶北枢密院的边防城、隶贵戚大臣的头下州军。本章所要讨论分析的对象是"方州"。对于其他诸种州的相关问题的讨论，亦可参看《辽代州制研究》以及田村实造《辽代的移民政策和州县制的建立》（载《日本学者研究中国史论著选译》"第五卷"）两文。
③ 《辽史》卷四八《百官志四》。
④ 如赵衡《张正嵩墓志》载："天授帝龙飞，公〔张谏〕授密直学士，转给事，除朔州顺义军节度使、检校太保。到任后，甘雨随轩，灵珠赴浦；民谣五裤，家给千箱；袁扇风清，瘦楼月朗。"郭奇《耶律琮神道碑》载，耶律琮因功"赐委特使□□涿郡符，授推忠奉国功臣、昭武军节度、利□等州观察处置等使、特进检校太傅兼涿州刺史"，在涿州"仁政具行，宽猛兼济，戢彼干戈，用兴民利"。董□《王裕墓志》载，王裕最初"就加顺州刺史、崇禄大夫，检校尚书右仆射、使持节顺州诸军事、行顺州刺史。公下车之始，起学劝农，□帏布政"，后又因功"改授崇义军节度使、管内观察处置等使、崇禄大夫、检校太保，持节宜州诸军事、行宜州刺史"，治理其地，多有实效。孟义《萧义墓志》载，萧"乾统二年，授辽兴军节度使。下车之后，政流海隅。三年，属新德嗣庆，民望傒苏"。以上均载向南编辑《辽代石刻文编》，河北教育出版社，1995年版，第68—69、58—59、63、623页。

存有诸多疑点,难以遽下论断。日本学者岛田正郎认为:"在辽制中的州县长官的任务主要是在民政事务方面,在兵事上没有重要地位。"①岛田正郎的观点大体是正确的,除辽初耶律氏与萧氏等大姓被授予节度使衔而多有领兵之权外,②我们确实甚少在辽代史料中发现南面方州"节度—刺史"体系官员领有兵权的直接记载,但这并非意味着完全没有。③ 因此,就

---

① 岛田正郎著、何天明译:《大契丹国——辽代社会史研究》,内蒙古人民出版社,2007年版,第165—166、170页。岛田正郎指出:"其官称之由来虽然没有起源于军政长官,但进士出身的文官任职的事例颇多。另外,在契丹大军调动之际,其部署情况也与州没有什么联系,这也是有史可证的。不仅如此,因为作为这些地方官署的中央统治机关南枢密院没有兵权,对上述问题的认识就更为清楚了。所以,在辽制之中的州同时附有军名,也应当看作是单纯的、从形式上继承唐末、五代之制的结果。""作为管理民政的州县长官虽然是文官,却有从其所管领的人户范围内征募丁壮的义务,所以,即使把他们视为掌管乡兵事务也没有什么不妥的。"岛田还进一步指出,由于文武之间并不是十分清楚地划分职能,而是因人和具体情况而定,参与兵事的事也会存在。另外,节度使衙门犹如军政机关,特别是马步军都指挥使司以下,容易理解为专管军事的。然而,"恐怕这是把唐制中的节度使司机构的构成直接继承的结果。而且马步军都指挥使司以下的军官,应当理解为在用兵之际才临时设置,只是在战时才实行"。

② 关于辽初所谓"国人"授予节度使衔而领有兵权事,《辽史·张砺传》有段记载:"会同初,[砺]升翰林承旨,兼吏部尚书,从太宗伐晋。入汴,诸将萧翰、耶律郎五、麻答辈肆杀掠。砺奏曰:'今大辽始得中国,宜以中国人治之,不可专用国人及左右近习。苟政令乖失,则人心不服,虽得之亦将失之。'上不听。改右仆射,兼门下侍郎、平章事。顷之,车驾北还,至栾城,崩。时砺在恒州,萧翰与麻答以兵围其第,砺方卧病,出见之。翰数之曰:'汝何故于先帝言国人不可为节度使? 我以国舅之亲,有征伐功,先帝留我守汴,以为宣武军节度使,汝独以为不可。又谮我与解里好掠人财物子女,今必杀汝!'趣令锁之。砺抗声曰:'此国家大体,安危所系,吾实言之。欲杀即杀,奚以锁为?'麻答以砺大臣,不可专杀,乃救止之。"

③ 有史料显示南面方州"节度—刺史"体系官员在一定程度上领有兵事之权:如《辽史》卷六《穆宗本纪上》载,应历十年六月"庚申,汉以宋兵围石州来告,遣大同军节度使阿剌率四部往援,诏萧思温以三部兵助之";卷一〇《圣宗本纪一》载,统和元年,"党项十五部侵边",天德军节度使赖剌率兵出击,且"父子战殁";卷八三《耶律学古传》载:"[乾亨]二年,伐宋,乞将汉军,从之,改彰国军节度使。时南境未静,民思休息,学古禁寇掠以安之。会宋将潘美率兵分道来侵,学古以军少,虚张旗帜,杂丁黄为疑兵。是夜,适独虎峪举烽火,遣人侦视,见敌俘掠村野,击之,悉获所掠物,擒其将领";卷九五《耶律弘古传》载:"统和间,累迁顺义军节度使,入为北面林牙。太平元年,加同政事门下平章事,出为彰国军节度使,兼山北道兵马都部署,徙武定军节度使。"以上所举之例均为南面所属方州之节度使领有兵权之实例;该体系下其他类型州的长官(防御使、团练使或刺史等)在一定程度上也具有因时之宜而领兵作战或征伐的权力,如《辽史》卷一一《圣宗纪二》载:"[统和四年]癸未,辽军与宋田重进战于飞狐,不利,冀州防御使大鹏翼、康州刺史马赟、马军指挥使何万通陷焉";卷七六《赵思温传》载:"伐渤海,以思温为汉军都团练使,力战拔扶余城";卷八七《耶律蒲古传》载,耶律蒲古于"统和初,为涿州刺史,从伐高丽有功"。

总体趋向而言,相较于宋代州长官领有兵权,辽代州之长官——"节度—刺史"体系官员——的兵权确实趋于式微。

辽以"节度—刺史"体系对州按"格制"进行划分的具体依据及其升降机制不详,其分布状况亦较繁杂而毫无规律可言。日本学者津田左右吉认为,该体系下对州的划分只是表明各州地位之尊贵,在职权或职务上并无高低之分;而且从州所处的地理位置乃至辽境各个地区的配置方面也难有认定,它只是一种称号而已,且其称号的确定就是在州创立之际,而被任命的长官的地位也只是偶然的事情。① 从《辽史·地理志》所载各类州的分布来看,我们同意其看法。此外,过去有观点认为,节度州可以统辖观察、团练、防御使州和刺史州,不过新近有学者指出这是对辽朝制度的一种误解,"是将军事序列的'军'与地方行政序列的'州',这两个序列不同、但官员又合二为一的制度的混淆"。② 从辽代的许多文献来看,辽朝地方行政制度中确实不存在节度州统辖防御州、刺史州等的情况。辽代依"格制"对"州"进行划分并无太多实际意义,因为在辽代制度"二重体系"性质之下,州之类别本身就已显得繁杂不堪。

金代州的实际长官亦是"节度—刺史"体系下的官员,他们实际"之任"并领有实权,③仍维持着"刺史制"。元好问曾谓:"刺史领军马,例不注文资。"④王曾瑜在对金武散官与职事官官品等进行比较后认为:"在金朝

---

① 津田左右吉:《辽制度之二重体系》(载《满鲜地理历史研究报告》第五),转引自:《大契丹国——辽代社会史研究》,第 165 页。
② 傅林祥:《辽朝州县制度新探》,载《历史地理》第 22 辑。
③ 《金史》卷五七《百官志三》。金代反映节度使、防御使或刺史到任各州为政的材料比比皆是,兹举数例如次:《山右石刻丛编》卷二一《绛州衙门记》(金大定二十三年立)云:"迨我皇朝以户口繁阜,城邑雄富,升诸道节镇之冠。……节度使资政韩公出守是邦,不期年,政通人和……"碑末题韩锡为"绛阳军节度使兼绛州管内观察使"。《元好问全集》卷一八《通奉大夫礼部尚书赵公神道碑》载:"[正大]七年正月,擢授金安军节度使,未赴,改集庆军节度使,兼亳州管内观察使。亳,大郡,重兵所宿。军士陵轹居民,前政不能制,公以静镇之。军中私相谓言:'节度,今上控制枢府时首领官也。我曹不可轻犯。'迄赴召,无一人恣横者。公凡三领郡,在所以宽厚为化。"《山右石刻丛编》卷二三《汾川昌宁公家庙记》载:"初,民欲刻石久矣,请于士大夫,屡不果。今又告之州帅田侯,田侯恤民之勤……"该碑于泰和八年立,末题"直奉大夫宁化州刺史兼知军事提举常平仓事田仲礼"。
④ 《元好问全集》卷一八《通奉大夫礼部尚书赵公神道碑》。

的都总管、节度使、防御使、刺史等地方官中,武官占了相当大的比例,这与宋朝基本上以文臣任知府、知州之类,适成鲜明对照。"①看来金代州的长官当领有军事实权。因此,就州长官称谓与职权两方面而言,金代的州在"节度—刺史"体系下是最接近唐、五代状况的。

金代州在"节度—刺史"体系下的划分及其分布状况,依《金史·地理志》的记载大致可发现如下特点:靠近金源旧地的北京路以及历来军事地位重要且与许多西北部族势力接壤的西京路,置节度州较多,其他一些节度州则散处于各路重要位置上,或为府治地,或为军事重地。与南宋接壤的地方,则几乎全置防御州,盖"大郡要害之地置防御使以治军事",俾便备宋。看来金代的州在该体系下的设置分布,当有军事因素的考量。②"节度—刺史"体系下金代各州等第升降机制,以节度为尊,防御、刺史次之。

由上所述可知,宋、辽、金的州在"节度—刺史"体系下的制度与划分状况呈现出明显差异。宋代该体系下州之官员皆为虚职,并无实际领州之权,而且"宋仁宗后成为一种特殊的职官体系,它们是非文职官员中的高品,除名称外,与府、州不再有联系",③这是由于曾系有节度使衔且领有兵权以致黄袍加身的赵匡胤,为防止地方成长为割据势力而采取的一种极富针对性的禁断措置。辽袭唐制,不过该体系下官员的兵权亦大为削弱,这与其南北面官制的实行以及"国人"领有兵权大有关联。而金则参详宋、辽之制有所改易,"节度—刺史"体系官员仍有兵事之权,与唐、五代之制最相合,这可能与女真猛安谋克制度的较早瓦解和较为全面的汉化有关。某种程度上可以认为,除辽外,宋、金的州无论就其实际长官的职

---

① 王曾瑜:《金朝军制》,河北大学出版社,2004年版,第35页。
② 当然亦有例外,州"格制"设置的依据还牵涉人口等其他方面的一些因素。如《金史》卷一一八《郭文振传》载:"贞祐四年,昭义节度使必兰阿鲁带请升辽州为节镇,廷议辽州城郭人户不称节镇,而文振有功当迁,乃以本官充宣差从宜都提控。"同书卷一二二《乌古论德升传》载:"大安初,知弘文院,改侍御史。论西京留守纥石烈执中奸恶,卫绍王不听,迁肇州防御使。宣宗迁汴,召赴阙,上言:'泰州残破,东北路招讨司猛安谋克人皆寓于肇州,凡征调往复甚难,乞升肇州为节度使,以招讨兼之。置招讨副使二员,分治泰州及宜春。'诏从之。"
③ 余蔚:《宋代节度体系官员与州之关系》,载《文史》2003年第3期。

权,还是各州"格制"的划分,其军事地位的表征都比较显著。

宋、辽、金时期的州为何会有按"等制"与"格制"两种不同的划分体制,其缘由尚难明言。不过从上所述来看,依"节度—刺史"体系对州进行划分的体制,应与其接续唐代诸州军事地位之表征的性质之间是有一脉相承的联系的。与宋、辽、金不同,元代已全无此类依"节度—刺史"体系来对"州"进行划分的体制;且所谓节度州之"军号"亦已完全失落。[①] 元代"州"仅有依人口多寡来进行划分的"等制",且只有上、中、下三等。[②]

"节度—刺史"体系下州之划分体制在元代的这一转捩及其发生缘由,尚未引起学界足够注意。由金至元,"节度—刺史"体系下州之划分体制的消失,究竟经历过怎样的变迁过程,它的背后又透露出怎样的历史讯息呢?清人胡聘之曾注意到"金元兵争疆场之间,俛得俛失,改革升降,巧算难别"的历史事实,[③]这其中尤为令人瞩目的就是金元之际华北地区"州"的滥置,因此所导致的直接后果便是致使"州"在地方行政中的地位相形下降,并进而被有元一代地方行政体系中完全定型的"路"所取代。这正是理解"节度—刺史"体系对州进行划分的体制之所以在元代消失的关键点。

本章拟以"节度—刺史"体系为讨论中心,着重解析金元鼎革之际华北地区的州在面对当日诸种因素(如州的滥置与世侯势力的兴起、蒙古草原官制的掺入、元初州县省并等)的冲击下,是如何逐渐与"节度—刺史"体系脱钩并最终消失的;并希图藉此以揭示出元代州之划分体制发生转变的具体历史过程以及究明其历史缘由;同时亦为反观元时期地方行政制度中路、州制的变迁提供一个面相。

---

① 元人对州之军号,在当时就已表现出某种程度的陌生感,刘埙谓:"封建易为郡,郡置守,汉因之,国皆为郡,更曰太守。至隋,废郡置州。唐世天下俱为州,改太守曰刺史。宋又改曰知某军州事。此其大略俱可晓也。独有数小垒名之曰军者,未悟其义。"《隐居通议》卷二九《地理·前代军垒秦堕》,文渊阁《四库全书》本。
② 从另一层面而言,元代"州"又有所谓直隶省部(或行省、宣慰司)之"直隶州"与隶属路或府之"属州"两种类别,不过这只是针对其隶属状况所作的区分,与本章所探讨之主旨无关,故此不予讨论。
③ 胡聘之:《山右石刻丛编》卷二七《通玄大师珏公纪行之碑并序》之跋文。

二 金元之际华北地区州的滥置

金大安以后,疆土日蹙,金蒙双方展开了对华北州郡的争夺。贞祐二年(1214)南渡之后,金廷已不能十分有效地支配河北诸地,形势岌岌可危。为笼络仍留在黄河以北地区而未及南迁的军民抵抗蒙古,金廷对于凡是能尽守土之责且能"自树立者",即授予其各种官职,以下这条史料便清楚地反映出此一情形:

> 河北诸路以都城既失,军户尽迁,将谓国家举而弃之,州县官往往逃奔河南。乞令所在根括,立期遣还,违者勿复录用。未尝离任者议加恩赉,如愿自效河北者亦听陈请,仍先赏之,减其日月。州县长贰官并令兼领军职,许择军中有才略胆勇者为头目,或加爵命以收其心,能取一府者即授以府长官,州县亦如之,使人怀复土之心。①

许多羁留黄河以北之地仍效命金廷的地方官员或势力,接受金朝官号,被授予节度使、刺史等职衔,如兴定元年(1217)王扩特授"遥领陇州防御使",张汝翼于天兴年间授"行省参议兼同知武宁军节度使事,遥领钧州刺史,进阶中奉大夫",正大六年(1229)夹谷公"授武宁军节度使、徐州管内观察使兼提举河防使",等等。②

金朝末年,州的"格制"由防御或刺史而升为节度者,屡见不鲜,十分频繁混乱。我们知道,章宗以降,为节度者不知凡几;刺史之职更渐被轻视,"近日刺史、县令多阙员","刺史、县令,多不得人","时郡县多阙官"。③由于"节度—刺史"体系下之州官封授太滥,于是又另立其他称号相以为

---

① 《金史》卷一〇九《许古传》。
② 《元好问全集》卷一八《嘉议大夫陕西东路转运使刚敏王公神道碑铭》;卷二〇《通奉大夫吏钧州刺史行尚书省参议张君神道碑铭并引》;卷二〇《资善大夫武宁军节度使夹谷公神道碑铭》。
③ 《金史》卷八八《石琚传》;卷八八《纥石烈良弼传》;卷九六《黄久约传》。

竟,"贞祐以后,武臣以战功往往至将帅。置员既多,而不相统摄。公建言,乞以都尉易将帅之号。上从其计,为置建威、折冲、宁远、安平等十都尉,各以胜兵万人配之"。①

在此形势下,金蒙双方为提高各地进攻或防御地位,或为提升各地镇守官员或投诚蒙古的地方武装集团首领的地位,或因"赏功",华北地区涉及到许多路、府、州、县的升置降黜和划割改属,其中表现得尤为突出的就是州的大量设置及其"格制"升迁的混乱,由县升州者,或由刺史而升防御、由防御而升节度者,所在尤多。有关此时期由县升州的记载不少,但因史料分散,部分升置者则待仔细考辨澄清。兹考索金元载籍,将金泰和以来、迄于金亡期间,华北地区所升置之州郡详情列于下表:

表5-2 金元之际华北地区由县升州一览表

所属路（府）	州名	州"格"	原建置名	升置降黜年份	备注
中都路	闰州	节度	丰润县	1220年置；蒙古国时期废。	[清]《丰润县志》卷四《丰润县碑记》
	溟州	刺史	乐亭县	置废年份均失载。	《元史·地理志》
	新泰州	不详	新城	窝阔台二年(1230)置；窝阔台七年(1235)废。	《元史·地理志》
西京路	镇州	防御	缙山县	崇庆元年(1212)置；陷蒙后废。	《金史·地理志》
	成州	刺史	灵丘县	贞祐二年(1214)置；废年不详。	《金史·地理志》
	定安州	不详	定安县	贞祐二年置；废年不详。	《金史·地理志》
	云州	不详	怀仁县	贞祐二年置；废年不详。	《元史·地理志》

---

① 《元好问全集》卷二〇《资善大夫吏部尚书张公神道碑铭并引》。

(续表)

所属路(府)	州名	州"格"	原建置名	升置降黜年份	备注
	浑源州	不详	浑源县	贞祐二年置。	《金史·地理志》
	忠州	不详	山阴县	贞祐二年置；废年不详。	《金史·地理志》
	固州	不详	马邑	贞祐二年置；废年不详。	《金史·地理志》
河北西路	恒州	刺史	曲阳县	元初（疑1216年）置；窝阔台十三年（1241）废。	《元史·地理志》、《元史·邸顺传》
	完州	不详	永平县	贞祐二年置；至元二年废，寻复置。	《金史·地理志》
	永安州	节度	藁城县	壬午（1222）置；窝阔台七年（1235）废。	《嘉靖藁城县志》卷八《冀国武靖公神道碑》
	西元州	节度	元氏县	庚寅（1230）前置；寻废。	《常山贞石志》卷一六《栾城县太极观记》
	镇宁州	不详	获鹿县	兴定三年（1219）置；窝阔台在潜，更名西宁州，七年废。	《金史·地理志》
	晋州	节度	鼓城县	蒙古太祖十年（1215）置。	《元史·地理志》
	林州	节度	林虑县	贞祐三年（1215）置；窝阔台七年废为县；宪宗二年（1252）复升为州。	《金史·地理志》、《元史·地理志》
	辉州	不详	苏门县	贞祐三年置。	《金史·地理志》

(续表)

所属路（府）	州名	州"格"	原建置名	升置降黜年份	备注
河北东路	安定州	节度	束鹿县	蒙古太祖九年（1214）置；寻废。	《束鹿县志》卷一〇《大元敕赐赠中奉大夫河南江北等处行中书省参知政事护军追封高阳郡公耿氏先世碑铭》
	东武州	不详	武邑县	置年不详；窝阔台六年（1234）废。	《元史·地理志》
	南平州	节度	安平县	太祖十九年（1224）置；太宗七年复为县。	《元史·地理志》
	元州	节度	蓨县	所谓"元初"，疑为贞祐初置；废年不详。	《元史·地理志》、王恽《秋涧先生大全集》卷四七《故金吾卫上将军景州节度使贾公行状》载，"元州将某举城降"，所记为贞祐甲戌（1215）之前。
大名府路	保垣州	节度	长垣县	置废年份均失载。	［清］《长垣县志》卷一五《崇真观碑》
河东南路	崇州	不详	涉县	贞祐三年置；四年复为县，兴定五年（1217）复升州；后复废。	《金史·地理志》
	原州	不详	济源县	窝阔台六年置；七年废。	《元史·地理志》
	荣州	节度	荣河县	贞祐三年置；元初废。	《金史·地理志》
	翼州	节度	翼城县	兴定四年（1220）置；寻废。	《金史·地理志》

(续表)

所属路（府）	州名	州"格"	原建置名	升置降黜年份	备注
	绩州	刺史	阳城县	元光二年(1223)置；陷蒙后废。	《金史·地理志》
	霍州	节度	霍邑县	贞祐三年置。	《金史·地理志》
	蒲州	节度	蒲县	兴定五年(1221)置；蒙古国时期废。	《金史·地理志》
	谷州	不详	沁源县	元光二年置；废年不详。	《金史·地理志》
河东北路	晋州	不详	寿阳县	兴定四年置；至元初废。	《金史·地理志》
	平安州	不详	平遥县	置废年份不详。	《山右石刻丛编》卷二四《太平崇圣宫宣谕》
	方州	不详	方山县	泰和年间置，元初废。	《元一统志》卷一
	宁乡州	刺史	宁乡县	戊子(1228)置；蒙古国时期废。	《紫山大全集》卷一六《同知石州事高公神道碑》
	皋州	不详	乐平县	兴定四年置；蒙古国时期废。	《金史·地理志》
	临州	节度	临泉县	太祖十四年(1219)置。	《元史·地理志》
	崞州	节度	崞县	太祖十四年置。	《元史·地理志》
	宪州	不详	楼烦县	置年不详；壬子(1252)岁废。	《元史·地理志》
	台州	不详	五台县	贞祐四年(1216)置。	《金史·地理志》
	兴州	节度	合河县	疑兴定、元光间置。	《元史·地理志》、《金史·郭文振传》

（续表）

所属路（府）	州名	州"格"	原建置名	升置降黜年份	备 注
	坚州	刺史/节度	繁畤县	贞祐三年置。	《金史·地理志》
	孟州	刺史	盂县	兴定年间置。	《金史·地理志》
山东西路	峄州	不详	兰陵县	兴定年间置。	《元史·地理志》、《齐乘》有"国朝升峄州"之说
山东东路	胶州	不详	胶西县	太祖二十二年(1227)置。	《元史·地理志》
	博兴州	不详	博兴县	蒙古国时期置。	《元史·地理志》

说明：本表第一栏"所属路(府)"的划分，依据《金史·地理志》。

由表5-2可知，自大安年间蒙古大规模南下略金以降、迄于金亡共二十余年间，华北地区有多达四十六县升而为州。其中河东山西地区，由县升州之建置变动最剧；河北和中都地区次之；山东地区则相对较少。设若我们将原本就行政建置相对较为疏阔的山东地区剔开，仅以河北、中都以及河东山西地区为限，依《金史·地理志》之记载，该地区七路之地有八十一州、三百零八县；据表5-2之统计，金元之际该地区有多达四十三县升而为州，这几乎为原金在该地区所置州的二分之一强。金末华北地区州的滥置程度，于此可见一斑。并且，需特别加以强调的是，表5-2中所列由县升州者，除河东北路寿阳县所升之晋州作为一个州级建置著录于《金史·地理志》外，其他所升诸州都不作为正式建置著录在《金史·地理志》之内，故而所有这些由县而升州者，均不存在与金原来所设之州互为重叠的问题，这更加说明了当时州的滥置程度之烈。

需同时指出的是，此时期还涉及极少数由州废为县者，不过笔者仅找到一例：宝坻县于1198年升为盈州，泰和四年(1204)即被罢。① 另外，自

---

① 《金史》卷二五《地理中》。另，《金史·地理志》载，贞祐二年莫州废为郑亭县，不过据《金史》卷一一八《张甫传》称，兴定四年，"甫封高阳公，以雄、莫、霸州……隶焉"，是知，兴定四年已复。此处承余蔚提示，谨此致谢。

窝阔台汗灭金后以至元初，亦涉及有部分州县的升置降黜情况：如宪宗三年（1253）将陵县升为陵州、五年（1255）卫县升为淇州；中统三年（1262）松山县升松州，中统四年（1263）安次县升东安州、固安县升固安州、望云县升云州，至元六年（1269）冠氏县升冠州，至元七年（1270）高唐县升高唐州；而至元二年（1265）则废宁边州、隩州、芭州、新安州等。① 不过，此段时期内州之升置降黜数量已大幅减少，建置渐趋稳定。

表5-2所列诸州，很多不领县；即便领有县者，所领县数亦少。设若对表5-2所列诸州稍加分析的话，我们会发现，在这些新升的州中，可以确定其"格制"类别的节度州为十七、刺史州七、防御州一。而且值得一提的是，这十七个节度州中，有十一州是在该地降附蒙古后升置的。金朝方面所升置的州，则多因其抗击蒙古的地位重要而升格，其官员亦领有军民之职。②

降附蒙古而领有州县的各地武装集团首领多系有"节度使"之衔，如坚州刘会为"骁骑卫将军、坚州都元帅兼节度使"、崞州阎德刚为"崞山军节度使"、安定州耿福为"镇国上将军、安定州节度使、行元帅府事"，等等。③ 金元之际，投附蒙古而领有节度使、防御使和刺史之衔者，其实更多的只是各地投诚官员或地方势力的一种随所欲为的行为，因为其时蒙古人并不谙晓中原官制。那些领有各州郡实际权限的军民长官，专制一郡，世享大权，时人即称之为类似于唐代的"藩方侯伯"，④现在学界一般称之为"汉人地主武装"，或谓"汉人世侯"。上文所述河东山西与河北中都地区由县升州者较多，是因为其地中小世侯甚多，彼此互不统属；山东地区升州者相对较少，则因其地被几大汉人世侯所控驭。

某种程度上确如研究者们所注意到的那样，州的滥置实质上降低了州的地位。金元之际许多重要的州，或改为府，或改为路；原来一些不领

---

① 详可参阅《元史》卷五八《地理志》；《元一统志》卷一"太原路"条。
② 如乐平县升皋州、蒲县升蒲州等，参阅《金史》卷一一八《郭文振传》、《胡天作传》。
③ 《山右石刻丛编》卷二七《刘会碑》；卷二六《绛阳军节度使靳公神道碑》；《康熙束鹿县志》卷一〇《大元敕赐赠中奉大夫河南江北等处行中书省参知政事护军追封高阳郡公耿氏先世碑铭》，刊于民国谢盦安所修《束鹿县志》（五志合刊），据民国二十六年铅印本影印。
④ 郝经：《郝文忠公陵川文集》卷三五《贾辅神道碑》。

县或领县数少的并不重要的州,则降到与县同级的地位。紧随州之地位降低而出现的,则必定是州官地位的下降及其职衔的改变。由州改为府或改为路者,已不再置节度使或防御使等;而原来地位较低的州,也很少再出现节度使或防御使等职衔。金元之际各州郡地方官员的职衔问题,尤其是围绕着"节度—刺史"体系之州官的系衔问题,对于我们进一步讨论此时期州的划分体制的变迁显得尤为重要。

三 蒙古草原旧制冲击下华北州郡官制之嬗变

金元之际,州在滥置之余,州本身的等、格升迁现象(即由刺史而升防御,或由防御而升节度),亦在在可见。① 与此同时,州郡官制又出现一系列改变。那么,在"节度—刺史"体系下,华北地区州的长官所系职衔又究竟发生着怎样的变化呢?

贞祐三年(1215),金廷公开招募各地武装以抗击蒙古,时任同知太原府事古里甲石伦"奏请招集义军,设置长校,各立等差",②各等长校计有总领提控、都统、副统等。此种"长校"称谓,后来成为各地"地主武装头目相当普遍的称号"。③ 兴定二年(1218),蒙军攻占太原、平阳等地,次年正月金宣宗召集百官商议对策,宣徽使移剌祖光等人建策:"当募士人威望服众者,假以方面重权。能克复一道,即以本道总管授之。能捍御州郡,即以长佐授之。"④ 兴定四年(1210)二月,于河北、山东、河东等地封建"河朔

---

① 如《金史·地理志》就保存较多资料,宁边州、通州、苛岚州由刺史州升防御州,陕州、亳州、蔡州由防御升节度州,解州、泽州、沁州由刺史州改节度州。据虞集《道园学古录》(文渊阁《四库全书》本)卷一七《徽政院使张忠献公神道碑》与刘因《刘文靖公文集》卷二〇《正议大夫礼部尚书王公神道碑铭》,两碑文均提及蓟州节度使张滋(年代所指当为金末无疑),是知蓟州亦由刺史州改节度。再据胡祗遹《紫山大全集》卷一六《故磁州安抚使李公神道碑铭》载:"岁庚辰(1220),[金]宣抚司事废,无所依恃,帅材勇三千人,众五万口,诣军投身我朝。太师国王承制授公辅上将军、奎源军节度使、行元帅府事,佩金虎符,雄镇河朔。"是知磁州亦由刺史州改节度州。
② 《金史》卷一一一《古里甲石伦传》。
③ 到何之:《关于金末元初的汉人地主武装问题》,载《元史论集》,第173页。
④ 《金史》卷一一八《苗道润传》。

九公":"九公皆兼宣抚使,总帅本路兵马,署置官吏,征敛赋税,赏罚号令,得以便宜行之。除已画定所管州县外,如能收复邻近州县者,亦听管属。"①所谓"河朔九公"多称为经略使、招抚使、安抚使等,亦有称节度使者。此诸使职衔应是金代路级机构官员之衔。在此之上,金廷还常派"行省"官员亲临各地;在此之下,则多为州级长佐,其所系具体职衔常可见及有节度使、防御使、刺史等,不过同时都兼有"都尉"、"行帅府事",或兼"元帅左都监"、"右都监"等。

而在蒙古方面,成吉思汗时期,"未尝有除授及请俸,鞑主亦不晓官称之义为何也",降附蒙古的汉人势力多"随所自欲而盗其名"。②至窝阔台汗时期,"甲午(1234)中,朝廷更定官称,[贾侯]选充行军千户",③它一定程度表明是在按万户、千户、百户等蒙古草原旧制授予相应职衔。所谓"太祖皇帝受天命,臣万方。太宗皇帝继体守文,一新官制,简而不繁,统之有宗。内则一相,宅百揆赞万机;外立郡县,以承上接下。郡县之守令,例以归义效顺者就为之,仍选蒙古人一员钤压其上,谓之达噜噶齐(即达鲁花赤——笔者),守令以次,咸听命焉"。④到宪宗蒙哥汗时期,"岁辛亥(1251),朝议(吏)定官制,州郡武职多见易置"。⑤

金亡前后直至忽必烈建元之前,蒙古对中原汉地的统治存在一种由"间接统治"发展为"直接统治"的转变趋势,⑥在这一转变过程中扮演着重要角色的,就是华北各地直接领有诸郡县而降附蒙古的大小世侯。时人描述各地方武装纷起情状时有云:"金源氏末,天造草昧,豪杰并起,于是拥兵者万焉,建侯者万焉,甲戈者、骑者、徒者各万焉,鸠民者、保家者、聚而为盗者又各万焉,积粟帛金具子女以为己有者、断阡陌占屋宅跨连州郡

---

① 徐乾学:《资治通鉴后编》卷一三六,文渊阁《四库全书》本。
② 彭大雅撰,徐霆疏、王国维笺证:《黑鞑事略》,载《王国维遗书》第 13 册。
③ 王若虚:《滹南遗老集》卷四二《千户贾侯父墓铭》。
④ 胡祗遹:《紫山大全集》卷一五《大元故怀远大将军怀孟路达噜噶齐兼诸军鄂勒蒙古公神道碑》。
⑤ 《山右石刻丛编》卷三〇《繁峙王氏先德之碑》。
⑥ 韩儒林主编:《元朝史》,第 296 页;爱宕松男、寺田隆信:《中国历史》第六卷(元·明),东京讲坛社,1974 年版,第 42—61 页,转引自姚大力:《论蒙古游牧国家的政治制度——蒙元政治制度史研究之一》,第 2 页。

以为己业者,又各万焉。"①世侯世享大权并专制各郡,维持地方统治秩序。这些占有州郡的世侯可以说是当时华北地区最为主要的支配力量,其身份职衔所透露出的反映当时特征的代表性地位当是毫无疑问的。那么,这些世侯及其袭职子嗣们所系职衔之状况如何呢,其前后有无变化并且是否呈现出一定的特点或具有一定的规律性呢?兹将大蒙古国时期降附蒙古而一度系有"节度—刺史"体系之职衔的世侯状况,列一简表如次:

表5-3 金元之际华北地区附蒙世侯职衔变动状况一览表

附蒙世侯或官员	所在州	附蒙之初所系官衔(授予时间)	附蒙之后其本人或后嗣所袭职衔之变更	备注
李公	闰州	镇国上将军、行节度使(1220)	不详。	[清]《丰润县志》卷四《丰润县碑记》
耿福	安定州(束鹿县)	镇国上将军、安定州节度使、行元帅府事(1214)	子孝祖,袭束鹿军民长官。	康熙《束鹿县志》卷一〇《大元敕赐赠中奉大夫河南江北等处行中书省参知政事护军追封高阳郡公耿氏先世碑铭》
高定	浑源州	云中招讨使、都元帅、永安军节度使	子仲,职不详。孙高璞,职不详。	《大永安禅寺铭》、《明一统志》卷二一、《山西通志》卷九
靳和	绛州(曲沃县)	征南元帅、绛阳节度使(1219)	附蒙从破河南后,授绛州军民长官。	《山右石刻丛编》卷二六《绛阳军节度使靳公神道碑》

---

① 郝经:《郝文忠公陵川文集》卷二五《万卷楼记》。

第五章 州的划分体制变迁　205

（续表）

附蒙世侯或官员	所在州	附蒙之初所系官衔（授予时间）	附蒙之后其本人或后嗣所袭职衔之变更	备　　注
阎德刚	崞州	崞山军节度使（1220）	子阎镇，大元中统，总镇太原崞州都元帅、权太原路万户。	《元好问全集》卷三五《朝元观记》
塔塔尔台	易州	龙虎卫上将军、易州崇宁军节度使、行川州元帅府事（太祖时期）	子禔，袭父职，充北京路总管，佩金虎符。	《滋溪文稿》卷一四《故处事秘书监秘书郎乌君墓碑铭》
赵振玉	赵州	庆源军节度使兼赵州管内观察使（1225）	己丑（1229）改河北西路按察使兼帅府参谋，辛卯（1231）复授庆源，丁酉（1237）宣授真定路工匠都总管。	《元好问全集》卷三〇《龙山赵氏先茔之碑》
韩诰	应州	兵马都元帅、彰国军节度使（国初）	不详。	《牧庵集》卷一二《报恩寺碑》
王义	深州	深州节度使兼深、冀、赵三州招抚使（1218）	子植，赵州节度判官；子椅，历大名等路宣抚司郎中、少中大夫彰德路总管兼鄂勒等，佩金虎符。	《紫山大全集》卷一八《龙虎卫上将军安武军节度使兼行深冀二州元帅府事王公行状》
郑遵	元州	节度使、行元帅府事（贞祐初年）	不详。	《元史》卷一一九《木华黎传》

（续表）

附蒙世侯或官员	所在州	附蒙之初所系官衔（授予时间）	附蒙之后其本人或后嗣所袭职衔之变更	备注
贾德	景州	金吾卫上将军、景州节度使（1227）	次子著，前宣差景州管民长官。	《秋涧先生大全集》卷四七《故金吾卫上将军景州节度使贾公行状》
刘会	坚州	坚州都元帅兼节度使（年代不详）	子泽，承袭职任充坚州管民长官。	《山右石刻丛编》卷二七《刘会碑》
仪肃	解州	解州节度使（1218）	子袭爵，后尹曲沃、隰川、修武、济阴。[1]	《山右石刻丛编》卷三〇《仪氏先茔记》
杜丰	沁州	绛军节度使、沁州都元帅、便宜行事（1219）	沁州长官。	《山西通志》卷二〇四《杜氏孝感泉记》、《元史》卷一五一《杜丰传》
王某	晋州	辅国上将军、右副元帅、晋阳军节度使（1220）	子王安仁，为晋州军民万户，授晋州节度使。	《古今图书集成》卷一〇五《晋州治记》、《常山贞石志》卷一五《晋州五岳观碑》
郑皋	泽州	忠昌军节度使（1228）	长子鼎，初为泽、潞、辽、沁千户；后迁阳城军民长官；中统元年以功迁平阳、太原两路万户；至元三年迁平阳路总管。	《同治阳城县志》卷一四《元故忠昌军节度使郑公神道碑铭》、《元史》卷一五四《郑鼎传》

（续表）

附蒙世侯或官员	所在州	附蒙之初所系官衔（授予时间）	附蒙之后其本人或后嗣所袭职衔之变更	备 注
田雄	隰、吉州	授公隰、吉州刺史，兼镇戎军节度使（国初）	后宣差京兆府路都总管。长子大明袭京兆府等路兵马都总管，次子大成袭陕西京兆府等路都总管。	《寓庵集》卷六《故宣差京兆府路都总管田公墓志铭》
李平	磁州	辅上将军、滏源军节度使、行元帅府事、佩金虎符（1220）	庚子（1240）改本州安抚使。长子天祐袭爵，再除磁州劝农使。	《紫山大全集》卷一六《故磁州安抚使李公神道碑铭》
贾辅	祁州	祁阳刺史（贞祐年间）	子文备，袭侯爵，兼袭祁州刺史，行军千户。	《郝文忠公陵川文集》卷三五《左副元帅祁阳贾侯神道碑铭并序》
乔惟忠	恒州	定远大将军、恒州刺史[2]（贞祐初）	后升元帅都监，迁副元帅。未几出镇唐县，行元帅事。惟忠长子珏袭职，次子琚，为顺天路人匠总管，雄州、新城等处长官。	《郝文忠公陵川文集》卷三六《乔千户行状》、《元好问全集》卷二九《千户乔公神道碑铭》
姜房	宁海州	昭武大将军、元帅右监军、宁海州刺史（贞祐、兴定间）	后加授胶、潍、莒、密、宁海等州总管万户。长子承总管之符节，次子袭本郡刺史之职。	《民国牟平县志》卷九《元昭武大将军总管万户姜房墓碑》

(续表)

附蒙世侯或官员	所在州	附蒙之初所系官衔（授予时间）	附蒙之后其本人或后嗣所袭职衔之变更	备注
兀林答阿鲁兀剌	潍州	授金吾卫上将军、右副元帅、复改益都路淮州防御使（1232）	中统二年，其子兀林答喜管领权省职任兼潍州防御使。	《益都金石记》卷四《淮州防御使□兀林答公神道碑》

说明：本表所列仅限于文献记载的曾系有"节度—刺史"体系之衔的附蒙世侯。

备注：(1) 据《山右石刻丛编》卷三〇《仪氏先茔记》胡氏之跋文，认为仪氏"同知解州，有政绩。继而尹曲沃、隰川、修武、济阴"，应是指至元初行"迁转法"之后事。此说甚是。

(2) 此官职当为金所授，降蒙时很有可能仍袭此职，逮至其受张柔节制时，其职衔则发生变化。故仍列于此。

表5-3所揭示的部分占有州郡的世侯，他们在降蒙初期大多领有"节度—刺史"体系之职衔，此应因袭金旧制而来。[①] 另有些世侯则因屡立军功，其初所授予的"节度—刺史"体系之衔随后又逐渐废弃，为"兵马都元帅"等称谓所取代。例如，史进道曾于1215年为义州节度使；[②] 史天祥于丙子岁（1216）为"镇国上将军、利州节度使、所部降民都总管、监军兵马元帅"，后为右副北京等七路兵马都元帅、授海滨和众利州等处总管，行北京七路兵马都元帅府事，其后世子嗣亦多为各地军民长官，而不再领有"节度—刺史"体系之衔；[③] 史格于宪宗二年（1252）授卫州节度使，后为怀远大将军、亳州万户；[④] 崔世荣初授定海军节度判官，次授昭武大将军、莱登二州汉军都元帅左督监军，[⑤] 等等。

诚然，世侯系衔的改变并非一蹴而就，"节度—刺史"体系下的职衔称

[①] 当然亦有不少降臣不系节度等衔，如《元史》卷一一九《木华黎传》载："京东安抚使张琳皆来降。以琳行山东东路益都沧、景、滨棣等州都元帅府事。"

[②] 《畿辅通志》卷一六六《史进道神道碑》。

[③] 《元史》卷一四七《史天祥传》。

[④] 《牧庵集》卷一六《平章政事史公神道碑》。

[⑤] 李图等纂：光绪《重修平度州志》卷二四《元昭武大将军汉军都元帅左监军崔公神道碑》，清道光二十九年刻本，载《辽金元石刻文献全编》第一册。

谓在蒙古国时期,甚至在入元以后仍有一定程度地存留。据《振衣冈题名二种》载,1249年张郁仍为泰安州刺史;①《博州重修学记》提及"防御使茌平石侯青,彰德总管兼州事赵侯德用,乃以行台之命,葺旧基之余而新之";《左副元帅祁阳贾侯神道碑铭并序》提及祁阳贾辅为"镇国上将军、遥领浚州防御使,仍知祁";《故真定五路万户府参议兼领卫州事王公行状》则载,辛亥年(1251),王昌龄因治理卫州有功,史天泽为表酬谢,以昌龄子"充同知卫州节度使事";《故金吾卫上将军景州节度使贾公行状》亦载传主贾德之子贾英,宣差沧州节度同知。② 另据中统四年九月所立《晋州五岳观碑》,碑末尚题有"宣差节度使功德主王安仁、宣差次三官杨国珍、节度判官王瑞、宣差达鲁火赤合剌只、宣差节度同知兼提举学校官王安"等语。③《山右石刻丛编》卷二六《绛阳军节度使靳公神道碑》后按语有云:"按,元官制无节度使,而《元史·刘亨安传》云授绛州节度使在戊寅前,此碑亦题'绛阳节度使',此元初因金官之证",等等。这些记载表明,华北州郡在"节度—刺史"体系下之职衔称谓的存在,一直延续至入元以后。清人沈涛针对《晋州五岳观碑》出现有节度使之衔曾云:"此题节度使者,元初沿袭金制,故州镇犹有节度使官。迨至元初,诸路量设总管府,然后节度使之名始废。"④从保存至今的元初碑刻来看,凡落款或题名在至元初年以后的,则渐已不再见及有"节度—刺史"体系之衔。

依据上文所揭示的金元之际占有州郡之世侯们所系职衔在附蒙初期,或之后其本人与其子嗣们所袭领职衔的变动状况,我们大致可以窥知一种比较明显的变化趋向:附蒙之初,大多随所自欲,首以"某某上将军"、

---

① [清]毕沅、阮元撰:《山左金石志》卷二一《振衣冈题名二种》,载《辽金元石刻文献全编》第一册。
② 《元好问全集》卷三二;《郝文忠公陵川文集》卷三五;《秋涧先生大全集》卷四七;《秋涧先生大全集》卷四七。
③ 沈涛:《常山贞石志》卷一五,载《辽金元石刻文献全编》第三册。
④ 详可参阅《常山贞石志》卷一五《晋州五岳观碑》编撰者所加跋文。此处沈氏将"节度使"等官比附为"路总管府",这与金代前期部分总管府或散府曾设置或兼有节度使之情形相符,它在一定程度上表明"总管府"的设立是对"节度—刺史"体系职衔的一种消解,这是正确的;但在另一方面,节度州虽有时节制数州之地,但与路总管府又根本不在一个层级上,这又表明其有不足之处。

"某某元帅"之称,再系以"节度—刺史"体系之职衔,所谓"某州都元帅兼节度使"或"节度使兼行帅府事(或兼行元帅、都元帅府事,或兼元帅左都监、右都监)"等等。这些大小世侯均系有诸如"行省都元帅"、"军民总管"、"元帅"、"兵马都元帅"、"元帅监军"等衔,此类纷纷系以军事职衔而竞相比附的现象,某种程度可能受到金代路级机构所谓的"兵马都总管"之类具有浓厚军事色彩之称谓的影响;但究其实,大多乃"军职民职兼称,虚衔实管重叠,名目繁杂,大抵若不是出于他们自报自称,便是蒙古统帅的汉人幕僚所拟,并无定制"。① 所谓"既取中原,定四方,豪杰之来归者,或因其旧而命官,若行省、领省、大元帅、副元帅之属者也。或以上旨命之,或诸王大臣总兵政者承制以命之。若郡县兵民赋税之事,外诸侯亦得自辟用。盖随事创立,未有定制"。②

而在依附蒙古以后,蒙古草原因素逐渐羼入汉地职官体系。世侯本人原所系之衔,或袭领其职的子嗣们的系衔状况,在面对蒙古人的统治时,已逐渐发生改变。"节度—刺史"体系之衔渐趋式微,转而以蒙古人所授予的万户、千户、百户之称为尚,或系以"军民长官"、"管民长官",或"某某总管"、"某某长官"等诸种职衔称谓。万户、千户、百户等称谓的出现,实质已表明华北汉地世侯们已逐渐被吸纳到蒙古草原的军事职官体制之内。授予万户或千户,在当时是一种地位崇高的表征,比起其他职衔称谓显然要来得重要。在漠北地区,千户还曾是大蒙古国的一种地方行政单元;③在今黑龙江地区曾发现一方"管民千户印"的蒙元时代印玺,据此可知千户作为一种基本行政单元存在的事实。④ 蒙古国时期,许多州郡长官被授予千户之职,如冠州赵天锡、忻州周献臣、曹州信亨祚、濮州毕叔贤、

---

① 陈得芝:《再论乌思藏"本钦"》,载氏著:《蒙元史研究丛稿》,人民出版社,2005年版,第282页。
② 苏天爵:《元文类》卷四〇《经世大典序录·官制》。
③ 陈得芝:《元岭北行省建置考》(上),载《蒙元史研究丛稿》,第131页。另,同书第199页,作者亦提及漠北地区的千户作为地方行政单位职能的日趋完善。
④ 该印玺印文为汉字九叠篆书,印背凿刻楷体汉字"塔察国王发"、"甲寅年六月日造"等字样,此显然是蒙哥时期塔察国王颁发给王府官员的官印。详可参阅赵虹光著:《黑龙江区域考古学》,中国社会科学出版社,1991年版。兹转引自程尼娜:《元代对蒙古东道诸王统辖研究》,载《辽宁师范大学学报》2004年第5期。

德州刘通等。① 这在一定程度上又似乎表明,蒙古国时期华北地区一个州郡单位大体当对应一个千户。关于此点,前一章已有深入探讨,兹不赘述。

另一方面,"军民长官"、"管民长官"中的"长官"称谓,实亦附着有蒙古草原旧制成分。所谓"长官者,国初高爵也",②长官"谓诸司长上之官也"。③ "长官"这一语词系蒙古语 noyan 的对译词(汉译里有"那颜"、"那衍"、"那延"等多种写法)。④ "那颜"一词,不只有"军事长官、主人"的意义,而且也有"首长"之义。所谓万户长、千户长、百户长都可称为那颜。⑤ 蒙古国时期,上至拖雷,被称为 yeke noyan(也可那颜),即大那颜;耶律秃花称为"总领也可那延"。而在华北地区,除路、州级官员有被称为"长官"者外,即使县令亦有称为"长官"者,所谓"遂为抚治长官,尤今令尹也"。⑥ 留存至今的许多金末元初碑刻,"长官"之称呼,随处可见。可以认为,"长官(或那颜)"应是蒙元时期各级官员比较通用的一种称谓。⑦

正如符拉基米尔佐夫所指出的那样:"百夫长、千夫长、万户长的职衔是世袭的;带有这种职衔的人获得那颜这一共同的称号,即'官人'、'领主'、'军事领主'的意思。大家知道,很早以前,草原贵族氏族的首领们便带有这个源于汉语的称号。至于把那颜的称号转用于军事的藩臣——封

---

① 《元好问全集》卷二九《千户赵侯神道碑铭》;《山右石刻丛编》卷二七《故左副元帅权四州都元帅宣授征行千户周侯神道碑》;《元好问全集》卷三〇《五翼都总领豪士信公之碑》;《元好问全集》卷三〇《濮州刺史毕侯神道碑铭》;《元史》卷一五二《刘通传》。
② 《元史》卷一五一《杜丰传》。
③ 徐元端撰、杨讷点校:《吏学指南》,浙江古籍出版社,1988年版,第24页。
④ 波斯语中与"那颜"对应的语词为 Amir(埃米尔),有酋长、长官、将军等意思;而与汉地世侯地位相当的阶层,则多用 Malik(篾力克)之称号,它有地区世袭长官的意思。
⑤ 据《至元译语》"君官门",万户被称为"独满那延",千户被称为"明安那延",百户被称为"爪赤那延"。参阅贾敬颜、朱风合辑:《〈蒙古译语〉、〈女真译语〉汇编》,天津古籍出版社,1990年版,第15页。
⑥ 《山右石刻丛编》卷二八《乡宁县赵侯墓志》。另据《至元译语》"君官门",其中称县官为"活鲁那延",参阅《〈蒙古译语〉、〈女真译语〉汇编》,第14页。
⑦ 关于元初中原地区各地地方"长官"的称谓问题,详可参阅陈得芝《再论乌思藏"本钦"》文之相关讨论。

建主,是值得注意的。"① 其实某种意义上说来,中原汉地的世侯就是一种具有军事藩臣性质的封建主,他们领有万户、千户、百户等衔,带有各级"长官"之称,究其实质乃受到蒙古草原旧制之影响,并进而被吸纳到蒙古旧有的草原体系之内。

从金元之际占有州郡之世侯系衔状况发生转变的这一细微变化中,我们发现州郡长官的"节度—刺史"体系之衔已渐趋式微,而带有蒙古草地因素的"千户百户制"以及系有"长官"之衔的诸种称谓,则日渐被广泛行用。它表明蒙古南下对中原官制带来较大的冲击,当然这也正是蒙汉二元制政治特征的题内应有之义,具有较为深刻的北族特质。这一变化状况所折射出来的问题是,草原社会最为根本的政治制度即其"军事—行政"体制,在与成熟定居社会原有的文官制度相糅合的时候,一方面它具有自身的坚强韧性;而另一方面在其统治日趋稳固的时候,又被成熟的文官体制所"反噬",呈现出镶嵌式的"二元制"现象。②

四 元代州划分体制的转变及其缘由之分析

上文以"节度—刺史"体系下世侯所系职衔发生变化为中心展开的分析,比较清楚地揭示出金元之际华北地区官制变化的复杂。这一状况的完全改变则要到忽必烈统治时期,尤其是在中统年间平定益都世侯李璮叛乱后。为加强汉地中央集权官僚体制,元廷于至元元年开始"罢世侯"、行"迁转法",以改革中原官制;同时省并州县,设置路总管府等。中统、至元之交的一系列改革措置,促使元代地方行政体制中的州,完全抛却了存在数百年之久的"节度—刺史"体系。

---

① 符拉基米尔佐夫著、刘荣焌译:《蒙古社会制度史》,中国社会科学出版社,1980年版,第166页。
② 即原有的文官体系掌管庶务,而军务则由草原军事体制来掌管。不惟蒙元时期如此,前文所言契丹亦实际亦呈现出此种面貌。另可参阅 Thomas T. Allsen, "Guard and Government in the Region of The Grand Qan Möngke, 1251-59", *Harvard Journal of Asian Studies*, Vol. 46-2, 1986, pp. 495-521。

(一) 元初州之划分体制的转变

中统三年,忽必烈以镇压汉人世侯李璮之变为契机,褫夺世侯军权,罢侯置守,行迁转法,省并州县,逐步建立起汉地传统的中央集权官僚制度。① 至元元年(1264)八月,元廷开始"省并州县,定官吏员数,分品从官职",②对州县制度进行调整和改革。元人有谓"全元初,大选天下官吏,黜陟有差。号令一出,制度章章。以远从近者,省并诸司,移节官吏,人自为跻之于唐虞之世"。③与此同时推行的迁转法,则迫使世侯在交出军权的同时,亦不得不转徙他处为官,军、民之职不再兼而有之。张柔之子张弘范,"至元元年,弘略既入宿卫,帝召见,意其兄弟有可代守顺天者,且念弘范有济南之功,授顺天路管民总管,佩金虎符。二年,移守大名";坚州刘会,"至元二年,国朝迁转官员以来,由坚而代,自代三仕盂、管、隰知州,始终二十五年之间";新城张元帅子张晋,"皇上改至元之二禩,朝廷清明,百揆时序,定品秩,设奉给,省并州县,迁转官吏,其子张晋遂受除,迁于他所"。④ 世侯遭受重大打击,所谓"至元之罢侯守,民盖有视其故侯如路人,甚至追咎怒骂如仇雠者"。⑤ 世袭特权不复存在,其所系职衔亦相应地发生改变。

至元三年(1266),元廷对州长官的职衔称谓已有明确规定:"上

---

① 关于此次李璮之乱与世侯罢废的问题及其相关意义的探讨,详可参阅爱宕松男:《李璮の叛乱とその意義——蒙古朝治下における漢地の封建制とその州県制への展開》,载《東洋史研究》6-4,1941;周良霄:《李璮之乱与元初政治》,载《元史论集》,人民出版社,1984年版。
② 《元史》卷五《世祖二》。
③ [清]牛昶煦等纂修:《丰润县志》卷四《丰润县碑记》,清光绪十七年修、民国十年铅字重印本。至元元年九月,中书省颁布一份有关迁转法的重要文书——《职官新制》,其《序言》称:"至元元年九月,钦奉中统五年八月 日圣旨:谕中书省节该,以[所]降条格省并州县,定六[部]官吏员数,明分品从,加散官,授宣敕,定公田,设仪从。仍三个月一次考功过,为殿最,以凭迁转施行。"而同书别集卷一"职官新制"条亦有关于迁转之条例:"管民官三年一遍,别个城子里换者。诸王议将随处官员,拟三十个月为一考,较其功过,以凭升降迁转。其达鲁花赤,不在迁转之限。"参阅陈元靓:《事林广记》,中华书局,1999年版。
④ 《元史》卷一五六《张弘范传》;《山右石刻丛编》卷二七《刘会碑》;[民国]王寀廷等纂:《重修新城县志》卷二二《至元二年初建儒学记碑》,民国二十三年铅印本,载《辽金元石刻文献全编》第三册。
⑤ 《元文类》卷五〇《济南路大都督张公行状》。

州：达鲁花赤、州尹秩从四品,同知秩正六品,判官秩正七品。中州：达鲁花赤、知州并正五品,同知从六品,判官从七品。下州：达鲁花赤、知州并从五品,同知正七品,判官正八品,兼捕盗之事。"①随着至元初州之官制的正式确立,"节度—刺史"体系之职衔已基本不再见诸史籍。自唐中后期以来,已存留近六百年之久的"节度—刺史"体系至此亦已完全退出历史舞台；某种意义上说来,始自汉代的州之长官称谓——"刺史",在元、明时代不复出现,清代虽偶有所见,但也仅为州官之别称而已。

与行"迁转法"对官僚系统进行调整几乎同时推行的,是对地方州县官吏冗员的裁减和对州县建置的省并。所谓"并郡县,转官吏"、"省并州县,定六[部]官吏员数"。② 至元二年闰五月,元廷正式下诏省并州县,"诸路州府,若自古名郡,户数繁庶,且当冲要者,不须改并。其户不满千者,可并则并之,各投下者,并入所隶州城。其散府州郡户少者,不须更设录事司及司候司,附郭县止令州府官兼领"；当年十二月己巳,"省并州县凡二百二十余所"。③ 至元三年,元王朝继续"合并江北州县"："照得至元三年钦奉圣旨节该：州城畸零去处,不满千户者,斟酌改并,民户多者,从长定夺,更当冲要驿程,不须改并。钦此。"④此次州县的省并,可视作为元代州县制度确立的起点。

至元初年省并州县是严格依照户口多寡来划分等级。据《元史·百官志七》载："诸州。中统五年,并立州县,未有等差。至元三年,定一万五千户之上者为上州,六千户之上者为中州,六千户之下者为下州。"元代州的分等之制发生改变,正基于此次调整和改革。⑤ 元代依户口多寡作为划

---

① 《元史》卷九一《百官志七》。
② 张之翰：《西严集》卷一九《大元故荣禄大夫中书平章政事赵公神道碑》,文渊阁《四库全书》本；《元史》卷五《世祖二》；《事林广记·序》。
③ 《元史》卷六《世祖三》。
④ 王恽：《秋涧先生大全集》卷八九《论复立博野县》。
⑤ 南方由于人口繁剧,其依人口多寡划分州等的标准与北方不同,据《事林广记》卷四《郡邑类》载："元贞元年五月二十七日,奏过事内一件节该：江南州治少,有四万户之上到五万户的交做下州,五万户之上到十万户有余的交做中州。合立的州四十四个县有。"

分州之等第的唯一依据,①而不再更多地考虑各州的军事地位或其辖境大小等因素,并且完全抛弃宋以来以"节度—刺史"体系对州进行划分的原则。应该说来这是对唐、宋以来州之划分体制的一种总结和继承;而明、清承袭元制,州仅为等同于县或稍高于县的一级行政单元,惟其划分体制却又异于元。②

(二) 转变之缘由分析

元代州之分制发生转变的具体历史过程已如上述,那么其转变的背后又究竟有着怎样的内在逻辑缘由呢?前文的考察其实已经表明:金元之际州之滥置造成州地位的下降,以及蒙古草原旧制给中原地区原有的州郡官制带来巨大的冲击,这两方面当是促成元代州在"节度—刺史"体系下发生改变的直接缘由。设若进一步深加追究的话,我们不得不重视如下两个关键点:一是在元代地方行政制度中,"路"已成为严格意义上的地方一级行政实体,它在一定程度上已取代了唐宋时代的"州"所具有的那种作为地方正式最高行政实体的地位;二是蒙元独特的军事镇戍体系,消解掉了唐宋以来"州"作为一个相对独立的军事防御单元之存在的条件,"州"已失却其按军事系列进行"格制"划分的基础。

金元之际,部分重要的节镇州升而为府的现象就已十分频繁。至元

---

① 这很可能与蒙古人观念中重民而非重地的传统有关。李治安针对元代侧重于户口数多寡来定路府州县等级的状况,曾指出:"蒙古统治者虽然表面上继承沿用了汉地路府州县及宣慰司等政区形式,但在重新组建上述官府秩序之际,还是顽强地把草原万户、千户、百户等依户数定建制的传统塞了进来。其结果是动摇了汉地传统王朝主要依据辖境大小确定郡(州)县行政级别的原则,转而较多地注重户口多寡。换句话说,依户口数实施州县升路升州之类的改造,隐藏着蒙古草原旧俗的政治文化背景。"参阅氏著:《元代政区地理的变迁轨迹及特色新探》(三),载《历史教学》(高校版)2007 年第 3 期。不过需指出的是,依人口多寡而划分等其实也是汉地一直以来的传统,蒙元州制分等的简化,很可能与其崇尚简朴的习俗有关。

② 明代州县等级划分大体有四种:以区划地理位置、以田赋多少、以事务繁简以及以人口多寡或疆域大小来划分等级。明代虽偶可见冲、繁、疲、难等划分等级,但缺分制之现象已十分普遍。清沿明制,其按冲、繁、疲、难四字划分等级则要详于明。参阅柏桦:《明代州县政治体制研究》,中国社会科学出版社,2003 年版,第 61—63 页。

二年设立诸路总管府,这是"元朝地方行政制度以路为根干的划一化"的标志。① 路作为正式一级地方行政实体的定型,瓦解了唐宋以来州作为最高一级地方行政实体的地位。金元之际,华北地区遍设总管府路,以至后来在江南等地大量增设,并曾一度达到"每州皆为路"的程度。② 钱大昕曾注意到此状况并指出:"元时改府、州为路,既无节度、防御虚衔。"③所谓元代改府、州为路,正发生于至元初年华北省并州县之时。需指出的是,宋代"州郡之名,莫重于府"。④ 宋人赵彦卫云:"东汉末分天下为州,如唐之道,本朝之路,非如今之州,但指一郡言也。"⑤金代则"始以府统州者,其州多不领县,则遂与县同列"。⑥ 因此,元代的路所对应的层级当为宋、金时期的府,而府其实就是相对而言比较重要的部分州郡。元人吴澄曾云:"皇元因前代郡县之制损益之。郡之大者曰路,其次曰府若州。"⑦王磐则在《河间总管题名记》更是指出:"皇元平一海内,重司牧之任。以河间为重寄,其出镇者皆尊位高秩,而总管统兵民治之,其权比古节度使,来居此者又多素有功。"⑧

至元二年总管府路的普遍设立以及州县的省并,是中统、至元之交罢世侯与行"迁转法"政策推行的结果。可以认为,至元二年,元代的路、府、州、县地方行政建制已初步形成。它结束了蒙古征服初期遍设所谓"路的行省"以及世祖前期设立宣抚司、宣慰司等机构的尝试,亦结束了世侯纷争、各自为政的局面。这在金元制度的转变上具有十分重要的意义。

元代路制的定型,降低了州的级别,同时也取代了州原来作为重寄一

---

① 爱宕松男:《元代的录事司》,载《日本学者研究中国史论著选译》第五卷"五代宋元",中华书局,1993年版,第617页。
② 叶子奇:《草木子》卷三下《杂制篇》,第63页。
③ 钱大昕:《十驾斋养新录》卷九《元史》不谙地理》。
④ 洪迈:《容斋随笔》卷一二"州升府而不为镇"条,上海古籍出版社,1978年版。
⑤ 赵彦卫:《云麓漫钞》卷五。
⑥ 纪昀:《历代职官表》卷五四《知州知县等官》,上海古籍出版社,1984年版。
⑦ 吴澄:《吴文正公集》卷一四《送监察御史刘世安赴行台序》,《元人文集珍本丛刊》本。
⑧ 王磐:《河间总管题名记》,载《全元文》(第二册)卷六一,江苏古籍出版社,1998年版,第250—251页。

方的代表性地位。虽然元代有直隶省部之州,但其地位并不在路、府之下,惟其设置不甚普遍,亦无代表性地位。①元初地方行政层级中的路、府、州、县,再加上至元中后期正式成立的行省,元代的地方行政层级已显得十分繁复,无怪乎元人曾有取消路级建置而代之以州、军的建议。元人王结曾直陈其弊:"外路有行省,又有宣慰司,又有总管府。不惟此耳,内自京师达州府,长贰员数不胜繁多。凡建官设司,本为民庶,今职司太繁,员数太众,不能治民,徒为烦扰。""国家幅员之广,前古莫及。方面要会既建立行省,如福建、两广、四川,控制溪洞边徼去处,又立宣慰司可也。其余路分宣慰司实为虚设。又各州领数县,上属省部,又有总管府,是古人所谓又当重并者也。在朝职司员数多者,可详考古制,渐行厘革州府之官。请依唐宋故事,大略不设总管府。大都会处立为府,其余去处止置州、军,各领数县。直隶省部,令廉访司官监治按察之,领县不多,庶易为治。府设监郡一员,知府一员,以为长;通判一员,以为贰。州、军亦如之"。② 这种希望回复到宋代以州为"根干"的地方行政制度的看法,反映出元人对地方行政制度中"路"与"行省"制度的不适。元代的州已滑落为统县或与县同级的行政单元层级,而失却了重寄一方的代表性地位,原来在"节度—刺史"体系下对州进行划分的体制自然亦随之取消。

其二,蒙元独特的军事镇戍体制,消解了州作为一个相对独立的军事单元存留的基础,其所反映出的亦正是州作为某种具有军事防御功能地位的消退。唐、宋以来,州作为地方一级行政区划,是具有很强的军事防御区划功能的,将其视为一个相对独立的军区单元,当不致大误。

---

① 直隶州当滥觞于辽,元代直隶州地位与路相埒,且多集中于山东地区。元代直隶州之设应是元廷为削弱世侯势力,并进而将这些州作为单独食邑州分封给蒙古诸投下而形成的,它在很大程度上是罢废世侯和蒙古诸王分封共同作用下的产物。参阅李治安:《元代中原投下封地置路州发微》,载氏著:《元代政治制度研究》。需指出的是,明代"改路曰府",直隶州与属州之设置及其地位仍基本承袭元代之旧。关于明代州制的一些变化,尤其是直隶州与属州地位的分析,可参阅郭润涛:《明朝"州"的建设与特点》,载王天有、徐凯编:《纪念许大龄教授诞辰八十五周年学术论文集》,北京大学出版社,2007年版。

② 王结:《文忠集》卷四《上中书宰相八事书》,文渊阁《四库全书》本。

宋、辽、金时期,州按"节度—刺史"体系划分州制的原则实质上就已很清楚地表明了这点。① 前文已言,宋代州在"节度—刺史"体系下分州之制显示的是各州的军事地位。宋虽以文臣知州事,但诸州守臣又有"例兼兵职"之事,"诸州军及缘边,又有管勾一州,或一路二路兵甲巡检者"。② 两宋虽有别,但基本各州都有驻军,仅以宋代将帅之官"钤辖"一职而言,即有"一路则有路分钤辖,一州则有州钤辖"之谓。③ 金代各路都总管府是各所在路的军事治安机构,三上次男认为:"金的军政机关分为缓、急两种,即一般内地由总管府、节度使统辖,特别需要经常戒备的各边境地方则由统军司、招讨司统辖。"④同时,金代州之节度使"是本路都总管府下的军分区长官,掌管本节镇州以至若干'防、刺'州之军事",各州防御使或刺史亦掌管本州的军事治安。⑤ 因此,宋、金时期的州应该说来都可视作为是一个"军区",负有军事重任,且都有相应的官员掌有兵权。

元代则不同,蒙元的镇戍制度比较特殊,除行省以及宣慰司外,各级地方政府均不予兵权,"元代除屯驻黄河流域及其他各地区的蒙古军直辖于枢密院外,分驻各省之汉军及新附军等皆归各行中书省管帅指挥;换言之,各省军政之权合一"。⑥ 需指出的是,叶子奇云"各路立万户府,各县立千户,所以压镇各处。其所部之军每岁第迁口粮,府县关支,而各道以宣慰司、元帅府总之";郑玉称"各路设总管府以治民、万户府以统军";《潮州三阳图志辑稿》则载"镇守一路,设万户府及镇抚、千户、百户以统兵"。⑦ 这些

---

① 辽因其特殊的南北面官制,南枢密院所属之州在"节度—刺史"体系下的军事特征虽不十分显著,但各州具有一定的军事区划功能应是无太大疑义的。
② 钱大昕:《廿二史考异》卷六九《宋史三》,上海古籍出版社,2004年版。
③ 《文献通考》卷五九。
④ 三上次男著、金启孮译:《金代女真研究》,黑龙江人民出版社,1984年版,第298页。三上次男此处所作的区分虽不十分确切,不过它所提示的"节度使统辖"作为一种军政机关的存在,则是值得注意的。
⑤ 参见王曾瑜:《金朝军制》,第31—32页。
⑥ 萧启庆:《元代的镇戍制度》,载氏著:《内北国而外中国:蒙元史研究(上册)》,第270页。
⑦ 叶子奇:《草木子》卷三下;《师山集》卷六《徽泰万户府达鲁花赤珊竹公遗爱碑铭》;《潮州三阳图志辑稿》卷二《建置志·营寨》。

说法主要描述的是元末江南地区路级单位的情状,其具体所指还有待进一步考察。或许它所指的就是蒙元于重要路份所设的、由行省或宣慰司所指挥的万户;或许也很有可能只是特殊时期、特殊地域的一种便宜之举,我们不宜将其放大。笔者还曾在前一章中指出,这很有可能也是元人对于蒙古军政体制与汉地路府州郡地方行政体制所作的一种比附,它并不表明元代的路具有军事职权。总之,宋代州之地方庶政与军政分离,金代州级地方官则军民之事均预,它表明宋、金州级地方上都寄留有兵权;而元代除行省、宣慰军政合一外,路、州、县级地方仅领庶政,与兵权无涉,这不得不说是一个十分重大的不同。从军事因素这点上看来,元代"州"的军事地位的表征已消失,依"节度—刺史"体系对州进行划分的基础就不复存在。

需进一步指出的是,元初省并州县并依据户口多寡来定州县等级的措置,其内中实亦包含有针对汉人世侯的意味。某种程度上可以认为,这是进一步针对世侯问题而采取的后续措施。蒙古国时期大量中、小世侯占有州郡,各自为境,类于唐代藩镇方伯;这些世侯不少系有节度、防御、刺史之衔,且多领有军民财权,成为州郡的实际军民长官。汉人世侯与宋、金时期州制中州的长官地位不可同日而语。[①] 元初完全革除宋、金时期以"节度—刺史"体系对州进行划分的体制,其背后自然有基于彻底消灭汉人世侯占有华北州郡的考虑。

元代州在"节度—刺史"体系之下划分体制的消失以及州地位的下降,与同时期路制的确立以及行省制度的酝酿和发育,适成彼降此升的态势。这是金元之际地方行政制度发生变化的最好注解。有学者从长时段的角度思考中国的人口、政治与社会变迁问题,认为地方政府机构在唐宋之际发生变化是因为帝国内部高密度人口的扩散导致行政上的困难,致使"路"的出现与"县"的数量增加和独立性加强,而与此同时,"州"则作为

[①] 世侯以军事起家,竟以有军事之职衔者相称,为风之甚,乃至一县之长官都有称"兵马元帅"者。金末逐步摒弃节度使、防御使、刺史等官称,与宋节度使、防御使、刺史为虚职应有一定关联;此外,金代路级长官中的"兵马都总管"这一职衔的重要性,某种程度上亦对当时的风习有所影响。

一种基本的行政单元却已越来越不那么具有价值,"皇帝君临帝国管辖下的绝大多数地区的直接行政权威实际上衰弱了——三百零六个州的沟通渠道被整合为一十八个路"。① 这确实反映出千余年来中国历史上中央与地方在集权与分权上循环往复的某些特性。不过从本章分析看来,唐宋元以来路、州之地位的变更与确立,并非此类长时段或总体性的观察与研究可概而括之,许多历史的关节点尚有细致推究分析之必要。

---

① Robert M. Hartwell, "Demographic, Political, and Social Transformations of China, 750-1550", *Harvard Journal of Asiatic Studies*, vol. 42, 2(1982), pp. 395-397, p. 404. 此句译文参考过张广达先生的翻译,诚不敢掠人之美,特谨识于此。详参氏著:《史家、史学与现代学术》,广西师范大学出版社,2008年版,第109页。

第六章　华北建置变迁之初步分析

金元之际华北地方行政建置发生激烈变化突出地表现在路、府、州、县的划割改属与升置降黜两个方面。为更直观地突显上述两方面的问题并彰显出本研究课题的基本思路和主要观点，兹对华北地区各区域的建置变化特征与时段特征进行初步的分析和总结。

一　华北各区域建置变化的特征

金元之际的"行省"与"路"是常见诸载籍的两类机构。金蒙双方的许多大臣或地方将领均曾系有"行省"之衔，这些"行省"的分布与金代"兵马都总管府路"的设置出现不少重合，日本学者将其称为"路的行省"。[①] "路的行省"重在指称"行省"，更多的是说明其具有重治一方的意味，这虽很合乎当时各地纷扰、朝廷无力全面直接干预的实情。倘若从地方行政建置的角度来衡量，莫若将其视为"行省的路"更为切当。"行省路"一则表明其在地方建置上仍"基本沿袭金朝的路"而来，其所管领之地域范围亦与金代的"路"相埒；二则同样可以表明其重治一地的"行省"意味。这种"路"置"行省"的状况，从金蒙对峙以来，一直持续到中统三年李璮乱后"益都路行省"被罢废时为止。

---

① 前田直典：《元朝行省の成立過程》。关于金代行省问题以及蒙古国时期"路的行省"的问题，亦可参阅景爱：《金代行省考》；王颋：《元代行政地理研究》第二篇《行省》的相关部分。

大蒙古国时期所谓"行省路"某种程度上即作为"路"的代表,它是当时行政区划的基本单元;于此之外,应该说来还有一种比较典型的路,因其起于军事缘由,笔者将其视为一种临时性的"军马路",[①]如当时有所谓"霸州等路"(很可能与"雄州[总管]"一起构成"雄霸路")、"涿易等路"、"深冀路"(有"冀州军民总管"、"深冀元帅府"之谓)等。因此类路设置时间甚为短促(大致存在于 1218—1239 年间),军兴之后即行罢去,并不在具体的行政区划上起过实质性影响,本课题在涉及到此类"军马路"状况的时候,并未将其视为严格意义上的"路"。逮至世祖至元二年,元廷开始实行"以路为根干的划一化",量设总管府,"以蒙古人充各路达鲁花赤,汉人充总管,回回人充同知,永为定制"。是即所谓元代的"总管府路"。

在上述几种类型的"路"之外,大蒙古国时期还出现有少量与路同级的"府"。这类"府"亦多因其军事地位重要而起,一度并不归属原金所在的路管辖,后来因军事职能弱化,或升格而为"路",或回复为散府、州,例如中山府、河解万户府、绛州元帅府、彰德府等。

路制历经宋、金,最后定型于元代。"路"成为正式地方行政实体,这是元代地方行政制度发生变化的一大特征。路作为正式一级行政区的定型,消解掉长期以来"州"作为一级行政区划单元的代表性地位,而州的地位的降低与金元之际华北地区州的滥置不无关系。[②] 这是当时地方行政发生变化的最具指标性意义的一个方面。

另一方面,金元之际华北地区各区域的变迁特征如何呢,该区域内路、府、州、县的升置降黜以及划割改属状况又呈现出何种状态或特征呢? 就总体而言,河东山西与河北东、西路地区涉及较多的是地方行政建置的升置降黜,而山东东、西路地区则涉及较多的是建置的划割改属。这与当时世侯的分布特征和蒙古投下食邑分封两方面的影响是分不开的。接下来就金元之际华北各区域的行政建置及其区划变迁的主要状况作一简要论述。

---

① 需要指出的是,金代路的代表当为"兵马都总管府",亦被称为"兵马路"。此处所云"军马路",主要是为显示其差异。
② 本书"上篇"第五章对此已有比较详细的考证。

元代腹里地区辖境广阔，为俾便管理，蒙元朝廷在此区域内进一步进行区划，其中最为重要的就是设立诸道宣慰司以细分管理。据《元史·世祖纪》载，至元二十三年(1286)设置燕南、河东、山东三道宣慰司，①加上直隶省部的部分，腹里地区共分成四块区域。有关腹里地区的具体区划，史无明文。从现存史料来看，《元史·地理志》、《大元混一方舆胜览》、《新编事类要启札青钱》之外集《方舆胜纪》以及《事林广记》乙集等均保留了一些行政区划资料，但因各书所反映的具体年代不一，因此记载各异。《元史·地理志》记载山东宣慰司仅存益都、济南、般阳、宁海等三路一州之地，反映的仅是至大二年以后的情况。② 而《事林广记》仅按"江北郡县"、"江南郡县"两大类来区分各路，没有揭示出腹里的区划状况。《大元混一方舆胜览》与《新编事文类要启札青钱》对于腹里地区的区划有较详细的揭示，但是《新编事文类要启札青钱》将腹里地区分三大部分，已不见燕南河北道的建置区划，惟《大元混一方舆胜览》载腹里地区四大区划较详，可资参详。

另据《永乐大典》卷一九四一八《经世大典·站赤三》所载一份至元二十五年(1288)正月为增加各地祇应钱钞而下达的公文，我们藉此公文可以大致了解三道宣慰司设置之后腹里地区的内部区划概况。该公文记载显示，直隶省部的有保定、河间、平滦、隆兴四路；燕南河北道宣慰司领有真定、顺德、广平、彰德、卫辉、大名、恩州、怀孟、冠州等九路(或直隶州)；山东东西道宣慰司领有东平、济宁、益都、济南、东昌、般阳、濮州、高唐州、德州、曹州、泰安州、宁海州等十二路(或直隶州)；河东山西道宣慰司领有平阳、太原、大同等三路。虽此记载缺大都路和上都路，但其在直隶省部范围内当无疑义。由于《经世大典·站赤三》所反映的腹里地区区划与《大元混一方舆胜览》所反映的状况十分接近，因而这两份材料成为我们理解腹里区划的最主要依据。

惟两者最大的不同是关于河间路的归属问题。《大元混一方舆胜览》与《元史·地理志》同，均将河间路置于燕南河北道地区，而《经世大典·站赤三》则将其系于直隶省部之下。由于此记载反映的是设立三道宣慰

---

① 《元史》卷一四《世祖一一》。
② 默书民：《元代的山东东西道辖区考析》，载《中国史研究》2007年第3期。

司之后第二年的状况,是诸史料中年代最早的,因此《经世大典》的材料更值得重视。本书在此处将河间路置于直隶省部的范围内,一方面固然是考虑其年代较早较能反映出历史的事实;另一方面,河间路较为特殊,蒙元初期朝廷先后在华北地区设立十路征收课税所、十路宣抚司、十路宣慰司等机构,乃至至元元年派大员前往各地罢世侯、行迁转法等等,均不见涉及有河间路的记载。"上篇"第一章在考察金元之际"十道"体制的变迁过程中发现,大蒙古国时期,河间路属河北东西路课税所(真定课税所)所辖;逮至中统元年设立十路宣抚司时,辖境状况发生改变,其时河间路已归由燕京路宣抚司辖,笔者估计也就在此期间,河间路已归由中书省所直辖。此外,因德宁路、净州路、泰宁路、集宁路、应昌路、全宁路、宁昌路、砂井总管府等设置较晚,不在本研究课题时段之内,概不列入分析。以下笔者将整个腹里分成直隶省部地区、燕南河北道地区、山东东西道地区以及河东山西道地区这四块区域分别进行分析。

直隶省部地区为两都所在的京畿重地。金元之际,燕京曾置都行省、行省(燕京等处行尚书省)等,一度管领黄河以北的整个中原汉地。在行省这一层面,平、滦之地曾设兴平行省。太宗窝阔台二年设十路课税所(一种财政区划)时,该地区就立有燕京、宣德、平州三路课税所;中统初年设燕京路宣抚司,领辖燕京路、涿州路、顺天路、平滦路、河间路等;宣抚司罢之后,又设置有燕京宣慰司。该地区有一批世侯,如中都路的石抹明安家族、平滦路的王珛、顺天路的张柔、涿州的赵柔等等,这些世侯势力的存在,某种程度上对该地区路级建置的生成曾起到过一定的作用,最为典型的有如顺天路,该路就是由于世侯占地而生成的。该地区主要由原金西京路、中都路以及河北东、西路和北京路的部分地区所构成,如原属金西京路的宣德府(路)、德兴府;原属西京路的桓州则建立都城,成为后来的开平府(即上都路),等等。

燕南河北道地区主要以原金河北西路为主而构成,此外还包括有河北东路以及河东南路的少部分地区。据迺贤撰《河朔访古记》云:"国朝初,仍为河北西路,怀、卫、邢、洺、磁、相、保、大名、河间皆隶焉。"[①]后经划割调整,

---

① 迺贤:《河朔访古记》卷上《常山郡部》。

应该说基本上囊括了燕南河北道地区的主要路份。该地区最大汉人世侯为真定史天泽。因正处于腹里地区中部，蒙古分封时该地区多为拖雷系所有。大蒙古国时期，该地区曾设置过大名路行省；置有真定路课税所；设立十路宣抚司和十路宣慰司等时，又曾置真定路和大名彰德路两处。

山东东西道地区辖境广阔，然其行政建置却不似河东山西、河北东西路地区绵密，相对显得疏阔。大蒙古国时期，该地区曾主要存有两大行省，一是汉人世侯严实所领东平行台尚书省，另一则是益都李全、李璮父子所领益都行省。李氏父子所占据的山东东路地区，在大蒙古国时期一直维持一种号称"行省"的建置，其或称"山东淮南楚州行省"，或称"山东淮南等路行省"、"山东东淮南尚书省"等。李璮乱后益都行省被罢，据《齐乘》载，"[至元]三年，废益都散府，入本路"。大蒙古国时期山东东路地区虽一直有"益都行省"的存在，不过并不意味着该地区就是"行省"的建置，它仍是路级建置。太宗窝阔台二年，山东地区设有东平、济南两课税所，其中济南课税所含益都、济南两路；中统初年亦设东平、益都济南两路宣抚司。是知，大蒙古国时期山东东西道地区内部的区划上还是比较稳定的，东平路为山东西道，益都、济南两路形成山东东道。

山东东、西道地区的路级建置变化较为显著。据史载，金元之际曾有"山东十路"之谓，①不过其具体路份已不可考。金元之际见于记载的路份有：东平路、济南路、益都路、滨棣路（至元二年省）、济宁府（或称"济兖路"，至元八年设）、博州路（至元四年置）、淄州路（或称淄莱路，后改称般阳府路，中统五年置）；此外，还有如博兴路、宁海路等，这些路份尚待考证。② 需要特别指出的是，山东地区在至元初年还出现有一批直隶州，如曹州、濮州、高唐州、泰安州、德州、宁海州等，它们有时亦被径称为"路"。③ 这些直隶州的生成概与蒙古投下食邑路州的设置以及汉人世侯占有州郡的问题密

---

① 《元好问全集》卷二八《大丞相刘氏先茔神道碑》。
② 王颋认为，大蒙古国时期山东地区还存有大名路、彰德路、德恩路、胶潍路、沂海路等。参阅《元代行政地理研究》，第56—57页。
③ 《元典章》卷四二《刑部四·过失杀·神刀伤死》内有"至元八年四月，奉尚书省札付，来呈：备濮州路申"语；卷四五《刑部七·奸生子·奸婢生子随母》内有"至元六年十月，中书右三部：据曹州路来申"之语，等等。

切相关。

山东地区由县升州数量相当少，州、县建置置废状况不甚明显。不过，由于大蒙古国时期山东地区主要有东平严实、济南张荣、益都李璮三大世侯，经历太宗、世祖时期对他们辖境的调整，其间所涉路、府、州、县的划割改属情况却显得十分突出。蒙元朝廷对山东世侯辖境的调整，影响不一：济南路张荣辖境较小，所受影响有限；东平路严实原统城最多，太宗丙申岁推行"画境之制"时，许多辖地被分割，所受影响最巨；益都路李璮则因处抗宋前线，蒙廷尚有所忌讳，太宗推行"画境之制"时，几乎未被涉及，其所受冲击亦小。迨至世祖平定李璮乱后，山东地区增置若干个路份和直隶州。此为该时期山东地区行政建置变迁的一大特征。

河东山西道地区建置变迁状况亦较复杂。从较高层级看来，曾先后出现有都行省、行省以及行中书省等机构。蒙廷于丁丑岁（1217）建都行省于云、燕地区，①河东山西地区由其管辖，据《大元故平定等州大总帅聂公神道碑铭》载："都行省考功第赏，升公［聂珪］平定、皋、晋、威、孟、辽、仪等处总□（管）都元帅，守令以下听公选注。"②女真人夹谷通住曾任"山西路行省"，胡天禄主持"平阳行中书省"事，郝和尚拔都则曾行"河东北路行省"事。③太宗窝阔台二年，该地区曾设有西京路、宣德路、太原路、平阳路四课税所；中统元年，置西京、平阳太原两路宣抚司；中统二年，张启元"行中书省于平阳、太原等路"；中统三年，置西京、河东宣慰司；至元元年，姚枢行省河东山西地区；至元二年耶律铸行省河东。④蒙元初期这些宣抚司、宣慰司或行省等机构，均存在短促，旋设旋罢。至元中后期亦曾屡设宣慰司，逮至至元二十六年（1289），元廷正式设立河东山西道宣慰司，治大同，提刑按察司治太原，该地区较高层级辖区的状况才趋于稳定。⑤

河东山西地区的"路"级建置，自太祖南下徇地以来，屡有变数。王颋

---

① 《元史》卷一一九《木华黎传》。
② 参阅《山右石刻丛编》卷二八《大元故平定等州大总帅聂公神道碑铭并序》。
③ 《寓庵集》卷六《夹谷公墓志铭》；《山右石刻丛编》卷二八《赵仲墓志》；《嘉靖重修三原志》卷一〇《忠定郝公神道碑铭》。
④ 转引自瞿大风：《元朝时期的山西地区》，第138—146页。
⑤ 《元史》卷一五《世祖一二》。

将太祖时期凡是系有"总管"、"都元帅"、"都达鲁花赤"、"元帅"之衔者,或被称作"总管府"、"都元帅府"、"行元帅府"者,均视为路级建置之标志,因而得出整个河东山西地区在太祖、太宗时期曾置有十四个路级建置的结论,此十四个路级建置分别为河东北路、河东南路二行省所统领的太原、九原、平定、大定(岚管)、延安和平阳、隆德、翼绛(河中)、怀孟等九路,以及山西东路、山西西路或山西路行省统领的西京、宣德、丰净、德兴、应武等五路。① 此说虽有一定依据,然所举证之材料乃多为蒙古初下中原时的权宜之计,且大都为带有军事性质的临时机构,实非路级建置。

事实上,蒙元在河东山西地区曾稳定置四路,即西京路(大同路)、宣德路、河东北路(太原路)、河东南路(平阳路)。太宗时期设立十路征收课税所时,河东山西地区就设有西京、宣德、太原和平阳四路;②中统元年置十路宣抚司,河东山西地区则置西京路和河东路两路;③至元二年元廷派往河东山西地区主持"迁转法"和进行州县省并事务的姚枢,曾"行省事于西京、平阳、太原等路"。④ 以上是蒙元朝廷在庶政建置方面对山西地区的划分。在军政建置方面,我们常常可见及"西京、平阳、太原、京兆、延安五路万户"、"宣德、西京、太原、平阳、延安五路万户"等,⑤大致所见也是西京、宣德、太原和平阳四路。需指出的是,金代并不存在宣德路,大蒙古国时期因其地位的特殊,一度置路;窝阔台"画境之制"后,宣德路已较少在史料中见及,估计又复为西京路所辖;元初改府,划归上都路管辖。可见,河东山西地区的置路状况大体还是因袭金旧。

河东山西地区还有几个建置值得特别留意。兴定四年(1220),置绛州行元帅府,该元帅府一度辖有河中府和解州,但其废年不详。辛丑年(1241)前后,该地区又置河解万户府,辖河中府与解州;作为一个独立的军事行政单元,它不受平阳路管辖,一度维持到至元八年解体,方转而由

---

① 王颋:《元代行政地理研究》,第55—56页。
② 《元史》卷二《太宗纪》。
③ 《元史》卷四《世祖一》。
④ 《元史》卷六《世祖三》。
⑤ 《青崖集》卷五《故征行都元帅五路万户梁公神道碑铭》;《元史》卷一五〇《郝和尚拔都传》。

平阳路辖。另外,怀孟亦曾隶平阳路,估计怀孟应在宪宗六年调整为忽必烈封地时划出。怀孟与河解均置万户府。① 至元初年,怀孟正式为路。

河东山西地区行政建置及区划状况有其自身的特点。首先,该地中小世侯多,且互不统属,各自为境。河东山西地区作为蒙古较早接触的区域,金蒙双方争夺激烈,州、县的置废变迁亦最剧烈,其中由县升州的现象尤其普遍。其次,由于太原路和平阳路较整块地分别被封予尤赤和察合台两系,因此各路之间涉及的划割改属的问题则不太普遍;西京路除在元初设立大都路和上都路时被划出部分州、县外,其境内的划割改属情形亦不突出。最后应该指出的是,金元之际河东、山西地区始合而为一,成为明代山西布政司以及今日山西省的源来。

由上所述可知,就华北地方行政建置发生改变的整体状况而言,各地区有着非常鲜明的地域性特征:河东山西地区的路级建置几无变化,不过州、县的升置降黜则较为频繁;山东地区则涉及非常多的建置的划割改属问题,形成了不少新的路份和直隶州,不过该地州、县的升置降黜则不似河东山西地区;而直隶省部地区以及燕南河北道地区则相对地处于这两者之间。这些特征的生成,与世侯的占地以及蒙古的分封有着十分密切的关联。

二 华北建置变迁的时段特征

为更好地把握和理解金元之际华北地方行政建置的基本状况以及其变迁的基本特征,这里有必要就其时段特征问题作出说明。本书研究时段限于1210年代至1260年代间,这段时期正是蒙古南下灭金以及元朝建立的历史时期,同时也正是华北地方行政建置发生激烈变动并进而趋于稳定的时期。笔者以为,贞祐初年蒙古南下徇地中原,是第一波地方建置的变动期;而兴定年间蒙金双方的胶着对峙时期,则是第二波建置变动

---

① 参阅刘因:《刘文靖公文集》卷二〇《怀孟万户刘公先茔碑铭》;刘敏中:《中庵先生刘文简公文集》卷六《敕赐辅国上将军大宗正府也可札鲁花赤赠荣禄大夫平章事温国公谥懿靖珊竹公神道碑铭》。

期；金亡以后，有几个比较重要的时间节点值得特别留意，一为太宗窝阔台八年的丙申分封与括户，二为宪宗壬子二年的括户与分封，三是世祖忽必烈至元初年为加强中央集权而采取的一系列省并州县的举措。上述这些重要时间节点上发生的建置改易的现象，在《金史·地理志》以及《元史·地理志》中都有比较具体的反映。需指出的是，与窝阔台汗和蒙哥汗时期的括户以及由此而带来的地方行政建置发生变化的情形相同，至元八年元廷又进行过一次括户，此次括户之后预示着华北地方行政建置已逐渐趋于稳定。本书之所以将至元十年作为一个重要年份特别突出出来，其实正是考虑到至元八年的此次括户影响，以及至元九年宁海直隶州的最后设立，后者标志着元代华北地区路（直隶州）级单元的定型。

这里要对两个比较重要的年份作出一点说明。中统三年，汉人世侯李璮叛蒙，不数月即被平定；缘于此，自至元元年始，元廷开始"罢世侯、行迁转法"，于至元二年"省并州县"，并于同年确定"以路为根干的划一化"。① 中统三年虽为十分重要的年份，但本书更属意于将中统元年作为一个重要时点拈出来加以展现，因为此年是蒙古帝国向元王朝转变之年，向前可以观察到蒙古国时期世侯占地的情况，往后则可清晰地了解元王朝在走向中央集权化前的政区状况，这对于我们了解金元之际华北的地方行政建置的变化具有十分重要的意义。至元二年，华北地区以千户为断（依户数定建制）省并州县，从《元史·地理志》以及《元一统志》等现存元代载籍来看，以这一标准来省并州县的措施是被切切实实地贯彻执行了。不过这种一刀切的划分方式所带来的问题是完全可以预料的，不少州、县遭裁撤之后，治安状况恶化、赋税转输困难等问题相继出现，不数年间，绝大部分遭省并的建置又都相继得以复置。因此，至元二年亦是建置变动激烈的一个关键年份。

为具体而微地观察金元之际华北地方建置的变动状况，兹截取1210年代以来至至元十年之间具有代表性的十个年份，依托"下篇"之考证，并结合

---

① 爱宕松男：《元代的录事司》，载《日本学者研究中国史论著选译》，第617页。

《金史·地理志》与《元史·地理志》的记载,就华北地区路、府、州、县的具体存留状况进行统计,展开详细分析、比对,以便窥探华北地方行政建置变动之实相;并以此为基础确定有元一代华北路、府、州、县行政建置趋于稳定的一个大致年代(或谓"标准年代")。

表6-1 金元之际华北地区路、府、州、县数目统计表

	路/府/直隶州	散府	州	县
《金史·地理志》所载数目	9	5	87	387
金贞祐二年(1214)	9	5	101	367
兴定五年(1221)	12(含府1)	7	107	366
正大四年(1227)	12(含府1)	7	109	366
蒙古太宗六年(1234)	16(含府3)	5	104	368
太宗八年(1236)	19(含府3)	4	90	380
太宗十一年(1241)	18(含府2)	6	89	380
宪宗二年(1252)	17(含府1)	7	89	381
中统元年(1260)	18(含府1)	8	89	379
至元二年(1265)	20(含府2、直隶州1)	5	83	315
至元十年(1273)	30(含府1、直隶州8)	4	87	310
《元史·地理志》所载数目	30(含直隶州8)	3	87	329

说明:1. 本表第二栏中"路/府/直隶州"中的"府",与散府不同,它是指与路同级的府,主要包括部分具有较强独立性的元帅府,如河解万户府、中山府、彰德府等。

2. 本表统计所涉地域范围以元代腹里地区为标准,亦即以金代的西京路、中都路、河北东路、河北西路、山东东路、山东西路、大名府路、河东北路以及河东南路等九路为限。其中有部分州县,如海州一州四县之地、徐州一州三县之地、邳州一州三县之地等,因人元以后不在后来形成的所谓腹里地区,兹不予统计。同理,为保持统计口径的一致,金元之际从上述金九路地区之外划入腹里地区的州县,如北京路松山、南京路单州、峄州等地,济宁路砀山县、虞城县、丰城县,以及诸如鱼台县、成武县、楚丘县等,均不予统计。

3. 金代西京路有大同府、中都路有大兴府、河北东路有河间府、河北西路有真定府、山东东路有益都府、山东西路有东平府、大名府路有大名府、河东北路有太原府、河东南路有平阳府等等,因此类府均为所在路的治所,兹不统计在府(或散府之内)。

4. 元代腹里地区还包括有德宁路、净州路、泰宁路、集宁路、应昌路、全宁路、宁昌路、砂井总管府等七路一府之地,因其建置状况不甚明了,且大多在元中期所置,本表亦不将其统计在内。

从上表我们可以比较清晰地看出四个比较明显的阶段性特征,第一阶段,自贞祐初年蒙古大举南下以来,至成吉思汗去世而攻势稍停歇时止,华北的地方行政建置发生比较大的变动,其中最为明显的变化就是府、州的增加以及县的相应减少,它正好反映出蒙古来袭之时,金蒙双方采取就地升格以加强各地进攻或防御地位的实情;某种程度上,这也正是华北地方行政建置趋向混乱的标志之一。

第二阶段,太宗窝阔台即位后不久,复对金发起攻击,逮至太宗八年时止,除有大量的路、府增设外,州、县之规模则已大体回复到原金时期的状况。之所以如此,与窝阔台灭金后的一系列举措有关。前文已述,灭金之后"朝廷诏天下郡县各治其故";与此同时,蒙廷于乙未、丙申年间实行一系列措置,先是乙未括户,随后又实行丙申分封与"画境之制",并于"州县守令上皆置监"。经此一系列的调整,实际上,蒙古国时期的地方行政建置逐步恢复到原金状态,并已趋于稳定。

第三阶段,从窝阔台八年始,迄于忽必烈建元中统。我们发现,虽历经宪宗朝,但华北地区的行政建置的规模却并未发生太大的改变,这更进一步地证明窝阔台时期稳定下来的地方行政建置,维持了很长一段时间。不过需要特别指出的是,太宗八年州、县规模的稳定,并不见得就意味着此前或其后建置已稳定,或前后相继,其中还关涉到许多不同建置的改易或废置问题。

第四阶段,从忽必烈中统建元起,到至元二年时止,又发生一大变动,其中路、府建置稍增,州则基本维持在原来的规模层次上,而县数却大为减少。之所以发生这种变动,主要是因为中统三年李璮乱后,元廷"罢世侯、行迁转法",并为强化汉式的中央集权统治,而进行一系列州、县的省并,因此我们才观察到其时县数的大规模减少。

从上表我们还大体可以看到,从至元二年至至元十年,华北地区路、府、州、县的规模维持在基本一致的水平上。为什么说路级建置也维持在大体一致的水平上呢?这是因为至元二年元廷实行"以路为根干的划一化"后,路之建置数量殆趋稳定。至元二年大体维持在二十个路份,至元十年的情况以及《元史·地理志》所载稳定为有元一代定制的三十个路份的状况，其间增加的主要是至元初年原属东平路、益都路以及大名府路的八个直隶州。因而可以说这段时间是维持在基本一致的水平上的。

那么，是否可以认为至元二年就是有元一代建置稳定的标准年代呢？笔者以为不然。导论部分曾论及，至元二年华北地区涉及到大量州、县的省并，依据《元史·地理志》及《元一统志》等元代地理载籍统计，当年有一百十五个州、县或司侯司、录事司建置单位的变动，如果加上五个路级建置的出现，那么总数达到一百二十个单位。其中，省并州十五、县五十五，与《本纪》中所谓至元二年闰五月到十二月之间"省并州县凡二百二十余所"之说相比，见于《地理志》等的记载数尚不及半。不过需指出的是，被省并的绝大部分建置单位在随后几年内又都相继得以复置，其中《地理志》明确记有三十四个建置单位在随后的一两年间得以恢复，其复置比率高达百分之五十；若再统合其他方志、元人文集等记载，其后几年内复置的幅度则更大。应该说来此次对州县的省并很明显是种矫枉过正之举，它所带来的后遗症亦相当突出，导致出现治安、赋税转输等一系列问题。

此外，至元三年元廷又"合并江北州县"，腹里地区亦涉及相当数量的州县的省并，虽规模不及至元二年，但所设州、县数量亦很可观。至元四年和至元七年，亦有不少州、县被省并或复置。[①] 后历经数年之恢复，到至元十年，除少数县份未及恢复外，大部分遭省并的县级建置均得以恢复；而且，至元十年前，各路份已基本定型，直隶州亦已设立完毕，散府以及州、县之规模已基本与《元史·地理志》的记载趋于一致。学界一般认为，《元史·地理志》反映的行政建置基本上是以至顺元年（1330）为准的，但就华北地区而言，《元史·地理志》所载该地区行政建置的状况则基本上反映的是至元十年（1273）前后的面貌。笔者以为，至元十年应当是有元一代华北地方行政建置稳定的关键年份。

需指出的是，奠定元代华北地区行政建置基本面貌的，并非我们通常以为的发生于中统、至元之交，太宗窝阔台一朝实际上更为关键，尤其值

[①] 据《元史·地理志》载，至元三年的省并，主要集中于平阳路、河南府路、汴梁路等；而巩昌、凤翔等路则多发生在至元七年。

得注意的是太宗八年的"画境之制"和丙申分封所带来的影响。李治安认为对北方汉地政区的变化主要是受到蒙古时期的"画境之制"和元世祖投下食邑置路州的影响。① 从上文分析我们可以看到,太宗八年华北路、州的设置规模其实已基本接近至元十年的状况(直隶州之设除外)。另一方面,从前几章的考论中我们还可看到,与元代华北行政建置相关的许多问题,实质上都与太宗窝阔台一朝关系密切,如"画境之制"对腹里区划的生成以及对张柔、严实等世侯辖境的最终确定等,都具有深刻的影响;另外,太宗朝划一军制,"万户路"、"千户州"的基本形态其实亦定型于窝阔台时期,世祖朝只是因袭太宗朝成宪而已。因此,太宗窝阔台一朝对华北地方行政制度、区划及建置的影响,某种程度上说来是要在世祖朝之上的。

最后还需指出的是,蒙元初期对华北地方统治所带来的上述变化,同样也在稍后被征服的原南宋地区发生,至于其具体的变化和影响如何,则有待进一步的研究。倘若统合有元一代北、南中国地区的地方行政建置相关的诸种变化,我们需要留意和回答的问题当有不少。例如北、南发展应有两条线索,一条是北方由唐及宋,历辽、金而至元,一条则是南方经唐、北宋而由南宋至元。② 北、南不同的发展线索究竟有何同与不同呢?这有待从更全面、更细部的研究去予揭明,不过它已非本书所能解答,只能留诸将来。

诚然,以上仅就各路、府、州、县的规模状况来观察金元之际华北地方行政建置的变动,设若要再具体而微、更深入细致地了解其升置降黜以及划割改属的详细情状的话,则需要基于对每一个建置的充分考察,本书"下篇"就是这样一种初步的尝试。

---

① 详可参阅李治安:《中国行政区划通史》(元代卷),第 319—332 页。
② 此点承平田茂树先生在由复旦大学历史系主办的"传承与变革——10 至 14 世纪中国的多边政治与多元文化"国际学术研讨会(2011 年 8 月 27 日至 29 日)上,针对本书第五章的内容进行评论时,特别指出在讨论元代路制时,尤其要注意南、北路制的不同发展线索。谨此致谢。

下 篇

《元史》卷五八《地理志》考释

说　　明

　　本篇主要就《元史》卷五八《地理志一》所涉腹里（中书省）地区的地方行政建置（路、府、州、县）发生于1210年代至1260年代（少数建置的考证年代或有超出此时段范围者）的变动情况逐一进行清理、考校。为保证行文的规范与体例的一致，兹对相关问题作一说明。

　　本考释内容的编排顺序完全遵循《元史·地理志》（采用中华书局标点本《元史》）。考释的过程一般是：首先引录一段《地理志》原文（用仿宋体字书写；小字部分亦照依原文过录，以小一号字体予以区分；凡中华书局点校本已校改处，本文则径予采录），所引录原文一概以统县政区为断。例如，路领有直辖县者，则为一段；府、州领有县者，亦为一段；少数未领县之州，亦单独录为一段。对于录文内所涉及到的路、府、州、县建置，均在其后用方括号标出，并配以阿拉伯数字编排其顺序（每新录一段原文，则重新编排其序列）。在每段录文之后，另单起一段抬头，并辅以"【考释】"字样，以便将原文与具体之考释文字相互区隔。紧接其后的，即为考释部分（用宋体字书写），此部分亦相应地以方括号并添加阿拉伯数字的方式进行处理，以使其与所录引文内的顺序对应，以便进行清理、考校。

　　需要说明的是，对于《地理志》原文内出现有仅用于说明各路（府）领有州或县数以单独起一段抬头的数目字，本书一概略去，因为《地理志》原文在每个路份内已有相关的领有州、县数目的具体说明。引文内出现有"燕南河北道肃政廉访司"、"山东东西道肃政廉访司"以及"河东山西道宣慰使司"等，因其不在本书研究时段内，故均不予考释。此外，《地理志一》开篇之绪论性文字以及末尾之"岭北等处行中书省统和宁路总管府"等内容，不予考释。

　　最后需要指出的是，本考释十分留意各路、府、州、县的世侯问题。概因其时凡有世侯之出现者,其建置必多得以维持,因此在考释各地建置时,往往又会列其名姓于其中。

> 中书省统山东西、河北之地,谓之腹里,为路二十九,州八,属府三,属州九十一,属县三百四十六。各路立站,总计一百九十八处。
>
> 大都路,唐幽州范阳郡。辽改燕京。金迁都,为大兴府。元太祖十年,克燕,初为燕京路[1],总管大兴府[2]。太宗七年,置版籍。世祖至元元年,中书省臣言:"开平府阙庭所在,加号上都,燕京分立省部,亦乞正名。"遂改中都,其大兴府仍旧。四年,始于中都之东北置今城而迁都焉。京城右拥太行,左挹沧海,枕居庸,莫朔方。城方六十里,十一门:正南曰丽正,南之右曰顺承,南之左曰文明,北之东曰安贞,北之西曰健德,正东曰崇仁,东之右曰齐化,东之左曰光熙,正西曰和义,西之右曰肃清,西之左曰平则。海子在皇城之北、万寿山之阴,旧名积水潭,聚西北诸泉之水,流入都城而汇于此,汪洋如海,都人因名焉。恣民渔采无禁,拟周之灵沼云。九年,改大都。十九年,置留守司。二十一年,置大都路总管府。户一十四万七千五百九十,口四十万一千三百五十。用至元七年抄籍数。领院二、县六、州十。州领十六县。右警巡院。左警巡院。初设警巡院三,至元四年,省其一,止设左右二院,分领坊市民事。县六:大兴[3],赤。宛平[4],赤。与大兴分治郭下。金水河源出玉泉山,流入皇城,故名金水。良乡[5],下。永清[6],下。宝坻[7],下。至元十六年,于县立屯田所,收子粒赴太仓及醴源仓输纳。昌平[8],下。

【考释】

[1] 燕京路,又名中都路。《金史》卷五《海陵纪》载:"改元贞元。改燕京为中都,府曰大兴,汴京为南京,中京为北京。"《金史·地理上》亦载:"海陵贞元元年定都,以燕乃列国之名,不当为京师号,遂改为中都。"《元史》卷五《世祖二》云,至元元年"乙卯,诏改燕京为中都"。事实上,蒙古南下略金,蒙古人基本亦称"中都"。① 据《元史·石抹明安传》载,石抹明安

---

① 《蒙古秘史》第248、252节等处,均称"中都"。

助蒙下中都，其长子石抹咸得不袭职为燕京行省。次子忽笃华，太宗时，为金紫光禄大夫、燕京等处行尚书省事，兼蒙古汉军兵马都元帅。宋子贞《元故领中书省耶律公神道碑》称："先是，诸路长吏兼领军民钱谷，往往恃其富强，肆为不法。公奏长吏专理民事，万户府总军政，课税所掌钱谷。各不相统摄，遂为定制。权贵不能平，燕京路长官石抹咸得不激怒……"①是知，太宗时燕京路的长官当为石抹氏。另据《元史·耶律阿海传》，其子三人：长忙古台，太祖时为御史大夫，佩虎符，监战左副元帅官、金紫光禄大夫，管领契丹汉军，守中都；次绵思哥袭[其父]太师，监寻斯干城，久之，请还内郡，守中都路也可达鲁花赤，佩虎符，卒。绵思哥子买哥，通诸国语，太祖时为奉御，赐只孙服，袭其父中都之职。

[2] 大兴府，《元史·世祖二》载："[至元元年八月]乙卯，诏改燕京为中都，其大兴府仍旧。"大兴府的具体罢废时间不详，《元一统志》卷一载："至元九年二月改号大都，迁居民以实之，建钟鼓楼于城中。"笔者推测，很可能发生在至元九年二月改号大都之时。金大兴府领有十县，除下所载六县外，尚领有安次、漷阴、香河、武清四县，蒙元时期或已升州，或已改属。②

[3] 大兴，仍金旧，隶大兴府，为倚郭。③

[4] 宛平，仍金旧，隶大兴府，为倚郭。

[5] 良乡，仍金旧，隶大兴府。按，金末人赵秉文撰《崔公墓铭》谓崔宪为"涿郡良乡人"，④差不多同时期的南宋人魏了翁在《参知政事资政殿学士致仕真公神道碑》中亦有"是时（金朝末年），本朝贺金国生辰使余嵘，至涿州良乡县"之语。⑤良乡于金末曾隶涿州欤？惜《金史·地理志》与《元

---

① 苏天爵：《元文类》卷五七。
② 据《析津志辑佚》之《属县》，大兴府领有宛平、大兴、固安、顺义、昌平、东安六县，多与《元史·地理志》所载异，今人辑佚本尚欠周全。参见熊梦祥著、北图整理：《析津志辑佚》，北京古籍出版社，1983年版。
③ 据《金史·地理志上》载，大兴，辽名析津，金贞元二年（1154）更名大兴县。《元一统志》卷一则云："金天德五年（1153）改为大兴县，管郭下东界"，与《金史·地理志》稍异。
④ 赵秉文：《滏水集》卷一一。
⑤ 魏了翁：《鹤山集》卷六九《参知政事资政殿学士致仕真公神道碑》，文渊阁《四库全书》本。

史·地理志》均不载其事,不知何故,此阙其疑。

[6] 永清,仍金旧,隶大兴府。

[7] 宝坻,仍金旧,隶大兴府。《金史·地理志》载:"宝坻,本新仓镇,大定十二年置,以香河县近民附之。承安三年(1198)置盈州,为大兴府支郡,以香河、武清隶焉。寻废州。"①元仍金旧,元人郑德撰《重修孔子庙记》云:"京师之东仅二百里,有宝坻县,汉为泉州,金改新仓镇,后置瀛州(即盈州),寻更宝坻,国朝因之。"②盈州复废为宝坻县,时间亦应在金末。

[8] 昌平,仍金旧,隶大兴府。昌平于大安三年(1211)陷蒙,元初设县治于白浮图城,后又徙治于新店,据《昌平县新治记》载:"昌平在今为赤县,当行幸警跸之道。皇庆二年冬十月己卯,诏徙治县西南五里辛(新)店,以便吏民之供顿。"③

    涿州[1],下。唐范阳县,复改涿州。宋因之。元太宗八年,为涿州路[2]。中统四年,复为涿州。领二县:范阳[3],下。倚郭。房山[4]。下。金奉先县,至元二十七年,改今名。

【考释】

[1] 涿州,金故州,隶中都路。金涿州领范阳、固安、新城、定兴、奉先五县,固安后升为州,新城后改隶雄州,定兴改隶易州,元仅领二县。

[2] 涿州路,涿州于太宗八年一度升为路。李治安推测,太宗窝阔台四年命直脱儿所掳掠的关中、河南民户四万余,拨属唆儿忽黑塔尼为脂粉丝线颜色户,太宗八年设涿州路,又立"织染七局",均由直脱儿操办并任达

---

① 关于金大定年间置宝坻县事,金人刘熀颜《宝坻县记》所述甚详,该记云:"大定十有一载,辛卯,冬至郊天后,銮舆东巡幸于是邦,历览之余顾谓侍臣:'此新仓镇人烟繁庶,可改为县。'第志之明年,有司承命,析河东偏乡间万五千家为县以榷盐。……谓盐乃国之宝,取如城如京之义,命之曰宝坻。列而为上县,著于版籍。"该记与《地理志》合。引自[清]洪肇楙等纂修:《宝坻县志》卷一八《艺文下》,乾隆十年修,据民国六年石印本影印。另,王恽《秋涧先生大全集》卷五五《顺德路同知宝坻董氏先德碑铭有序》亦云:"金大定十二年,改新仓镇作县,故今为宝坻人。"
② 《宝坻县志》卷一八《艺文下》。
③ 程钜夫:《程雪楼文集》卷九。

鲁花赤，涿州升路很可能与拖雷妻子唆儿忽黑塔尼别吉投下户有关，是一种特殊的建置。①"涿州路"之称，见于《元史·地理志》与《元史·直脱儿传》。实质上，金元时期，涿、易两州常常并称，据《元史·赵柔传》载，太祖于 1213 年破紫荆关，赵柔率众降蒙，被授予涿、易二州长官。丙戌岁（1226），以功迁龙虎卫上将军，真定、涿等路兵马都元帅；庚寅岁（1230），太宗命兼管诸处打捕总管；丙申岁（1236），加金紫光禄大夫，同年卒。而据马祖常撰《敕赐御史中丞赵公先德碑铭》则谓赵柔曾授："龙虎卫上将军，真定、涿易等路兵马都元帅；"②苏天爵撰《赵惠肃侯神道碑铭》亦载赵柔曾为："金紫光禄大夫，真定、涿易等路兵马都元帅。"③由上述可知，自丙戌至丙申，赵柔当领有涿、易两州，且系衔"真定、涿易等路兵马都元帅"。④《元史》不提"涿易路"，笔者以为，它更可能仅是一种临时军事性质的"军马路"，存在时间短促。关于易州，据《地理志》载，易州于太宗十一年割隶顺天府，是知易州在涿州路内存留仅数年时间，故而不太有"涿易路"之称；戊戌岁（1238），张柔入觐，授麾下何伯祥为易州等处军民总管，⑤此与《地理志》之记载可谓遥相呼应。

[3] 范阳，仍金旧，隶涿州，为倚郭。元因之。

[4] 房山，金为奉先县，隶涿州。据《金史·地理志》载："大定二十九年置万宁县以奉山陵，明昌二年（1191）更今名。"苏天爵撰《房山贾君墓碣铭》谓："［居］涿州范阳。金大定末，分范阳为万宁县。明昌二年，又名奉先。国初始改房山。"⑥元代房山县之更名，元人魏必复亦有所述及，据魏氏撰《房山县创建县学碑》："房山奠邦畿，既载朔方，距都城百里，任土置

---

① 李治安：《元中书省直辖"腹里"政区考略》，载《元史论丛》第 10 辑。
② 马祖常：《马石田文集》卷一三，《元人文集珍本丛刊》本。
③ 苏天爵著，陈高华、孟繁清点校：《滋溪文稿》卷一一。
④ 关于赵柔初降蒙古的具体情况的考证，可详参阅池内功：《モンゴルの金国経略と漢人世侯》（1），载《創立三十周年記念論文集》，1980 年。
⑤ 郝经：《郝文忠公陵川文集》卷三五《故涿州等处军民总管何侯神道碑铭有序》。关于易州的归属问题，下文"易州"条内亦有相应的更进一步的说明。
⑥ 苏天爵：《滋溪文稿》卷一九。苏文关于房山在金代的建置沿革与《金史·地理志》所载一致。

县,肇金源六叶,隶名京畿,曰奉先,国朝因兹山改命。"①其所记均同,惟房山改名之确切年代不详。

霸州[1],下。唐隶幽州。周始置霸州。宋升永清郡。金置信安军。元仍为霸州。领四县:益津[2],下。倚郭。中统四年省,至元二年置。文安[3],下。大城[4],下。保定[5]。下。至元二年,省入益津,四年置。

【考释】

[1] 霸州,金故州,隶中都路。据《元史·石抹孛迭儿传》载:"辛巳(1221),木华黎承制升孛迭儿为龙虎卫上将军、霸州等路元帅,佩金虎符,以黑军镇守固安水寨;"另据《元史·奥敦世英传》载:"[奥敦]保和,由万户升昭勇大将军、德兴府元帅,锡虎符,改雄州总管。"②所谓"霸州等路"、"雄州总管"等,王颋认为这当是蒙古国时期有"霸雄路"存在的明证。③笔者认为这是种很典型的军马路,这样的路份其实存在时间甚为短促。1221年有霸州等路,逮至太宗十一年雄州改隶顺天时,估计所谓的"雄霸路"即不复存在。元霸州领四县,金霸州亦领四县。惟金领有信安,而元有保定,两者异,余则相同。另,金代霸州信安县,初因宋为信安军,大定七年降为信安县,隶霸州。元光元年(1222)四月,因张甫奏,遂诏升为镇安府。蒙元时代废为镇,但确切年份不详。不过笔者以为,信安因移剌众家奴、张甫等金将固守,顽强抵抗到天兴元年(1232)始下,是河北地区附金势力长期据守的唯一据点,估计陷蒙之后即废为镇。④另据《元史》卷一六六《张荣实传》载,荣实父张进,壬辰(1232)降蒙,为征行万户。张进金末为易水公,地位很高。⑤张进死后子张荣实得继授金符,为征行水军千

---

① [民国]冯庆澜等修、高书官等纂:《房山县志》卷七《艺文·碑记》,据民国十七年铅印本影印。
② 《元史》卷一五一。
③ 王颋:《元代行政地理研究》,第52页。
④ 详可参阅《金史》卷二四《地理志》;卷一一八《移剌众家奴传》。
⑤ 《金史》卷一一八《苗道润传》。

户,后为雄州保定、新城等处管民长官。中统元年授金虎符、为水军万户,其子颜代为"霸州七处管民万户"。所谓"霸州七处管民万户",史籍记载不详,阙疑待考。

[2] 益津,仍金旧,隶霸州,为倚郭。金大定二十九年徙文安北境、宋永清故地创置益津县,并徙霸州治之。《元史·世祖纪三》载:"[至元四年十二月]复置霸州益津县",《纪》与《志》不合,结合至元二年元廷大量省并州县的历史事实,至元四年应为益津复县时间更为合理,兹从《本纪》。①

[3] 文安,仍金旧,隶霸州。

[4] 大城,仍金旧,隶霸州。

[5] 保定,金旧县,隶雄州。《地理志》载其于至元二年省入益津县,其实应指省入霸州,其时益津尚未复置,保定县来属雄州时间亦应在斯时。迨至至元四年,益津、保定两县复置,保定县仍隶霸州。

通州[1],下。唐为潞县。金改通州,取漕运通济之义,有丰备、通济、太仓以供京师。领二县:潞县[2],倚郭。三河[3]。下。

【考释】

[1] 通州,金故州,隶中都路。据《金史·地理志》,通州于金兴定二年(1218)五月升为防御。《元史·太祖纪》载:"十年乙亥春正月,金右副元帅蒲察七斤以通州降,以七斤为元帅。"元通州仍金之旧,领二县。

[2] 潞县,仍金旧,隶通州,为倚郭。

[3] 三河,仍金旧,隶通州。

蓟州[1],下。唐置,后改渔阳郡,仍改蓟州。宋为广川郡。金为中都。元太祖十年,定其地,仍为蓟州。领五县:渔阳[2],下。倚郭。丰闰[3],下。至元二年,省入玉田,四年,以路当冲要复置。二十一年,立丰闰署,

---

① 柯绍忞《新元史》卷四五《地理志》以及《元史本证》卷八《证误八》,均采至元四年复置说。参阅汪辉祖:《元史本证》,中华书局,2004年版,第68页。

领屯田八百三十七户。玉田[4]，下。遵化[5]，下。平谷[6]。下。至元二年，省入渔阳，十三年复置。

【考释】

[1] 蓟州，金故州，隶中都路。据《金史·地理志》载："旧又有永济县，大定二十七年以永济务置，未详何年废。又有黎豁县，废置皆未详。"关于蓟州陷蒙事，《常山贞石志》卷一八《追赠董俊圣旨碑·碑阴并两侧》载："我太□□帝命国王木华里实始剪金，岁乙亥（1215）取蓟。"此与《地理志》合。金元之际，蓟州曾一度升节度。① 元蓟州仍金之旧，领五县。

[2] 渔阳，仍金旧，隶蓟州，为倚郭。

[3] 丰闰，仍金旧，隶蓟州。金作"丰润"，据《金史·地理志》载，丰闰置于泰和间，蒙元时期曾一度升为州，后复废为县。《元史·地理志》失载其事。丰闰县于金元之际建置沿革，元人孙庆瑜撰《丰润县碑记》所述甚详。该碑记云："在昔金大定间，始改务为县。至大安初，避东海郡侯讳，更名曰丰闰。地方数百余里，户不啻二万有奇。民物丰衍，赋入繁阜，为蓟诸县之最。……本朝开创以来，庚辰之岁（1220），改县为闰州。以李公充镇国上将军、行节度使，因干往西京，輂病以归，乃不克抵任，遂以同知张公就充节度使。大豪咎公由县令升宣差燕京路越支盐使，时人号咎半州是也。厥后石抹公亦首任此县。后升宣差平滦路廉访盐榷使、蓟州达鲁花赤。盖爰昔迨今来为守令者，非钜功耆德，未易处此。……至元初，大选天下官吏，黜陟有差，号令一出，制度章章，以远从近者，省并诸司，移节官吏，人自为跻身于唐虞之世，将邑并入玉田。未及周岁，邑人咸曰：'丰闰实东西要冲，相去玉田地里辽远，民有星火诉讼之急，奔走控告，大所不便。'有耆旧李君信之，慨然首倡，怀牒诣省部陈理，遂蒙允可，县治得仍旧。"②清人对金代丰润县之沿革考证颇详，于元代之沿革则主要依据孙氏

---

① 虞集《道园学古录》卷一七《徽政院使张忠献公神道碑》、刘因《刘文靖公文集》卷二〇《正议大夫礼部尚书王公神道碑铭》均提及蓟州节度使张滋，年代所指应是金末。
② ［清］牛昶煦等纂修：《丰润县志》卷四《文苑上》，清光绪十七年修、民国十年铅字重印本。

碑记,其云:"丰润曾升为州,《元史》不载,《大明清类天文分野之书》成于洪武初,去元甚迩,亦未之及,乃见于当日县令之文,勒之于石,未可云无征不信也。"然而,县志于闰州复废为县之事,亦疏而不提。① 从孙氏所作碑记看,闰州之废当在蒙古国时期,但具体年份已不可考。该碑记与《元史·地理志》所载丰闰于至元二年,省入玉田,至元四年,以路当冲要复置一事,大体一致。另,据《元史·世祖六》云,至元十三年十二月,"蓟州复置丰闰县",钱大昕以孙庆瑜所作《碑记》成于至元七年事,进而认为《本纪》所书十三年复置乃误。② 而汪辉祖对于《世祖本纪》至元十三年丰润复置的记载,据《地理志》之载而提出疑问,认为丰闰在至元四年复置后又被废,故而《本纪》至元十三年有再复置之说。③ 孰是孰非,阙疑待考。

[4] 玉田,仍金旧,隶蓟州。宋时为经州,入金后州废。

[5] 遵化,仍金旧,隶蓟州。辽于此县置景州清安军。

[6] 平谷,金作"平峪"。④ 平谷于至元十三年正月复置事,《元史·世祖六》亦有记载,与此合。

漷州[1],下。辽、金为漷阴县。元初为大兴府属邑,至元十三年,升漷州,割大兴府之武清、香河二邑来属。领二县:香河[2],下。武清[3]。

【考释】

[1] 漷州,金为漷阴县,属大兴府。关于漷阴升州之事,王恽撰《大都路漷州隆禧观碑铭》一文所载颇详,其文云:"漷州距今新都东南百里而近,本汉泉州地,辽为镇,而亡金县焉。兵后井邑萧索,仅存县治。原隰平衍,浑流芳淀,映带左右。建元以来,春水澄融之际,上每事羽猎,岁尝驻跸,

---

① 《丰润县志》卷一《建置沿革》。
② 钱大昕著,方诗铭、周殿杰校点:《廿二史考异》卷八八《元史》三》。
③ 汪辉祖:《元史本证》卷二四《证遗一》,第262页。另,柯绍忞《新元史·地理志》亦与汪辉祖说同。
④ 据《金史·地理志》载,金大定二十七年(1187),以渔阳县大王镇升县,属蓟州。

民庶觌羽旄之光临,乐游豫之有赖,故生聚市闠,旋踵成趣。至元十有三年,遂升县为州,从吏民之请也。"①元漷州领二县。

[2] 香河,金旧县,隶大兴府。据上文"宝坻"县条,承安三年(1198),宝坻升为盈州,以香河、武清割隶盈州。寻废州。泰和四年(1204),仍改隶大兴府。至元十三年改隶漷州。

[3] 武清,金旧县,隶大兴府。至元十三年改隶漷州。

顺州[1],下。唐初改燕州,复为归德郡,复为顺州,复为归顺州。辽为归化军。宋为顺兴军。金仍为顺州,置温阳县。元废县存州。

【考释】

[1] 顺州,金故州,隶中都路,置有温阳、密云两县。关于顺州建置,元明善《顺州仪门记》载:"温榆水之阳有古城焉,曰顺,以州隶大都路。"②温阳废县,具体时间未详,笔者推测可能废于世祖至元初年省并州县之时;③密云县后为檀州。

檀州[1],下。唐改密云郡,又复为檀州。辽为武威军。宋为镇远军。金仍为檀州。元因之。

【考释】

[1] 檀州,《金史·地理志》未载檀州,但载有密云县,属顺州。《地理志》所谓:"金仍为檀州,元因之",似有疑义。事实上,金初有檀州之设,皇统二年(1142)罢,迨至贞祐二年(1214)复置,三年又陷蒙。④ 檀州于有金

---

① 王恽:《秋涧先生大全集》卷五七。另,《元史·世祖纪六》亦有漷阴于至元十三年八月升漷州的记载。
② 苏天爵:《元文类》卷二九。
③ 据《元好问全集》卷三三《致乐堂记》,该记作于癸丑年(1253),称张无咎为温阳人;另据魏初《青崖集》卷五《张处士墓铭》谓:"处士讳谦,字无咎,顺州温阳人。"可见蒙古国时期县尚存,殆入元后废。
④ 兹引自王頲:《完颜金行政地理》,第52—53页。

一代,大半时间为密云县之建置,故而《金史·地理志》有此记载。据《元史·萧拜住传》载,曾祖丑奴,仕金为古北口屯戍千户。岁庚午,降太祖,后授檀州军民元帅,再擢檀、顺、昌平万户,仍管打捕鹰房人匠。丑奴弟老瓦,曾以丑奴弟充质子,多立战功,袭檀州节度使。丑奴子青山,中统元年袭万户。青山子哈剌帖木儿,少事裕宗于东宫,典宿卫,仕为檀州知州。拜住,乃哈剌帖木儿之子。尝从成宗北征,特授檀州知州,入为礼部郎中。① 檀州几乎为萧拜住家族所控制。

东安州[1],下。唐以前为安次县。辽、金因之。元初隶大兴府。太宗七年,隶霸州。中统四年,升为东安州,隶大都路。

【考释】

[1] 东安州,金为安次县,隶大兴府。② 安次改称东安,笔者以为很可能在太宗七年隶霸州之时。③

固安州[1],下。唐仍隋旧为固安县,隶幽州。宋隶涿水郡。金隶涿州。元宪宗九年,隶霸州,又改隶大兴府。中统四年,升固安州。

【考释】

[1] 固安州,金为固安县,隶涿州。关于中统四年升州事,《元史·世祖纪二》亦有此记载。

龙庆州[1],唐为妫川县。金为缙山县。元至元三年,省入怀来县,五年复置,本属上都路宣德府奉圣州。二十二年,仁宗生于此。

---

① 《元史》卷一七九。
② 安次县于贞元元年(1153)隶永安府,寻隶大兴府。王若虚《进士彭子升墓志》中有"大兴安次主簿"一语,是知金已隶大兴府。王若虚:《滹南遗老集》卷四三。
③ 《东安县志》亦称安次由大兴府改隶霸州时改名,然其时间误记为中统元年。参阅[清]李光照纂修:《东安县志》卷一《地理志·沿革》,民国二十四年铅字重印本。

延祐三年，割缙山、怀来来隶大都，升缙山为龙庆州。领一县：怀来[2]。下。

【考释】

[1] 龙庆州，金为缙山县，隶西京路德兴府。据《金史·地理志》载："辽儒州缙阳军县故名，皇统元年废州来属，崇庆元年（1212）升为镇州"；《金史·术虎高琪传》亦载："升缙山县为镇州，以高琪为防御使。"①至宁元年（1213），金又于其地置行省。② 笔者推测该地于太祖八年（1214）陷蒙后复为缙山县。元领一县。

[2] 怀来，金怀来县，后更名为妫川县，属德兴府。其恢复旧名时间不详，估计在金元之际。

上都路[1]，唐为奚、契丹地。金平契丹，置桓州。元初为札剌儿部、兀鲁郡王营幕地。宪宗五年，命世祖居其地，为巨镇。明年，世祖命刘秉忠相宅于桓州东、滦水北之龙冈。中统元年，为开平府。五年，以阙庭所在，加号上都，岁一幸焉。至元二年，置留守司。五年，升上都路总管府。十八年，升上都留守司，兼行本路总管府事。户四万一千六十二，口一十一万八千一百九十一。领院一、县一、府一、州四，州领三县。府领三县、二州，州领六县。警巡院。县一：开平[2]。上。

【考释】

[1] 上都路，元新置路，金为桓州。《大元光禄大夫平章政事兀良氏先庙碑铭》载："壬申岁，太祖经略中夏，首攻桓州。"③宪宗六年（1256）置开平府，关于开平府的设立，据《创建开平府祭告济渎记》载，是出于大汗蒙哥

---

① 《金史》卷一〇六。
② 《金史》卷九八《完颜纲传》；卷一〇六《术虎高琪传》。
③ 《秋涧先生大全文集》卷五〇。

之令。① 中统四年,上都路建置基本成型,其所辖府州来自原金西京路与北京路。《元史·世祖二》载:"[中统三年二月]以兴、松、云三州隶上都","[中统三年夏四月]免松州、兴州、望云州新旧差赋,以望云、松山、兴州课程隶开平府","[中统三年十二月]割北京兴州隶开平府","[中统四年五月]戊子,升开平府为上都,其达鲁花赤兀良吉为上都路达鲁花赤,总管董铨为上都路总管兼开平府尹","[中统四年五月]升上都路望云县为云州,松山县为松州","[中统四年八月]升宣德州为宣德府,隶上都"。② 由是可知,中统四年上都路之建置规模基本已定。据《元史》卷一四九《耶律秃花传》载,耶律秃花,世居桓州,太祖时,率众来归。大军入金境,为向导,获所牧马甚众。另据王恽《中堂事记》记云:"廿一日辛巳,有旨世臣买住孩儿。秃花太傅,姓耶律氏。在前金时,戍桓州,官爱里德,汉语守成长也。其后与一十八人从太祖神元皇帝同饮于黑河子,于佐命元勋,公其也。买住即太傅第二子,早卒,其子明安歹儿,时年十有三岁,今以卫辉路总管耶律汉杰,即其兄也。圣旨宣谕了也。教省家与文书去者,其制辞曰:'我家当开拓之初,乃祖有经营之力。人今不见,功岂可忘? 虽尔身未及成人,在朕心忍令无后? 姑承旧爵,用显元勋,直须长立之年,许领职司之务。'"③ 是知桓州一带曾为耶律秃花家族所领。

[2] 开平,金为清塞县,隶西京路桓州。其更名时间,史未揭载。④ 另据《大明清类天文分野之书》卷二三《燕分幽州》"开平县"条载:"至元二年置。先是,府有东阳古城,至元元年尝为县,三年省入兴州,七年割其地属开平县。"其地曾置东阳县欤? 俟考。

---

① 关于该碑文的具体内容及考释,可参看樱井智美:《〈创建开平府祭告济渎记〉考释》,载《元史论丛》第 10 辑。
② 《元史》卷五《世祖纪二》。另,标点本《元史》在"[中统三年二月]以兴、松、云三州隶上都"条后作注,引钱大昕《廿二史考异》文云:"按,升开平为上都,在四年五月戊子;升望云县为云州、松山县为松州,在四年五月庚子。不应此时先有上都及松、云二州之名。据下文四月庚戌以望云、松山课程隶开平府,可证其时不称上都也。"
③ 《秋涧先生大全文集》卷八二《中堂事记下》。
④ 柯绍忞认为清塞改名开平在中统元年,但未知所据。参阅《新元史》卷四五《地理志一》。

顺宁府[1]，唐为武州。辽为德州。金为宣德州。元初为宣宁府。太宗七年，改山〔西〕东路总管府。中统四年，改宣德府，隶上都路。至元三年，以地震改顺宁府。领三县、二州。三县：宣德[2]，下。倚郭。至元二年，省本府之录事司并龙门县[3]并入焉。二十八年，又割龙门去属云州。宣平[4]，下。顺圣[5]。下。本隶弘州，今来属。

【考释】

[1] 顺宁府，金为宣德州，隶西京路。宣德于金元之际地位的上升，应与金抗击蒙古有关。大安二年（1210），金曾于宣德置行省，次年即罢。① 太宗窝阔台时期，宣德曾一度置路（称宣德路或山西东路）：如太宗二年（1230），窝阔台接受耶律楚材建议立十路征收课税所，其中便有"刘中、刘桓使宣德[路]"；② 有时亦径称为宣德州。③ 太宗之后，贵由、蒙哥汗时期史料中已不见有"宣德路"或"山西东路"之称谓出现。据《大明清类天文分野之书》卷二三《燕分幽州》"宣德府"条云："中统元年改为宣德府；"《元史·世祖一》载："[中统二年十月]括西京两路官民，有壮马皆从军，令宣德州杨庭训统之，有力者自备甲仗，无力者官与供给。两路奥鲁官并在家军人，凡有马者并付新军刘总管统领"；再据《经世大典·站赤》的记载，中统三年四月已出现有"宣德府"之称。④ 由此可知，其废路改府年代，不应为《地理志》所指称的中统四年，似应在中统元年，至少是在中统三年之前。金宣德州领宣德、宣平二县，元顺宁府领三县、二州。

---

① 《金史》卷一三《卫绍王纪》。
② 参见《元史》卷二《太宗纪》。此外，提及宣德路（或山西东路）建置的史料尚有：《元史》卷一四九《刘黑马传》载："[太宗元年]授[刘黑马]金虎符，充管把平阳、宣德等路管军万户。"《元文类》卷五七《元故领中书省耶律公神道碑》云："[太宗三年]宣德路长官、太傅[耶律]秃花失陷官粮万余石，密求奏免。"许有壬《至正集》卷四四《上都孔子庙碑》载："山西东路课税长官刘中。"苏天爵《滋溪文稿》卷三《陕西乡贡进士题名记》载："[太宗十一年]即遣断事官术虎乃宣差山东路。"《元史》卷一五〇《郝和尚拔都传》载："庚子岁（1240），进拜宣德、西京、太原、平阳、延安五路万户。"等等。
③ 《永乐大典》卷一九四一六《站赤一》载有太宗九年丁酉八月二十三日的一条圣旨，云："仰宣德州达鲁花赤、管民官收附，遍行诸路，一体施行。"此处所谓"州"，其实是"宣德州路"。这从接下来的太宗十年的一处条文亦可知，它将燕京、宣德、西京视为三路。
④ 《永乐大典》卷一九四一六，第7194页。

[2] 宣德,金旧县,隶宣德州,为倚郭。

[3] 龙门县,据《金史·地理志》载:"国初隶弘州,后来属。明昌三年(1192)割隶宣德州。"至元二年龙门县被省并,据《元史》卷一〇《世祖七》载:"[至元十六年六月]戊戌,改宣德府龙门镇复为县。"可知,龙门于至元十六年已复县。

[4] 宣平,金旧县,隶宣德州,《金史·地理志》载:"承安二年(1197)以大新镇置,以北边用兵尝驻此地也。"另据《明一统志》云:"元移置于县界之辛南庄。"①

[5] 顺圣,金旧县,隶弘州。《元史·地理志》所云:"本隶弘州,今来属。"所谓"今来属"与"弘州"条内所云的"元至元中"对应,笔者推测当在至元三年宣德改顺宁府之前,似应在至元二年。另据《金史·地理志》载,贞祐二年七月,升顺圣县阳门镇为阳门县,然阳门县废年不详。

保安州[1],下。唐新州。辽改奉圣州。金为德兴府。元初因之。旧领永兴、缙山、怀来、矾山四县。至元二年,省矾山入永兴。三年,省缙山入怀来,仍改为奉圣州,隶宣德府。五年,复置缙山。延祐三年,以缙山、怀来仍隶大都。仍至元三年,以地震改保安州。领一县:永兴[2]。下。倚郭。

【考释】

[1] 保安州,金代为大安二年(1210)所升之德兴府,隶西京路。据《元史·奥敦世英传》载:"[奥敦]保和,由万户升昭勇大将军、德兴府元帅,锡虎符。"②大蒙古国时期,德兴府曾设路,而此路正是所谓的"山西五路"之一欤?③《经世大典·站赤》有一条至元二年闰五月的记载,内有"顺天、真

---

① 《明一统志》卷五"宣平废县"条,文渊阁《四库全书》本。
② 《元史》卷一五一。
③ 语见《元好问全集》卷二八《大丞相刘氏先茔神道碑》。

定、德兴等路"之语,或可为证。① 据《元史·世祖纪三》载:"[至元三年]冬十月庚申朔,降德兴府为奉圣州",迨至至元五年十二月,"德兴府改奉圣州,隶宣德"。② 奉顺改隶宣德府时间,《志》与《纪》互异,兹从《地理志》。金代德兴府领有德兴、妫川、缙山、望云、矾山、龙门六县。中统四年望云升云州;龙门至元二年省入德兴,至元十六年复,二十八年属云州,更名望云县;德兴更名永兴;妫川不详。王恽《大元奉圣州新建永昌观碑铭并序》称:"奉圣本秦上谷郡地,唐始立新州。石晋割赂于辽,更今名。亡金升武定军节度,今虽为州,当两都往来之冲,其地望尤重。"③ 元保安州仅领一县。

[2] 永兴,金为德兴县,为倚郭。据《金史·地理志》载:"旧名永兴县,大安元年(1209)更名。"元初德兴复更名永兴的具体年代,史未揭载,估计在至元三年德兴改奉圣州之时。④

蔚州[1],下。唐改为安边郡,又改为兴唐县,又仍为蔚州。辽为忠顺军。金仍为蔚州。元至元二年,省州为灵仙县,隶弘州。其年,复改为蔚州,隶宣德府。领五县:灵仙[2],下。灵丘[3],下。飞狐[4],下。定安[5],下。广灵[6],下。

【考释】

[1] 蔚州,金故州,曾为忠顺军节度,隶西京路。元蔚州仍金之旧,领有五县。

[2] 灵仙,仍金旧,隶蔚州,为倚郭。

[3] 灵丘,仍金旧,隶蔚州。据《金史·地理志》载:"贞祐二年(1214)四

---

① 《永乐大典》卷一九四一六,第7194页。
② 《元史》卷六。另,《元史》卷一〇《世祖七》载:"[至元十五年十二月]是岁,西京奉顺州及彰德等处水旱民饥。"此处所谓"西京奉顺州"疑误。其时,奉顺州早已隶上都路宣德府,此处应断为"西京、奉顺州及彰德"。
③ 《秋涧先生大全文集》卷五八。
④ 《新元史》卷四五《地理志一》载,永兴县"至元六年省入本州,未几复置。延祐六年并入奉顺州"。此当据《元史·仁宗纪三》而补,兹附记于此。

月升为成州,四年割为[太原路]代州支郡。"然则,成州复废为县,时间不详。

[4] 飞狐,仍金旧,隶蔚州。为明代广昌县之地,据光绪《广昌县志》云,其地于辽为飞狐郡,元改为涞源郡。① 然而元代载籍尚不见此说,阙疑待考。

[5] 定安,仍金旧,隶蔚州。据《金史·地理志》载:"贞祐二年四月升为定安州。"定安州复废为县,史未详载,待考。

[6] 广灵,仍金旧,亦作"广陵",隶蔚州。乾隆时修《广灵县志》云:"石晋割幽蓟十六州赂契丹,此地亦陷焉,辽置忠顺军隶蔚州,金仍旧,元改广陵县,寻复为广灵县,隶上都路宣德府。"②

兴州[1],下。唐为奚地。金初为兴化军,隶北京,后为兴州。元中统三年,属上都路。领二县:兴安[2],下。至元二年置。宜兴[3]。中。至元二年置。

【考释】

[1] 兴州,金故州,隶北京路。此兴州与太原路兴州异。《金史·地理志》云:"承安五年(1200)升为兴州,置节度,军名宁朔。改利民寨为利民县,拨梅坚河徒门必罕、宁江、速马剌三猛安隶焉。贞祐二年四月侨置于密云县。"兴州于乙亥岁(1215)陷蒙。③《元史·太祖纪》载,太祖十年十一月,"史天祥讨兴州,擒其节度使赵守玉"。《元史·世祖二》亦载有中统三年兴州来属事。④ 金兴州领兴化、宜兴二县,承安年间所置利民县,于泰和四年废。元仍领二县。

---

① [清]刘荣等纂修:《广昌县志》卷二《建置沿革表》,清光绪元年刊本。另,《畿辅通志》卷一四"广昌县"条,雍正《山西通志》卷四"广昌县"条,均有元为涞源郡之说。参阅《山西通志》,文渊阁《四库全书》本。
② [清]郭磊纂修:《广灵县志》卷一《沿革》,清乾隆十九年刊本。
③ 《畿辅通志》卷一六六《史进道神道碑》。
④ 中华书局标点本《元史》卷五《世祖二》载:"[中统三年十二月]割北京、兴州隶开平府。"此处标点疑误。中统三年只是割北京路兴州隶开平,而非北京路和兴州,其间不应点断。

[2] 兴安,当为金兴化县地,金元之际省入兴州。

[3] 宜兴,仍金旧,隶兴州。《金史·地理志》载:"本兴化县白檀镇,泰和三年(1203)升为县来属。"泰和年间置宜兴县,寻省入兴州,然年代不详。①

松州[1],下。本松林南境,辽置松山州。金为松山县,隶北京路大定府。元中统三年,升为松州,仍存县。至元二年,省县入州。

【考释】

[1] 松州,金为松山县,隶北京路大定府。关于松山县升州时间,《元史·世祖二》认为是中统四年五月升州。乾隆《钦定热河志》对此考证颇详,兹录于此:"《元史·世祖纪》:中统三年二月以松州隶上都,四年五月升开平府为上都,升上都路松山县为松州。考元中统元年置开平府,至四年始称为上都。又金时废松山州存松山县,元初仍其旧,至中统四年始升为松州,是中统三年开平府尚未升为都,松山县亦尚未升为州,当云'松山县隶开平府'。《元纪》谓中统三年以松州隶上都,《元志》谓中统三年升为松州者,皆误。"②

桓州[1],下。本上谷郡地,金置桓州。元初废,至元二年复置。

【考释】

[1] 桓州,金故州,隶西京路。此地应为旧桓州地。③ 桓州于金元时

---

① 关于宜兴县,该县曾于致和元年升宜兴州之事,《元史·文宗纪》有载;另,钱大昕依《开平县界石》之碑文亦有考述。兹附记于此。参阅钱大昕著:《潜研堂金石文跋尾》卷二〇,《嘉定钱大昕全集》第六册。另据苏天爵《滋溪文稿》卷七《元故国子司业砚公墓碑并序》云:"天历元年(与致和元年同年——笔者),[宜兴]县升为州,就命知宜兴州事,进阶承务郎。"
② 《乾隆钦定热河志》卷六二《建置沿革八》,文渊阁《四库全书》本。
③ 新旧桓州之地理方望,可参阅王恽《秋涧先生大全集》卷八〇《中堂事记上》记载的行程内容。

期，当为契丹人耶律家族领地。①

云州[1]，下。古望云川地，契丹置望云县。金因之。元中统四年，升县为云州，治望云县。至元二年，州存县废。二十八年，复升宣德之龙门镇为望云县，隶云州。领一县：望云[2]。

【考释】

[1] 云州，金为望云县，隶德兴府。元云州领一县。

[2] 望云，金为龙门县，隶德兴府。至元二年废为镇。② 关于龙门升县更名望云县的年代，《元史·地理志》谓在至元二十八年，而《元史·世祖纪》则载："[至元十六年六月]戊戌，改宣德府龙门镇复为县。"③《志》与《纪》互异。究竟何说可从，俟再考。

兴和路[1]，上。唐属新州。金置柔远镇，后升为县，又升抚州，属西京。元中统三年，以郡为内辅，升隆兴路总管府，建行宫。户八千九百七十三，口三万九千四百九十五。领县四、州一。县四：高原[2]，下。倚郭。中统二年隶宣德府，三年来属。怀安[3]，下。元初隶宣德府，中统三年来属。天成[4]，下。元初隶宣德府，中统三年来属。威宁[5]。下。元初隶宣德府，中统三年来属。

【考释】

[1] 兴和路，金为抚州，隶西京路。抚州于金元之际曾一度省并，至蒙古宪宗甲寅岁（1254），"[忽必烈]至自大理，驻桓、抚间，复立抚州"。④ 抚州此度废罢年份不详，估计于金崇庆年间蒙古略金时所废，抚州原领威宁

---

① 详可参阅周清澍：《元桓州耶律家族史事汇证与契丹人的南迁》，载氏著：《蒙元史札》，内蒙古大学出版社，2001年版。
② 《大清一统志》卷二四，文渊阁《四库全书》本；《畿辅通志》卷一四《建置沿革》。
③ 《元史》卷一〇《世祖纪七》。另，据张翥撰《云州龙门镇韩母刘孝节卷》，此时龙门尚未升县。参阅张翥《蜕庵集》卷四，文渊阁《四库全书》本。
④ 《元史》卷四《世祖一》。

等属县亦于其时改隶宣德府。① 据《元史·世祖纪》载："［中统三年十一月］戊申，升抚州为隆兴府，以昔剌斡脱为总管，割宣德之怀安、天成及威宁、高原隶焉"，"［至元四年正月］析上都隆兴府自为一路，行总管府事"。② 此可补《地理志》之疏。隆兴路后改称兴和路，事在仁宗时期。③ 金抚州领有柔远、集宁、丰利、威宁四县；元兴和路则领县四、州一，其所领四县已与金异，其中集宁县后升为路，丰利并入柔远县，而柔远则更名高原县。

［2］高原，当为金柔远县，隶抚州。《新元史·地理志一》认为，柔远于中统二年更名高原，此说有待查考。

［3］怀安，金旧县，隶大同府。怀安县于何时隶宣德府事，史未明载。据萧㪺《勤斋集》卷三《威宁张氏新阡表》云："崇庆初，金运将终，天戈所临，罔不风靡。公以威宁县小不可支，遂与刘忠顺公等迎拜太祖圣武皇帝城下，请无俘杀，劝未降者，上悦许之，俾长千夫。抚居人从征伐。其五月攻天成，勇冠诸军。……岁壬寅（1242），总管万户奏充总管天成、怀安、宣平、威宁鄂勒事（奥鲁事——笔者）。"另据《元史·刘伯林传》，刘伯林金末为威宁千户，降蒙后守天成，其后又在威宁居十余年。④ 笔者以为，金元之际天成之有万户，对于其时抚州之罢废，乃至于对山西东路建置变化状况的影响，很值得留意。怀安、天成、威宁殆于此际隶于宣宁府（即宣德府）。另据《元史·世祖纪》载："［至元十七年］丙子，隆兴路杨门站复为怀安县。"是知中统三年后怀安曾被废。⑤

［4］天成，金旧县，隶大同府。该县由大同府改属宣德府事，参见上文

---

① 萧㪺：《勤斋集》卷三《威宁张氏新阡表》。
② 《元史》卷五《世祖二》；卷六《世祖三》。
③ 据《元史》卷二二《武宗纪一》、卷二四《仁宗纪一》载：大德十一年，武宗在隆兴路所属的旺兀察都之地建行宫，立宫阙为中都，并专设中都留守司兼开宁路都总管府。至大元年十二月，中都立开宁县，降隆兴路为源州。至大四年四月，罢中都留守司，复置隆兴路总管府，凡创置司存悉罢之。此地于武宗、仁宗朝建置沿革遭此改动，殆与武宗、仁宗两兄弟之皇位争夺有联系。另，李治安《元中书省直辖"腹里"政区考略》一文对此有所考述。
④ 《元史》卷一四九。
⑤ 《元史》卷一一《世祖八》。另可参阅汪辉祖：《元史本证》卷二四《证遗一》。

"怀安"条。据魏初《赵友墓志铭》称:"天成万户纪侯知其为书生",①此纪侯不知何人,待考。

[5] 威宁,金旧县,隶抚州。② 威宁属宣德府之年代,参见上文"怀安"条。

宝昌州[1],下。金置昌州。元初隶宣德府,中统三年隶本路,置盐使司。延祐六年,改宝昌州。

【考释】

[1] 宝昌州,金昌州,领有宝山县,隶西京路。昌州于崇庆元年(即元太祖七年,1212年)陷蒙。据王恽《玉堂嘉话》云:"寻过抚州,惟荒城在焉。北入昌州,居民仅百家,中有廨舍,乃国王所建也。亦有仓廪,隶州之盐司。州之东有盐池,周广可百里,土人谓之狗泊。"③此为中统初年王恽北上纪行见闻,可证《地理志》。金昌州领宝山一县,据《元史·仁宗纪》载,延祐六年九月"以故昌州宝山县置宝昌州,隶兴和路"。④ 以此推知,元初似乎曾省州存县,然具体年代未详。

永平路[1],下。唐平州。辽为卢龙军。金为兴平军。元太祖十年,改兴平府。中统元年,升平滦路,置总管府,设录事司。大德四年,以水患改永平路。户一万三千五百一十九,口三万五千三百。领司一、县四、州一。州领二县。录事司。县四:卢龙[2],下。倚郭。迁安[3],下。至元二年,省入卢龙县,后复置。抚宁[4],下。至元二年,与海山俱省入昌黎。三年复置。四年,又与海山俱入昌黎。七年复置,仍省昌黎、海山入焉。十一年,复置昌黎,以属滦州,今昌黎属本县。昌黎[5]。下。至元十一年复置,仍并海山入焉。

---

① 魏初:《青崖集》卷五。
② 据《金史·地理志》载,承安二年(1197)以抚州新城镇置。
③ 王恽:《秋涧先生大全集》卷一〇〇。
④ 《元史》卷二六《仁宗三》。

【考释】

[1] 永平路，金平、滦州地，隶中都路。据《大明清类天文分野之书》卷二三《燕分幽州》"永平府"条载："乙亥（太祖十年）改兴平府，中统三年升为平滦路"，此与《地理志》异。① 金元之际，平、滦之地曾有兴平行省、平滦路之设。据王恽《大元故昭勇大将军北京路总管兼本路诸军奥鲁总管王公神道碑铭并序》载："［王诰］亡金贞祐初，任兴平军节度幕官，摄府事。方大元经略中夏，皇太弟国王奉命率兵出榆关，循卢龙塞而南，雷砰电激，所向无前。府君审天命之眷临，悯生民之涂炭，遂挈二州五县版图，投献辕门。王嘉其忠赤，首倡大义，即闻于太祖圣武皇帝，蒙授荣禄大夫、兴平路兵马都总管、知兴平府事。寻锡金虎符，加左副元帅兼安抚使。……辛亥岁（1251），［王遵］入觐宪宗，授本路总管兼万户，俾专兵民之政，殊光宠也。世祖皇帝践阼，分朔南为十路，肇建总管府，以公奕世材贤，授平滦路总管。"② 王诰降蒙后，与监军程泰和滦州刺史鲜卑仲吉，请汗廷以畏兀儿人塔本为兴平行省都元帅。嗣后塔本父子均任兴平等处行省都元帅，迨至其孙阿台时，兴平行省罢为平滦路总管府，丁巳岁（1257），宪宗命阿台为平滦路达鲁花赤。③ 由上述可知，平、滦二州自中都路析出自为一路，殆在太祖十年。蒙廷封斡赤斤食邑于该地。金平州领有五县。

[2] 卢龙，仍金旧，隶中都路平州。

[3] 迁安，仍金旧，隶平州。④

[4] 抚宁，仍金旧，隶平州。金大定二十九年（1189）由新安镇升为抚宁县。关于至元七年抚宁复立事，亦可参见《元史·世祖四》的记载。另，文内"今昌黎属本县"语，《元史本证》认为"本县"疑当作"本路"。抚宁于至元二年省并，殆仅为三五百户县故，后因百姓不便而复立。⑤

---

① 刘伯温：《大明清类天文分野之书》，《续修四库全书》本。
② 王恽：《秋涧先生大全集》卷五七。
③ 《元史》卷一二四《塔本传》。
④ 据《金史·地理志》载，迁安属中都路平州，辽以所俘安喜县民置，因名安喜，大定七年（1167）更名迁安县。
⑤ 王恽：《秋涧先生大全集》卷八九《论复立博野县》。另据《大明清类天文分野之书》卷二三《燕分幽州》"抚宁"条载："至元二年省入昌黎县，七年以路当要复置，属本府。"

[5] 昌黎,仍金旧,隶平州。①

滦州[1],下。在卢龙塞南,金领义丰、马城、石城、乐亭四县。元至元二年,省义丰入州。三年复置,先以石城省入乐亭,其年改入义丰。四年,马城亦省。领二县:义丰[2],下。倚郭。至元二年省入州,三年复置。乐亭[3]。下。元初尝于县置漠州,寻废,复为乐亭县,隶滦州。

【考释】

[1] 滦州,金故州,属中都路。金领有义丰、马城、石城、乐亭四县。滦州于贞祐三年(1215)陷蒙,②陷蒙之后即独立于中都路之外。元人刘敏中《贾滦州赆行诗序》云:"滦右挹甸畿,左空海隅,大州也。"③滦州所领石城与马城两县,于至元初年废后不再复设。④ 据《元史·世祖五》载:"[至元十二年十二月]滦州海山县入昌黎县",是知元初昌黎县、海山县俱曾属滦州。

[2] 义丰,仍金旧,隶滦州。

[3] 乐亭,仍金旧,隶滦州。据《明一统志》载:"乐亭县,在州东九十里。本卢龙县地,唐开元中析置马城县。五代时,契丹属滦州。金大定末又析置乐亭县。元初尝于县置漠州,寻废,复为乐亭县,属滦州。"⑤《元史·地

---

① 据《金史·地理志》载:"辽营州邻海军,以所俘定州民置广宁县。皇统二年降州来属,大定二十九年以与广宁府重,故更今名。"
② [清] 杨文鼎、王大本等修纂:《滦州志》卷九《封域志·邱墓》之《鲜卑元帅仲吉墓》,据清光绪二十四年刊本影印。另可参阅:《元史》卷一六五《鲜卑仲吉传》。
③ 刘敏中:《中庵先生刘文简公文集》卷一三。
④ 据汪辉祖《元史本证》卷二四《证遗一》云:"案,《英宗纪》延祐七年,'并永平路滦邑县于石城'。是石城于至元三年后复置,本路亦别有滦邑县也。"柯绍忞《新元史·地理志一》认为,石城复立及元有滦邑县之事,均不可考。另,元人释祥迈在立于至元十五年的《大觉寺中兴之碑》中云:"[平州]郡之县有九,迁安甲焉。"所谓平州,应指平滦路,这里说到九县,应包括至元初年省并的海山县(海阳旧县)、石城县和马城县。参阅:[民国] 滕绍周修、王维贤纂:《迁安县志》卷二〇《金石篇》,据民国二十年铅印本。
⑤ 《明一统志》卷五"乐亭县"条。另,关于乐亭设县之年份,《清一统志》卷一三、《畿辅通志》卷一三均持大定末年之说。然清光绪《乐亭县志》对此提出异议,该志引《字宫碑》,称其地天会中已建有庙学,由此认为大定末年始建乐亭县之说不确,并引《金史·地理志》,推测天辅七年滦州置节度使时,乐亭方始建县。参阅[清] 史梦兰纂、游智开等修:《乐亭县志》卷一《沿革考辨》,清光绪三年刊本。

理志》云:"元初尝于县置漠州,寻废,复为乐亭县,隶滦州。"两则记载略同,惟《元史》作"溟州"为"漠州"。另据清光绪《乐亭县志》载,乐亭县治南崇法寺立有元中统四年重修碑,该碑题名"前溟州刺史、镇国上将军石昌"云云,是州当作"溟"为确。① 乐亭于元初置州寻而复废之年份俱阙载,俟考。

德宁七路一府之地在行政地理上划属中书腹里地区管辖,该区域之建置年代,史无明文。因大多为漠南各投下分地,且有各部族(如汪古部、弘吉剌部等)领主自治,元廷殆因便宜而将其地改成相应之建置而已。此类路府多置于元代中期,与本研究所涉年代稍有不合;加之其地辽远,建置疏阔,本文不对其金元之际之建置状况作详论。不过为保持整个地区的完整性,此处多参详前辈学人的相关考证成果,②简要缀合,考述于下。

德宁路[1],下。领县一:德宁[2]。下。

【考释】

[1] 德宁路,大德九年(1305),改黑水新城为静安路;延祐五年(1318)改静安路为德宁路,属县静安县为德宁县。③ 德宁应设在大青山后。④ 德宁原名按答堡子,其名源于成吉思汗与阿剌兀思家族"约世婚、交友之好号按答——忽答(anda-quda)"。汪古部世居的按答堡子——新城——静安——德宁就是指这个古城。⑤ 林子良《王傅德风堂碑记》载:"自至大元年(1308),始立王傅事府,奉王□颁银印,给虎符……俱备。王傅府后乃为赵国之纲纪,以下德宁、砂井、净州、集宁等路及断事官,所辖总计壹

---

① 《乐亭县志》卷二《古迹》。
② 例如日人箭内亘《元代经略东北考》(氏著,陈捷、陈清泉译:《元代经略东北考》,商务印书馆,1934年版)对下文所述诸路的建置之历程及其疆域有所考证;周清澍《汪古部的领地及其统治制度》(载氏著:《蒙元史札》);李治安《元中书省直辖"腹里"政区考略》(载《元史论丛》第10辑),等等。
③ 《元史》卷二一《成宗纪四》;卷二六《仁宗纪三》。
④ 李逸友:《元丰甸城道路碑笺证》,载《元史论丛》第2辑。
⑤ 周清澍:《汪古部的领地及其统治制度》。

佰……拾……属焉。"①文内所提三路一府均为汪古部驸马赵王领地。

[2] 德宁，据《元史·仁宗纪三》载："[延祐五年]改静安路为德宁路，静安县为德宁县。"

净州路[1]，下。领县一：天山[2]。下。

【考释】

[1] 净州路，金为净州，属西京路。据《大元加封宣圣碑记》所刻"净州路总管府"、"大德十一年(1307)七月二十一日立"等字样，可知净州升路当在此年之前。②

[2] 天山，金旧县，隶净州。《金史·地理志》云："旧为榷场，大定十八年置，为倚郭。"元因之。

泰宁路[1]，下。领县一：泰宁[2]。下。

【考释】

[1] 泰宁路，金泰州，属北京路。据《元史·仁宗纪二》载，延祐二年(1315)八月改辽阳行省泰州为泰宁府。《元史·仁宗纪三》则载，延祐四年(1317)二月，升泰宁府为泰宁路，仍置泰宁县；四月，以泰宁路隶辽阳行省。后又改隶中书省。③ 金泰州属县一，为长春县，其省并年份不详，

---

① 林子良：《王傅德风堂碑记》，载北平《新晨报·副刊》(1928年9月2日)，兹转引自李治安《元中书省直辖"腹里"政区考略》一文。
② 《归绥县志·金石志》；郑隆：《元代净州路古城调查》，载《考古通讯》1957年1月。转引自周清澍《汪古部的领地及其统治制度》。另据延祐七年(1320)立《丰州甸城道路碑》(转自李逸友：《元丰甸城道路碑笺证》)，该碑载有"伏遇镇遏德宁天山分司宣慰使马正奉、宣慰同知撒德弥实奉训……"等语，柯绍忞氏据此认为，延祐七年尚设宣慰司分司，净州路之设当在仁宗以后。净州路所设时间问题，比对《大元加封宣圣碑记》，柯氏之说疑误。然关于延祐七年宣慰司分司之事，则阙疑待考。参阅《新元史·地理志一》。
③ 《元史》卷二五、卷二六。另，亦邻真、周清澍依据《经世大典·站赤》，认为《地理志》记载有误，泰州及宁昌路应属辽阳行省。李治安认为，《地理志》与《经世大典》之记载不相冲突，延祐四年四月前属辽阳行省，其后又属中书省。参阅李治安《元中书省直辖"腹里"政区考略》。

俟考。

[2] 泰宁,据《元史·仁宗纪三》,延祐四年仍置泰宁县。

集宁路[1],下。领县一:集宁[2]。下。

【考释】

[1] 集宁路,金为集宁县,隶抚州。据皇庆元年(1312)所镌《大成至圣文宣王庙学碑》,碑上有集宁总管府达鲁花赤、总管和同知题名,是知皇庆元年前已有该路建置。①

[2] 集宁,金旧县,隶西京路抚州。元因之。

应昌路[1],下。领县一:应昌[2]。下。

【考释】

[1] 应昌路,《元史·特薛禅传》云:"至元七年,斡罗陈万户及其妃囊加真公主请于朝曰:本藩所受农土,在上都东北三百里答儿海子,实本藩驻夏之地,可建城以居。帝从之。遂名其城曰应昌府。"②另据程钜夫撰《应昌路报恩寺碑》载:"太祖初兴,鲁国忠武王阿齐诺验(按赤那演)以佐命元勋,有分地,约世婚。至元八年,始置应昌府,以封其子特穆尔(帖木儿)。未几年升府为路。"至元二十二年(1285),应昌府升为路。③ 应昌路与全宁路是弘吉刺部驸马领地,"两路南北相去七十余里,冬夏以避寒暑"。④ 王颋认为,此类由本位"投下"私属户籍及分割禹儿惕组建的直隶府、州或路,其出现的端倪应在宪宗朝。⑤ 应昌和全宁"自达鲁花赤总管以

---

① 《集宁县志》卷四;张驭寰:《元集宁路故城与建筑遗物》,载《考古》1962 年 11 期。转引自周清澍:《汪古部的领地及其统治制度》。
② 《元史》卷一一八。另据《元史》卷七《世祖四》载,至元七年八月开始设应昌府官吏。
③ 程钜夫:《程雪楼文集》卷五《应昌路报恩寺碑》;[清]《巨野县志》卷二〇《相哥八刺鲁王元勋世德碑》,清道光二十四年本。
④ 《巨野县志》卷二〇《相哥八刺鲁王元勋世德碑》。
⑤ 王颋:《龙庭崇汗:元代政治史研究》,第 87 页。

下诸官属,皆得专任其陪臣,而王人不与焉"。这和汉地食邑路又有不同。① 应昌是上都北面的重要军事重镇、物资转运站和驿站(鱼儿泊)所在地。②

[2] 应昌,建置状况未详。

全宁路[1],下。领县一：全宁[2]。下。

【考释】

[1] 全宁路,金为北京路全州地,领有安丰一县。元贞元年(1295),囊家真公主上奏,以应昌路东原金全州之地创建本投下城邑。大德元年(1297),升全州为全宁府。大德七年(1303),全宁升为路。③ 另据《全宁路新建庙学记》载:"大德改元,城全宁,析故卢州封畛而郡。皇姑鲁国大长公主、驸马济宁王创庙学于城之隅。"④亦可证全宁为府在大德元年。

[2] 全宁,建置状况未详。

宁昌路[1],下。领县一：宁昌[2]。下。

【考释】

[1] 宁昌路,《元史·仁宗纪》载:"[延祐五年二月]甲寅,置宁昌府;"《元史·英宗纪》云:"[至治二年十二月]升宁昌府为下路,增置一县。"⑤宁昌路之由来及得名,殆始于亦乞列思部驸马孛秃以功封赐包括宁昌县在内的"冠、懿二州"。⑥

[2] 宁昌,元至治二年置。

---

① 《元史》卷一一八《特薛禅传》。详细论述可参阅李治安前揭文。
② 陈得芝:《元岭北行省诸驿道考》,载氏著:《蒙元史研究丛稿》。
③ 《元史》卷一一八《特薛禅传》;卷一九《成宗纪二》;卷二一《成宗纪四》。
④ [民国] 罗福颐撰:《满洲金石志》卷四,民国二十六年石印本,刊于《辽金元石刻文献全编》第三册。
⑤ 《元史》卷二六;卷二八。
⑥ 李治安:《元中书省直辖"腹里"政区考略》。

砂井总管府[1],领县一:砂井[2]。

【考释】

[1] 砂井总管府,金未见有州县建置。耶律楚材有诗写及沙井,称其地为沙城。沙井位于天山县北八十里,金末当为边界城堡,迨至元朝,是重要的驿站和粮食"军储所"。① 元人陈旅《赠沙井徐判官诗序》云:"天山之北皋,陆衍迤联,亘乎大漠,赵王之封国在焉。王得选吏治其人,丰州徐君善卿起家为沙井路总管府判官。"②据《元史·仁宗纪》载:"[延祐三年十一月]增集宁、砂井、净州路同知、府判、提空案牍各一员。"是知砂井总管府之设当在此前之前。

[2] 砂井,建置状况未详。

保定路[1],上。本清苑县,唐隶鄚州。宋升保州。金改顺天军。元太宗十一年,升顺天路,置总管府。至元十二年,改保定路,设录事司。户七万五千一百八十二,口一十三万九百四十。领司一、县八、州七。州领十一县。录事司。县八:清苑[2],中。附郭。满城[3],中。唐县[4],下。金隶定州,后来属。庆都[5],下。元初隶真定府,太宗十一年来属。行唐[6],下。曲阳[7],中。古恒州地,唐为曲阳县。宋属中山府。金因之。元初改恒州,立元帅府,割阜平、灵寿、行唐、庆都、唐县以隶之。逮移镇归德,还隶中山府,复为曲阳县,后隶保定,北岳恒山在焉。新安[8],下。金置新安州渥城县。元至元二年,州县俱废,改为新安镇,入归信县。四年,割入容城。九年,置新安县来属。博野[9]。下。至元三十一年立。

【考释】

[1] 保定路,金保州,隶中都路。金元之际,保定路为汉人大世侯张柔

---

① 周清澍:《汪古部的领地及其统治制度》。
② 陈旅:《安雅堂集》卷四,文渊阁《四库全书》本。

辖地,其辖境前后变化较大,《地理志》所载过简,兹对其作一申论。金末蒙军南下,张柔聚宗族数千家辟西山东流寓以自保,先后攻下雄、易、安、保、完诸州,由是"深、冀以北,相率而自归者,三十余城"。① 郝经撰《左副元帅祁阳贾侯神道碑铭并序》亦云及当时张柔的势力范围:"于是又城数十,地方千余里,节度之州二,刺史之州五,胜兵数万,而户不啻十余万。西尽常山之尾,缴出镇定,左转蜚狐之口;东包河间,出九河;南入美野;北尽涿易,横络上谷、卢龙之塞,而跨有燕赵。"此外,郝氏另所撰《顺天府孔子新庙碑》载:"顺天故清苑县,置于隋唐间,为鄚州属邑,宋初置保塞军,以其赵氏之故家在焉,故县北丰沛升为保。国朝奄有中夏,今万户张公柔自满城建牙于保,开斥土宇,西尽常山,东出瀛博,南逾滹沱,北负涿易,自为一道,统城三十,仍兼河南诸道,诏锡名曰顺天,开大帅府焉。"②我们知道,丙申岁(1236)行"画境之制"时,保定张柔辖地所受冲击颇大,其辖地曾遭析分,"诸道所统,仍金之旧,保居燕、赵之间,分隶无几",③"析天下为十道,沿金旧制画界,保之属城多为邻道所分割。阅数岁,有诏特还之,升州为府,赐名曰顺天"。④ 从上所描述的张柔统驭范围来看,深、冀、晋、祁、⑤蠡、安、保、雄、遂、安、安肃、涿、易等十余州均曾为张柔所攻略或占有,⑥但它们是否就稳定为张柔的辖地呢? 其实不然,所谓统城三十,应当

---

① 《畿辅通志》卷一六八《张柔神道碑》。
② 郝经:《郝文忠公陵川文集》卷三四《顺天府孔子新庙碑》。此外《元好问全集》卷三三《顺天府营建记》亦提及保定张柔:"统城三十,制诏以州为府,别自为一道,并控关陕、汴洛、淮泗之重。将佐乔惟忠孝先而下,赐金银符者十数人。"
③ 苏天爵:《元朝名臣事略》卷六《万户张忠武王柔》。
④ 王磐:《张柔神道碑》。
⑤ 郝经:《郝文忠公陵川文集》卷三五《左副元帅祁阳贾侯神道碑铭并序》。
⑥ 另,据《古今图书集成·职方典》卷一○五《晋州治记》载:"保定元帅[张柔]嘉其[王某]英伟,时申奏于朝廷。……遂改此邑[鼓城县]为晋州。"另据胡衹遹《紫山大全集》卷一八《龙虎卫上将军安武军节度使兼行深冀二州元帅府事王公行状》的记载,张柔曾两度表奏王氏之功,授"深州节度使"、"行深、冀二州元帅府事"。由此可知,晋州、深州、冀州于大蒙古国时期当亦短暂辖于张柔。而所谓"三十余城",笔者估计当包括晋州所属的一些县份,这从鼓城、武强、安平等县于蒙古国时期的划割改属状况中即可得出;而深、冀两州之地则不及矣。

是指"画境之制"实行数年后,从太宗十一年起,①陆续割部分州(复)来属,如易州、雄州及中山府所属的祁州、完州等,加上原来的保州、安州、遂州、安肃州等,共八州之地,而为三十城,②最后也奠定了有元一代顺天路的基本规模。③ 其后,顺天路辖境基本稳定,据《元史·食货志三》载,太祖大斡耳朵"五户丝,乙卯年,分拨保定路六万户"。其封户数占保定路户口数的百分之八十,此或为其辖境稳定之表征。

[2] 清苑,仍金旧,隶中都路保州,为附郭。元好问撰《顺天府营建记》云:"清苑置于隋开皇末,历唐五代,为鄚州属县。宋境与辽接,故改为保塞。重兵所宿,常倍高阳诸戍。金朝既都燕,升县为州,州仍以保名,县则复清苑之号,且置顺天节度一军。"④贞祐年间,蒙军攻陷保州,清苑作为倚郭县,被屠城,⑤遂移治于满城,清苑几近于墟,故元好问有"贞祐初,中夏受兵,遂例有覆隍之变"语,但未明言清苑于此时遭毁。估计元太祖二十二年(1227),张柔于满城复置保州之时,⑥清苑县亦复为倚郭。

[3] 满城,仍金旧,隶保州。据《金史·地理志》载,大定二十八年于清苑县塔院村置满城。金元之际,张柔曾开府于满城,为保州治。后因"满城狭隘,有不能容者,岁丁亥(1227),乃移军顺天"。⑦保州治所回移至清

---

① 中华书局标点本《元史》引《张柔传》及《混一方舆胜览》之说,将原太宗十一年升顺天路之说改为太宗十三年。兹从其说。另,《元史证误》卷八《证误八》引《廿二史考异》"保州在宋为军事,金升为节度州,以顺天为军额,而州名如故,非改保州为军也"之说,而证《元史》记载之不确。此外需要指出的是,从下文雄、易诸州于太宗十一年割属顺天的记载来看,其实早在太宗十一年,保州已逐渐析出,为独立府州。
② 此处谓"八州之地",实据《大朝宣差万户张侯孝思之碑》而来,该碑云:"[宣授千户保州等处都元帅张公]召门下客王鹗谓之曰:'今吾以仡仡一夫,遭际亨会,坐制八郡,出总万兵,自忖虚庸,何以得此?'"此为张柔原话,所谓"八郡",当指上述八州之地无疑。参阅[清]杨晨纂:《光绪定兴县志》卷一七,清光绪十六年刻本。
③ 关于画境前后张柔统辖州县的详细考证,可参阅本书"上篇"第三章的相关考证,兹不赘述。
④ 元好问:《元好问全集》卷三三。
⑤ 郝经:《陵川先生大全集》卷三五《须城县令孟君墓铭》云:"北兵屠保[州],尸积数十万,磔首于城。"
⑥ 王磐:《张柔神道碑》。
⑦ 《元好问全集》卷三三《顺天府营建记》。

苑。满城藉张柔势得以发达,成为中县。

[4] 唐县,金旧县,属河北西路中山府(即定州)。唐县由中山府改隶保定路的年份,史未明载。据《元清虚宫重显子返真碑铭》,该碑第三行题有"宣差马爱里哥、宣差李志通、唐县元帅任佑、完州元帅甄道基"字样,是碑刊刻时间为甲寅年,即宪宗四年。① 可知在宪宗四年(1254)之前,唐县已属顺天路。笔者以为,其由中山府改隶顺天路的时间,当在太宗十一年顺天开始为独立府州的同时或不久之后;其时,从中山府割来的除唐县外,还有完州(永平县)、庆都等州县。②

[5] 庆都,金旧县,属河北西路中山府。原名望都县,大定年间更名庆都县,仍隶中山府。③ 庆都县元初隶真定府,太宗十一年(1239),④所谓"元初隶真定府",殆指其隶真定恒州。

[6] 行唐,金旧县,隶真定府。行唐改隶保定年代未详,《大明清类天文分野之书》卷一一《赵分冀州》"行唐县"条云:"[行唐]初属顺天路,后改属保定路。"此语意不甚明了,笔者推测,行唐可能于太宗十一年改隶保定。

[7] 曲阳,金旧县,隶中山府。曲阳尚未陷蒙时,苗道润承制封拜,授乔惟忠为定远大将军、恒州刺史。⑤ 据《元史·邸顺传》载,丙子(1216),"朝廷升曲阳为恒州,以顺为安抚使"。后又赐金虎符,加镇国上将军、恒州等处都元帅。⑥ 王颋称:"贞祐四年,立东恒州,军事,隶真定府路,治曲阳县。

---

① [清]陈咏修、张惇德纂:《唐县志》卷一〇《艺文志·碑碣》,清光绪四年刊本。按,蒙元碑刻之题名惯例,以右为尊,一般是名衔与行政层级越高,其名则越列于后。此处唐县之后为完州,但无材料显示唐县曾属完州。笔者以为此处出现完州,表明其时唐县与完州一起,已归顺天路。
② 王恽在《赠唐县李县尹序》中提及此李氏为"蔡国公将",此人很可能早在大蒙古国时期已为唐县长官。参阅《秋涧先生大全集》卷二八。
③ 《畿辅通志》卷一三"庆都县"。
④ 据郝经《帝尧祠碑记》云:"中山之庆都,帝之所生。……岁甲辰(1244),萧侯颛以庆都帝庙未建,乃同义士程义及子居德创建帝殿三楹,期年庙成。"郝经于甲辰岁仍谓庆都属中山,不知何故。另,《郝文忠公陵川文集》未收此文,待考。该文引自清康熙《庆都县志》卷四《艺文》,李天玑等纂修,据清康熙十七年抄本影印。
⑤ 《元好问全集》卷二九《千户乔公神道碑铭》。
⑥ 《元史》卷一五一。

兴定三年，陷。"①另，恒州废为曲阳县时间不详，该地废州后，与其原所领有的庆都、行唐等县，俱隶中山府，而不在张柔所领的范围内；殆至太宗十一年，改隶保定路，《大明清类天文分野之书》卷一一《赵分冀州》"曲阳县"条云："辛丑（1241）属顺天路，后属保定路。"是知其改隶时间在太宗十三年。

[8] 新安，金为渥城县，隶中都路安州。所谓"金置新安州"，未知所指何处设新安州。据《金史·地理志》中都路"安州"条载："大定二十八年徙治葛城，因升葛城为县，用倚郭。泰和四年（1204）改混泥城为渥城县，来属，八年移州治于渥城，以葛城为属县。"新安州当指移治后之安州无疑。②另，据《元史·世祖四》载："[至元九年正月]新安州初隶雄州，诏为县入顺天。"新安废州后，相继割入归信县、容城县，此两县俱隶雄州，故《本纪》有此说。

[9] 博野，金旧县，隶河北东路蠡州。据《元史·地理志》"蠡州"条载，至元三年，博野县省入蠡州；而据王恽撰《论复立博野县》云："照得至元三年钦奉圣旨节该：……略举顺天路祁州博野县并入蒲阴县分是也。其博野县，即目诸色人户二千八百余户，中间百姓事不便当者非一。……爰自合并以来，节次失过盗贼截劫讫官民财物、致伤人命者，无虑十数。就问得本处人户贾佐等，与所察相同，参详博野正县，理合依旧复立县事，深为安便"，云云。③ 此文应作于至元三年之后，《地理志》载博野于至元三年并入蠡州事，从行文推测，博野县寻又复置，不久再次省并入祁州蒲阴县。迨至至元初年王恽议复立博野县事时，其仍在祁州辖内无疑，然王恽所奏是否得准，则不得而知。

易州[1]，中。唐改上谷郡，又复为易州。元太宗十一年，割隶顺天府。至元十年，隶大都路。二十三年，还隶保定。领三县：易县[2]，

---

① 王颋：《完颜金行政地理》，第 105 页。
② 据下文"安州"条，"[安州]至元二年废为镇，入高阳县，后复改安州，隶保定。"与此处记载同。
③ 王恽：《秋涧先生大全集》卷八九《论复立博野县》。

中。倚郭。元初存州废县,至元三年复置。涞水[3],下。定兴[4]。下。金隶涿州,今来属。

【考释】

[1] 易州,金故州,隶中都路。据《元史·太祖纪》,太祖八年(1213),攻拔涿、易二州。赵柔因率众降蒙功,被授予涿、易二州长官;丙戌(1226),以功迁龙虎卫上将军,真定、涿易等路兵马都元帅,是知其时易州为赵柔辖地。据苏天爵撰《秘书郎乌君墓碑铭》云:"君祖考塔塔尔台,国初帅军民诣界河北,迎谒太祖,有敕赐名侈念虎者,命导太师国王南伐,累官龙虎卫上将军、易州崇宁军节度使,行川州元帅府事。"①是知,易州初陷蒙,曾升为崇宁军节度州。据上文"涿州"条,太宗八年设涿州路前,曾有"涿易路"之称,这是种"军马路"。笔者以为,太宗八年设立涿州路时,易州很可能还在涿州路内,殆至戊戌岁(1238年,太宗十年)张柔朝觐之后,蒙廷方将易州划归其管辖,此郝经所撰《故易州等处军民总管何侯神道碑铭有序》记载较为清晰:"戊戌张公[柔]入觐。……乃赐[何伯祥]宣命金符,充易州等处行军千户兼军民总管。"故而《地理志》有"元太宗十一年,割隶顺天府"之说。② 另据《元史》卷八《世祖五》载:"[至元十年五月]以雄、易州复入大都",此与《地理志》同。

[2] 易县,仍金旧,隶易州。

[3] 涞水,仍金旧,隶易州。亦称涞阳。元人张仲仁于至元十年撰《创建县署记》云:"故涞阳,古为上县,后因巨水昏垫,三迁至此县治。"③涞水县于金元之际为李伯甫之地,据元人敬铉所作《李伯甫政迹》云:"燕南涞水县,顺天府之甸邑也,万户张公[柔]实主之。……侯[贾辅]量宇优宏,

---

① 苏天爵:《滋溪文稿》卷一四。
② 郝经:《郝文忠公陵川文集》卷三五。还应指出的是,金元之际,易州亦曾有称"易州太守"者,其实乃一时借称。据刘因《刘文靖公文集》卷二一《易州太守郭君墓铭》云:"丁未(1247),授束鹿尹,庚戌(1250),迁易州太守。王子改完州,易人以善政请,于是复为易州。时官制未立,诸侯得自辟署,曰长曰太守,皆从一时之制云。"此外,魏初《青崖集》卷五《易州太守卢君行状》亦提及传主于金元之际为易州太守。
③ [清]陈杰等纂修:《涞水县志》卷八《艺文·记》,清光绪二十一年刊本。

才识冠绝，每以息民为务，故分司之吏多用命者，涞阳令李君其人也。君讳伯甫，字仲通。……获事万户张公，忠而能力为公所器，以锦衣焜耀乡间者几二十载。……岁乙未，籍其县之遗黎仅百余户，不数岁，户已逾千。"①

[4] 定兴，金旧县，隶涿州。② 定兴入元后，于何时由涿州改属易州，史未明言。按，元好问为乔惟忠作《神道碑》时，谓其为"涿州定兴人"；③王磐所作《蔡国公神道碑》时亦云柔为"涿州定兴县河内里人"；④王恽于戊子岁（1288）作《题李怀远世系后》时仍云："李镐，字之京，涿之定兴人；"⑤复次，据王恽撰《论定兴隶属涿州事状》亦谓："窃见定兴、新城，爰自亡金系京畿属邑，况根本所在，势无太重。合无改正，复隶涿州。"⑥此事年月未详，不过据此《事状》，笔者认为定兴由涿州而改属易州，当为世祖至元中后期事；且《地理志》记云"今来属"，很可能就是在至元中后期修《大元一统志》之际。

祁州[1]，中。唐为义丰县，属定州。宋改为蒲阴县。金于县置祁州，属真定路。元至元三年，立附郭蒲阴县及以束鹿、深泽二县来属，隶保定。领三县：蒲阴[2]，中。倚郭。深泽[3]，下。至元二年，并入束鹿县，三年又来属。束鹿[4]。中。

【考释】

[1] 祁州，金故州，属河北西路。金末元初，祁州建置变化颇大。祁

---

① 《涞水县志》卷末《余录》。
② 关于定兴隶涿州事，据《金史·地理志》载："大定六年，以范阳县黄村置，割涞水、易县近民属之；"另据金代《郭济忠碑》云："公讳济忠，字子正，其先易县河内里人。大定六年，黄甫村南置定兴县，拔而隶焉，今为涿州定兴人。"《地理志》与《碑》合。参阅[清]杨晨纂：《光绪重修定兴县志》卷一七《金石志》。
③ 元好问：《元好问全集》卷二九《千户乔公神道碑铭》。另，《郝文忠公陵川文集》卷三六《乔千户行状》亦云乔氏为"涿州定兴东王里人"。
④ 《畿辅通志》卷一〇七《蔡国公神道碑》。
⑤ 王恽：《秋涧先生大全集》卷七一。
⑥ 王恽：《秋涧先生大全集》卷八六。

州为张柔麾下贾辅属地,祁州附蒙时,曾改为祁阳府,贾辅曾授宣武将军、祁阳刺史,据刘因撰《怀孟万户刘公先茔碑》载:"蔡国张公柔开府满城,凡州县来归者,皆承制封拜,令各城守相为应援以御敌,乃以祁州为祁阳府,今左副元帅贾公辅行帅府祁阳,以府君为行府右监军。"①元太宗十一年(1239)顺天军升顺天路,祁州由真定改属顺天路,殆指画境时祁州短暂划出之事,太宗十一年实指复归顺天;其时,武强、安平、饶阳亦当归属于祁,不过很快又属鼓城军民万户。② 关于此点,据《左副元帅祁阳贾侯神道碑铭并序》亦可推知,其文云:"侯[贾辅]将本路兵略地,所向克捷。取庆都,攻蠡吾。还,拔安平,取深州,近右诸县鼓城、束鹿等望风降附,于是逾滹沱,取冀州,兵势大振,武义、宁晋、衡水、饶阳皆下,遂逼镇定[真定],而仙复去。侯建有镇定东南诸郡,万户张公开都元帅府于蒲城,侯行元帅府事祁,号南府。祁南皆隶焉。"③金时祁州领有三县,为蒲阴、鼓城、④深泽;除外,金元之际,祁州至少还领有博野、⑤武强诸县。元祁州领三县。

[2] 蒲阴,仍金旧,隶河北西路祁州。《元史·地理志》载,至元三年,"立附郭蒲阴县",该说是否表明此前蒲阴县曾遭省并?《新元史·地理志一》认为,蒲阴为金旧县,"《旧志》(指《元史·地理志》——笔者注)至元三年置,误"。另据光绪《畿辅通志》卷五三"蒲阴故城"条谓:"今祁州治。《清类天文书》:金[天会初]祁州别筑西城移州治焉。元复移于东城。"所谓"元复移于东城",不知是否即指"至元三年立附郭蒲阴县"事?待考。不过可以稍加推测的是,至元初年大并州县时,并不排除蒲阴曾遭省并,但随后很快又得以复置。

[3] 深泽,仍金旧,属祁州。深泽于至元三年复立并来属。

---

① 刘因:《刘文靖公文集》卷二〇《怀孟万户刘公先茔碑》。贾辅为祁阳刺史事,可参阅郝经:《郝文忠公陵川文集》卷三五《左副元帅祁阳贾侯神道碑铭并序》。
② 此处可参阅下文晋州"安平县"条相关内容之考述。
③ 郝经:《郝文忠公陵川文集》卷三五。
④ 鼓城在元太宗十年时为军民万户,估计此时他属,不再隶祁州。详可参阅下文"鼓城"条。
⑤ 王恽:《秋涧先生大全集》卷八九《论复立博野县》。

[4] 束鹿,金旧县,隶河北东路深州。至元三年来属。金元之际,束鹿地方有力者为耿氏,据张起岩撰《大元敕赐赠中奉大夫河南江北等处行中书省参知政事护军追封高阳郡公耿氏先世碑铭》载:"太祖兵入中原,金徙都汴,河朔盗起,郡县守宰委印绶去,民莫能相保。众推宜摄县政保庇一方者,无愈耿公,父老子弟相率陈请,公力辞不能得。……太祖八年冬,太师国王木华黎徇地至束鹿,遂以其众降。明年春,遣使至冀州。……具拜[福,字伯禧]镇国上将军、安定州节度使、行元帅府事便宜行事。……子男四,曰孝祖,袭束鹿军民长官。……[至元]三年袭束鹿县尹。官制行,迁尹行唐,固安、锦二州判官。"①束鹿自汉至唐,曾数度称安定,②从该碑铭可知,太祖年间,束鹿曾一度升为安定州,但很快又废州,复立束鹿县。此《元史·地理志》失载,前辈学人亦失其考。

雄州[1],下。唐归义县。五代为瓦桥关,周世宗克三关,于关置雄州。宋为易阳郡。金为永定军。元太宗十一年,割雄州三县属顺天路。至元十年,改属大都路。十二年改顺天路为保定路,二十三年,复以雄州隶之。领三县:归信[2],下。容城[3],下。金隶安肃州,今来属。新城[4]。太宗二年,改新泰州。七年,复为县,隶大都路。十一年,隶顺天路。至元二年,隶雄州。十年,隶大都。二十三年复来属。

【考释】

[1] 雄州,金故州,隶中都路。金天会七年置永定军节度使。兴定二年(1218)陷蒙。金雄州领三县,有保定县,而无新城县。保定县于至元二年省入霸州益津县,归信、容城二县与涿州之新城县俱改隶大都路,后来属雄州。③ 安州新安县曾来属,至元九年,改隶顺天路。另,据《元史·奥敦世英传》载:"[太宗时,奥敦保和]锡虎符,改雄州总管",上文"大都路霸州"条中已指出前两汗时期,很可能存有一种军马路性质的"雄霸路"

---

① 康熙《束鹿县志》卷一〇《艺文志》。
② 《畿辅通志》卷一三"束鹿县";《大清一统志》卷一〇"束鹿县"。
③ 据《新元史》卷四六。

建置,但存留时间短促,殆至太宗十一年,雄州遭析分,此建置亦不复存在。

[2] 归信,仍金旧,隶雄州,为倚郭。太宗十一年割顺天路。至元二年省新安镇入,至元四年划出来属。

[3] 容城,仍金旧,隶雄州。据《金史·地理志》载:"容城,泰和八年(1208)割隶安州,贞祐二年(1214)隶安肃州。"容城何时复由安肃州改隶雄州,《金史》未详;《元史·地理志》亦仅云:"金隶安肃州,今来属",未详年月,阙疑待考。《新元史·地理志一》谓:"[容城]金已隶本州,《旧志》'金隶安肃州',误也。"其实,《元史·地理志》所云乃指金末状况,并未有误。惟其可指摘之处在于,《元史·地理志》将容城于金朝大部分时间隶雄州的状况未予揭示而已。

[4] 新城,据《金史·地理志》,金新城县属涿州。① 此保定路雄州新城县,与淄莱路新城县同名。

安州[1],下。唐为唐兴县,隶鄚州。宋升顺安军。金改安州,治渥城县[2]。元初移治葛城。至元二年,废为镇,入高阳县,后复改安州,隶保定。领二县:葛城[3],下。倚郭。高阳[4]。下。

【考释】

[1] 安州,金故州,属中都路。金安州领三县,元省渥城县。

[2] 渥城县,该县于元初之沿革变迁,可参前文"新安县"条。元至元二年,安州、渥城县俱废,渥城改为新安镇,入归信县。至元四年,割入容城县。九年,置新安县,直属保定路。

[3] 葛城,金大定二十八年(1188)析高阳葛城乡置,隶安州,升为倚郭;泰和八年(1208)移治渥城。元省渥城,复为倚郭。

[4] 高阳,仍金旧,属安州。据《金史·地理志》载:"泰和八年正月,改

---

① 苏天爵:《滋溪文稿》卷二《新城县紫泉龙祠记》记有当地泰定年间事。

隶莫州,四月复。"元因之。①

遂州[1],下。唐为遂城县,属易州。宋改广信军。金废为遂城县,隶保州。元至元二年,省入安肃州为镇,后复置州而县废,隶保定。

【考释】

[1] 遂州,金故州,隶中都路。《金史·地理志》载遂州于金末建置变动状况颇详:"泰和四年废为遂城县,隶保州,贞祐二年复置州。"金领遂城县,至元二年废入安肃州。

安肃州[1],下。本易州宥戎镇地,宋创立静戎军,又改安肃军。金为安肃州。元隶保定。

【考释】

[1] 安肃州,金故州,隶中都路。安肃州划入保定时间,笔者估计在太宗十一年。金安肃州领有安肃县,估计元初遭省并。②

完州[1],下。唐为北平县,隶定州。宋升北平军。金更为永平县,又改完州。元至元二年,改永平县,后复为完州。

【考释】

[1] 完州,金为永平县,属河北西路中山府。据《金史·地理志》载,永

---

① 高阳属河间莫州时间短促,仅三月,然据郝经《郝文忠公陵川文集》卷三五《崔氏世德铭》,谓崔仲温为"河间高阳人",高阳属河间路之说缘何有如此大影响?王结《文忠集》卷四《高阳台记》载,高阳临河间,河间故宋有高阳关,并于城中设有高阳台。殆宋时高阳与河间密切,故郝经有此一说。

② 元末人李继本撰《送王平口巡检陈允庄叙》提及"安肃县簿王文昭氏";元末张昱撰《送廖思诚知安肃县》一文,由上可知元末复置安肃县。参阅李继本:《一山文集》卷四,文渊阁《四库全书》本;张昱:《可闲老人集》卷四,文渊阁《四库全书》本。

平县属中山府,贞祐二年四月升为完州。郝经《唐帝庙碑》云:"永平,故中山属县,金源氏并为州曰完,今隶顺天道。"①碑与《金史·地理志》、《元史·地理志》合。完州原属中山府路,太宗十一年来属保定路。至元二年,完州改为永平县,其后复州时间未详,估计亦应在至元初年。②

燕南河北道肃政廉访司

真定路[1],唐恒山郡,又改镇州。宋为真定府。元初置总管府,领中山府,赵、邢、洺、磁、滑、相、浚、卫、祁、威、完十一州。后割磁、威隶广平,浚、滑隶大名,祁、完隶保定,又以邢入顺德,洺入广平,相入彰德,卫入卫辉;又以冀、深、晋、蠡四州来属。户一十三万四千九百八十六,口二十四万六百七十。领司一、县九、府一、州五。府领三县,州领十八县。录事司。县九:真定[2],中。倚郭。藁城[3],中。太宗六年,为永安州,无极、宁晋、新乐、平棘四县隶焉。七年,废州为藁城县,属真定。栾城[4],下。元氏[5],中。获鹿[6],中。太宗在潜邸改西宁州,既即位七年,复为获鹿县,隶真定。平山[7],下。灵寿[8],下。阜平[9],下。涉县[10]。元初为崇州,隶真定路,后废州复置涉县。至元二年,省入磁州,后复来属。

【考释】

[1] 真定路,金真定府,隶河北西路。由《地理志》可知,金元之际,河北西路(真定路)的辖区发生过较大改易,兹作一申述。据《元史·太祖纪》载,太祖十五年(1220),"木华黎徇地至真定,武仙出降。以史天倪为河北西路兵马都元帅、行府事,仙副之"。此时武仙为真定路总管。真定

---

① 郝经:《郝文忠公陵川文集》卷三三《唐帝庙碑》。另据赵孟頫称:"当金之时,完未为州,永平一县而已。"参阅赵孟頫著、任道斌校点:《赵孟頫集》卷七,浙江古籍出版社,1986年版。
② 王恽至元庚辰(至元十七年)有多处诗文提及完州,可知此前早已复州。详可参阅王恽《秋涧先生大全集》卷一三、二八的相关诗作。

路为汉人大世侯史氏辖地,史氏之根基原本在金北京路,①后随蒙古军南下经略,据有真定路。《地理志》所云一府、十一州之地,即多为其攻拔所得,②据迺贤撰《河朔访古记》云:"国朝初,仍为河北西路,怀、卫、邢、洺、磁、相、保、大名、河间皆隶焉。"③可知其地与金河北西路辖区大致相当。此后在窝阔台丙申岁(1236)行"画境之制"前后与世祖忽必烈统治初年曾两度遭析分。窝阔台四年(1232)立彰德帅府,析卫、相二州出;窝阔台八年(1236)置邢洺路总管府,析出邢、洺、威、磁四州;窝阔台十一年(1239),析祁、完二州隶顺天路;而在窝阔台十年(1238),则仅以河间路深州来隶,估计冀州、蠡州亦于同年来属,晋州则在稍后设立。滑、浚二州亦析隶大名路。经此两阶段之调整,真定路基本稳定在一府五州的规模。④ 窝阔台时期的调整,更多的是针对汉人世侯;而世祖时期的调整,则与至元二年诸路总管府普遍设立、"元朝地方行政制度以路为根干的划一化"有关。⑤蒙元时期真定路地位重要,曾先后设立有课税司、宣抚司、宣慰司等机构,其后亦为燕南河北道肃政廉访司的治所。关于真定录事司,据《河朔访古记》云:"真定路录事司,国朝所建立,专理城内,城之外则真定县所理。城中今置燕南河北道肃政廉访及真定路总管府以镇之。录事司、真定县二官署皆在城中。"⑥金代真定府亦领有九县,惟元代割行唐县直隶保定,而益以涉县来属。

[2] 真定,仍金旧,隶真定府,为倚郭。元领有新城镇。⑦

---

① 详可参阅池内功:《モンゴルの金国経略と漢人世侯》(2),载《四国学院大学論集》,1980。
② 如磁州即非史氏攻拔所得,据徐世隆《张元帅墓志铭》载:"庚寅(1230),上断制,割磁州隶河北西路,行台[严实]矫制,仍领磁州元帅府事。"参阅[民国]丁世恭修、刘清如纂:《馆陶县志》卷一〇《张元帅墓志铭》。
③ 迺贤:《河朔访古记》卷上《常山郡部》。
④ 据元人孛术鲁翀《真定路宣圣庙碑》云:"初镇州置真定路,以中山、冀、晋、赵、深、蠡府一州五土地人民,奉我睿宗仁圣景襄皇帝、显懿庄圣皇后汤沐……"此处所云一府五州之地,显系后来真定辖境稳定后的状况,乃后来所追记,并不反映窝阔台丙申分封时之实情。《元文类》卷一九。
⑤ 爱宕松男:《元代的录事司》,载《日本学者研究中国史论著选译》第五卷"五代宋元"。
⑥ 迺贤:《河朔访古记》卷上《常山郡部》。
⑦ 苏天爵:《滋溪文稿》卷三《新城镇东岳祠记》。

[3] 藁城,仍金旧,隶真定府。据李冶《冀国武靖公神道碑》云:"壬午(1222)升藁为永安州匡国军,以公[王善]行元帅府事;"另据同氏所撰《太傅忠烈公神道碑》载:"壬午(1222),再授[董俊]左副元帅府事如故,仍升藁为永安州匡国军。"①从上可知,两神道碑云藁城于壬午已升州,此与《地理志》不合,兹当从碑。

[4] 栾城,仍金旧县,隶真定府。据《元史·地理志》"赵州"条载:"旧领平棘、临城、栾城、元氏、高邑、赞皇、宁晋、隆平、柏乡九县,太祖十五年,割栾城、元氏隶真定。"可见,太祖十五年之前,栾城曾属赵州,惟其改隶赵州年份不详。然则根据元代史料,栾城常被视为赵州栾城,如虞集《岭北等处行中书省左右司郎中苏公墓碑》称苏公之先为"赵之栾城人",苏天爵《元故建昌州判官苏君墓碣铭》亦称"苏氏居赵郡栾城者";②而立于后至元二年的《元安赟神道碑》亦载:"奉□□为留守判,□□尝赠公□□大夫,赵州知州、骁骑尉、栾城县……"③

[5] 元氏,仍金旧,隶真定府。金元之际曾隶赵州,元太祖十五年改隶真定。元代亦曾有将元氏县视为赵州属县之说,如袁桷《金事范君墓志铭》称,范君之父曾为"真定路赵州知州、骁骑尉、元氏县子"。④ 另,元氏县曾一度被称为"西元州",据《栾城县太极观记》云:"庚寅春(1230),真定路西元州元帅左监军韩侯智,走书币邀师主在州之修真观。"清人沈涛认为:"西元州之名不见元《地理志》,《志》惟载:安平县,太祖十九年为南平州,太宗七年改为县;武强县,元初为东武州,太宗六年改为县。修真观既在元氏,则西元州为元氏无疑,当与南平、东武同时创立,不久革去,史志失

---

① 分别参见《嘉靖藁城县志》卷八、《康熙藁城县志》卷一二。民国二十三年铅字重印本将两志合刊。关于藁城升州之事,清人沈涛在《常山贞石志》卷一五《故金吾卫上将军知中山府事王公神道碑》所加跋语亦云:"又《地理志》以藁城之改永安州在太宗六年,据碑当为太祖之十七年,自当以碑为正。又考,元初邑归附多升为军,如晋州为昔阳军之类。疆域既定,随时革去,故匡国军之名,地志所不能载也。"另据《常山贞石志》卷一八《追赠董俊圣旨碑·碑阴并两侧》云:"辛巳(1221)升藁城县为永安州,事悉属公。"因《神道碑》与本传均载升州时间在1222年,兹从1222年说。
② 虞集:《道园学古录》卷一五;苏天爵:《滋溪文稿》卷二一。
③ [清]陈咏修、张怀德纂:《栾城县志》卷一四《艺文志·碑碣》,据清同治十一年刊本影印。
④ 袁桷:《清容居士集》卷三〇。

载,得此可补舆地之阙矣。韩智无考。"①其说可取,兹从之。

[6] 获鹿,仍金旧,隶真定府。《金史·地理志》云:"兴定三年(1219)三月升为镇宁州,权河北西路,以经略使武仙驻焉。"另据《大明清类天文分野之书》卷一一《赵分冀州》"获鹿县"条载:"戊子年(1228)改为西宁州,乙未年(1235)复为获鹿县,属真定。"1228年拖雷监国,与《元史·地理志》所谓"太宗在潜邸"时期合。元好问撰《西宁州同知张公之碑》云:"公讳荣祖,字孝先,姓张氏,世为获鹿人。……叔父帅府监军升,少日以良家子充南征军士。贞祐改元之明年,六飞南狩,真定幕府得用便宜拜官,取乡曲之誉,辟监军,为本县尉。及县改西宁州,迁县令。未几改代,为今经略使史侯所倚信,累功至监军兼行西宁州事。"②

[7] 平山,仍金旧,隶真定府。

[8] 灵寿,仍金旧,隶真定府。据《元史·地理志》保定路"曲阳县"条载:"元初曲阳改恒州,立元帅府,割阜平、灵寿、行唐、庆都、唐县以隶之。"是知灵寿县曾隶恒州;恒州废后,灵寿亦复归真定。详可参阅上文"曲阳县"条。

[9] 阜平,仍金旧,隶真定府。据《金史·地理志》载,明昌四年(1193),以行唐县北镇置。金元之际曲阳升恒州,阜平曾隶之,后复来属真定。

[10] 涉县,金旧县,隶河东南路潞州。据《金史·地理志》载:"涉[县],贞祐三年(1215)七月升为崇州,以黎城县隶焉。四年八月以残破复为县。兴定五年(1221)九月复升为州。"崇州之废殆在大蒙古时期。至元二年涉县之省并,主要是省入磁州滏阳县,另外,涉县偏城等十三村则省入潞州黎城。③ 涉县距真定路治数百里,间隔广平、顺德二路,为一块典型的飞地。造成此一状况的缘由未明,是否与蒙古分封有关,俟进一步查考。

---

① [清]沈涛:《常山贞石志》卷一六,清道光二十二年刻本。
② 元好问:《元好问全集》卷三〇。
③ 《大清一统志》卷一五六;《元史》卷五八《地理志一》"黎城"条。

中山府[1]，唐定州。宋为中山郡。金为中山府。元初因之。旧领祁、完二州，太宗十一年，割二州隶顺天府，后为散府，隶真定。领三县：安喜[2]，中。新乐[3]，下。无极[4]。中。

【考释】

[1] 中山府，金旧府，又称定州，隶河北西路。中山府于金元之际地位特出，曾一度与真定路并称。王善曾于戊寅岁(1218)擢中山府治中，随授金符、同知中山府事，并于庚辰(1220)迁中山、真定等路招讨使，寻加右副元帅、骠骑大将军，移屯藁城。辛丑岁(1241)复迁知中山府事。① 另据《元史·赵瑨传》云："癸巳(1233)，赵扬据兴州叛，瑨进军平之，迁中山、真定二路达鲁花赤。"此外，董俊亦曾于庚辰(1220)春"承制授右副元帅、行元帅府事，佩金虎符，仍中山知府，抚定中山"。② 史楫于己亥(1239)授知中山府事。③ 中山府地位降低而成散府，盖因太宗时期"画境之制"行后，所辖州县屡被分割对象。金元之际，中山府所领诸县多有变动。金领七县，除安喜、新乐、无极三县外，尚有永平(后改完州)、庆都、曲阳、唐县四县，此四县于太宗十一年立顺天路时，由中山府划割出去。另据《元史·地理志》"曲阳县"条载："元初改恒州，立元帅府，割阜平、灵寿、行唐、庆都、唐县以隶之。逮移镇归德，还隶中山府。"元初中山府曾设录事司，后废。④ 元领有三县。

[2] 安喜，仍金旧，隶中山府。《河朔访古记》卷上云："国朝以安喜为中山府倚郭县，兼理城中。"

[3] 新乐，仍金旧，隶中山府。据上文"藁城"条，1222年，藁城为永安

---

① 《常山贞石志》卷一五《故金吾卫上将军知中山府事王公神道碑》。
② 《常山贞石志》卷一八《追赠董俊圣旨碑·碑阴并两侧》。
③ 《秋涧先生大全集》卷五四《大元故真定路兵马都总管史公神道碑铭并序》。《元史·史楫传》未载其曾知中山府事。据《元史氏庆源碑跋太宗十二年》载，史天安曾为"五路万户、知中山府事。元初军民官皆世袭，天安子枢，继父知中山府，《传》于天安不言知中山府，至枢始言以勋臣子知中山府，亦史之疏矣"。参阅沈垚：《落帆楼文集》卷七，据1918年嘉业堂刻吴兴丛书本影印，上海古籍出版社，1995年版。
④ 参阅刘因：《刘文靖公文集》卷二六《东茔改葬后祭文》；苏天爵：《滋溪文稿》卷八《静修先生刘公墓表》。

州,无极、宁晋、新乐、平棘四县隶之。太宗七年永安州废,估计新乐复归中山府。据李冶《故金吾卫上将军知中山府事王公神道碑》云:"辛丑(1241),[王善]迁知中山府事,属县新乐,南北要冲"云云,①由此可证。

[4] 无极,仍金旧,隶中山府。木华黎下中原时,何瑨曾为无极县军民长官,为当地小世侯。② 1222年,藁城升为永安州,无极等四县曾隶属之,太宗七年州废后,无极还属中山府。

赵州[1],中。唐赵州。宋为庆源军。金改沃州。元仍为赵州。旧领平棘、临城、栾城、元氏、高邑、赞皇、宁晋、隆平、柏乡九县,太祖十五年,割栾城、元氏隶真定。领七县:平棘[2],中。宁晋[3],下。隆平[4],下。临城[5],中。柏乡[6],下。高邑[7],下。赞皇[8]。下。至元二年,并入高邑。七年复置。

【考释】

[1] 赵州,金故州,隶河北西路。《金史·地理志》云:"宋徽宗升为庆源府赵郡庆源军,治平棘。天会七年改为赵州,天德三年更为沃州,盖取水沃火之义,军曰赵郡军。后废军。"据宋本《湖南安抚使李氏祠堂记》载:"昔金将亡,其威胜军节度使、兼沃州管内观察使右监军行元帅府事赵悫,与天兵战高邑,被擒,怒骂不屈以死。"③此当在兴定四年(1220),可知其于金末曾更名威胜军节度。另据元好问撰《龙山赵氏先茔之碑》云:"[乙酉(1225)]八月,命侯招降临城、杏树等砦,遂下邢、赵两州。……幕府咨太师,复赵州庆源军之号,以侯为节度使兼赵州管内观察使。"④从中可知,金末已复改称赵州,故《元史·地理志》有"元仍为赵州"之语。赵州旧领九

---

① 沈涛:《常山贞石志》卷一五。
② 沈涛:《常山贞石志》卷二四《濱川渔逸何体仁墓碣铭》。
③ 姚燧:《元文类》卷三一。
④ 元好问:《元好问全集》卷三〇。

县,太祖十五年(1220),割栾城、元氏隶真定。① 元领七县。

[2] 平棘,仍金旧,隶沃州(即元之赵州),为倚郭。《河朔访古记》卷上云:"国朝为赵州属县,倚郭县,兼理城中。"1222年藁城升永安州,平棘改隶之,太宗七年州废复来属。

[3] 宁晋,仍金旧,隶赵州。癸酉岁(1213),宁晋陷蒙,王义于是时授宁晋令兼赵州等处招抚使。② 宁晋李直、李让于己卯(1219)年降蒙后,"仍听蔡国武公节制"。③ 苏天爵《宁晋张氏先茔碑铭》云:"赵属邑七,宁晋最下。"④1222年属永安州,太宗七年复来属。

[4] 隆平,仍金旧,隶赵州。

[5] 临城,仍金旧,隶赵州。⑤

[6] 柏乡,仍金旧,隶赵州。柏乡陷蒙后,冯安曾为柏乡县尹者,在任达二十九年之久,卒于官,后其子袭职。⑥

[7] 高邑,仍金旧,隶赵州。

[8] 赞皇,仍金旧,隶赵州。《元史·世祖四》载:"[至元七年四月]复真定赞皇县。"《志》与《纪》合。赞皇于至元二年遭省并,与其户口寡少有关。⑦ 赞皇复立后,其户口依然寡少,据至元中期王磐所撰《重修赞皇县学记》有云:"赵州西有县曰赞皇,户少而民贫。"⑧

冀州[1],上。唐改魏州,后仍为冀州。宋升安武军。元仍为冀州。

领五县:信都[2],中。至元初与冀州录事司俱省入冀州,后复置。三年,省录

---

① 《新元史》卷四六《地理志一》"赵州"条内云:"《旧志》:太祖十五年割所属栾城、元氏隶真定。按,二县本隶真定路,《旧志》误也。"据上文"栾城"条之考证,元人多称栾城属赵州,《元史·地理志》之说必有所本,柯氏所论似过武断。
② 胡祗遹:《紫山大全集》卷一八《龙虎卫上将军安武军节度使兼行深冀二州元帅府事王公行状》。
③ 王恽:《秋涧先生大全集》卷六〇《宁晋县尹李公墓碣铭》。
④ 苏天爵:《滋溪文稿》卷一六。
⑤ 金人王寂《瑞葵堂记》云:"沃为河朔名郡,而临城其辅邑也。临城,本房子之故地。"王寂:《拙轩集》卷五,文渊阁《四库全书》本。
⑥ 马祖常:《马石田文集》卷一三《朝请大夫大明路治中致仕冯君先茔碑铭》。
⑦ 王恽:《秋涧先生大全集》卷八九《论复立博野县》。
⑧ 引自《全元文》卷六一,第二册,第248页。

事司入焉,为冀州治所。南宫[3],上。枣强[4],中。武邑[5],中。新河[6]。中。太宗四年置。

【考释】

[1] 冀州,金故州,隶河北东路(河间府路)。冀州自太祖八年被拔,至兴定四年(1220)终陷蒙,期间曾经屡有反复。① 据姚燧撰《提刑赵公夫人杨君新阡碣》云:"以战绩每最,进冀州元帅、虎符,复推与其兄。廷议多其悌让,改公[赵璠]冀州军民总管,别赐虎符。"② 另据胡祗遹撰《龙虎卫上将军安武军节度使兼行深冀二州元帅府事王公行状》载:"戊寅(1218)拔束鹿,进攻深州,太守张公以城降。顺天都元帅张柔多公[王义]之能军,表奏授深州节度使,兼深、冀、赵三州招抚使。秋八月,金恒山公武仙拥众四万,攻束鹿,公烽火谨斥。……张帅复称表上功,授公龙虎卫上将军、安武军节度使,行深、冀二州元帅府事,佩金虎符。"③ 王颋据上述两条史料,认定深冀自为一路。④ 从"冀州军民总管"、"深冀元帅府"来看,这更多地表明,深冀应只是一种短暂的军事建置而已。深、冀二州属河间,据上文所述张柔势力曾"东包河间"来分析,此二州可能一度为张柔地盘,估计窝阔台行"画境之制"前后,与深州同来属真定。金冀州领五县,然无新河县,而有衡水县。

[2] 信都,仍金旧,河北东路河间府冀州,为倚郭。金元之际,信都侯当为严让家族。⑤

[3] 南宫,仍金旧,隶冀州。据《明一统志》载:"宋省堂阳、新河县入

---

① 详可参阅《元史·太祖纪》、《元史·王义传》、《金史·武仙传》以及《金史·张甫传》等。
② 姚燧:《牧庵集》卷二七。
③ 胡祗遹:《紫山大全集》卷一八,文渊阁《四库全书》本。
④ 王颋:《元代行政地理研究》,第53页;同氏著:《龙庭崇汗——元代政治史研究》,第210页。
⑤ 据王博撰《严氏墓碑铭》:"见之信都,冀州倚郭之县也。……曰宝,运判,公之父也,以其兄[曰让,也隶真定史开府帐下]殁于事,袭其军职,兼分治信都县丞。出征则为队将,回则宰民事,此国初之制也。国家有事于南鄙,随、文、广州、蕲、黄皆与功,开府史公深相器重,凡料敌审势,多与之谋,摧锋陷坚,多委之任。由是升充本县尹。"参阅王树枏等纂修:民国《冀县志》卷八,民国十八年铅印本。

[南宫]焉。金、元仍旧。"①此不甚详确。其实金末辛巳(1221)已见新河县建置,而蒙古太宗窝阔台四年更是析置有新河县,详见下文"新河县"条。

[4] 枣强,仍金旧,隶冀州。

[5] 武邑,仍金旧,隶冀州。元初于武强县创立东武州,领武邑、静安二县。太宗六年,废州复县,武邑还属冀州。详可参阅下文"武强县"条。

[6] 新河,《金史·地理志》不载此县。民国《新河县志》云:"金为堂阳县,属河东北路河间府。《金史》称太宗天会七年复堂阳,属河间府,隶河北东路。"②据光绪《畿辅通志》云:"[新河县]本堂阳县地,宋皇祐四年升新河镇为县,六年省新河为镇,入焉。"③宋代堂阳亦废为镇,存新河县,金时则又复为堂阳县。然据《龙虎卫上将军安武军节度使兼行深冀二州元帅府事王公行状》,内有"新河王主簿"一语,时间是在金末辛巳岁(1221),可知金末已设有新河县矣。④《元史·地理志》谓新河县于"太宗四年置",不知何指。或者新河县于金末陷蒙后复废欤?然据《新河县志·经政考·营缮门》载:"旧城在县西三十里,元太宗四年改建,至元间废于水,至元二年邑尹刘大雷始迁县城于今治。"⑤由此看来,《元史》所谓"太宗四年置",实非废后复置,《元史》记载疑误。⑥

深州[1],下。唐改饶阳郡,后仍为深州。元初隶河间,置帅府。太宗十年,隶真定路,领饶阳、安平、武强、束鹿、静安五县。后割安平、饶阳、武强隶晋州,束鹿隶祁州,以冀州之衡水来属。领二县:静安[2],中。衡水[3]。下。

---

① 《明一统志》卷三"南宫县"条,文渊阁《四库全书》本。
② [民国]傅振伦等纂修:《新河县志》之《舆地考·沿革表》,民国十八年铅印本。
③ 《畿辅通志》卷五四《古迹·新河旧城》。
④ 胡祗遹:《紫山大全集》卷一八,文渊阁《四库全书》本。
⑤ 《新河县志》虽于此处未揭示资料来源,但从行文看来当有所据,故此处从《县志》之说。
⑥ 《新元史》卷四六《地理志一》亦云:"太宗四年析南宫县地置",殆因袭《元史》之误。

【考释】

[1] 深州,金故州,隶河北东路。前文已述及,胡祗遹《龙虎卫上将军安武军节度使兼行深冀二州元帅府事王公行状》载:"张帅[柔]复称表上功,授公龙虎卫上将军、安武军节度使,行深、冀二州元帅府事,佩金虎符;"另据苏天爵撰《洛阳刘氏阡表》载:"皇有中夏,为深州管民总管。"①深、冀二州于金元之际设有帅府,而且当时也可能只是组成一个临时的军事建置单位而已。关于深州于太宗十年(1238)改隶真定路事,据《元史·食货志三》载,戊戌岁(1238年,即太宗十年),真定深州一万户拨属察合台位下。李治安据此认为,深州的改隶及其属县的变动,可能与此次分封察合台有关。② 疑是。太宗十年立鼓城军民万户府,深州划割出四县,其中三县隶属同时分封给尤赤的晋州(即鼓城万户府)。

[2] 静安,仍金旧,隶深州,为倚郭。

[3] 衡水,金旧县,隶冀州。其改隶深州年份,史未明载,待考。元人常将衡水县视为"冀州衡水"。③

晋州[1],唐、宋皆为鼓城县。元太祖十年,改晋州。太宗十年,立鼓城等处军民万户府。中统二年,复为晋州。领四县:鼓城[2],中。倚郭。饶阳[3],中。安平[4],下。太祖十九年,为南平州,于此行千户总管府事,领饶阳一县。太宗七年,复改为县,隶深州。宪宗在潜,隶鼓城等处军民万户府。中统二年,改立晋州,仍为安平县隶焉。武强[5]。下。元初创立东武州,领武邑、静安。太宗六年,废州复为县,改隶深州。十一年,割属祁州。宪宗在潜,隶鼓城等处军民万户府。中统二年,置晋州,县隶焉。

【考释】

[1] 晋州,金为祁州鼓城县,隶河北西路。此晋州与金太原路曾设置之

---

① 苏天爵:《滋溪文稿》卷二〇。
② 李治安:《〈元史·食货志三·岁赐〉笺注》,载氏著:《元代分封制度研究》,第414页。
③ 如姚燧:《牧庵集》卷一八《邓州长官赵公神道碑》;王逢:《梧溪集》卷四《刘节妇有序》,文渊阁《四库全书》本。

晋州异。关于晋州于金元之际建置沿革变迁，元人任毅所撰《晋州治记》所载甚为详备："故当时保定元帅[张柔]嘉其[王某]英伟，时申奏于朝廷，乞旌擢，得蒙准奏，遂改此邑[鼓城县]为晋州，迁辅国上将军、右副元帅、晋阳军节度使。至乙未（1235），为帅府所辖司县，止行鼓城县事。厥后分属王府，乃作军民万户，所管辖鼓城、安平、武强、饶阳四县。……中统辛酉（即中统二年）夏六月，王公昆仲俱诣京师朝觐，赖真定路总管史楫闻奏。朝廷准奏，依旧改作晋州，所辖鼓城、安平、武强、饶阳四县，并听节制。"①另据《大明清类天文分野之书》卷一一《赵分冀州》"晋州"条载："庚辰，改为晋州。"庚辰即太祖十五年（1220），此与《地理志》异。从以上记载来看，张柔降蒙在戊寅（1218），其申奏设立晋州的时间应以太祖十五年（1220）更为切当，《地理志》之记载疑误。至 1236 年实行"画境之制"前，晋州仅领有鼓城县，属张柔管辖。实行画境之制后，复归真定史氏。关于鼓城军民万户之设，郝经《郝文忠公陵川文集》卷三二《河东罪言》云："平阳一道，隶拔都大王，又兼真定、河间道内鼓城等五处。"另据《元史·食货志三》载，戊戌岁（1238），真定晋州一万户拨属尤赤位下。此鼓城军民万户之设当与尤赤位下的食邑建置有关。关于晋州之领县，《元史·世祖一》载："[中统二年六月]升真定鼓城县为晋州，以鼓城、安平、武强、饶阳隶焉。"②此与《地理志》合。

[2] 鼓城，金旧县，隶河北西路祁州。元为晋州倚郭县。详见上文"晋州"条。据上文所述任毅《晋州治记》云："厥后[太宗十年]分属王府，乃作[鼓城]军民万户。所管辖鼓城、安平、武强、饶阳四县。"此军民万户很明显系临时性军事机构，中统二年复为晋州。

[3] 饶阳，金旧县，隶河北东路深州。饶阳应与安平、武强一起，于鼓城军民万户府之立时来属。据《大明清类天文分野之书》卷一一《赵分冀州》"饶阳县"条载："戊戌年（1238 年，即太宗十年）属鼓城等处军民万户所，中

---

① 《古今图书集成》卷一〇五《晋州治记》。另据《常山贞石志》卷一五《晋州五岳观碑》碑末所题："宣授千户王安国、宣授千户王安民、奥鲁千户王安德、宣差节度使功德主王安仁。"此可与《晋州治记》相互印证。
② 《元史》卷四《世祖一》。

统二年属晋州",其说可从。不过需要指出的是,从鼓城万户府之设到中统二年设晋州期间,饶阳还曾属祁州,此下文有述及。

[4] 安平,金旧县,隶深州。据《大明清类天文分野之书》卷一一《赵分冀州》"安平县"条记载,安平升州时间在癸酉岁(1213),即太祖八年,此与《地理志》异。吴汝纶纂《深州风土记》卷一一《元孝感圣姑庙碑》载:"皇元丙午(1246),南平州帅赵澄,惜旧祠隘陋,增构庙室。"纂者吴汝纶针对此碑所涉之安平、武强等地沿革变迁评述到:"其云'皇元丙午'乃'丙戌(1226)'之误,元太祖十九年(1224)改安平为南平州,是年岁次甲申,赵澄为南平州帅当在此后。越十年,岁在甲午(1234),为元太宗七年,南平州废,复为安平县,计南平置州十年,中不得有丙午,故知碑云丙戌误也。……碑云祁州知州撰文,内称安平为本郡,则是时(指立碑时间至顺二年——笔者注)安平仍隶祁州。《元史·地理志》:'安平,太宗七年隶深州,宪宗在潜,隶鼓城万户府。'鼓城,中统二年为晋州,是安平始属深,后属晋,未当属祁。惟武强,云太宗十一年割属祁州,武强属祁,则安平、饶阳亦皆随属祁矣。史文不详耳。《地理志》:'宪宗在潜,武强亦隶鼓城万户府。'是属祁未久又割属晋。今据此碑,则至顺二年安平仍隶祁州,武强、饶阳当亦随属。盖中统之后,又有改易,史文亦未详也。"①此外,清人所修《安国县志》云:"《元史·百官志》有祁州安平县,甲局一员。是安平属祁州之证二。县属祁,饶阳亦必随属,但史文却略耳。"②由上文所述,安平、饶阳、武强等地于金元之际曾属祁州。但吴氏所谓太宗十一年武强、安平、饶阳等均割属祁州,显误。太宗十年立鼓城军民万户府时,此三县已属之。武强于太宗十一年割祁州,只是特例,而且很快又复归鼓城万户府。

[5] 武强,金旧县,隶深州。武强于金元之际曾升东武州,其设立的年份,笔者推测可能与南平州的设立大致同时,应在太祖中后期。

---

① [清] 吴汝纶纂:《深州风土记》卷一一,据清光绪二十六年文瑞书院刻本影印,刊于《辽金元石刻文献全编》第三册。
② [清] 宋荫桐纂修:《安国县志》之《沿革第二》,据清光绪三十二年手抄本、民国年间补抄稿本影印。

蠡州[1]，下。唐始置。宋改永宁军。金仍为蠡州。元初隶真定，领司候司、博野县。至元三年，省司候司、博野县入蠡州。十七年，直隶省部。二十一年，仍属真定。

【考释】

[1] 蠡州，金故州，隶河北东路，领有博野县与新桥镇。所属博野县，于至元三年省入蠡州后，寻又复置，复并入祁州蒲阴县。详可参阅上文"博野县"条。据《故提刑赵公夫人杨君新阡碣铭》载："珪将万夫，戍蛩狐，后迁刺蠡州，留瑨在乡守舍。天马南牧，度形势不支，倡县民以城下之。从太师国王徇地至蠡，其刺犹城守，炮杀王悍将萧大夫。王恚，欲坑城，公请以身赎母兄死，王哀之，并全蠡民。以战绩每最，进冀州元帅虎符。"①另据《路总管上轻车都尉博陵郡侯谥桓靖崔公墓表》载，崔德彰于宪宗朝乙卯岁，摄蠡州、庆都等处行军千户。②

顺德路[1]，下。唐邢州。宋为信德府。金改邢州。元初置元帅府，后改安抚司。宪宗分洺水民户之半于武道镇，置司总管。五年，以武道镇置广宗县，并以来属。中统三年，升顺德府。至元元年，以洺州、磁州来属。二年，洺、磁自为一路，以顺德为顺德路总管府。户三万五百一，口一十二万四千四百六十五。领司一、县九。录事司。县九：邢台[2]，中。倚郭。巨鹿[3]，中。内丘[4]，中。至元二年，并唐山县入焉，后复置唐山，与内丘并。平乡[5]，中。广宗[6]，中。宪宗五年置。中统三年以后属顺德府。至元二年，省入平乡县，后复置，隶顺德路。沙河[7]，下。至元二年，省南和县入焉。后复置南和，与沙河并。南和[8]，下。唐山[9]。下。任县[10]。下。至元二年，省入邢台县，后复置。

---

① 苏天爵：《元文类》卷五五。
② 吴澄：《吴文正公集》卷七〇。

【考释】

[1] 顺德路,金为邢州,隶河北西路。虽《元史·地理志》载其沿革颇详,但仍有进一步申说之必要。据《元史·太祖纪》载,太祖十五年,金邢州节度使武贵降蒙,后归史天泽管辖。① 元于邢州置帅府时间,据张文谦撰《故光禄大夫太保赠太傅仪同三司谥文真刘公行状》云:"庚辰岁(1220),天兵南下,太师国王经略河朔,邢遂举以降,留官镇守,以草昧之际,听便宜行事,遂立都元帅府。"② 可知,邢置帅府之设应在庚辰岁(1220)。③ 另,据《元史·地理志》载,元太宗八年,置邢洺路总管府,以邢、磁、威隶之。邢州置安抚司时间则应在辛亥岁(1251),据《元史·世祖纪》载:"邢州有两答剌罕言于帝[忽必烈]曰:'邢吾分地也,受封之初,民万余户,今日减月削,才五七百户耳,宜选良吏抚徇之。'帝从其言,承制以脱兀脱及张耕为邢州安抚使,刘肃为商榷使,邢乃大治。"④ 宪宗二年(1252),蒙廷另设洺磁路,领洺、磁、威三州之地。逮至中统三年,邢州安抚司改为顺德府,《元史·世祖二》云:"[中统三年九月]壬戌,改邢州为顺德府,立安抚司,洺、磁、威三州隶焉。"⑤ 需要指出的是,中统三年邢州改顺德府的同时,安抚司并未废弃。关于此次邢州改府之事,时人宋子贞撰有《改邢州为顺德府记》一文,该文对此次升府之来龙去脉记载十分详备,因其涉及不少蒙廷在汉地设置地方行政建置方面的一些细节,对我们思考其时蒙廷缘何设置某些行政建置的问题是很有补益的,故不烦冗长,特转录于此:"[中统]三年九月,诏以邢州为顺德府,仍割磁、洺、威三州为属郡,旌治功也。始河南既下,海宇混一,朝廷遣重臣大括户口,归之郡县,用颁赉诸有功。自诸王、驸马及将帅部伍,其分地各有差。每二户出丝一斤,以

---

① 姚燧:《牧庵集》卷二七《提刑赵公夫人杨君新阡碣》云:"而邢则今中书右丞相之祖封国。"
② 刘秉忠:《刘太傅藏春集》卷六,《元人文集珍本丛刊》本。
③ 另,胡祇遹《紫山大全集》卷一六《大元故元帅左都监曲周县令杜公神道碑铭》,延祐六年《虚照禅师塔记》,两文均提及邢台帅府事,参阅[清]戚朝卿等纂修:《邢台县志》卷七《古迹》,据清光绪三十一年刊本影印。
④ 《元史》卷四《世祖一》;姚燧:《牧庵集》卷二四《谭公神道碑》。
⑤ 《元史》卷五《世祖二》。

供官用；五户出丝一斤，以与所赐之家。仍许自署官吏。邢州九县，为户凡一万五千，皆属达尔罕部（应即指邢州两答剌罕）。每城置达噜噶齐一员，译言监视之人也。其人武弁不习吏事，重以求取为念，故奸吏乘之，肆为股割。始于贫民下户，次则中人富家，末则权豪势要，剥肤椎髓，惟恐不竭。至无所与取，则求贷于贾胡，以供日用。累息既多，乃责民以偿之。束缚笞榜，无所不至。百姓始大骇，散而之四方矣。千里萧条，为之一空。城中才百余家，皆以土塞门，穴地出入，望见单马，则匿之丛薄间，俟过而后敢出。行人过客，虽欲求之勺饮亦不可得。为官吏者亦昼伏夜出，以理诉牒，人谓之鬼衙。甚者，或弃印而去。时上在潜邸，德望已著，沙河县达噜噶齐吕诚、进士马德谦，不远万里，具言于本部，愿以所属之地归之王府。遂合辞以请朝命，许之。仍蠲免逋赋，停阁宿负。以行总六部同议官李惟简为安抚使，东平路行军经历刘肃为安抚副使，诛其不法尤为民害者一人，其余或黜或降，使不得害吾政。民之归者如市，未及期月，得户凡三万。老幼熙熙，遽为乐郡。既而洺、磁、威三州亦相继纳土，至是大比，遂为天下最。故有是命……"云云。① 此外，需要指出的是，上文数次提及邢洺路、洺磁路、顺德路的设置，涉及到邢、磁、威、洺四州之地的划分，这大都与蒙古分封食邑有关。② 元顺德路领县九，金邢州领县八，无广宗县，余同。另据张文谦撰《故光禄大夫太保赠太傅仪同三司谥文真刘公行状》载，庚辰岁（1220），邢州附蒙后，刘秉忠父刘润被推为副都统，"寻升都统，事定之后，署本郡录事"。③ 由此可知，金元之际已有录事司之设。

[2] 邢台，仍金旧，隶邢州。

[3] 巨鹿，仍金旧，隶邢州。

[4] 内丘，仍金旧，隶邢州。

[5] 平乡，仍金旧，隶邢州。金平乡领有道武镇，后立广宗县，至元二年

---

① 《古今图书集成·职方典》卷一一九《改邢州为顺德府记》，中华书局影印本。另亦可参看《畿辅通志》卷九七。
② 详可参阅李治安：《元中书省直辖"腹里"政区考略》。
③ 刘秉忠：《刘太傅藏春集》卷六。另，同卷王磐所撰《故光禄大夫太保赠太傅仪同三司文真刘公神道碑铭并序》亦有提及刘润仕本朝，历邢州录事之事。

广宗省入平乡,后再复置。

[6] 广宗,金设有宗城县,属洺州。据《续文献通考》,析宗城县地置洺水县。然而《续文献通考》未详析置年月,《金史》则失载。据《新元史》云,元太祖八年取金河北邢、洺诸郡县,改宗城县为广宗县,寻省。宪宗分洺水民户之半于武道镇,置司总管。五年,以武道镇置广宗县,并以来属。① 另据元大德九年所立《广宗县新修庙学两庑碑》载:"广宗,汉县,治今洺水。隋仁寿初,改曰宗城,金避讳,更为洺水。皇元开国括郡县户,以邢、洺、磁、威分锡功臣千夫长答剌罕为分地。岁在壬子,割洺水户四千五百隶邢,乃以道武镇复置广宗县。"② 由上述材料可知:广宗当为金宗城县与洺水县地,当属洺州;广宗置县,碑云壬子岁"复置广宗县",而《新元史》则谓太祖八年改宗城为广宗县,可知广宗在蒙古国时期确曾设而复废,废而复设;此外,依《新修庙学两庑碑》所记,宪宗时期置广宗县当在壬子年,即宪宗二年,而非《元史》所称宪宗五年,且碑所记割属户数较《元史》更为详确,兹从碑记。

[7] 沙河,仍金旧,隶邢州。

[8] 南和,仍金旧,隶邢州。至元二年省入沙河县,后复置。其复置年份不详。元人杨朴撰《土地庙碑记》云:"迨元庚申(1260),柴君教授暨韩宋、阎左辈,费钱千余缗改作,增旧朔望,礼无怠。至元戊寅(1278),庙左张敬祖等一乡善士,曳他山之石求记。"③ 从该文推断,南和复县当在戊寅年之前。

[9] 唐山,仍金旧,隶邢州。

[10] 任县,仍金旧,隶邢州。

广平路[1],下。唐洺州,又为广平郡。元太宗八年,置邢洺路总管

---

① 以上转引自《广宗县志》卷二《舆地略·沿革》。[民国]姜榲荣、祁卓如修,韩敏修纂:《广宗县志》,民国二十二年铅印本。另,《新元史·地理志一》云:"《旧志》作武道镇,误倒。""武道"当作"道武"。
② 《广宗县志》卷九《金石略》。
③ [清]周章焕等纂修:《南和县志》《艺文》(上),据清乾隆十四年抄本影印。

府,以邢、磁、威隶之。宪宗二年,为洺磁路,止领磁、威二州。至元十五年,升广平路总管府。户四万一千四百四十六,口六万九千八十二。领司一、县五、州二。州领六县。录事司。县五:永年[2],中。倚郭。曲周[3],中。肥乡[4],中。鸡泽[5],下。元初并入永年,后复置。广平[6]。下。

【考释】

[1] 广平路,金为洺州,隶河北西路。洺州于丙子岁(1216)陷蒙,①庚辰(1220)邢置帅府,洺州归其节制。洺州曾一度隶于东平行台严实,后还属真定,其具体时间阙疑待考。据胡祗遹撰《大元故元帅左都监曲周县令杜公神道碑铭》载:"岁乙未(1235),武成大皇帝受群臣朝,割茅土以赐勋亲,邢、洺等四州隶右壁万户公,任职如旧。"②窝阔台八年置邢洺路总管府,辛亥岁(1251)于邢州置安抚司,洺、磁、威三州俱隶邢州安抚司管辖。关于广平升路之事,姚燧撰《鄢陵主簿毛府君阡表》载:"始,邢与洺钧州,及升邢为顺德府,君[毛宪]则白侯:'邢、洺钧功臣封邑,由邢尝开安抚司,故洺受其节度。今邢已府,而洺犹州。求诸地志,洺,实古广平郡,领邢、洺、磁、威四州,洺独不能引为比耶?'事闻,升广平府,各为路,始不相一。"③另据王磐《改广平路记》云:"至元己卯(1279),朝廷嘉其[王肃]治功,升洺州为广平府,磁、威属州如故。"④广平领三州之地而独为一路,与投下封户有密切关系,李治安指出:"邢洺路、洺磁路或广平路的设置,抑或广平王爵的封授,都是丙申分封右手万户孛鲁带等封户于邢、洺发其端的。"⑤金洺州领有九县,后省宗城入洺水,新安入威州,又析洺水隶威州,成安隶磁州。故元仅领五县。

[2] 永年,仍金旧,隶洺州。

---

① 胡祗遹:《紫山大全集》卷一八《龙虎卫上将军安武军节度使兼行深冀二州元帅府事王公行状》。
② 胡祗遹:《紫山大全集》卷一六。
③ 姚燧:《牧庵集》卷二七《鄢陵主簿毛府君阡表》。
④ 《嘉靖广平府志》卷二,《天一阁藏明代方志选刊》影印原刊本,1982年版。
⑤ 李治安:《元中书省直辖"腹里"政区考略》。

[3] 曲周,仍金旧,隶洺州。据胡衹遹撰《大元故元帅左都监曲周县令杜公神道碑铭》载,曲周县陷蒙,从壬午(1222)任曲周丞兼管军民,至庚子(1240)升曲周令,杜泉均为曲周地方长官。

[4] 肥乡,仍金旧,隶洺州。

[5] 鸡泽,仍金旧,隶洺州。① 鸡泽于元初之具体省并与复置时间不详。

[6] 广平,仍金旧,隶洺州。②

磁州[1],中。唐磁州。宋为滏阳郡。金以隶彰德。元太祖十年,升为滏源军节度,隶真定路。太宗八年,隶邢洺路。宪宗二年,改邢洺路为洺磁路。至元二年,以真定之涉县及成安县并入滏阳,武安县并入邯郸,止以滏阳、邯郸二县及录事司来属。后复置涉县归真定,以滏阳、武安、邯郸、成安、录事司隶焉。至元三年,并录事司入滏阳县。至元十五年,改洺磁路为广平路总管府,磁州仍隶焉。领四县:滏阳[2],中。倚郭。武安[3],中。邯郸[4],下。成安[5]。下。

【考释】

[1] 磁州,金故州,隶河北西路。据《大明清类天文分野之书》卷一一《赵分冀州》"磁州"条载,磁州升滏源军节度使的时间为太祖十五年,与《地理志》异。针对《地理志》之记载,尚有几点值得提出讨论:所谓"金以隶彰德",实不甚详确,磁州于金一代隶于河北西路,未见有其隶于彰德府的记载,笔者以为磁州隶彰德府之事,殆指金于贞祐三年(1215)升彰德林卢为林州,并置元帅府,更于兴定三年(1219)九月升为

---

① 据作于承安二年(1197)的《鸡泽县重修庙学碑》云:"天会中,鸡泽县抚定后寄治于北台头村,至今因之。"《畿辅通志》卷二五载:"金时寄治北抬头村,大定中始筑城。"参阅张金吾:《金文最》卷七八,中华书局,1990年版。
② 据《金史·地理志》,大定七年,析魏县立广平县,隶大名府。

节镇,概其时磁州正受其节镇,故有"金隶彰德府"之说,此其一;①据胡祗遹《故磁州安抚使李公神道碑铭》载,庚子(1240)至辛亥(1251),磁州曾设安抚司[宣抚司],此其二;②另据徐世隆《张元帅墓志铭》载:"庚寅(1230),上断制,割磁州隶河北西路,行台矫制,仍领磁州元帅府事。"③此表明磁州曾短暂隶于严氏之东平府(1220—1230?),此时概指磁州划回河北西路[真定路]管辖,《地理志》失载其事,估计本属严实所辖的洺州亦在此时划归真定路,此其三。金磁州领三县,无成安县,金成安属洺州;元领四县。

[2] 滏阳,金旧县,金曾隶彰德,后隶磁州。胡祗遹撰《滏水记》云:"滏阳当中原腹心,太行左界,南北要冲。"金元之际,张裕父子领有其地。④

[3] 武安,仍金旧,隶磁州。

[4] 邯郸,仍金旧,隶磁州。

[5] 成安,金旧县,隶河北西路洺州。据上文"磁州"条,元至元二年,成安并入滏阳,后复置,属磁州。关于成安复置年代,据《簿尉刘公去思碑》载:"公姓刘氏,名仁,字宽夫。……中书省闻其有廉名,勾授左三部勾当。至元四年,圣旨黜冗员,而部符留公,依拟勾当,考满授磁州成安县簿尉,莅事三年。"⑤可见,成安复置时间当在至元四年之前无疑。

威州[1],中。旧无此州,金始置。元太宗六年,割隶邢洺路,以洺水县来属。宪宗二年,隶洺磁路,徙州治于洺水。领二县:洺水[2],中。倚郭。太宗八年,隶洺州。定宗二年,改隶威州。宪宗二年,徙

---

① 参阅《金史》卷二五《地理志中》。另,据迺贤《河朔访古记》卷中,滏阳县附见于魏郡部彰德路,清人注云:"案,磁州滏阳县,惟金以之隶彰德。元本属广平路。盖是书为记游览故而作,路经滏阳,历记所见,实未遍历洺邢也。故附见于彰德路云。"迺贤将磁州滏阳置于彰德路条下之记载,值得重视,惟其具体情形,尚待进一步讨论。
② 胡祗遹:《紫山大全集》卷一六。
③ [民国]丁世恭修、刘清如纂:《馆陶县志》卷一〇《张元帅墓志铭》。
④ 胡祗遹:《紫山大全集》卷九《滏水记》;卷一七《大元故奉训大夫知宿州事张公神道碑铭》。
⑤ [民国]张应麟修、张永和纂:《成安县志》卷一四《金石》,据民国二十年铅印本。

威州治此。井陉[3]。下。威州本治此,宪宗二年,移州治于洺水县,井陉为属县。

【考释】

[1] 威州,金故州,属河北西路。① 元人王礼云:"[邵氏之曾大父]又家广平威州,古宗城也。"②所谓威州即古宗城,实际是指倚郭洺水县而言,据前所引《广宗县新修庙学两庑碑》称,广宗于隋仁寿初改称宗城,金避讳,更为洺水。③ 金威州领井陉一县,元领洺水、井陉二县。需特别指出的是,洺水与井陉相去三四百里,中间隔有真定、顺德两路,造成此种行政管辖关系的缘由未明。不过从蒙古投下分封去索解,或可得详。据《元史·食货志三》载,丙申年(1236),分拨广平路洺水县一万七千三百三十三户给右手万户三投下字鲁带;加之丙申分封时,真定路内散封较多,很可能获鹿、井陉一带亦有分封给字鲁带家族的地方,但因洺水封户数多,且磁、洺两州连成一片,并于宪宗二年立洺磁路,故而将威州治移于洺水,由此造成这种行政地理悬隔的特殊现象。④

[2] 洺水,金旧县,隶洺州。元改隶威州,事实上,洺水于金时已隶洺州,而《元史·地理志》此处又云"太宗八年,隶洺州",殆指其时因蒙古分封而言。另,据至正十四年《威州重修公廨记》载:"威州辖县二,曰洺水,曰井陉。……自前至元初,州治由井陉徙于此[洺水]。仆应事于乾维之地而创之,属县如故。"⑤此《记》谓"前至元初"威州治由井陉移至洺水县,疑误。实质宪宗时已移治于此,兹当从《元史·地理志》。

[3] 井陉,仍金旧,隶威州。据《清一统志》云:"元宪宗二年,徙威州治洺水,又徙井陉县治天长,而此城废。今谓之威州城,又名威州堡,亦曰井陉店。"民国《井陉县志》认为:"威州徙治在元宪宗二年,因有信史可征,惟

---

① 据《金史·地理志》载:"天会七年以井陉县升[威州],置陉山郡军,后为刺郡。"
② 王礼:《麟原文集》前集卷二《邵巡检墓志铭》,文渊阁《四库全书》本。
③ 《广宗县志》卷九《金石略》。
④ 此亦可参考李治安:《〈元史·食货志三·岁赐〉笺注》。
⑤ [民国]崔正春修、尚希宾纂:《威县志》卷一八《金石志》,民国十八年铅印本。

井陉徙治天长,似当在威州未徙洺水前。"①

  彰德路[1],下。唐相州,又改邺郡。石晋升彰德军。金升彰德府。元太宗四年,立彰德总帅府,领卫、辉二州。宪宗二年,割出卫、辉,以彰德为散府,属真定路。至元二年,复立彰德总管府,领怀、孟、卫、辉四州,及本府安阳、临漳、汤阴、辅岩、林虑五县。四年,又割出怀、孟、卫、辉,仍立总管,以林虑升为林州,复立辅岩县隶之。六年,并辅岩入安阳。户三万五千二百四十六,口八万八千二百六。领司一、县三、州一。录事司。县三:安阳[2],上。至元六年,并辅岩[3]入焉。汤阴[4],中。临漳[5]。中。

【考释】

  [1]彰德路,金为彰德府,属河北西路。据《金史·地理志》,彰德升府在明昌三年(1192)。金元之际,彰德分由东平行台严实和真定史氏领辖,及至窝阔台八年(1236)"画境之制"前后,彰德自严实地盘析出。② 贞祐三年(1215),金于彰德林州置元帅府;彰德附蒙后,仍置彰德总帅府。③《地理志》所谓太宗四年立总帅府,可能与配合蒙古大军渡河有关,粘合重山也因此开始行中书省事于此。至蒙哥分封彰德给旭烈兀、并自成一府时,彰德总帅府方告结束。④ 关于彰德被分封给旭烈兀事,史籍记载甚多。据《元史·食货志三》载,丁巳年(1257),分拨彰德路二万五千五十六户属旭烈兀大王。王恽《秋涧先生大全集》卷六〇《韩府君墓表》云:"丙辰岁(1256),朝廷以相之五县封太弟为采邑。"所谓"相之五县",应即指金彰德

---

① 对于井陉作为威州领县,州县同治或分治的问题,《井陉县志》考论十分详瞻,兹不具引。参阅[民国]王用舟等修、傅汝凤等纂:《井陉县志》之《疆域篇·建置》,民国二十三年铅印本。
② 元好问:《元好问全集》卷二六《东平行台严公神道碑》。
③ 胡祗遹:《紫山大全集》卷一八《显武将军安阳县令兼辅岩县令李公墓志铭》云:"岁丁亥(1227),公[李玉]挺身内属,隶职彰德路总帅府,换授总领,佩符。"关于彰德帅府事,另可参阅同书卷一六《故磁州安抚使李公神道碑铭》;卷一七《萧千户神道碑铭》。
④ 赵琦、周清澍:《蒙元时期的粘合家族与开府彰德》,载《中华文史论丛》总第67辑。

府所领五县。彰德为旭烈兀食邑,其有任命封地内达鲁花赤、总管等职务的权力。① 至元二年(1265)立彰德总管府事,彰德辖地扩大,据姚燧撰《谭公神道碑》云:"至元二年,罢世侯,省怀孟、卫辉两总管入彰德,以公为同知。"②此记载可与《地理志》互证。然而需要特别辨明的是,《地理志》此处对于彰德路与怀孟路、卫辉路的设立及其分合年份的记载,与《地理志》"怀庆路"、"卫辉路"及"淇州"条的记载不同:"至元元年,以怀孟路隶彰德路。二年,复以怀孟自为一路","中统元年升卫辉路总管府","至元三年立卫辉路"。三路分合之年的互异,清人汪辉祖已曾注意到,他依据《元史》卷六《世祖三》所记:"[至元六年(1269)十二月]析彰德、怀孟、卫辉为三路,升林虑县为林州"的内容,认为三路之分俱在至元六年,并径判《地理志》记载有误。③ 笔者以为,由于蒙古诸王分封的影响,彰德、怀孟、卫辉在宪宗时期实质已成为三个相对独立的路府。至元初年,由于罢世侯、行迁转法、省并州县等政策的影响,三路发生较大的分合,但各路府的独立性实质上并未受到根本改变,这从至元初年设立怀孟路、卫辉路的相关记载中就能发现这个问题。笔者以为,《地理志》的记载比较详细具体地反映出至元初年彰德、怀孟、卫辉三路府的分合状况,其可信度较高;而《本纪》记载所揭示出的至元六年三路的析分,应是指三路的最后定型年代,与《地理志》没有根本性上的冲突。不过,《地理志》条关于至元四年彰德路割出怀、孟、卫、辉,并升林虑升为林州的相关记载,与《本纪》所载此事发生在至元六年,两相抵牾,兹采《本纪》之说。还需进一步指出的是,彰德路辖境虽小,地位却十分重要,胡祇遹《大元故怀远大将军怀孟路达噜噶齐兼诸军鄂勒蒙古公神道碑铭》云:"彰德居十路之一,又当南北要

---

① 据胡祇遹《紫山大全集》卷一五《大元故怀远大将军彰德路达噜噶齐扬珠台公神道碑铭》载:"以公隶锡喇[旭烈兀]大王位下,西征,留公领本位诸局,继受令旨,充本位下达噜噶齐。先帝龙飞,金符授彰德路达噜噶齐,以本位汤沐邑也;"《彰德府志》卷二四《高文忠公庙记》云:"丁巳,国朝大封同姓亲王,各奏举贤良俾治汤沐之邑,天子之母弟奏先生为彰德路军民总管。"参阅[清]黄邦宁修,景鸿宾、童钰纂:《彰德府志》,乾隆三十五年刊本。
② 姚燧:《牧庵集》卷二四。
③ 详可参阅汪辉祖:《元史本证》卷八《证误八》。

冲"。① 大名彰德路宣抚司于中统年间就曾辖有怀孟、卫辉等地,因此到至元二年省并州县之际,怀孟、卫辉等地并入彰德。虽然同年(至元二年)怀孟复设路、卫辉则于至元三年设路,但它们仍然受彰德路的节制,殆至至元六年,三路始告完全独立。在此稍可提及彰德录事司的问题,元人迺贤《河朔访古记》卷中云:"彰德路城中,宋隶安阳县,国朝置录事司以领之。城之外仍属安阳县。城郭周十九里,总管府、录事司治及安阳县治,皆在城内焉。"所谓"国朝置录事司",据胡祗遹《武略将军彰德录事朱公墓志铭》云:"岁壬辰(1232)冬,超拜武略将军、彰德录事。"②所谓"国朝置",乃指蒙古国时期。

[2] 安阳,仍金旧,隶彰德,为倚郭。

[3] 辅岩,据《金史·地理志》载,辅岩于兴定三年(1219)置,以隶林州。至元二年并入林虑县,未几复置。至元六年,并辅岩入安阳。至此辅岩县不再设。③

[4] 汤阴,仍金旧,隶彰德。

[5] 临漳,仍金旧,隶彰德。

林州[1],下。本林虑县,金升为州。元太宗七年,行县事。宪宗二年,复为州。至元二年,复为县,又并辅岩入焉。未几复为州,割辅岩入安阳,仍以州隶彰德路。

【考释】

[1] 林州,金为林虑县,后升州,隶彰德府。《金史·地理志》云:"贞祐三年(1215)十月升为林州,置元帅府。兴定三年九月升为节镇,以安阳县水冶村为辅岩县隶焉。"据胡祗遹撰《显武将军安阳县令兼辅岩县令李公墓志铭》载:"岁丁酉(1237),兼充林虑主簿。岁壬寅(1242),升充辅岩

---

① 胡祗遹:《紫山大全集》卷一五。
② 胡祗遹:《紫山大全集》卷一八。
③ 《大清一统志》卷一五六。

令。岁壬寅,兼充安阳县令。既而帅府以林虑缺官,不妨本职兼充林虑县令。"[1]可知林州于太宗七年至宪宗二年间确曾为县。另据上文所引《元史·世祖三》的相关记载,林虑于至元二年复为县后,至元六年复升州。[2]元代林州无属县。[3]

  大名路[1],上。唐魏州。五代南汉改大名府。金改安武军。元因旧名,为大名府路总管府。户六万八千六百三十九,口一十六万三百六十九。领司一、县五、州三。州领六县。录事司。县五:元城[2],中。倚郭。至元二年,并入大名县,后复置。大名[3],中。倚郭。太宗六年,立县治。宪宗二年,迁县事于府城内。至元二年,省元城来属,寻析大名、元城为二县。九年,还县治于故所。南乐[4],中。魏县[5],中。清河[6]。本恩州地,太宗七年,籍为清河县,隶大名路。

【考释】

  [1] 大名路,金大名府,隶大名府路。金置大名府路,领有府一、刺郡三、县二十。据《金史·地理志》载,贞祐二年(1214)十月置行尚书省。兴定四年(1220)徙治卫州;正大二年(1225),胥鼎行尚书省于卫州;正大三年,胥薨,行省之罢殆在此时。[4] 引文中所谓"金改安武军",乃为贞祐二年事。[5] 大蒙古国时期,大名亦设行省,国王斡真曾授梁仲大名路行省,"倾之,仲死,国王命仲妻冉守真权行省事,珍为大名路尚书省下都元帅"。[6] 其时,大名在蒙、金、宋三股势力的争夺中,旋破旋复。金大名路领有一府三州之地,由世侯严实和梁仲、王珍所分割。据元好问撰《冠氏赵侯先茔碑》载:"大名所统三州十一县义军。吾兄显,署军中都提控;弟颛,军民都弹压,仍佩银符;天锡亦以恩例补官。于是吾赵宗固以雄视于齐、魏之间

---

① 胡祗遹:《紫山大全集》卷一八。
② 《元史·地理志》"彰德路"条记升州时间为至元四年,兹从《本纪》之说。
③ 苏天爵:《滋溪文稿》卷一〇《元故少中大夫江北淮东道提刑按察使董公神道碑铭》。
④ 参阅《金史》卷一〇八《胥鼎传》;王颋:《完颜金行政地理》,第101页。
⑤ [明]《正德大名府志》卷一《疆域志·沿革》,《天一阁藏明代方志选刊》本。
⑥ 《元史》卷一五二《王珍传》。

矣。及六龙南驾,豪杰并起,大名、东平皆为大有力者所割据。先人介于强敌之间,率创罢之民而为城守计;百诱而不变,百战而不沮。人事既穷,与城俱陷。概之当世,孰与伦比? 天锡既隶今行台特进公,出入行阵,颇著微效。"① 由此可知,大名路所属的三州之地(其实主要是大名府、恩州、濮州之地,开州所占之地较少)为严实麾下将赵天锡所有,逮赵氏隶严实后,严实占有原大名路之地进而达到十七城之多,可以说是占据了大名路的大部分。② 而另一部分以大名府为中心的城邑则有梁仲和王珍据有,此外,他们还一度控制有开、曹、滑、浚诸州之地。③ 戊戌岁(1238),赵天锡领衔为"东平左副元帅兼分治大名府路同知兵马都总管事,宣授行军千户";而王珍于庚子岁(1240)入觐太宗,仅授"总帅本路军马管民次官"。④ 由此可知,元大名路领有开、滑、浚诸州之地,而失去原金所领恩、濮等十数城邑,很大程度上是因世侯占地造成行政归属不一。即便是太宗"画境之制"时,大名路长官欲复冠氏等十七城归大名,也未能实现。此种状况后来得以延续,至元二年元廷罢世侯,省并州县,重新进行州县调整,大名路亦未得恢复。据《元史·食货志三》载,太宗丙申分封时,分拨大名六万八千五百九十三户给定宗贵由。定宗即位,任命昔里钤部为大名路达鲁花赤;王珍亦在己酉岁(1249)入觐定宗。⑤ 另外需要指出的是,中统、至元之初,以大名为中心,置有宣抚司、宣慰司等机构,以管领怀孟、卫辉、洺磁、彰德、顺德等地,构成所谓"天下十路"之中的一路。⑥ 迨至元初罢世侯,行

---

① 元好问:《元好问全集》卷三〇。
② 此据《元史》卷一五三《王玉汝传》即可推知,其文云:"大名长官欲以冠氏等十七城改隶大名。"
③ 《元史》卷一五二《王珍传》。
④ 元好问:《元好问全集》卷三〇《冠氏赵侯先茔碑》;《元史》卷一五二《王珍传》。
⑤ 《元史》卷一二二《昔里钤部传》;《秋涧先生大全集》卷五一《大元故大名路宣差李公神道碑铭并序》;《牧庵集》卷一九《参知政事贾公神道碑》;《元史》卷一五二《王珍传》。
⑥ 据胡祗遹《紫山大全集》卷一四《滴漏铭有序》云:"惟皇践祚之元祀,分天下为十路,置宣抚使,以大名、怀孟、卫辉、相、磁、邢、洺实中夏之腹心,可择望崇位重者镇抚之。特命内相左丞张公莅焉。公来治魏,革旧弊,立新政,布宣教条。"同书卷一八《缑山先生杜公墓志铭》载:"中统建元立十道宣司,左丞张公首奏先生提举大名六郡学校事",云云。此外,据姚燧《牧庵集》卷一三《湖广行省左丞相神道碑》亦可推知,其文云:"明年〔至元二年〕,进嘉议大夫,签省京、河南、大名、顺德、洺磁、彰德、怀孟等路行中书省事,始罢世侯,而易其地。"

迁转法,大名世侯王珍后嗣转迁他处,而顺天路管民总管张宏范则来治大名,为大名路管民总管。①

[2] 元城,仍金旧,隶大名。

[3] 大名,仍金旧,为大名府倚郭县。②

[4] 南乐,仍金旧,隶大名。

[5] 魏县,仍金旧,隶大名。

[6] 清河,金旧县,隶恩州。据《大明清类天文分野之书》卷一一《赵分冀州》"清河县"条载:"己卯(1219)复行恩州事,乙未(1235)籍为清河县,属大名路。"元人魏天章《重修庙学记》载:"夫清河者,迹有由来。自东汉时尊为甘陵郡,至唐改为贝州,历宋及金,为恩州。北近黄河,连年经淹,徙州事于历亭,此邑止为清河县也,今为大名府之属邑。"③清河县去大名路治约二百里,其间隔有冠、濮二州,是一块典型的"飞地"。造成此种状况的缘由未明。据《元史·食货志三》载,清河县达鲁花赤也速,壬子年元查大名户仅二十。也速族属等情况未明,清河为飞地,可能与此地分封有关。《元史》卷一〇《世祖纪七》云:"[至元十五年十二月]临淄、临朐、清河复为县。"据下文益都路属县临淄、临朐状况,可知清河在至元三年曾被省并,《地理志》失载其事。

  开州[1],上。唐澶州。宋升开德府。金为开州。元割开封之长垣、曹州之东明来属。领四县:濮阳[2],上。倚郭。东明[3],中。太宗七年,割隶大名路。至元二年来属。长垣[4],中。初隶大名路,至元二年始隶开州。清丰[5]。中。

---

① 《元史》卷一五二《王珍传》;[清]杨晨纂:《定兴县志》卷一七《张宏范墓碑》,清光绪十六年刻本。
② 据《大明清类天文分野之书》卷九《室壁卫分》载:"[天会八年]金于故城西南十二里置营,修立大名县城郭。"
③ [民国]张福谦修、赵鼎铭纂:《清河县志》卷一六《金石志》,民国二十三年铅印本。另,清人黄汝香等纂《光绪清河县志》收录金人所作《移学碑记》,该碑记记载清河变迁概况,与魏氏所作《重修庙学记》略同。

【考释】

[1] 开州,金故州,隶大名路。金时领四县,有观城县,而无东明县。元人潘迪云:"开州为古澶渊,因金置开德府而得名,实河北名郡。"①《元史·地理志》所谓"元割开封之长垣、曹州之东明来属"之说不甚详确,据《金史·地理志》,长垣于金泰和八年(1208)即已由开封(南京)来属开州矣。

[2] 濮阳,仍金旧,隶开州。

[3] 东明,金旧县,隶山东西路曹州。据《金史·地理志》载:"初隶南京,后避河患,徙河北冤句故地。后以故县为兰阳、仪封,有旧东明城。"民国《东明县新志》对于东明在金元之际沿革,所述甚详,兹转录于此:"金人得志中原之后,地方郡县大概一沿宋制,东明仍属之开封府南京路。旋以曹州之属县淹废者三,乃改东明隶之而属于河南路。既而徙入河北冤句之地,而以东明之故地废为通安堡,时金宣宗兴定二年(1218)也。及哀宗至大九年(应为正大九年,即开兴元年,为1232年),复罢通安堡,设县更名曰仪封。今仪封已废,并入兰阳。……更割东明、兰阳等六乡为兰阳县。因东明未废之前其地方则以乡区之,兰阳其首乡也。金遂因之,以名县云,而迄今东明属内尚有乔家等庄属兰阳者,可见东明之废置縻常,于金时为甚。"②关于仪封县,王恽《睢州仪封县创建庙学记》云:"仪封县,金正大间,割考、襄、东明三邑地,立治于黄陵之通安堡,以古仪城在焉,故名。考之,仪即春秋卫之边邑,其为孔辂顿次、封人请见之处,谅无疑矣。兵后县废。岁壬子,国家经略河南,移理于通安南平城里。"③

[4] 长垣,仍金旧,隶开州。据《金史·地理志》载:"本隶南京,泰和八年(1208)以限河不便。来属。"《元史·地理志》所谓"初隶大名",概不知何时事,待考。另,据《长垣县志》所录元人杜仁杰作于至元八年的《崇真观碑》云:"蒲城之为邑,尚矣。介于九河之间,邻于大行之左,河内公之惠政仍存,蘧伯玉之遗墟尚在。至于东连齐鲁,民霑礼仪之风;南距梁园,地

---

① [清]祁德昌总修、陈兆麟纂修:《开州志》卷八《祭器说》,清光绪七年刊本。
② [民国]任傅藻修、穆祥仲等纂:《东明县新志》卷二《沿革》,民国二十二年铅印本。
③ 王恽:《秋涧先生大全集》卷三九。

接丰饶之羡,可谓天下之乐郊,中原之通达者也。……前金灭亡之际会,当圣朝开创之初,而乃升县为州。……复寓保垣州,有节使吴帅、经历刘君,久歆德业之尊,遂择高明之所,地举以东北隅,揭以'崇真'额。"①《县志》纂修者认为,碑文云"开创之初升县为州",又云"复寓保垣州"云云,"是元初会,升县为保垣州矣。《元史·地理志》不载,或升州未久,仍改为县耶?"金元之际,建置变动靡常,且《地理志》载其"初隶大名",殆指其升州后属大名。此说甚是,当从之。

[5] 清丰,仍金旧县,隶开州。据《元史·食货志三》,丙申分封时,分拨给迭哥官人大名清丰县一千七百一十三户。

滑州[1],中。唐改灵昌郡。宋改武成军。元仍为滑州。领二县:白马[2],上。为州治所。内黄[3]。

【考释】

[1] 滑州,金故州,隶河北西路。② 元隶大名府路。③ 关于元初滑州来属大名路事,据袁桷撰《武略将军裕州知州李公神道碑铭》载,金元之际滑州世侯为李英,李英于至元二年由滑州改顺德路判官时,治理滑州已达三十年之久。该碑记载有中统元年滑州事,其文云:"滑隶大名,远三百里,粮饷转挽不便,侯请储本州,候远近,朝廷是其请。"④由此可以推知,滑州隶大名当在中统以前无疑。据《元史·太祖纪》,元好问《东平行台严公神道碑》等记载,太祖十五年严实以滑州、浚州等地来归,至行"画境之制"

---

① [清]李于垣修、杨元锡纂:《长垣县志》卷一五《金石录》,清嘉庆十五年刊本。
② 据《金史·地理志》载,大定六年(1166),滑州割隶大名府;明昌三年(1192),滑州为卫州支郡,仍隶河北西路。
③ 钱大昕对于《元史》此处记载滑州沿革,颇多批评:"滑州自唐、宋迄金、元无异名,而《志》乃云:'唐改灵昌郡。宋改武成军。元仍为滑州。'考《唐志》,虽州郡兼称,而改州为郡,十道皆同,不得谓改而它州不改也。武成为节度军额,而滑之升节度始于唐,本号义成军,宋太宗时避讳,乃改武成。作《志》者并《唐方镇表》亦未读矣。"钱氏指出《元史》颇多此类错误,即将某地升节度(军)者视为建置之变动。本书凡涉此问题者,不再一一指出。参阅钱大昕:《十驾斋养新录》卷九《〈元史〉不谙地理》。
④ 袁桷:《清容居士集》卷二六。

时,"公之地于魏,则别大名",笔者推测实行"画境之制"时,滑州已由东平改隶大名路。滑州仍金之旧,领有二县。

[2] 白马,仍金旧,隶滑州。黄溍《东郡志序》云:"居滑州,滑领二县,而治白马。白马,故东郡地也。"①

[3] 内黄,金旧县,隶滑州。② 元因之。

浚州[1],下。唐置黎州,后废。石晋置浚州。宋为通利军,又改平川军。金复为浚州。元初隶真定。至元二年,隶大名。

【考释】

[1] 浚州,金故州,隶河北西路。元初隶真定,至元二年改隶大名。③ 据上文可知,浚州于金元之际曾被东平严实所控制,殆至画境之制时浚州复归真定,《地理志》失载其事。金浚州领有黎阳、卫县二县,元无属县。《新元史·地理志一》谓:"后并黎阳县入本州。升卫县为州,隶卫辉路。"据《明一统志》卷四"废黎阳县"条云:"[黎阳]在浚县西二里,汉县,元省入浚州。"黎阳废县年代不详,俟考。关于卫县省并问题,据后文"淇州"条,宪宗五年(1255)于其地立淇州,由此可知卫县之废当在此前无疑。淇州设立后,先隶大名路;至元二年六月己卯,隶怀孟路;④迨至至元三年卫辉路立,方改属卫辉路。

怀庆路[1],下。唐怀州,复改河内郡,又仍为怀州。宋升为防御。金改南怀州,又改沁南军。元初复为怀州。太宗四年,行怀孟州事。宪宗六年,世祖在潜邸,以怀孟二州为汤沐邑。七年,改怀孟路总管府。至元元年,以怀孟路隶彰德路。二年,复以怀孟自为一路。延祐

---

① 黄溍:《金华黄先生文集》卷一六。
② 据《金史·地理志》载,内黄本隶大名府,大定六年(1166)来属滑州。
③ 道光《浚县金石录》载有至元五年所立一碑记,题为《大元大名路浚州□□□李家道□并建三元真君行祠记》,可见其时确已为大名路属邑。参阅[清]熊象阶撰:道光《浚县金石录》卷下,清刻本。
④ 《元史》卷六《世祖三》。

六年,以仁宗潜邸改怀庆路。户三万四千九百九十三,口一十七万九千九百二十六。领司一、县三、州一。州领三县。录事司。县三:河内[2],中。修武[3],中。武陟[4]。中。

【考释】

[1] 怀庆路,金为怀州,属河东南路。据《金史·地理志》载,兴定五年(1221),怀州置招抚司。怀孟自河东南路析出,可能是在宪宗六年益封为忽必烈封地之时。关于怀孟路元初沿革问题,钱大昕氏考证颇详,兹转述于此。据中统五年《重立孟州三城记》称:"河南甫定,孟尤边鄙,版籍仍希,为怀所并。"盖太宗初定中原时,以孟州地并于怀,故有行孟州之称。《元史·曷思麦里传》称其于壬辰岁(1232)为怀孟州达鲁花赤,可以为证。据钱氏家藏中统元年《祭济渎记碑》,是碑后列宣授怀孟州达鲁花赤密里及(即密里吉)、宣授怀孟州总管覃澄、提领怀孟州课税所官石伯济名。碑立于世祖初,尚称州而不称路,可见《地理志》称宪宗时怀孟改路,甚误。宪宗时但置总管,未尝改为怀孟路也。另据王恽《中堂事记》:"中统二年,奉圣旨,道与真定路宣抚司:据怀孟达鲁花赤密里吉、总管覃澄奏告。……准奏,仰遍谕诸路宣抚司,今后各州城管民官,遇有关涉蒙古军人公事,理问时分,管军官一员,一同听断施行,毋得偏向。准此。"是知怀孟中统以前隶真定路宣抚司。① 怀孟单独设路应在至元元年或此年之后。② 至元初年,怀孟亦曾设有安抚司。③《地理志》所谓"[至元]二年,复以怀孟自为一路",笔者以为,此更多的是指怀孟虽隶彰德,但仍维持着一个路级建置,殆至至元六年,方脱离彰德路的节制而完全独立。因忽必烈

---

① 详可参阅钱大昕:《廿二史考异》卷八八;《潜研堂金石文跋尾》卷一八。另需要指出的是,钱氏据《中堂事记》指称怀孟于中统年间隶真定路宣抚司一事,尚值商榷。其实,中统年间立十路宣抚司与十路宣慰司,怀孟应属大名。具体考证可参阅"上篇"第一章第四节相关内容,兹不赘述。
② 据《山右石刻丛编》卷三一《元故少中大夫西蜀四川道肃政廉访使梁公神道碑铭并序》载:"中统五年,[梁天祥]制授同知怀孟路奥鲁总管府事。"
③ 据《元史》卷六《世祖三》载,至元四年,罢怀孟路安抚李宗杰。

受封京兆田户寡,怀孟于宪宗丁巳年(1257)益封于忽必烈。① 怀孟路至元二年曾领有淇州,三年改隶卫辉。元怀孟领县三,金怀州领有四县,较元多山阳一县。

[2] 河内,仍金旧,隶河东南路怀州。为倚郭。

[3] 修武,仍金旧,隶怀州。据《金史·地理志》载:"兴定四年(1220)以修武县重泉村为山阳县,隶辉州。"《金史·地理志》将其系于怀州,似欠妥当。山阳县于至元三年废为镇,入辉州。

[4] 武陟,仍金旧,隶怀州。

孟州[1],下。唐置河阳军,又升孟州。宋隶河北道。金大定中,为河水所害,北去故城十五里,筑今城,徙治焉。故城谓之下孟州,新城谓之上孟州。元初治下孟州。宪宗八年,复立上孟州,河阳、济源、王屋、温四县隶焉,设司候司。至元三年,省王屋入济源,并司候司入河阳。领三县:河阳[2],下。济源[3],下。太宗六年,改济源为原州。七年,州废,复为县。至元三年,省王屋县入焉。温县[4]。

【考释】

[1] 孟州,金故州,属河东南路。据《金史·地理志》载,宣宗朝(1213—1223)曾于其地置经略司。对于《地理志》所记孟州蒙元前期之沿革,清人钱大昕氏据金石材料,多有辨正,兹录于此:"元初并孟州于怀,曷思麦里父子三人相继为怀孟州达鲁花赤,盖中统纪元以前,孟未尝别为州也。考《元重立孟州三城记碑》,称:'中统二年,钦奉圣旨,宣授孟州长官并降到立城民户,至中统四年二月,宣差孟州达鲁花赤阿里理任新附之民,而并治之。'是孟州之设,实在中统间,《志》不载并省及复置本末,可谓疏而舛矣。然史称宪宗八年复立上孟州者,其误亦有因。据碑称:'丁巳年(1257),钦奉恩命,复立新孟。'丁巳即是宪宗七年,与《志》复立上孟州

---

① 姚燧:《牧庵集》卷二四《谭公神道碑》;卷二六《河内李氏先德碣》。另,《元史·食货志三》将丁巳年怀孟分封对象记为武宗,实乃继承其祖封邑。

之文颇合。而碑又云'荒残废邑,复见仪形',又有'傥一旦功成,改除他邑'云云,言邑不言郡,则县而非州也。其所谓复立者,移县治于新孟州城,非即立为州也。而史遂以为州治,不亦谬乎!"①金孟州领有四县,元省王屋县,仅领三县。

　　[2] 河阳,仍金旧,隶河东南路孟州。为倚郭。河阳近河,地理位置重要,据杨奂《重修岳云宫记》称:"天下形势之重,莫重于河阳。孟州附邑,怀洛咽颐之地,南通湖襄,北抵燕蓟。出入往来,未有不由于此",云云。②金贞祐间逃亡难民多留滞于此。③

　　[3] 济源,仍金旧,隶孟州。至元三年,王屋县省入济源。④

　　[4] 温县,仍金旧,隶孟州。

　　　　卫辉路[1],下。唐义州,又为卫州,又为汲郡。金改河平军。元中统元年,升卫辉路总管府,设录事司。户二万二千一百一十九,口一十二万七千二百四十七。领司一、县四、州二。录事司。县四:汲县[2],下。倚郭。新乡[3],中。获嘉[4],下。胙城[5]。下。旧以胙城为倚郭。宪宗元年,还州治于汲,以胙城为属邑。

【考释】

　　[1] 卫辉路,金为卫州,属河北西路。《金史·地理志》载卫州金末事颇详:"明昌三年(1192)升为河平军节度,治汲县、以滑州为支郡。大定二十六年(1186)八月以避河患,徙于共城。二十八年复旧治。贞祐二年(1214)七月城宜村,三年五月徙治于宜村新城,以胙城为倚郭。正大八年(1231)以石

---

① 钱大昕:《廿二史考异》卷八八。另可参阅氏著《潜研堂金石文跋尾》卷一八《重立孟州三城记》之跋文。关于蒙古国时期孟州并入怀州而称"怀孟州"之事,兹可提供另一证据:己酉(1249)李志全所撰《重修天坛碑铭》"即有怀孟州宣差蒲察公、长次官□□□侯、王屋县宰等,奉礼敦请披云真人暨清真观冷尊师于甲辰(1244)中秋修庆成清醮……"云云。参阅陈垣:《道家金石略》,文物出版社,1988年版,第505页。
② 杨奂:《还山遗稿》卷上,文渊阁《四库全书》本。
③ 参阅郝经:《郝文忠公陵川文集》卷三六《先大父墓铭》。
④ 关于王屋县,据《元一统志》,该县于宋庆历三年割属孟州,四年还治,熙宁五年复来属,金元因之。《元一统志》卷一,第84—85页。

鳌其城。"金元之际，卫州为真定路下属州之一。据上文"真定路"、"彰德路"条的相关论述，窝阔台四年(1232)立彰德总帅府，领有卫、辉二州。辛亥岁(1251)，因史天泽战功卓著，"封以卫之汲、胙城、新乡、获嘉、苏门五县。"史格"以太尉[史天泽]元子，得节度卫"。① 其后又以王昌龄治理卫地。② 次年(1252)，卫、辉二州自彰德帅府划出，隶真定路。中统元年，升卫辉总管府。③ 中统三年李璮反，被诛，史天泽辞卫之封地，得允。④ 至元二年(1265)，卫辉隶彰德。据《卫辉路庙学兴建记》云："逮至元三祀，朝廷锡皇侄玉隆答失大王卫五城为分土，立总管府，列河朔一路。"⑤至元三年，卫辉因分封而复设路，但仍受彰德节制，殆至至元六年，卫辉与彰德、怀孟才正式析分为独立的三个路。⑥ 元初期，因卫辉户口鲜少，有议者认为卫辉不宜立总管府，但因其地特殊地位，卫辉仍旧设路。⑦ 从上述情形来看，卫辉总管府之设，确与蒙古诸王勋贵投下食邑有关。⑧ 卫辉路领录事司事，《地理志》谓其于中统元年置，然据王恽《重修录事司厅壁记》云："治有常处，则视瞻尊而政乃肃，此必然理也。维卫录事司，自辛亥岁(1251)州理复旧，凡百草次，其司事权寓于委巷间，廨舍靡有定所。"⑨可知卫州录事司早于中统年已置。

[2] 汲县，仍金旧，隶卫州。金元之际，卫州治所迁移不定，贞祐三年(1215)以胙城为倚郭，后于宪宗元年还治汲县。

---

① 姚燧：《牧庵集》卷一六《平章政事史公神道碑》。
② 王恽：《秋涧先生大全集》四七《故真定五路万户府参议兼领卫州事王公行状》。
③ 《元史》卷四《世祖一》载："[中统元年十二月]升卫辉为总管府。"此与《地理志》记载合。另据王恽《秋涧先生大全集》卷三九《重建卫辉路总管府帅正堂记》云："汲之为郡，其来久矣。自唐初易而为州，历五季、宋、金，率以防御节度使来尹治之，故其公廨制度广狭，视厥秩，夷而不敢越。逮国朝中统建元之明年，升州为府。"记升府事在中统二年，与《元史》稍异。兹从《元史》中统元年说。
④ 姚燧：《牧庵集》卷一六《平章政事史公神道碑》。
⑤ 《卫辉府志》卷四五。《元史》卷六《世祖三》亦载："[至元三年]三月辛巳，分卫辉路为亲王玉龙答失分地。"参阅[明]侯大节纂修：万历《卫辉府志》，卫辉市地方史志办公室点校，中州古籍出版社，2010年版。
⑥ 《元史》卷六《世祖三》。
⑦ 胡祗遹：《紫山大全集》卷二三《论并州县》。
⑧ 详可参阅李治安：《元代分封制度研究》，第432—434页。
⑨ 王恽：《秋涧先生大全集》三八。

[3] 新乡,仍金旧,隶卫州。

[4] 获嘉,仍金旧,隶卫州。

[5] 胙城,仍金旧,隶卫州。《金史·地理志》载其金末事甚详:"胙城本隶南京,海陵时割隶滑州,泰和七年(1207)复隶南京,八年以限河来属。贞祐五年(1217)五月为卫州倚郭。增置主簿。"①

辉州[1],下。唐以共城县置共州。宋隶卫州。金改为河平县,又改苏门县,又升苏门县为辉州,置山阳县属焉。至元三年,省苏门县,废山阳为镇,入本州。

【考释】

[1] 辉州,金为苏门县,隶卫州。据《金史·地理志》载:"贞祐三年(1215)九月升为辉州,兴定四年置山阳县隶焉。"金辉州隶河北西路。金元之际,辉州曾设有安抚司,然其置废情况不详。②

淇州[1],下。唐、宋、金并为卫县之域,曰鹿台乡。元宪宗五年,以大名、彰德、卫辉籍余之民,立为淇州,因又置县曰临淇,为倚郭。中统元年,隶大名路宣抚司。至元三年,立卫辉路,以州隶之,而临淇县省。

【考释】

[1] 淇州,金为卫县,隶河北西路浚州。关于宪宗五年立淇州事,王恽撰《淇州创建故江淮都转运使周府君祠堂碑铭》亦有详载:"乙卯岁(1255),公以事北觐,图利害上之,朝廷为开可,诏以彰德、大名、卫辉漏版户五千实焉,复其征。三年,因易号曰淇州,县曰临淇。特敕公领办其

---

① 《金史》卷二五《地理志中》"胙城"条载有"兴定四年以修武县重泉村置县,来隶"一语;而《金史》卷二六《地理志下》"怀州山阳县"条亦有一语云:"兴定四年以修武县重泉村为山阳县,隶辉州。"两记载稍异,实同,因辉州新升置,原属卫州。

② 柳贯:《待制集》卷一一《元故奉政大夫金岭北湖南道肃政廉访司事崔公墓碑铭并序》。

事。"①元明善《太师淇阳忠武王碑》载,博尔忽后封于淇州。② 另据《元史》卷六《世祖三》载,至元二年六月己卯,淇州曾隶怀孟路。

河间路[1],上。唐瀛州。宋河间府。元至元二年,置河间路总管府。户七万九千二百六十六,口一十六万八千五百三十六。领司一、县六、州六。州领十七县。录事司。县六:河间[2],中。倚郭。肃宁[3],下。至元二年,废为镇,入河间县,后复旧。齐东[4],下。宪宗三年,隶济南路。至元二年,还属河间路。宁津[5],下。宪宗二年,属济南路,至元二年,隶河间。临邑[6],下。本属济南府,太宗七年,割属河间。宪宗三年,还属济南。至元二年,复属河间。青城[7]。下。本青平镇,太宗七年,析临邑、宁津地置县,隶济南。中统置青城县,隶陵州。至元二年,隶河间。

【考释】

[1] 河间路,金河间府,属河北东路。③ 元好问《朝列大夫同知河间府事张公墓表》载:"宣宗贞祐二年,改同知河北东路兵马都总管、兼河间府事,特诏驰驿赴镇。不逾月,河间受攻,总管不能军,城遂陷。"④河间部分地区曾为李全领地。⑤《元史·地理志》所谓至元二年置河间路总管府事,事实上由于金末已于其地置总管府,故河间路之称早已有之。而且,河间在太宗窝阔台时期亦已与真定、济南、东平、大名等路并称五路,据《平章政事史公神道碑》载:"太宗大其[史天泽]勋,以为万户,俾

---

① 王恽:《秋涧先生大全集》卷五四。
② 苏天爵:《元文类》卷二三。
③ 据《金史·地理志》载:"河间府,总管府,瀛海军。宋河间郡瀛海军。天会七年置总管府,正隆间升为次府,置瀛州瀛海军节度使兼总管,置转运司。后复置总管府、河北东西大名等路提刑司。"
④ 《元好问全集》卷一七。
⑤ 关于益都李氏领地范围,据郝经《郝文忠公陵川文集》卷三三《齐太公庙碑》云:"今大行台李公总统山东淮南道,开府于益都,东海、西河、穆陵、无棣四履尽在统内。"是知李氏领地范围当涉及河间地区。另可参阅前田直典:《元朝行省の成立過程》,其文亦认为金元之际河间曾为李全之势力范围。载氏著:《元朝史の研究》,第153页。不过似乎之后河间地区又与真定路关系密切,据《河朔访古记》卷上《常山郡部》载,"国朝初,仍为河北西路,怀、卫、邢、洺磁、相、保、大名、河间皆隶焉。后改真定路总管府",云云。

将真定、河间、东平、济南、大名五路之兵。"①《大元郝公墓碑》亦云:"公姓郝,讳全。……至丁酉(1237)间,黄州之战克敌功,蒙□□不花大王令旨总管众下炮军,其后又受豫州安屯宣差留乞万户札付,充河间、滨棣两路千户。"②另据《元史》卷六《世祖二》载:"[至元二年十月]癸未,敕顺天张柔、东平严忠济、河间马总管、济南张林、太原石抹总管等户,改隶民籍。"由此可见,早在蒙古太宗时应已有河间府[路]之存在。然则,蒙元朝廷先后在华北地区设立十路征收课税所、十路宣抚司、十路宣慰司等机构,乃至至元元年元廷派大员前往各地罢世侯、行迁转法等事,均不见有河间路之记载。以上材料似乎表明:至元二年前之河间路,更多的只是沿袭金的兵马总管府路之军政建置,其并无稳定辖区;殆至至元二年元以路总管府为"根干化",始立河间路为总管府,管理庶政,其辖境亦得以相应划定。据王磐撰《河间总管题名记》云:"皇元平一海内,重司牧之任。以河间为重寄,其出镇者皆尊位高秩,而总管统兵民治之,其权比古节度使,来居此者又多素有功。然自开国至今仅三十余年,而更调去来已十四五,非其任之者暂而迁移者速故耶?"③窝阔台丙申分封时,成吉思汗第六子受封河间府,为该地最大封户;至元二年,阔列坚孙兀鲁带受封河间王;另外左手九千户亦封在河间。河间路直辖六县,金河间府仅领河间、肃宁二县。

[2] 河间,仍金旧,隶河间府。

[3] 肃宁,仍金旧,隶河间府。

[4] 齐东,蒙古国时期新立县。金为济南邹平齐东乡。④ 元代方志《齐乘》所记齐东于金元之际沿革变迁要倍详于《地理志》,《齐乘》云:"齐东

---

① 姚燧:《牧庵集》卷一六。另,同书卷一五《董文忠神道碑》、卷一七《颍州万户邸公神道碑》均有记载。
② [民国]王寀廷等纂:《重修新城县志》卷二二《金石志》,民国二十三年铅印本。另据魏初《青崖集》卷五《总押七路兵马邸公神道碑铭》,"明年[太宗九年],奉御呼图克(忽都忽)奏公有战功,遂锡金符,俾总押真定、大名、河间、西京、洺磁、怀孟、滨棣七路兵马",云云。
③ 乾隆《河间府新志》卷二〇。转引自《全元文》卷六一,第二册,第 250—251 页。
④ 刘敏中《中庵先生刘文简公文集》卷一〇《东皋田氏新茔之记》载:"淑上世本冀之枣强人,后迁济南,居邹平之齐东乡,遂占籍邹平。"

县。旧赵岩口。金为齐东镇,后在刘豫置夹河巡检司(以濒大清河故名夹河县)。金乱,天兵南下,城之。壬子年(宪宗二年),因置齐东县,属河间路。癸丑年(宪宗三年),割属济南。至元二年还属河间(县管穿户郭外皆章丘、邹平地,属济南,故附见云)。"①据大德丙午(1306)李谦撰《始建学宫记》云:"齐东在前代为一巨镇,隶淄州。国初,乡豪割据,迭相雄长,及天下既平,升镇为县,隶河间。……齐东为县,自国朝始。"②此亦合《齐乘》。齐东嵌于济南路境内,悬于河间路外,为一"飞地"。据《元史·食货志三》载,丙申分封时,齐东一千二十三户分予左手九千户合丹大息千户。造成此"飞地"的原因实质正与蒙古分封有关,王恽《秋涧先生大全集》卷四七《故金吾卫上将军景州节度使贾公行状》云:"升授金吾卫上将军、景州节度使。岁丙申(1236),以蓨县、东光、阜城、吴桥、故城隶焉。岁丙申,六太子复命以分地,所入江陵(应为"将陵县",笔者注)、齐东、宁晋(应为"宁津县",笔者注)八城,俾公总治其事。"齐东来属河间,其缘由正可从此处觅得。

[5] 宁津,金旧县,隶河北东路景州。大安年间(1209—1211)景州改为观州,宁津亦隶之。太宗七年(1235),宁津与临邑县析置青城县,并隶济南路;而临邑则由济南府割属河间。笔者推测此时宁津亦属河间。③ 据《元史·地理志》载,宁津于宪宗三年改属济南路;迨至至元二年,宁津复隶河间。据《故奉直大夫赵公墓志铭》载:"会兵兴河朔,事定,补宁津县吏。公识度宏远,动中事机。朝廷初签军民间户十点二,公白长吏曰:'河北初定,人心危疑,众未可动也。'下令召募愿者充之,不旬日,得军数百人,宁津以安。既而以宁津为分地,俾县择文吏明达者一人,充军府参佐,令以公应,遂为军事参谋。"④

---

① [元]于钦:《齐乘》卷三。
② [民国]梁中权修、于清沣纂:《齐东县志》卷六《艺文志》,民国二十四年石印本。
③ 《宁津县志》谓:"太宗七年,析临邑、宁津二县地别置青城县,俱隶济南。"此说似误,因为《元史·地理志》明确记载临邑县正是在太宗七年割属河间的。参阅[清]祝嘉庸修、吴浔源等纂:《宁津县志》卷一一《事略》,据光绪二十六年刊本影印。
④ 任士林:《松乡集》卷三。

[6] 临邑,金旧县,隶济南府。至元二年,临邑新市镇并入济阳。① 临邑县亦悬于河间路外,为一"飞地"。据《元史·食货志三》载,丙申分封时,临邑一千四百五十户分予帖柳兀秃千户。

[7] 青城,窝阔台时新置县。据《大明清类天文分野之书》云:"甲寅岁(1254),始筑城郭。"②青城属河间,但与齐东县同在济南路地内,为一"飞地"。李治安据《元史·食货志三》有关蒙哥汗丁巳年(1257)分拨太祖成吉思汗第二斡耳朵河间路青城县两万九千户的记载,推测青城属河间是蒙古分封给州县建置带来的影响。③

沧州[1],中。唐改景城郡,复仍为沧州。金升临海军。元复为沧州。领五县:清池[2],中。乐陵[3],中。南皮[4],下。无棣[5],下。至元二年,并入乐陵县,以县治入济南之棣州,寻复置。盐山[6]。下。

【考释】

[1] 沧州,金故州,隶河北东路。金末于河间置总管府,估计其时沧州隶之。沧州于贞祐三年(1215)陷蒙,寻复。蒙古太祖十年(1215)于沧州置行司。兴定四年(1220)金沧州经略使王福降蒙;④太祖十六年(1221),蒙廷以宋降将张琳为沧、景、滨、棣等州行都元帅。⑤ 元沧州仍金之旧,领有五县。

[2] 清池,仍金旧,隶沧州。

[3] 乐陵,仍金旧,隶沧州。

---

① 《齐乘》卷三。
② 《大明清类天文分野之书》卷八《危齐分野》。
③ 《元代分封制度研究》,第458页。另,关于青城为飞地一事,乾隆《山东通志》卷三"青城县"条云:"《皇舆表》载:'元太宗时,始以邹平县之清平镇,又分临邑、宁津二县地置清平县。寻改为青城县。'其说本之《旧通志》。按,临邑去青城三百余里,中隔济阳、齐东二县,焉能分地及此?而青城四正,东为高苑,西为齐东,南为邹平,北为阳信。其四隅,则东南为长山,东北为滨州,西南为章邱,西北为惠民。自汉唐以至金元,亦无所谓宁津者,《旧志》未知何据。存以备考。"盖《山东通志》纂修者未曾注意到蒙古分封的影响。
④ 《金史》卷一六《宣宗纪》。
⑤ 《元史》卷一《太祖纪》。

[4] 南皮,仍金旧,隶沧州。

[5] 无棣,仍金旧,隶沧州。据《齐乘》载:"宋复为无棣县,属沧州,金因之。国朝割无棣县半入沧州,以县领三乡来属,而沧州亦有无棣,故此又称东无棣云。"①《齐乘》所云"东无棣"乃隶济南路之棣州,而河间路沧州之无棣,则被称为西无棣县。②

[6] 盐山,仍金旧,隶沧州。

景州[1],中。唐观州,又改景州。宋改永静军。金仍改观州。元因之。至元二年,复为景州。领五县:蓚县[2],中。旧属观州,元初升元州,后复为蓚县。故城[3],中。元初隶河间路。至元二年,并为故城镇,属景州。是年,复置县还来属。阜城[4],下。东光[5],下。吴桥[6]。中。

【考释】

[1] 景州,金故州。据《金史·地理志》载,金曾为永静军,金初升为景州,"大安间(1209—1211)更为观州,避章庙讳也。"景州陷蒙后,窝阔台时应已复称景州,据王恽《秋涧先生大全集》卷四七《故金吾卫上将军景州节度使贾公行状》云:"升授金吾卫上将军、景州节度使。岁丙申(1236),以蓚县、东光、阜城、吴桥、故城隶焉。岁丙申,六太子复命以分地,所入江陵、齐东、宁晋八城,俾公总治其事。"另据《元史》卷六《世祖三》云:"[至元二年闰五月]癸卯,升蓚县为景州。"《地理志》与《本纪》之记载,殆指至元二年移景州治于蓚县,而非复立景州,兹从《行状》。元景州领五县。金领六县:有宁津县,后改隶河间;有将陵县,后升为陵州;无故城县。

[2] 蓚县,仍金旧,隶景州。元为倚郭县。《元史·地理志》所谓"元初升为元州",其具体时间已不可考。不过据《故金吾卫上将军景州节度使

---

① 于钦:《齐乘》卷三。
② 据《畿辅通志》卷一四:"元初分无棣之半置西无棣,仍属沧州。至元二年并入乐陵,寻复置。"《新元史》卷四六《地理志》亦称:"又分其(无棣)西界于故城置县,仍属本州,谓之西无棣县。"

贾公行状》载,在贞祐甲戌岁(1215)之前,已有"元州将某举城降"之说,是知金末蓨县已升为元州。另据《元统军郑甫墓》所记,郑甫之兄郑义尝为龙虎卫上将军、永安军节度事、元州兵马都元帅,此事亦在蒙军初下中原的太祖初年。① 然则,元州复改为蓨县之年份又失载。至元二年,景州移治蓨县。另,胡祗遹撰《郑千户棣花堂记》云:"元州郑氏,在本土为巨族。我朝革命,元帅公讳某者,以雄武起乡里,归命后,乡民赖以全活者不胜计。以功以德,子孙得世其爵;"苏天爵撰《皇元赠通议大夫翰林直学士上轻车都尉荥阳郡侯郑公神道碑铭》则云:"我国家初入中原,命太师国王招集豪杰,戡定未下城邑,公世父仪,帅其乡人来归,累官龙虎卫上将军、元州兵马都元帅。公之考甫,亦以战功,迁同知冀州节度使事兼管民万户,昆弟子孙,为统军元帅、万夫长者十余人,千夫、百夫长者,又十余人。"②

[3] 故城,金旧县。据清《故城县志》云,金明昌五年(1194)废入恩州历亭,元初复为故城县。③ 故城县之设,据王恽《故金吾卫上将军景州节度使贾公行状》载,贞祐初年,在金主迁汴之后,国兵[蒙古军]入中夏之前,"州将材公为,且知众素所推服,自白衣署公为故城县丞"。④ 可见,故城县在金末已设,而非所谓"元初"。另据《贾公行状》,故城于丙申年就曾隶景州管辖,《元史·地理志》失载其事。

[4] 阜城,仍金旧,隶景州。⑤

[5] 东光,仍金旧,隶景州。金为倚郭县。元至元初移治蓨县。

[6] 吴桥,仍金旧,隶景州。⑥

---

① [民国]耿兆栋监修、张汝澐总纂:《景县志》卷一四《故实志·古迹·塚》,民国二十一年铅印本;另可参阅苏天爵:《滋溪文稿》卷二〇《皇元赠通议大夫翰林直学士上轻车都尉荥阳郡侯郑公神道碑铭并序》。
② 《紫山大全集》卷一〇;《滋溪文稿》卷二〇。
③ [清]丁灿等纂修、张焕等续修:《故城县志》卷一《建置沿革》,清光绪十一年修,民国十年重印本。
④ 王恽:《秋涧先生大全集》卷四七。
⑤ 据《嘉靖河间府志》载,宋熙宁十年复为县,刘豫更曰阜昌郡,金元仍阜城。[明]《嘉靖河间府志》卷一《地理志·沿革》,《天一阁藏明代方志选刊》,上海古籍书店影印,1981年重印本。
⑥ 天会年间,析将陵之吴桥镇而置。

清州[1],下。五代置乾宁军。宋为乾宁郡,大观间以河清,改清州。金为乾宁军。元太宗二年,改清宁府。七年,又改清州。至元二年,以靖海、兴济两县及本州司候司并为会川县,后复置清州。领三县:会川[2],中。靖海[3],下。兴济[4],下。

【考释】

[1] 清州,金故州,属河北东路。《元史·地理志》所谓"后复置清州",意指至元二年清州曾遭省并欤? 其复置又在何时? 俟考。元清州仍金之旧,领有三县。

[2] 会川,仍金旧,隶清州。为倚郭。

[3] 靖海,仍金旧,隶清州。① 至元二年曾并入会川县,后复置。

[4] 兴济,仍金旧,隶清州。至元二年并入会川。《元典章》载:"至元七年九月……省府照得:近为河间路兴济县武主簿拿获蒙古军人塔剌海、伯眼察儿等六人,禁地内射死野鸡五个,钦依圣旨,行下枢密院归断"云云。② 可见,至元七年之前,兴济县已复置。由此我们大致亦可推知,清州复州亦应在此年之前。

献州[1],下。本乐寿县,宋隶瀛州,又隶河间府。金改为寿州,又改献州。元至元二年,以州并入乐寿,直隶河间路,未几复旧。领二县:乐寿[2],中。附郭。交河[3]。中。至元二年,入乐寿,未几如故。

【考释】

[1] 献州,金故州,属河北东路。元献州仍金之旧,领有二县。

[2] 乐寿,仍金旧,隶献州。③ 具体见下文之"交河县"条。

[3] 交河,仍金旧,隶献州。《畿辅通志》载:"[宋]熙宁六年,省景城为

---

① 据《金史·地理志》载,靖海于明昌四年(1193)以清州窝子口置。
② 《元典章》卷三八《兵部五·违例·蒙古军围猎不断鞍马》。
③ 据《金史·地理志》载,乐寿于金天会七年升为寿州,天德三年更名献州。

乐寿县地,金大定七年,始分乐寿置交河县,属献州。"①而《元史·地理志》亦载:"至元二年,入乐寿,未几如故。"是知景城、乐寿、交河三地或割或置,变动靡常。另,《金史·地理志》载景城为镇,属交河,未载建成镇;且未详交河乃析自乐寿。然元人袁桷在《建城夫子庙堂记》中云:"景城县东南三十里有故城焉,曰建城。汉为中水县地。金大定中以其地北临滹沱,南薄御河,徙县于今所。二水交流,名之曰交河焉。"②由此可见交河立县不久,即徙县治于建成,后又徙他处,这从吴澄所撰《有元张君墓表》或可看出:"张氏之先,霸州益津人,金亡时就食献州交河之建城镇,因家焉。"③此外,袁桷文提到"景城县",金、元尚存景城县欤?查核《金史》、《元史》,均不曾提及。笔者以为此正是景城、乐寿、交河三地或割或置靡常之表征,景城盖指交河。

莫州[1],下。唐置鄚州,寻改为莫。旧领二县,至元二年,省入河间,未几仍领二县:莫亭[2],下。倚郭。至元二年,与任丘俱省入河间县,后复置。任丘[3]。下。

【考释】

[1] 莫州,金故州,属河北东路。《金史·地理志》载,贞祐二年(1214)五月,降为鄚亭县。莫州疑于兴定四年复置,据《金史·张甫传》载,兴定四年,封建九公,"甫封高阳公,以雄、莫、霸州……隶焉"。④ 由是知其已复。金莫州领任丘一县,元领二县。

[2] 莫亭,金析任丘县地置莫亭县,泰和八年(1208),省入任丘县。贞祐二年,降莫州为鄚亭县。其后莫州复立,莫亭县仍存,为倚郭县。

[3] 任丘,仍金旧,隶莫州。因贞祐二年莫州降为县,任丘亦同时改隶河间府。莫州于金末元初复置后,任丘县仍属莫州。据《畿辅通志》载:

---

① 《畿辅通志》卷一三"交河县"条。
② 袁桷:《清容居士集》卷一八《建城夫子庙记》,文渊阁《四库全书》本。
③ 吴澄:《吴文正公集》卷七〇《有元张君墓表》,《元人文集珍本丛刊》本。
④ 《金史》卷一一八《张甫传》。

"金贞祐二年,州县俱废,改置莫亭县。元初复于莫亭置莫州,并置任邱县,属之。至元二年州县俱省入河间,后复置,属河间路。"①据《任丘县志》,唐兴县故迹在任丘县。②

陵州[1],下。本将陵县,宋、金皆隶景州。宪宗三年,割隶河间府。是年升陵州,隶济南路。至元二年,复为县。三年,复为州,仍隶河间路。

【考释】

[1] 陵州,金为将陵县,隶景州。关于宪宗三年升陵州事,《济南路大都督张公行状》亦有载:"朝廷考课,为天下最,乃割河间之将陵、临邑等六处,以旌治绩,乃升将陵为州。"③此六处很可能就是陵州以及其下属的将陵县、齐东县、宁津县、临邑县和青城县,这从它们均在宪宗三年曾隶济南路的事实便可推知。将陵升州后,中统年间置青城县,曾来属陵州。至元二年,又改隶河间。

东平路[1],下。唐郓州,又改东平郡,又号天平军。宋改东平府,隶河南道。金隶山东西路。元太祖十五年,严实以彰德、大名、磁、洺、恩、博、浚、滑等户三十万来归,以实行台东平,领州县五十四。实没,子忠济为东平路管军万户总管,行总管府事,州县如旧。至元五年,以东平为散府。九年,改下路总管府。户四万四千七百三十一,口五万一百四十七。领司一、县六。录事司。县六:须城[2],下。为东平治所。东阿[3],中。阳谷[4],中。汶上[5],中。寿张[6],下。平阴[7]。下。至元十一年,以县之辛镇寨、孝德等四乡分析他属。明年,改寨为肥城,作中

---

① 《畿辅通志》卷一三"任丘县"条。
② [清] 刘统修、刘炳纂:《任丘县志》卷一《古迹》,乾隆二十七年刊本。《元史·地理志》:"安州,唐为唐兴县,隶鄚州。宋升顺安军。金改安州,治渥城县。"
③ 苏天爵:《元文类》卷五〇。另据赵孟頫《赵孟頫集》卷八《大元故嘉议大夫燕南河北道提刑按察使姜公墓志铭》载:"府中赖公裨益,视他镇常课最。断事官就遣公赴阙,奏割陵州等五城,俾张侯通行抚治。从之。"此处仅指五城,非六城。

县,隶济宁路,以平阴为下县,仍属东平。

【考释】

[1] 东平路,金为东平府,隶山东西路。金元之际,东平由仅领六县之府而一度跃为统领五十四州县之路,复而又降为仅领六县一司的下路。缘何会出现此种骤变?在此需稍作说明。蒙古南下徇地,东平严实于庚辰岁(1220)领八州之地附蒙,后随蒙军南下,攻城掠地,领有五十四城。① 据元好问撰《东平行台严公神道碑》载:"[1234年]朝于和林城,授[实]东平路行军万户,偏裨赐金符者八人。初,公之所统,有全魏,有十分齐之三、鲁之九。及是,画境之制行,公之地于魏,则别大名,又别为彰德;齐与鲁,则复以德、兖、济、单归于我。丁酉(1237)九月,诏命公毋出征伐。当是时,公以百城长东诸侯者十五年矣。"② 所谓"五十四城",应是在窝阔台时期实行画境之制,分出大名路、彰德路,同时又划入德、兖、济、单诸州之后形成的比较稳定的辖境。东平一路领有五十四州县,因囊地独大,号强悍难御,太宗和定宗时期数度出现要求剖分东平的事件,据《元史》卷一五三《王玉汝传》载:"济州长官欲以州直隶朝廷,大名长官欲以冠氏等十七城改隶大名,玉汝皆辨正之。戊戌,以东平地分封诸勋贵,裂而为十,各私其人,与有司无相关。玉汝曰:'若是,则严公事业存者无几矣。'夜静,哭于楚材帐后。……楚才恻然良久,使诣帝前陈诉。……帝嘉玉汝忠款,且以其言为直,由是得不分。……辛丑,实子忠济袭职,授左右司郎中,遂总行台之政。分封之家,以严氏总握其事,颇不自便,定宗即位,皆聚阙下,复欲剖分东平地。是时,众心危疑,将俯首听命,玉汝力排群言,事遂已。"可见东平数次险遭被剖分的命运,但均未果。迨至世祖至元五年,据《德

---

① 据《元好问全集》卷二六《东平行台严公祠堂碑铭有序》、卷三二《博州重修学记》,均称严实领有魏、齐、鲁五十余城;而据《永乐大典》卷三五八七《奥屯忽都禄神道碑》云:"东平控郡邑五十四。"关于东平沿革,可参看谢咏梅:《蒙古札剌亦儿部与东平路沿革》,载《内蒙古师范大学学报》2005年第4期。另,关于严实所领五十余城的问题,可参看陈高华:《大蒙古国时期的东平严实》,载氏著《元史研究新论》。本书"上篇"第三章亦有详细的考证,兹不赘言。

② 元好问:《元好问全集》卷二六。

州修碑楼堂记》载:"朝命以天平军为十节度。"①此后东平陆续遭析分,所划出的州、县,或单独为路,或为直隶州。②东平路仅为原金东平府之规模,领录事司一、县六。

[2] 须城,仍金旧,隶东平。

[3] 东阿,仍金旧,隶东平。

[4] 阳谷,仍金旧,隶东平。

[5] 汶上,仍金旧,隶东平。据《金史·地理志》载:"本名中都,贞元元年更为汶阳,泰和八年(1208)更今名。"

[6] 寿张,仍金旧,隶东平。

[7] 平阴,仍金旧,隶东平。《元史·地理志》载其隶济宁路事,据《元史》卷八《世祖五》载:"[至元十二年三月]己卯,改平阴县新寨镇为肥城县,隶济宁府。"此称"济宁府",与《地理志》微异。

东昌路[1],下。唐博州。宋隶河北东路。金隶大名府。元初隶东平路。至元四年,析为博州路总管府。十三年,改东昌路,仍置总管府。户三万三千一百二,口一十二万五千四百六。领司一、县六。录事司。县六:聊城[2],中。倚郭。堂邑[3],中。莘县[4],中。宋隶大名府,元割以来属。博平[5],中。茌平[6],中。丘县[7]。下。本为镇,隶曲周。至元二年,并入堂邑。二十六年,山东宣慰司言:"丘县并入堂邑,差税词诉相去二百余里,往复非便。平恩有户二千七百,升县为宜。"遂立丘县,隶东昌。

【考释】

[1] 东昌路,金为博州,隶山东西路。博州设路,李治安疑其为蒙廷专为阔端大王位下所设食邑路。③ 另,据《元史·世祖纪三》云:"[至元四年五月]丙辰,析东平之博州五城别为一路。"此尚存疑义:所谓"五城",是

---

① [清]王镇撰:《济南金石志》卷四,清道光二十年刊本。
② 详细论述可参阅李治安:《元代中原投下封地置路州发微》,载氏著:《元代政治制度研究》;《元中书省直辖"腹里"政区考略》,载《元史论丛》第10辑。
③ 详可参阅李治安《元代中原投下封地置路州发微》及《〈元史·食货志三·岁赐〉笺注》的相关论述。

指金代博州原领之聊城、堂邑、博平、茌平及高唐五县,还是指下文除丘县而外的其余五县?《新元史·地理志》认为是指原金五县,若如此,高唐其后升为直隶州,岂不析自博州路,而非析自东平路?再者,高唐州既已属阔端大王位之博州路,缘何又会被析出成汪古部赵王封邑?笔者以为所谓五城,应指下文除丘县以外的其余五城,莘县早在蒙古国时期已由大名割隶东平。高唐县于丙申岁已为汪古赵王封邑,估计其时早已独立,殆至至元七年升州。王恽《弹博州总管杨庭训不之任状》曾提及"前博州路总管杨庭训"事。①

[2] 聊城,仍金旧,隶博州。

[3] 堂邑,仍金旧,隶博州。据《山东通志》,谓堂邑"初属东平路,寻改属博州路,又改属东昌路"。② 所谓初属东平,盖指堂邑于元初随博州而属东平路事。

[4] 莘县,金旧县,隶大名府。莘县来属博州路之具体时间不详,俟考。不过笔者推测,莘县应在冠氏侯赵天锡所领的原属大名路下的十七城之一。

[5] 博平,仍金旧,隶博州。

[6] 茌平,仍金旧,隶博州。据《明一统志》,茌平为金时伪齐刘豫复置县。③ 茌平复置后,"属博州,国初拨属东昌"。④ 茌平在元代,"值南北冲要,自江浙闽广淮宋述职于京师,与夫将命出使者,皆取道于此,为县者率日不暇给"。⑤

[7] 丘县,元复立县。金为洺州平恩县地。

济宁路[1],下。唐麟州。周于此置济州。元太宗七年,割属东平府。至元六年,以济州还治巨野,仍析郓城之四乡来属。八年,升济

---

① 《秋涧先生大全集》卷八四。
② 乾隆《山东通志》卷三,文渊阁《四库全书》本。
③ 《明一统志》卷二四。
④ 于钦:《齐乘》卷三。
⑤ [清] 王世臣修、孙克绪纂:《茌平县志》卷三《重修庙学记》,清康熙四十九年刊本。

宁府,治任城,寻还治巨野。十二年,复立济州,治任城,属济宁府。十五年,迁府于济州,却以巨野行济州事。其年又以府治归巨野,而济州仍治任城,但为散州。十六年,济宁升为路,置总管府。户一万五百四十五,口五万九千八百一十八。领司一、县七、州三。州领九县。录事司。县七:巨野[2],中。倚郭。金废,属郓州。至元六年复立。郓城[3],上。金以水患,徙置盘沟村。元至元八年,复来属。肥城[4],中。宋、金为平阴县。元至元十二年,以平阴莘镇寨东北十五里旧城改设今县。金乡[5],下。初隶济州,至元二年来属。砀山[6],金为水荡没。元宪宗七年,始复置县治,隶东平路。至元二年,以户口稀少,并入单父县。三年复置,属济州。八年,属济宁路。虞城[7],下。金圮于水。元宪宗二年,始复置县,隶东平路。至元二年,以户口稀少,并入单父。三年,复立县,属济州。八年,隶济宁路。丰县[8]。唐属徐州。元宪宗二年,属济州。至元二年,以沛县并入丰县。三年,复立沛县。八年,以丰县直隶济宁路。

【考释】

[1] 济宁路,金为济州,属山东西路。关于济州陷蒙时间,据贞祐四年(1216)所立《济州李演碑》载,济州于贞祐二年陷,同年又为金人收复,仍受金宣抚。① 据阎复撰《元重建至圣文宣王庙碑》云:"国初封建宗室,画济、兖、单三州为鲁国大长公主驸马济宁王分地,置济宁总管府。属县十六。"②济州为弘吉剌部按赤那颜封邑,其单独设食邑路州并直隶省部的时间,应在至元五年东平降为散府之时,这从下文单州、兖州于至元五年由东平改隶济州即可推知。济州升府时间,据《元史·世祖四》载:"[八年五月]升济州为[直隶]济宁府。"③此与《地理志》合。至元十三年三月,元廷

---

① [清]王昶撰:《金石萃编》卷一五八,清嘉庆十年经训堂刻本,载《辽金元石刻文献全编》第二册。
② 《山东通志》卷一一。
③ 《元史》卷七《世祖四》。需要指出的是,据标点本《元史》卷七载:"[至元八年九月]癸酉,益都府济州进芝二本",此处标点疑误。一则济州至元八年五月已升为济宁府,二则济州不属益都。此处应改为"癸酉,益都府、济州进芝二本"。另,《巨野县志》卷二〇《金石》之《济宁路总管府记碑》述及济宁府改路之经过,可资参详。

于济宁路置宣慰司，掌印造交钞，供给江南军储。① 济州当为世侯石天禄家族领地。王旭撰《故孔目康公墓碑铭》有"济州石总管"之谓。② 王逢撰《妇董行有前后引》载，太尉（石珪）命往觐太祖皇帝于鱼儿泊之行营，赐金币鞍马。后又"上功受黄金符，官昭勇大将军、行右副元帅，济、兖、单州等处管民长官。在官十余年，士民翕服。晚有子五人，未老弃官，以伯祐袭其爵，为奉训大夫、济州管民长官。是年至元元年也"。③

[2] 巨野，元复立县。④ 入元后，至元六年济州迁治于巨野，并复立该县；至元八年，为济宁府治；至元十五年，以巨野行济州事，同年于巨野立府。至元十六年济宁府升路。巨野始属济宁路，殆自至元八年济宁府设立之时。

[3] 郓城，仍金旧，隶济州。《新元史·地理志一》谓郓城县"至元八年复还旧治"，未知何据。另，胡祗遹《承直郎江西等处榷茶都转运司副使李公神道碑》载："[至元]七年，制国用使司选擢通廉知钱谷者，以公[李瑞]充济宁府郓城县行用交钞库副使。"⑤此处所谓至元七年已有"济宁府郓城县"，实误。一则其时济宁尚未升府，二则其时郓城尚不隶济宁。缘此碑文为后之追记，故而出现以"今"之建置套"古"之建置的说法，此类情形常可见及，亦可理解。

[4] 肥城，元初新设县。宋、金为平阴县，隶东平府。

[5] 金乡，仍金旧，隶济州。金元之际，金乡世侯为孙青，据《金乡县志》载："元兵南下，邑无主，青率壮士及老幼数千口归附，授兖州属知节度使，任金乡尹。以攻徐州首功，加定远大将军，永任金乡尹。……凡二十余年。告休，改充本县诸军奥鲁千户职。"⑥

[6] 砀山，蒙元时期复置县。宋、金属单州。金兴定元年（1217）改属归

---

① 《元史》卷九《世祖六》。
② 王旭：《兰轩集》卷一六，文渊阁《四库全书》本。
③ 王逢：《梧溪集》卷一。
④ 据《金史·地理志》，天德二年（1150）济州徙治任城，同年巨野废入嘉祥、郓城、金乡三县。
⑤ 胡祗遹：《紫山大全集》卷一七。
⑥ [清]李佺纂修：《金乡县志》卷七《职官》，清同治元年刊本。

德府,五年属永州,寻为水圮县废。① 关于至元二年省并事,元人王旭撰《县令潘君墓碑》有载:"其后,朝廷以本县不及千户,并属单父"云云。②

[7] 虞城,金旧县,隶归德府。《地理志》载虞城于元改隶济宁事,甚明。③

[8] 丰县,金旧县,属徐州。据郝经撰《丰县汉祖庙碑》云:"国朝奄有区夏,丰隶东平道,大行台严公忠济置官监视。"④此当指宪宗二年以后事。

济州[1],下。唐以前为济北郡,治单父。唐初为济州,又为济阳郡,仍改济州。周濒济水立济州。宋因之。金迁州治任城,以河水湮没故也。元至元二年,以户不及千数,并隶任城。六年,迁州于巨野,而任城为属邑。八年,升州为济宁府,治任城,复还府治巨野。十二年,以任城当江淮水陆冲要,复立济州,属济宁府,而任城废。十五年,迁府于济州,以巨野行济州事。其年复于巨野立府,仍于此为州。二十三年,复置任城,隶州。领三县:任城[2],倚郭。鱼台[3],太宗七年,属济州。至元二年,并入金乡。三年复故。八年,属济宁府。十三年来属。沛县[4]。太宗七年,移滕州治此。宪宗二年,州废,复为县。至元二年,省入丰县。三年复置。八年,隶济宁府。十三年来属。

【考释】

[1] 济州,金故州。

[2] 任城,仍金旧,隶济州。至元十二年,任城废;至元二十三年,复置任城,仍隶济州。

[3] 鱼台,金旧县,隶南京路单州。

[4] 沛县,金旧县,隶滕州。《齐乘》卷三"滕州"条谓:"至元初,割沛县

---

① 《大清一统志》卷六九"砀山县"条。
② 王旭:《兰轩集》卷一六。
③ 清人钱大昕对于元延祐二年《赠清河郡伯张成墓碑》文内"世为济宁之虞城人"一语,曾大发喟叹,谓:"自明以来,[虞城]仍属归德,不知其尝隶济宁矣。元之济宁治巨野,与虞城本不相远。"事实上,明清以来载集多有虞城曾属济宁之记载,钱氏此处所谓"不知其尝隶济宁矣",不知所指。参阅钱大昕著:《潜研堂金石文跋尾》卷一九。
④ 郝经:《郝文忠公陵川文集》卷三四。

入济宁路",殆指至元三年复置后,隶于济宁路。

兖州[1],下。唐初为兖州,复升泰宁军。宋改袭庆府。金改泰定军。元初复为兖州,属济州。宪宗二年,分隶东平路。至元五年,复属济州。十六年,隶济宁路总管府。二十三年,立尚珍署,领屯田四百五十六户,收子粒赴济州官仓输纳,余粮粜卖,所入钞纳于光禄寺。领四县:嵫阳[2],曲阜[3],泗水[4],至元二年,省入曲阜。三年复置。宁阳[5]。至元二年,省入嵫阳。大德元年复置。

【考释】

[1] 兖州,金故州,隶山东西路。需稍加说明的是,《地理志》缘何有"宪宗二年,分隶东平路"之谓？我们知道,金元之际,济、兖、单三州之地为石氏所控制,太祖十六年,"木华黎承制授[石]珪紫光禄大夫、济兖单三州兵马都总管、山东路行元帅";太宗六年,"改授[石天禄]征行千户,济、兖、单三州管民总管"。① 太宗行"画境之制"后,济、兖、单三州就已划归东平管辖,何言分隶东平路？据《元史·石天禄传》载:"括户东平,军民赋税并依天禄已括籍册,严实不得科收。"可见,济、兖、单三州虽并入东平,但仍是一个具有非常强的独立性的政治实体。② 因济州为三州治所,济、兖、单俱属济州管辖,故而此处有此一说。③ 兖州仍金之旧,领有四县。

[2] 嵫阳,仍金旧,隶兖州,为兖州治。

[3] 曲阜,仍金旧,隶兖州,宋名仙源。据民国修《曲阜县志》,该志收录有元至正十年夏四月,奉曲阜县尹孔克钦之命而撰写的《曲阜县历代沿革志》与《曲阜县志迁徙略》两文,其中《曲阜县历代沿革志》于金元时期沿革叙述甚详:"金天会六年十二月,陷袭庆府。明年秋,仙源复曲阜旧名。大定二十一年,改袭庆府为泰宁军。金宣宗元光二年,徙汴。明年,义宗

---

① 《元史》卷一九三《石珪传》;卷一五二《石天禄传》。
② 王颋认为蒙古时期当有"济兖路"的存在,然而此路是否成立,史无明文。参阅王颋:《元代行政地理研究》,第57页。
③ 下文单州于"宪宗二年,属东平府",亦当以此理解。

即位,改元正大,时李全据山东州郡以附南宋,改曲阜为仙源。未几,复改曲阜。我朝龙兴朔土,混一中夏,至元八年,斡罗真驸马奏准上旨以济州升济宁府事。十六年秋,囊家真公主复奏上旨升济宁为路,行总管府事;改泰宁军为兖州,而曲阜仍旧。"①

[4] 泗水,仍金旧,隶兖州。

[5] 宁阳,金旧名龚县,大定二十九年,避显宗讳改宁阳,隶兖州。宁阳于至元二年省入嵫阳,大德元年复置。②

单州[1],下。唐置辉州,治单父。后唐改为单州。宋升团练州。金隶归德府。元初属济州。宪宗二年,属东平府。至元五年,复属济州。十六年,隶济宁路。领二县:单父[2],县在郭下。元初与单州并属济州。宪宗二年,隶东平府。至元二年,复立单父县。三年,还属济州,今属单州。嘉祥[3]。旧属济州。宪宗二年,割隶东平路。至元三年,还属济州。今为单州属县。

【考释】

[1] 单州,金故州,隶南京路。《金史·地理志》云:"宋砀郡,贞祐四年二月升为防御,兴定五年二月置招抚司,以安集河北遗黎。"

[2] 单父,仍金旧,隶单州。

[3] 嘉祥,金旧县,属济州。嘉祥由济州改属单州时间不详,俟考。

曹州[1],上。唐初为曹州,后改济阴郡,又仍为曹州。宋改兴仁府。金复为曹州。元初隶东平路总管府。至元二年,直隶省部。户三万七千一百五十三,口一十九万五千三百三十五。领县五:济阴[2],上。成武[3],中。定陶[4],中。禹城[5],中。楚丘[6]。中。

① [民国]李经野等纂修:《曲阜县志》卷三《舆地志·古迹》,民国二十三年铅印本。
② 据《大明清类天文分野之书》卷一〇《鲁分兖州》载,宁阳于至元三十年复立为县,此与《地理志》异。

【考释】

[1] 曹州，金故州，隶山东西路。金元之际，信亨祚于1227年前已由东平严实任命为"同知曹州军州事，官宣武将军"。① 曹州是东平各路内较早析隶省部的，李治安认为是元廷为照顾火斜、术思投下封君，而专设的食邑州。② 曹州为直隶州，地位同于路，元代常有将此类直隶州称为路者：例如，《元典章》卷四二《刑部四·诸杀一·过失杀·神刀伤死》内有"至元八年四月，奉尚书省札付：来呈：备濮州路申"语；卷四五《刑部七·诸奸·奸生子·奸婢生子随母》内有"至元六年十月，中书右三部：据曹州路来申"，云云。金代曹州领有济阴、定陶、东明三县，其中东明于太宗七年割隶大名路，至元二年改属开州。元代曹州领有五县。

[2] 济阴，仍金旧，隶曹州，为倚郭。

[3] 成武，金旧县，隶南京路单州。成武由单州改属曹州时间，史不详载。据《元典章》卷四二《刑部四·诸杀一·因奸杀人·打死强奸未成奸夫》记有至元二年三月事例，云："东平路申：归问到成武县祗候人李松为招……"是知至元二年之前成武已隶东平，曹州直隶省部时亦归曹州。

[4] 定陶，仍金旧，隶曹州。③

[5] 禹城，金旧县，隶山东东路济南府。禹城由济南府改属曹州年份问题，《元史·地理志》"济南路"条载："至元二年，淄州割入淄莱路，陵州割入河间路，又割临邑县隶河间路，长清县入泰安州，禹城县隶曹州，齐河县入德州，割淄州之邹平县来属"；《齐乘》卷三"济南路"条亦载："国朝置济南路总管府，属山东东路。元领淄、陵二州，至元二年，淄州自为淄莱路，陵州并临邑县入河间路，长清县入泰安州，禹城县入曹州，齐河县入德州，以滨、棣二州及邹平县来隶。"两则记载均谓禹城属曹州时间在至元二年。④ 然《齐乘》卷三"曹州之禹城县"条却又明确指出"[禹城]宋、金并属

---

① 元好问：《元好问全集》卷三〇《五翼都总领豪士信公之碑》。
② 参阅李治安《元代中原投下封地置路州发微》及《〈元史·食货志三·岁赐〉笺注》相关表述。
③ 据《金史·地理志》载，定陶，宋时原为广济军，熙宁间废为定陶县。
④ 《大清一统志》卷一二六"禹城县"条殆亦据此认为禹城于至元二年改属曹州。《新元史·地理志》认为是至元三年改属曹州。

济南,国初乙未年(1235)属曹州"。《齐乘》关于禹城归属年代问题的两处记载相抵牾,盖修志者有所不审。禹城去曹州七百余里,科差征收、词讼受理均不便当,据王恽《曹州禹城县隶侧近州郡事状》云:"今照得,本投下和斜拜答汉,止系千户功臣之家,不同诸王、公主、驸马等族人。合无将五户丝依例分付本投下,外据县司一切事理,就令侧近州府节制照管,官民似为两便。"①据《元史·食货志三》记载,太宗丙申(1236),曹州·万户曾赐予和斜拜答汉。两则记载相较,我们完全可以推知,禹城当早在丙申分封时已属曹州。《齐乘》关于禹城属曹州在乙未年的记载是可信的。此种"飞地"状况,应是蒙古划分食邑路州的结果。

[6] 楚丘,金旧县,隶归德府。据《金史·地理志》载:"国初隶曹州,海陵后来属[归德府],兴定元年(1217)以限河不便,改隶单州。"楚丘隶曹州具体时间不详,不过笔者估计其很可能在丙申分封时已隶曹州。

濮州[1],上。唐初为濮州,后改濮阳郡,又仍为濮州。宋升防御郡。金为刺史州。元初隶东平路,后割大名之馆陶、朝城,恩州之临清,开州之观城来属。至元五年,析隶省部。户一万七千三百一十六,口六万四千二百九十三。领县六:鄄城[2],上。朝城[3],中。初隶东平府,至元五年来属。馆陶[4],中。初属东平路,至元三年来属。临清[5],观城[6],下。金属开州,元初来属。范县[7]。下。初属东平府路,至元二年来属。

【考释】

[1] 濮州,金故州,隶大名府路。《元史·地理志》所谓"元初隶东平路",概指濮州陷蒙后归严实东平行台管辖。濮州直隶省部,李治安认为是元廷为赤苦驸马位下食邑单独置州。②另需指出的是,馆陶、临清二县与濮州治所遥远,其间隔冠州,很可能是蒙古分封所致。蒙古时期,濮州世侯为毕叔贤。③金濮州仅领鄄城、范县二县,元领六县。

---

① 王恽:《秋涧先生大全集》卷八五。
② 李治安:《元代中原投下封地置路州发微》,载氏著:《元代政治制度研究》,第374页。
③ 参阅元好问:《元好问全集》卷三〇《濮州刺史毕侯神道碑铭》。

[2] 鄄城，仍金旧，隶大名府路濮州。为倚郭。

[3] 朝城，金旧县，隶大名府。

[4] 馆陶，金旧县，隶大名府。馆陶何时由大名府改隶东平路，待考。大蒙古国时期，曾于馆陶设招抚司。① 馆陶世侯当为严实麾下张弼。②

[5] 临清，金旧县，隶大名府路恩州。临清于何时由恩州改属濮州，史未明言。《大明清类天文分野之书》卷九《卫分河北》"临清县"条载："［元］属东平府，后属濮州。"据《大清一统志》记载："元至元中改属濮州。"③此说未揭所据，殆基于至元五年濮州直隶省部而云。④

[6] 观城，金旧县。《元史·地理志》所谓"元初来属"，估计是指至元初年濮州析隶省部之时。

[7] 范县，仍金旧，隶濮州。《新元史·地理志》认为，范县金代已属濮州，《元史·地理志》所载误。孰是孰非，因史料阙载，不敢妄断。不过据《元史》卷四八《严实传》、卷一五三《王玉汝传》等记载，蒙古国时期严氏所领东平府路有五十余城，博、济、单、兖、曹、濮等州县均隶之，东平府路于太宗、定宗两汗时期险遭剖分命运，但均未果，直到世祖时期才被分割。所谓"初属东平府路"是否就是指这些县份俱隶于未遭分裂前的东平府［路］，逮至元初年诸县才改归相应各直隶州管辖欤？此备一说。

高唐州[1]，中。唐为县，属博州。宋、金因之。元初隶东平，至元七年升州。户一万九千一百四，口二万三千一百二十一。领县三：高唐[2]，中。夏津[3]，中。初隶东平，至元七年来属。武城[4]。中。初隶东平，至元七年来属。

---

① 胡祗遹：《紫山大全集》卷一六《舒穆噜某神道碑》；许有壬：《至正集》卷五二《故征南千户萧公神道碑铭》。
② ［民国］丁世恭修、刘清如纂：《馆陶县志》卷一〇《张元帅墓志铭》。
③ 《大清一统志》卷一四七。
④ 朝城、馆陶、观城、范县皆于至元初来属濮州，据此推断，临清亦当于至元初割属濮州。然据《濮州刺史毕侯神道碑铭》："庚子（1240），嗣相苴事，以总府都提领出为临清令。丙午（1246），复充左提领，迁怀远大将军，遥授濮州刺史。"临清去濮州治所较远，所谓"遥授"，毕氏当仍在临清任上，所领刺史仅为虚衔，不过由此或可推测的是，临清与濮州发生关系似应在至元初年以前。

【考释】

[1] 高唐州,元新设州。据阎复撰《重修庙学记》云:"至元七年,始改邑[高唐]为州,附以夏津、武城,凡三县。民物之繁,茧丝之富,遂为山东名郡。"①此与《地理志》记载同。而据《元史·世祖三》载:"[至元六年十月]壬午,升高唐、冠氏并为州。"此与《地理志》稍异。另,据《高唐州斡朵忽都政绩碑》载:"圣元开创之初,封建宗室,皇曾祖姑齐国大长公主驸马有佐命之勋,裂高唐、夏津、武城三县为汤沐邑,迄今为皇甥驸马都尉赵王分地。"②李治安认为:"高唐州之立,是元廷为照顾汪古部领主便于管理自己的分地,而将隶属于原东平路若干州的三个县集中起来单独设置的。"③因此,元高唐州之设,应是蒙古划分食邑路州之典型。

[2] 高唐,金旧县,隶山东西路博州。至元七年升州,县存,为倚郭。

[3] 夏津,金旧县,隶大名府。夏津于蒙元时期为驸马都尉武毅王汤沐邑。《元史·地理志》所谓"初隶东平",殆指其时夏津随大名属东平之故。下文武城县等情况,亦当作如是观。

[4] 武城,金旧县,隶大名府路恩州。金元之际,武城由严实麾下钟珍行县事。④

泰安州[1],中。本博城县,唐初于县置东泰州,后废州,改为乾封县,属兖州。宋改奉符县。金置泰安州。元初属东平路。至元二年,省新泰县入莱芜县。五年,析隶省部。三十一年,复立新泰县。东岳泰山在焉。户九千五百四十,口一万七百九十五。领县四:奉符[2],中。长清[3],中。旧属济南府,元初来属。莱芜[4],下。新泰[5]。金属泰安州,至元二年,省入莱芜,三十一年复立。

---

① 参阅[清]刘佑纂修:《高唐州志》卷三,清康熙三十二年刻本。另,据虞集《道园学古录》卷四二《通议大夫签河南江北等处行中书省事赠正议大夫吏部尚书上轻车都尉追封颍川郡侯谥文肃陈公神道碑》云:"至元六年,置高唐州,以公[思济]积劳,命守其郡。"又与其小异。

② [民国]谢锡文等修、许宗海等纂:《夏津县志续编》卷一《疆域志·沿革》节引文,民国二十三年铅印本。

③ 《元代政治制度研究》,第375页。

④ 《齐河县志》卷三三《钟离氏义甫公墓志》。

【考释】

[1] 泰安州,金故州,隶山东西路。据姚燧撰《平章政事蒙古公神道碑》载:"公忙兀氏,讳博啰罕。……太宗以其子蒙克为郡王,又俾贵臣呼特呼大料汉民,分城邑以封功臣,割泰安州民万家封郡王。"① 泰安州自东平路析出,与食邑户的分封密切相关,成为投下食邑州。

[2] 奉符,仍金旧,隶山东西路泰安州,为倚郭。

[3] 长清,金旧县,隶济南府。长清属泰安州始于何时呢?据《齐乘》记载,长清县于"国初乙未年(1235)属泰安"。② 另据己酉年(1249)立于长清县境内之《洞真观公据碑》,该碑首题"东平府给"四字。③ 此碑可证长清县己酉年已属东平府。按,长清县金隶济南府,而泰安州则在元初(此指大蒙古国时期,笔者注)隶东平府,由此可知在己酉年或更早之前,长清县当已属泰安州,此碑亦可为《齐乘》之旁证。此外,据清道光《长清县志》,长清境内石麟山上有丙辰碑一块,碑文载有"权泰安州长清县处都达鲁花赤刘仲杰"、"权长清县达鲁花赤孙纵只乞"、"宣差泰安州长清县等处总管达鲁花赤高□□",《县志》纂修者认为,"元初甲子纪年,未立国号与年号也,此丙辰在中统之前,当宋宝祐四年"。④ 按,若《县志》纂修者判断成立,则此亦可进一步证明长清属泰安州当在大蒙古国时期。然而,《元史·地理志》"济南路"条载有"至元二年,淄州割入淄莱路,陵州割入河间路,又割临邑县隶河间路,长清县入泰安州,禹城县隶曹州,齐河县入德州,割淄州之邹平县来属,置总管府"之语,而《齐乘》卷三"济南路"条亦有相同记载,均显示长清属泰安州乃在至元二年,这与前所述在乙未年相矛盾。《地理志》与《齐乘》关于"济南路"条之记载应出于同一史源,疑误。兹从碑记。

[4] 莱芜,仍金旧,隶泰安州。

---

① 姚燧:《牧庵集》卷一四。
② 《齐乘》卷三。
③ [清]毕沅、阮元撰:《山左金石志》卷二一。
④ [清]舒化民修、徐德城纂:《长清县志》卷一六《备考》之"张鹤鸣"条,清道光十五年刊本。

[5] 新泰,仍金旧,隶泰安州。关于至元初年新泰县的省并问题,可参阅下文莒州"蒙阴县"条的相关论述。

德州[1],唐初为德州,后改平原郡,又仍为德州。金属山东西路。元初隶东平路总管府,割大名之清平、济南之齐河县来属。户二万四千四百二十四,口一十五万六千九百五十二。领县五:安德[2],下。平原[3],下。齐河[4],金创置此县,隶济南府,至元二年来属。清平[5],宋、金隶大名府,元初来属。德平[6]。

【考释】

[1] 德州,金故州,属山东西路。据《齐乘》卷三记载,德州于至元五年直隶省部。德州为刘通领地,刘通曾为德州总管,而其子复亨于宪宗征蜀后,亦"兼德州军民总管"。① 德州直隶省部,李治安认为是元廷为尤赤台一锻真投下食邑单独置州的一项措施。② 金领安德、平原、德平三县,元领五县。

[2] 安德,仍金旧,隶德州。为倚郭。

[3] 平原,仍金旧,隶德州。

[4] 齐河,金旧县,隶山东东路济南府。③ 金元之际,齐河地位颇为重要。《元史·刘通传》载:"[严]实荐[通]于太师木华黎,以通为齐河总管。寻授镇国上将军、左副都元帅、济南知府、德州总管、行军千户。"而据《齐河刘氏先茔碑记》载:"录侯[刘通]前后功,授镇国上将军、知济南府事兼东平路左副元帅,治齐河。"④所谓"齐河总管",应是指齐河为济南府治。关于此点,依《齐河县尹李氏墓碑》亦可推知,该墓碑云:"[李忠]仕东平侯严武惠公。……壬辰以劳授武节将军、齐河县尹。……[齐河]县有小十

---

① 《元史》卷一五二《刘通传》。
② 《元代政治制度研究》,第376页。
③ 《元史·地理志》所谓"金创立此县",据《齐乘》卷三载:"本宋济南之耿济镇。……金刘豫家此镇,僭位后置为县,属济南。大定八年(1168)始城之。"
④ 元好问:《元好问全集》卷三一。

四乡,乱中陷于历城,公办诸济南,遽归之。"① 可见,作为济南治的历城,在金元之际与齐河多相交错,济南设治于齐河,亦可得解。

[5] 清平,金旧县,隶大名府。清平原属大名,笔者推测它很可能是冠氏所领的所谓"十七城"之一,清平属东平时间较早。

[6] 德平,仍金旧,隶德州。

恩州[1],中。唐贝州,又为清河郡。宋改恩州。金隶大名府路。元初割清河县隶大名府,以武城隶高唐,惟存历亭一县及司候司。至元二年,县及司俱省入州。七年,自东平析隶省部。户一万五百四十五,口三万七千四百七十九。

【考释】

[1] 恩州,金故州,治清河,后治历亭。② 金领历亭、武城、清河、临清四县。金元之际,临清割属东平路,后改属濮州;武城入高唐州;清河于太宗七年割属大名路。据苏天爵《元故参知政事王宪穆公行状》云:"恩州为诸王呼喇济(即霍历极,别里古台之孙,笔者注)食邑。"③ 另据许有壬《元故右丞相克呼神道碑铭》载:"中原既定,锡恩州三百户为实封,世食其赋,为置官守。"④ 恩州单独析出直隶省部,很可能是因其划为别里古台后王之故。

冠州[1],本冠氏县,唐因隋旧,置毛州,后州废,县属魏州。宋、金并属大名府。元初属东平路。至元六年,升冠州,直隶省。户五千六百九十七,口二万三千四十。

---

① 刘敏中:《中庵先生刘文简公文集》卷一〇。
② 《金文最》卷六八《清河县重修庙学记》载:"逮齐阜昌初,恩州为河水垫溺,因徙治历亭县。"
③ 苏天爵:《滋溪文稿》卷二三。
④ 许有壬:《圭塘小稿》卷一〇,文渊阁《四库全书》本。

【考释】

[1] 冠州，金为冠氏县，隶大名府。据大德元年九月李谦所作《冠州庙学记》云："国初岁乙未，左副元帅赵侯天锡复加完葺。逮至元七年，升县为州。"此处所言冠氏升州乃在至元七年，与《地理志》所载微有出入，实则相同。① 冠氏县之小世侯，有岳存者。② 冠氏于至元六年升州，直隶省部，李治安认为是果真公主位下食邑单独置州的具体表现。③

山东东西道宣慰司

益都路[1]，唐青州，又升卢龙军。宋改镇海军。金为益都路总管府。户七万七千一百六十四，口二十一万二千五百二。领司一、县六、州八。州领十五县。录事司。县六：益都[2]，中。倚郭。至元二年，以行淄州及行淄川县并入。三年，又并临淄、临朐二县入焉。十五年，割临淄、临朐复置县，并属本路。临淄[3]，下。临朐[4]，下。高苑[5]，下。旧属淄州。乐安[6]，下。寿光[7]，下。

【考释】

[1] 益都路，金为益都府，隶山东东路。《地理志》所载益都路之沿革甚简，兹以《齐乘》补之："国朝沿金制，以东齐业李全父子，遂致跋扈。择重臣为方伯，岂长策乎？今益都以东傅海皆割入宁海、般阳，南则益以滕、峄，东西不数百里，南北仅千里焉。此亦犬牙之势也。元领散府一、州十三、县三十六、司侯、录事司各四。癸丑年，废各州录事司、侯入倚郭县。丁巳年，行长山县废入高苑县。至元二年，割登、莱二州八县入般阳，废行淄州淄川县入益都县，行泰安州泰安县入沂水县，兰陵县入峄州。三年废益都散府入本路，昌乐县入北海县。九年割出宁海州及牟平、文登二县。延祐三年，增置蒙阴县。今领州八、录事司一、县二十一，隶府者六，隶州

---

① [清]梁永康等修、赵锡书等纂：《道光冠县县志》卷九《艺文志》，民国二十三年补刊本。另可参阅毕沅、阮元撰：《山左金石志》卷二二。
② 《元史》卷一五二《岳存传》。
③ 《元代政治制度研究》，第375—376页。

者十有五。"①《齐乘》记益都于有元一代之沿革损益详于《地理志》远甚，然于金元之际益都之建置沿革则略而不提。金元之际，益都由李全父子经营，跨有淮楚之地，且紧邻南宋疆界，号为形势之邦，地位委实紧要。兹据史文，略作补充。蒙古徇地山东，太祖十六年（1221），宋将张林附蒙，木华黎承制以张林为"山东东路[行省]，益都府及沧、景、滨、棣等州行都元帅府事"。② 太祖二十二年（1227），李全降蒙，太师国王孛鲁承制授其为山东淮南楚州行省；③其后，太宗三年，李全败死，其妻杨妙真袭行省职；杨氏死后，养子李璮袭益都行省职。④ 蒙古国时期，益都设"行省"建置，或称"山东淮南等路行省"，⑤或称"山东东淮南尚书省"。⑥ 迨至中统三年李璮叛，益都行省概被罢废。至元元年，元廷罢世侯，行迁转法，是年八月乙巳，立山东诸路行中书省；至元三年五月丙辰，复又罢去益都行省[即山东东路行省]。⑦ 元益都领六县，金益都府领有七县，除益都、临淄、临朐、乐安、寿光外，尚有穆陵、博兴，而无高苑。据元人盟栋于至元二十年所立《灵显观碑记》云："青社之邑有六"⑧，再据胡祗遹《紫山大全集》卷九《益都新修庙学记》云："益都辖郡县六七，户二十余万"，与《地理志》合。

[2] 益都，仍金旧，隶益都。《齐乘》卷三"益都县"条云："宋以前止为县名。金因升为府，号仍，置县属焉。国朝因之。至元二年，废临淄、临朐二县并颜神镇之行淄川县入此县，后复置临淄、临朐二县，颜神镇止设巡检而来隶焉。初以北门外为治所，后移府城。"此与《地理志》记载合。

---

① 《齐乘》卷三。
② 《元朝名臣事略》卷一《太师鲁国忠武王木华黎》。《元史》卷一《太祖纪》载："[太祖十六年]宋京东安抚使张琳以京东诸郡来降，以琳为沧、景、滨、棣等州行都元帅。"
③ 《元史》卷二〇六《李璮传》。
④ 详可参阅陈高华：《杨四娘子的下落》，载其著：《元史研究论稿》。
⑤ [民国]邹允中纂：《寿光县志》卷一三《元冯垍神道碑铭》，民国二十五年铅印本。
⑥ [民国]《平度县志》卷二《张枢重修石上清观记》题有："特进山东淮南尚书省杨妙真立石"字样。
⑦ 《元史》卷五《世祖二》；卷六《世祖三》。
⑧ [民国]邹允中等纂：《寿光县志》卷一三《金石志》。

［3］临淄，仍金旧，隶益都。至元三年，省入益都县；十五年，复置。①

［4］临朐，仍金旧，隶益都。上文"益都县"条谓："［至元］三年，又并临淄、临朐二县入［益都县］焉。十五年，临淄、临朐复置县，并属本路。"据《齐乘》卷三："［临朐］国朝至元二年，废入益都县；十五年，复置。"与《地理志》有前后一年误差。② 另，据《金史·地理志》，贞祐四年四月，升临朐之穆陵置穆陵县。据大安三年（1211）所立《东镇庙禁约碑》，临朐犹于穆陵置员，据此则知穆陵旧为关，县乃于穆陵关置。③据《新元史》记载，进入蒙元时期，穆陵县复省入临朐，然具体年代不详。笔者推测其废应在至元三年临朐省入益都之时，或稍前。金元之际，临朐当有世侯井佺者崛起。④

［5］高苑，金旧县，旧属淄州。据《齐乘》卷三"高苑县"条谓："金亦属淄州。国初属行淄州，至元二年行淄州废，始来隶［益都路］。"另据同卷"益都路"条载："丁巳年（1257），行长山县废入高苑县。"

［6］乐安，仍金旧，隶益都。旧名千乘县，金改名乐安。至元四年所立《重修龙祠碑》仍题曰"千乘程氏重修龙祠记"。⑤

［7］寿光，仍金旧，隶益都。

潍州[1]，下。唐初为潍州，后废。宋为北海军，复升潍州。金属益都路。元初领北海、昌邑、昌乐三县及司候司。宪宗三年，省司候司

---

① 《元史》卷一〇《世祖七》。此外，亦可参阅《齐乘》卷三。
② 据毕沅、阮元撰：《山左金石志》卷二一《临朐县复立县事碑》，此碑立于至元十五年，亦与《地理志》合。《新元史·地理志》谓复置时间在至元二十五年，误。
③ 毕沅、阮元撰：《山左金石志》卷二〇《东镇庙禁约碑》。
④ 据张履维撰《宣授千户井公先茔碑》（大朝至元三年岁在丙寅仲冬下旬有八日宣授侍卫亲军千户井涓立石）载："父佺，尚义气，好谋略。当贞祐间，遭时多变，乡里见推，率领义卒，累有战功，自戊子授宣武将军。……辛卯，随大军攻泰州，以功遥授潍州同知防御使事。……次谓涓，字润甫。……长居戎行，每遇劲敌，陷阵先登，军中目之为拔觊（拔都）。自癸丑起家，以功授临朐白沙巡检，管军百户。乙卯，迁临朐尉。戊午，攻破东海。"参阅［民国］周钧英修、刘仞千纂：《临朐续志》卷一七《金石略》，民国二十四年铅印本。
⑤ ［民国］王文彬等修、王寅山纂：《续修广饶县志》卷二五《金石考证》，民国二十四年刊本。

入北海。至元三年,省昌乐县入北海。领二县:北海[2],下。昌邑[3]。下。

【考释】

[1] 潍州,金故州,隶山东东路。据《齐乘》记载,昌乐于至元三年省;另《昌乐重修宣圣庙记》云:"昌乐,宋金之季隶潍州,至元中并入北海巡检,镇焉。"①以上二则记载均与《地理志》合。惟《重修方山神龙祠记》云:"夫潍州属有三县,惟此昌乐,中统以来并隶北海焉。"②疑误。另,元末昌乐县曾复置,惜《地理志》失载。③

[2] 北海,仍金旧,隶潍州。为倚郭。

[3] 昌邑,仍金旧,隶潍州。

胶州[1],下。唐初为胶西县。宋置临海军。金仍改为胶西县,属密州。元太祖于县置胶州。领三县:胶西[2],中。即墨[3],下。宋、金皆隶莱州,元太祖二十二年来属。高密[4]。下。宋、金并隶密州。

【考释】

[1] 胶州,元新置州。据《齐乘》卷三"胶州"条载:"金亦为胶西县,属密州。国朝至元二十四年,以县置胶州,以高密、即墨来隶。"胶州设立年份,《地理志》与《齐乘》记载异,柯绍忞《新元史·地理志》认为当以《齐乘》为是。究竟孰是孰非,殊难遽下断言。《地理志》记载元太祖时置胶州,且

---

① [民国]赵文琴等纂:《昌乐县续志》卷一七,民国二十三年铅印本。
② 《昌乐县续志》卷一七。
③ 关于昌乐县,实际元末复置,《地理志》不载其事。据戴良《九灵山房集》卷九《至昌乐》、卷一三《赠富察镇抚诗序》等诗文,可知至正末年昌乐复置。另据谢肃《密庵集》卷五《昌乐县创公廨记》载:"洪武元年秋七月,青州府同知密州事李侯益,以府檄权领昌乐县事。后七月甲寅作公廨,八月己巳落成。县丞杨有常、主簿蒋奎及父老某等,请以其事而文诸石,余辞不获,乃志之曰:'昌乐分青潍之交,在宋为潍州属县,在国朝直隶青州府。然前元尝改县为镇,而公廨废不理。其后复置县,则寓民居而视事隘狭……'"从中亦可知元末已复置昌乐。《地理志》失载其事,兹附记于此。参阅戴良:《九灵山房集》,文渊阁《四库全书》本;谢肃:《密庵集》,文渊阁《四库全书》本。

下文更是言之凿凿,胶州之设在元太祖二十二年。《地理志》之记载不可不予重视。据宪宗八年所立《元玄都观碑》末之题名,有"宁海州管民长官兼胶、潍、莒、密等处总管万户姜思民"之载,依此可知,蒙古国时期胶已与莒、密等州同为州级建置;①另据《故胶州知州董公神道碑》云:"杨氏辞政,公亦寻解兵权,改署高密尹。……中有逸马散漫于蒲芦洲渚间,不知主名,近常出践民田,人莫能制。公白于行省撒吉思,使人拘括,绝民田之害。除知胶州,授金符。"②从文内判断,董公授胶州知州显然在中统三年李璮叛乱之后不久。因此,笔者以为,胶州在蒙古国时期当已设置。那么又该如何解读《齐乘》关于胶州设立于至元二十四年的记载呢?笔者推测,至元二年省并州县之时,胶州及其属县即墨等同遭省并。逮至至元二十四年,胶州复立,即墨亦得以复置,仍属胶州。如此一来,下文"胶州即墨县"条"元太祖二十二年来属[胶州]"之记载,以及"莱州"条下有关即墨于至元二年分别省入掖县、胶水两县的记载,亦可得合理解释。胶州于至元二年省并至至元二十四年复置之时,其间胶西县应仍属密州,即墨县废入莱州,而高密县则还属密州。由此可见,《齐乘》所记胶州设立年份应是其复置年份,《新元史》仅依《齐乘》而遽断《元史·地理志》记载谬误,似欠妥当。③

[2] 胶西,金旧县,隶密州。太祖二十二年置胶州。至元二年州废,胶西县属密州,至元二十四年,于胶西县复置胶州。

[3] 即墨,金旧县,隶莱州。据《元史·地理志》载,即墨于元太祖二十二年来属胶州,至元二年分别省入掖县、胶水两县。即墨复县年份,正史

---

① [清]周悦让纂:《增修登州府志》卷六五,清光绪七年刻本,刊于《辽金元石刻文献全编》第三册。
② [清]段松苓撰:《益都金石记》卷四,清光绪九年刻本,载《辽金元石刻文献全编》第三册。
③ 另据清人顾祖禹云:"元至元十二年置胶州于此,隶益都路。"不知所据,殆误。参阅[清]顾祖禹撰,贺次君、施和金点校:《读史方舆纪要》卷三六"胶州"条,中华书局,2005年版。

略之,据上文推测当复于至元二十四年,①复立后仍属胶州。

[4] 高密,金旧县,宋、金并隶密州。元初属胶州。至元二年胶州废,高密还属密州。据《齐乘》卷三记载,至元二十四年,胶州复置,高密与即墨同时复隶胶州。金元之际,高密有名任川者,为李璮下属百户之一。②

密州[1],唐初改为高密郡,后仍为密州。宋为临海军,复为密州。元初因之,以胶西、高密属胶州。宪宗三年,省司候司入诸城县,隶益都。领二县:诸城[2],州治所。安丘[3]。下。

【考释】

[1] 密州,金故州,隶山东东路。密州于金元之际为几股势力交错占领。金宣宗癸酉(1213),木华黎破密州并屠城;丁丑(1217),密州再破于蒙古;戊寅(1218),三破于红袄军,同年秋,四破于李全;己卯(1219),李全又以州降宋。七年间五易其主,百姓惴惴无所适从。庚寅年(1230)十月,孔氏为"定远大将军、元帅右都监、知密州"。③

[2] 诸城,仍金旧,隶密州。

[3] 安丘,仍金旧,隶密州。

莒州[1],下。唐废莒州,以莒县隶密州。宋沿其旧。金复为莒州,隶益都府。元初因之。领四县:莒县[2],下。州治所。宪宗三年,省司候司入焉。沂水[3],下。有沂山,为东镇。日照[4],下。蒙阴[5]。下。元初,因旧名为新泰县。中统三年,以李璮乱,人民逃散,省入沂水。皇庆二年,复置为蒙阴县。

---

① 据元人王思诚《重建文宣王庙碑铭有序》载:"至正十二年春,余承命以农事行山东。三月之望抵即墨,邑令莘人董君庸作庙学始成。"此为元末即墨已置县事之证,附记于此。参阅[清]林溥修、周翕鏐等纂:《即墨县志》卷一〇《艺文志》,清同治十一年刊本。
② 民国《高密县志》卷一五《萧璧忠显任公孝思碑》;[民国]余友林等修、王照青纂:《高密县志》,民国二十四年铅本。
③ [清]张同声修、李图等纂:《重修胶州志》卷三六《孔密州追述祖先之墓志》,清乾隆十七年刻本。

【考释】

[1] 莒州,金故州,隶山东东路。① 据《齐乘》卷三载:"金升莒县为莒州,属益都府。改日照镇为县,并沂水来隶。国朝因之。又析沂水置蒙阴。"金元之际,莒州有世侯名相林者。②

[2] 莒县,仍金旧,隶莒州。

[3] 沂水,唐、宋属沂州,金改属莒州。《齐乘》卷三"沂水县"条云:"国朝至元二年,废行新泰县入此。延祐三年,复析置蒙阴。"

[4] 日照,仍金旧,隶莒州。日照有名相林者,金元之际主莒州事,后降李全,授宣武将军,日照县令兼总领之职。③

[5] 蒙阴,金名新泰县。④ 据刘敏中撰《蒙阴县文庙碑》载:"中统壬戌(1262),罹青寇乱,民荡析。至元乙丑(1265)阅户,省入沂水,号新寨。岁益久,民物益繁,其耆老屡以县言上。皇庆癸丑(1313),命下,始复县。"⑤ 另据《齐乘》卷三"蒙阴县"条载:"国朝至元二年,废行新泰县。"可见,《地理志》所载"新泰县"于中统三年省入沂水,实误。此外,关于蒙阴设置时间问题,《地理志》与《文庙碑》均谓其设置时间在皇庆二年;而《齐乘》记载不同,认为"延祐三年,析沂水之新寨镇置此[蒙阴]县"。此外明初之《大明清类天文分野之书》卷一〇《鲁分兖州》亦载:"延祐四年,复置蒙阴县,属莒州。"孰是孰非,阙疑俟考。需要特别指出的是,此处所谓省入沂水的"新泰县",实仅指新泰县所属的新寨镇,而非整个新泰县。再者,泰安州隶有新泰县,《元史·地理志》云:"至元二年,省入莱芜,三十一年复立。"

---

① 据《金史·地理志》云:"本城阳军,大定二十二年升为城阳州,二十四年更今名。"
② 据《日照县志》卷八节录的有关相林的碑铭载:"相林,其先东海人也,迁日照居焉。……金寻授武德将军,宣翼千夫长,未任。会金南迁,河北群盗蜂起,官府荡废,林归乡里,保宗族,乡民喜其至,扶携老幼依之。莒州吏民迎主州事,乃入莒。整纪纲,防御有法,海隅以安。岁丙子,元帅南下,设立行省大都督府,林以莒降,即署行军都镇抚,指挥诸军。……因请府曰:'日照南临宋,东距海盗区也。林往安之,使无东南忧。若何?'乃授宣武将军,日照县令兼总领之职。……年老请以子仁代,省府许之。"参阅[清]陈懋修、张庭诗纂:《日照县志》,清光绪十二年刊本。
③ [清]陈懋修、张庭诗纂:《日照县志》卷八《人物》。
④ 王颋谓:"承安二年,析新泰、沂水县立新泰县,隶莒州。泰和四年,省入沂水县。"但未云所据史料来源。参阅氏著:《完颜金行政地理》第91页。
⑤ 刘敏中撰:《中庵先生刘文简公文集》卷一。

此处所省并的才是新泰县的主体。①

> 沂州[1],下。唐初改为琅邪郡,后仍为沂州。宋属京东东路。金属山东东路。元属益都路。领二县:临沂[2],中。州治所。宪宗三年,省司候司入焉。费县[3]。下。

【考释】

[1] 沂州,金故州,金属山东东路。② 至元七年,董文炳曾任山东路统军副使,其治所便在沂州。③ 金元之际,据有沂州地方者为胡氏。④ 另,据《齐乘》卷四《古迹》所载,沂州东南百廿里有郯城,元代郯城已废,然据元人张元方撰《济南路行军马万户侯神道碑》云:"沂之南百有余里,古之郯城在焉,地压连海,民时惊扰。公欲城此,以扼狂寇侵掠之冲,以便斯民耕作之事。乃上表以闻,朝廷嘉之,沂、郯二城委公监督镇守。"⑤ 此郯城之

---

① 《新元史·地理志一》在"蒙阴县"条内注释称:"新泰省入莱芜在至元二年,后复置,旧志误也。"此处柯氏对《元史·地理志》的指摘不当。实际上,柯氏未留意到至元二年省入沂水的是新泰县新寨镇,而省入莱芜的才是新泰县的主体,因此乃误指旧志记载谬误。当然,从此亦可窥见《元史·地理志》记载的简略、不慎。另,据乾隆《山东通志》卷三"蒙阴县"条的小字注解云:"《新泰县·沿革志》云:'元至元二年省新泰入莱芜,置巡检司。三十一年复置。'此云至元二年省新泰入沂水,置新寨镇。以二志言之,则新泰似有两处。《皇舆表》亦以为疑。今按蒙阴县境接新泰东界四十五里,接莱芜东南界一百里,接沂水西界四十里。至元二年因李璮猖獗,近莱芜者并入莱芜,置巡检司;近沂水者省入沂水,置新寨镇。至元三十一年复置新泰,皇庆二年复置蒙阴。并省分合,各从其便,实非两新泰也。"

② 金代沂州地位颇为重要,据金皇统四年(1144)所立《沂州普照禅寺兴造记》碑末题名:"奉国上将军行沂州防御使兼管内安抚使……沂海路万户兵马高□□□。"金皇统年间之沂海路,应仅是军事建置。参阅[民国]沈兆祎等修、王景祐等纂:《临沂县志》卷一二《金石》,民国六年铅印本。

③ 《元史》卷一五六《董文炳传》。

④ 据刘源撰《胡公迁葬祖先之碑》载:"公讳义……授□骠骑□□将军、□□□□度□兼□□□内观察使、右副元帅、沂州□元帅府事,□制沂、邳、滕□□□……[甲午秋八月]弟宣武将军沂州行元帅府合札翼都提举、同夫人王氏共立石;骠骑卫上将军琅邪军节度使兼沂州管内观察使右副元帅、沂州行□胡义、同夫人吕宗善立石。"另据《兰山密氏祖茔碑》亦提及"琅邪胡"。俱参见民国《临沂县志》卷一二《金石》。

⑤ [民国]梁中权修、于清泮纂:《齐东县志》卷六《艺文志》,民国二十四年石印本。另据《元史》卷五《世祖二》载:"[至元元年八月]城郯,以沂州监战塔思、万户孟义所部兵成之。"

设,时间在中统末年、至元初年,疑为当时便宜措置,未有建置,故而未入职方。

[2] 临沂,仍金旧,隶沂州。

[3] 费县,仍金旧,隶沂州。据元好问《费县令郭名府墓碑》云,贞祐之乱,费县曾受兵残破,兵退之后,县治方得复立。①

滕州[1],下。唐为滕县,属徐州。宋仍旧。金改为滕州,属兖州。元隶益都路。领二县:滕县[2],下。宪宗三年,省司候司入焉。邹县[3]。下。

【考释】

[1] 滕州,金故州,隶山东西路。据《金史·地理志》:"本宋滕阳军,大定二十二年(1182)升为滕阳州,二十四年更今名。贞祐三年(1215)九月为兖州支郡。"该志记金元之际滕州变迁较详确。另据《元史·李鲁传》载,滕州初下,李鲁以该州属石天禄,属兖州。不过滕州划属益都路的具体年代,史不揭载。《元史·地理志》"沛县"条谓:"太宗七年,移滕州治此。宪宗二年,州废,复为县;"复次,兖州隶东平府之时间亦在宪宗二年,笔者推测,滕州由东平而改属益都时间很可能就在宪宗二年。金滕州领三县,除滕县、邹县外,尚有沛县,沛县于元初割济宁路。

[2] 滕县,仍金旧,隶滕州。为倚郭。②

[3] 邹县,仍金旧,隶滕州。据《齐乘》载:"宋属袭庆府,金属东平府。"关于邹县金隶东平府一事,未见其他记载。另据光绪《邹县续志》云:"金属泰定军(即后来之袭庆府,笔者注),隶山东西路。后置滕州,割州为属,隶徐州路,寻改益都路。元因金制。按,今《尼山夫子庙元碑》称'益都路邹县',又称'徐州路邹县'。"③清《县志》虽有元代碑刻为证,但未录碑文,亦未揭年代,俟再查考。

---

① 《元好问全集》卷二八。
② 据《金史·地理志》,滕县旧名滕阳,大定二十四年更名滕县。
③ [清]吴若灏修、钱柏等纂:《邹县续志》卷二《方舆志·沿革》,清光绪十八年刊本。

峄州[1]，下。唐置鄫州，又改兰陵县为承县，后州废，以县属沂州。宋仍旧。金改兰陵县，于县置峄州。元初以峄州隶益都路，至元二年，省兰陵入本州。

【考释】

[1] 峄州，金为邳州兰陵县。据《齐乘》卷三"峄州"条谓"国朝升峄州"，与《地理志》记载不甚吻合。兹从《齐乘》之说，当置于大蒙古国时期。① 另，元人于钦提到夹山并属峄州与沂州之事时曾云及："访之耆旧云：李璮据齐，以其姻亲胡某者知沂州，实张威福。峄州畏其逼，尽割州东二十里外境与之，逮今不改。呜呼！璮贼据弹丸之地，为政不平如此，固不足责，职方氏因之岂蒙不知邪？"② 兰陵恰处峄州之东，看来其地多被临近之沂州割去，兰陵于至元二年遭省并，或可循及此因。

博兴州[1]，下。唐博昌县。后唐改博兴。宋属青州。金属益都府。元初升为州。

【考释】

[1] 博兴州，金为山东东路益都府博兴县。博兴由县改州，具体年代史未揭载。据元人钟崇德所撰《故招讨刁公神道碑》载："公[刁]通佐李公丞

---

① 王颋认为峄州设于金："兴定五年，立峄州，军事，隶开封府路；寻陷。"惜其史料来源未明。参阅氏著：《完颜金行政地理》，第95页。余蔚以为峄州应是元置："除《元史》外，《读史方舆纪要》卷三二《山东三》'兖州府上·峄县'条作'兴定中，置峄州，治焉'。清人岳浚等修《乾隆山东通志》(文渊阁《四库全书》本)卷三《建置志》'峄州'条亦称金兴定中置峄州，却未见于《金志》，不知此说出自何处。按《齐乘》卷三《郡邑》'益都路·峄州'条：'国朝升峄州。'检元人李灏所作《王宏墓碑铭》(己酉，海迷失后称制元年)：'次子瑾。……岁丁丑，勾充山东路行六部外郎。……岁辛卯，提领沂、滕、峄三州事。'丁丑，正大四年(1227)，李全、张荣皆已为蒙古之'山东行省'，沂州原属李全，全于该年降蒙，遂为蒙境。滕州原为金守，李全降后，同年为蒙军攻克。由区位来看，王瑾应是供职于李全部下。辛卯，金正大八年，此时邳州虽仍在金，疑邳州境内远在州治之北的兰陵县，亦已为蒙军或李全所陷，遂由代表山东这一地区蒙古力量的李全，升县置州。故而，《齐乘》'国朝升峄州'之说为确，《纪要》以下，其说皆不足取。"兹从余说。此信息得于余蔚电子信函告知，未能出注，特予说明。
② 《齐乘》卷一。另，《新元史·地理志一》"峄州"条亦载此事。

相,首出折敌。……李璮擅兵,公充本户军,从其攻战,蒙赏马一匹,爵忠翊校尉,配银符,充博兴州都巡。公不义璮之所为,弃归乡里。后天兵南下,仗剑从征。"①从行文判断,博兴州之设当在蒙古国时期无疑。另,据《故宣差水军总管宋公神道碑》云:"中统三年,[宋元伯]平乱有功,遂兼领益都路军民镇抚及博兴路总管。后还职水军总管。"②所谓"博兴路",未见其他史料记载,兹阙疑俟考。

山东东西道肃政廉访司

济南路[1],上。唐济州,又改临淄郡,又改济南郡,又为青州。宋为济南府。金因之。元初改济南路总管府,旧领淄、陵二州。至元二年,淄州割入淄莱路,陵州割入河间路,又割临邑县隶河间路,长清县入泰安州,禹城县隶曹州,齐河县入德州,割淄州之邹平县来属,置总管府。户六万三千二百八十九,口一十六万四千八百八十五。领司一、县四、州二。州领七县。录事司。县四:历城[2],中。倚郭。章丘[3],上。邹平[4],上。唐、宋皆属淄州,至元间来属。济阳[5]。中。

【考释】

[1] 济南路,金济南府,属山东东路。蒙古国时期济南为汉人世侯张荣领地,其附蒙后,"以侯伯行省事,得专除拜"、"行省山东东西路"。③ 金代济南仅为散府,张荣虽号称万户,然其辖地亦仅领济南府及淄州。据《元史·张荣传》载:"金季,山东群盗蜂起,荣率乡民据济南黉堂岭,众稍盛,遂略章丘、邹平、济阳、长山、辛市、蒲台、新城及淄州之地而有之。"④所谓"旧领淄、陵二州",其实陵州是迟至宪宗三年才划入济南的。⑤ 据《济南

---

① [清]李祖年修、于霖逢纂:《文登县志》卷八《人物一》,清光绪廿三年修、民国廿二年铅印本。
② 王旭:《兰轩集》卷一六。
③ 刘敏中:《中庵先生刘文简公文集》卷五《牛氏先德碑铭》;卷一一《府君迁祔表》。
④ 《元史》卷一五〇。另可参阅《元史》卷一八二《张起岩传》:"当金之季,张荣据有章丘、邹平、济阳、长山、辛市、蒲台、淄州之地。"
⑤ 可参阅"河间路陵州"条的记载。

路大都督张公行状》云："朝廷考课为天下最,乃割河间之将陵、临邑等六处,以旌治绩,乃升将陵为州。"①济南辖地不大,因此在太宗实行"画境之制"时,估计州县调整并未及于此。济南所属州县的较大调整发生在至元二年,其时元廷罢世侯,行迁转法,省并州县。元代济南路之辖境规模于至元二年才基本确定。

[2] 历城,仍金旧,隶济南。据《齐乘》卷三云:"按《述征记》,历城到营城三十里,自城已东,水弥漫数十里间,南则迫山,实为险固。逮金乱,土人因阻水立邑,号曰水寨。归附后,始移置今县。"

[3] 章丘,仍金旧,隶济南。

[4] 邹平,金旧县,隶淄州。据前文所云,邹平由淄州割属济南当在至元二年,《齐乘》卷三"般阳府路"条亦谓:"至元初,割邹平属济南。"此与《地理志》同。② 另,元析邹平、章丘地置齐东县,详可参阅河间路"齐东县"条。金元之际,马德曾行邹平县令。③

[5] 济阳,仍金旧,隶济南。④《齐乘》卷三"济阳县"条所载其地沿革甚详:"金初刘豫割章邱之标竿镇及临邑封坵之半置济阳县,属济南。大定六年,避金主允济讳,改曰清阳。允济遇杀,复旧名。新市镇旧属临邑,至元二年并入济阳,拨户千二百四十六,置长官司,管投下差税,直隶济南

---

① 《元文类》卷五〇。另据赵孟頫《松雪斋集》卷八《大元故嘉议大夫燕南河北道提刑按察使姜公墓志铭》云:"府中赖公神益,视他镇常课最。断事官就遣公赴阙,奏割陵州等五城,俾张侯通行抚治。从之。"此与《元文类》记载异。
② 据《邹平县志》卷一一《长春观碑》,该碑题名:"武略将军、邹平总领孙福,邹平达鲁花赤阿里张哥,淄川同知权邹平县事王信"云云,此碑无年月。另据该志卷九《邹平县丞孙福墓碑》,壬子年,孙福授邹平县丞。结合邹平至元二年归济南之事实,可推知《长春观碑》很可能是大蒙古国时期碑。参阅[民国]栾钟垚修、赵仁山等纂:《邹平县志》卷九、卷一一,民国二十二年刊本。
③ [元]张元方撰《济南路行军万户侯神道碑》云:"侯讳德,字□□,家世纯德。……[公]以功迁安远大将军,行邹平县令。……政声远播,济南大行台公召为心腹之宰,愈尽忠之力,领军于徐沛,而重蒙赏爵,略地于济南,而屡立战功,由是迁剽骑尉上将军。……知济南府事兼领帅职。"参阅[民国]梁中权修、于清沣纂:《齐东县志》卷六。
④ 济阳置县时间在天会七年,据金人何弼撰《创修县衙记》云:"……于是请命三师,析临邑封坵之半,即其地为济阳县,而标竿[镇]之名移于职方氏,实天会七年冬十月七日也。"参阅[清]胡德琳修、何明礼纂:《济阳县志》卷一〇《艺文志·记》,清乾隆三十年刊本。

路。"金元之际,济阳县之世侯当为张荣麾下牛泉。①

棣州[1],上。唐析沧州之阳信、商河、乐陵、厌次置棣州。宋、金因之。元初滨、棣自为一道,中统三年,改置滨棣路安抚司。至元二年,与滨州俱隶济南路。领四县:厌次[2],中。倚郭。初立司候司,至元二年,省入本县。商河[3],中。阳信[4],中。无棣[5]。下。宋、金属沧州,元初割无棣之半属沧州,半以来属。

【考释】

[1] 棣州,金故州,隶山东东路。《齐乘》卷三"棣州"条记载与《元史·地理志》同。② 蒙古国初期棣州当为李全辖地。③ 元初滨棣自为一路(道),其具体设立年代,史未揭载。据《元史·太宗纪》记载,丙申(1236)分封,滨、棣二州分予按赤带(哈赤温子),从其地位及其时受封诸王的府州规模来推断,滨棣其时当为一路。另据《大元郝公墓碑》载:"至丁酉(1237)间,黄州之战克敌功,蒙□□不花大王令旨总管众下炮军,其后又受豫州安屯宣差留乞万户札付,充河间、滨棣两路千户。又于癸卯(1243)年间,随逐宣差留乞万户,巡哨唐州。"④从此文亦可推知,太宗时滨棣已为路级建置。笔者推测,实行"画境之制"时,滨、棣自李全领地划出。另据《大元一统志》卷一"古迹·明远庵"条载:"癸丑年(1253)九月望日,太原李鼎为叙其事,宣差滨、棣二州长官兼提点监司事万执中母太夫人唐氏同立石"云云,可见蒙古国时期滨、棣已为一路(道)。棣州世侯当为韩侯,具

---

① 刘敏中《中庵先生刘文简公文集》卷五《牛氏先德碑铭》载:"泉,济阳君也,为人魁杰有胆力。金季之乱,张济南公拥众保长白之簧堂岭,君以敢勇善骑射置麾下。济南公既归国,以侯伯行省事,得专除拜。从亲王略地河南,署君百夫长,实以爪牙任之。河南平,以劳授济阳尉,犹隶麾下也。"
② 需要指出的是,文渊阁《四库全书》本《齐乘》载滨棣置安抚司在中统元年,与中华书局影印本异。另据刘敏中《中庵先生刘文简公文集》卷九《林棠曹氏先德碑铭》云:"中统纪元,韩侯加滨棣安抚使,辟安抚提空撩史。"滨棣置安抚司时间亦记在中统元年。究竟孰是孰非,待考。
③ 可参阅上文"益都路"条的相关论述。
④ [民国]王寀廷等纂:《重修新城县志》卷二二《金石志》。

体名字失考。① 金代棣州领有三县,元领四县。

[2] 厌次,仍金旧,隶棣州。

[3] 商河,仍金旧,隶棣州。

[4] 阳信,仍金旧,隶棣州。

[5] 无棣,此无棣县设立于元初。据《齐乘》卷三载:"国朝割无棣县半入沧州,以县领三乡来属,而沧州亦有无棣,故此又称东无棣云。"棣州无棣为东无棣,而沧州之无棣则为西无棣,详可参阅沧州无棣县相关内容。然二无棣之分置年份不详,待考。

滨州[1],中。唐属棣州。周始置滨州。金隶益都。元初以棣州为滨棣路。至元二年,省路为州,隶济南路。领三县:渤海[2],中。初设司候司,至元二年,省入此县。利津[3],下。沾化[4]。下。

【考释】

[1] 滨州,金故州,隶山东东路。蒙古国初期滨州曾一度为李全领地。金时滨州领有四县。至元元年,属县蒲台割入淄州,尚领三县。

[2] 渤海,仍金旧,隶滨州。为倚郭。

[3] 利津,仍金旧,隶滨州。②

[4] 沾化,仍金旧,隶滨州。③

般阳府路[1],下。唐淄州,宋属河南道。金属山东东路。元初太

---

① 《林棠曹氏先德碑铭》有云:"壬辰以兵故徙于棣,遂占籍焉。为人诚笃,有才术。棣帅韩侯闻之,欲观其能,俾为厌次吏。……凡所规画,靡不曲当,招徕流民五千余,而县务以理。俄升典史,以其能也。"刘敏中:《中庵先生刘文简公文集》卷九。

② 《金史·地理志》载:"明昌三年十二月,以永和镇升置[利津县]。"另据《大明清类天文分野之书》卷八《女虚危齐分》云:"明昌三年,改滨州永利镇为利津县,盖以鱼盐之利而得名焉。"

③ 本名招安,明昌四年更名。《金史·地理志》称明昌六年更名,然《齐乘》卷三载:"金明昌四年,改曰沾化,取龚遂为渤海太守,海滨之民,复沾圣化立名";另据《大明清类天文分野之书》卷八《女虚危齐分》云"明昌四年,改招安县为沾化县"。均与《金史·地理志》异,兹从《齐乘》。

宗在潜,置新城县。中统四年,割滨州之蒲台来属。先是,淄州隶济南路总管府;五年,升淄州路,置总管府。是岁改元至元,割邹平属济南路、高苑属益都路。二年,改淄州路为淄莱路。二十四年,改般阳路,取汉县以为名。户二万一千五百三十,口一十二万三千一百八十五。领司一、县四、州二。州领八县。录事司。县四:淄川[2],中。倚郭。长山[3],中。初属济南路,中统三年来属。新城[4],中。本长山县驿台,太宗在潜,以人民完聚,创置城曰新城,以田、索二镇属焉。蒲台[5]。下。金属滨州,元初隶滨棣路。中统五年,属淄州。至元二年,改属淄莱路,升中县。

【考释】

[1] 般阳府路,金为淄州地,隶山东东路。关于淄州置总管府时间,据《世祖二》载:"[中统四年八月]以淄、莱、登三州为总管府,治淄州。"①然《齐乘》则记为中统五年,与《地理志》同。兹从《地理志》。登、莱两州去般阳府路治所二百余里,益都路间隔其间,缘何出现此种情形?据《元史·太宗纪》载,丙申分封时,成吉思汗弟哈撒儿之子野苦于济南、益都两府内拨赐;而据《元史·食货志三》载:"丙申年,分拨[太祖弟搠只哈撒儿大王子淄川王位]般阳路二万四千四百九十三户。"金元之际,淄州属济南路,莱、登二州则属益都路,元廷以此三州置淄州路总管府,很可能是基于野苦大王位下而设置的投下食邑路。②

[2] 淄川,仍金旧,隶山东东路淄州。

[3] 长山,仍金旧,隶淄州。据《齐乘》卷三"济南路"条云:"丁巳年(1257),行长山县废入高苑县。"所谓中统年间来隶淄州,殆指中统五年淄州设置,长山自高苑县析出,复隶淄州路。

[4] 新城,蒙元新置县。关于新城设置年份,据《齐乘》卷三"新城县"条载:"[新城]本长山县之驿台镇,国朝戊子年,以人民蕃聚置为县,以田、索二镇隶之。"确指新城设置于戊子年(1228),其时太宗窝阔台刚好在潜,

---

① 《元史》卷五《世祖二》。
② 详可参阅李治安《元代中原投下封地置路州发微》及《〈元史·食货志三·岁赐〉笺注》的相关论述。

与《地理志》合,其说可从。①

[5] 蒲台,金旧县,隶山东东路滨州。

莱州[1],中。唐初改东莱郡为莱州。宋为防御州。金升定海军,属山东东路。元初属益都路。中统五年,属淄莱路。旧设录事司。至元二年,省入掖县,又省即墨入掖与胶水,仍隶般阳路。领四县:掖县[2],中。倚郭。至元二年,省录事司,析即墨县[3]入焉。胶水[4],下。至元二年,析即墨县入焉。招远[5],下。莱阳[6]。下。

【考释】

[1] 莱州,金故州,隶山东东路。据元人时惟敏撰《元昭武大将军汉军都元帅左监军崔公神道碑》云:"公讳世荣,青人也。……初授定海军节度判官,次授昭武大将军、莱登二州汉军都元帅左督监军。"②依此可知,定海军改而为[莱]州,当在该地陷蒙之后。金莱州领五县,因即墨改隶胶州,故元仅领四县。

[2] 掖县,仍金旧,隶山东东路莱州。

[3] 即墨,据上文,即墨于金隶莱州,太祖二十二年(1227)隶胶州,至元二年省入掖与胶水县,隶般阳府路。迨至至元二十四年复置,复改隶胶州。

[4] 胶水,仍金旧,隶莱州。

[5] 招远,仍金旧,隶莱州。③ 据元人李诚所撰《招远县庙学记》载:"有县曰招远,金大定间,登板籍之户万一千有奇,实为上县。……板荡之余,

---

① 另,据元至元二年淄莱路教授丁钰所撰《初建儒学记碑》载:"粤自天元开国,豪杰蝟兴。本土张元帅,收集游民,保据此地,遂革台为城,故曰新城,逮今四十余年。皇上改至元之二禩,朝廷清明,百揆时序,定品秩,设奉给,省并县,迁转官吏……"此处记载至元二年(1265)去新城创立之时已四十余年,与《齐乘》所载年份微有出入,兹仍采《齐乘》说。参阅[清]崔懋修、严濂曾纂:《新城县志》卷一二《艺文志》,清康熙三十三年刊本。
② [清]李图等纂:光绪《重修平度州志》卷二四,清光绪二十九年刻本,刊于《辽金元石刻文献全编》第一册。
③ 据乾隆《山东通志》卷三载,招远县本掖县地,金始于罗锋镇置招远县。另据《新元史·地理志》云:"本掖县地,金初置青峰县,后改今名。"

户不满千,城无百家之聚。国初,世官孙宰愈其名者,即故奠之基,构室四楹,以奉朔望之奠。"①可见金元之际招远县人口损耗严重,其县规模亦已变小。

[6] 莱阳,仍金旧,隶莱州。金元之际,隋宝于太宗下山东之际来归,授莱阳令。其第四子隋世昌,"至元元年,朝议分拣正军奥鲁,授莱阳县诸军奥鲁长官"。②

登州[1],下。唐初为牟州,复改登州,宋属河南道。元初属益都路。中统五年,别置淄莱路,以登州隶之。至元二十四年,改属般阳路。领四县:蓬莱[2],下。黄县[3],下。福山[4],下。伪齐以登州之雨水镇为福山县,杨疃镇为栖霞县。栖霞[5]。下。

【考释】

[1] 登州,金故州,隶山东东路。登州附蒙,初隶益都路,在地有力者为刘佺。③ 登州仍金旧,领有四县。

[2] 蓬莱,仍金旧,隶山东东路登州,为治所。

[3] 黄县,仍金旧,隶登州。

[4] 福山,仍金旧,隶登州。④

[5] 栖霞,仍金旧,隶登州。据《齐乘》卷三:"旧为杨疃镇,亦伪齐所置。"

---

① [清]张云龙等修、张凤羽纂辑:《招远县志》卷一一《艺文中》,清道光二十六年刊本。
② 《元史》卷一六六《隋世昌传》。
③ 据[清]法伟堂等纂《益都县图志》(清光绪三十三年刻本,载《辽金元石刻文献全编》第三册)卷二八《修东岳行宫碑并阴》(太宗二年立)碑末载有"奉国上将军、同知益都府事、本路兵马都元帅、权登州事刘佺"之语;另,作于元宪宗七年的《灵源观记》碑末亦记有"登州权管民官刘显,登州管民长官刘佺"之语。参阅王宗昱:《金元全真教石刻新编》,北京大学出版社,2005年版,第7页。
④ 福山、栖霞两县设立缘由,据贞元元年(1153)王炎所撰《福山县令题名记》云:"阜昌中,山东盗起,负海数百里间,独恃僻险,摇毒无所忌,而往来剽掠者两水为之冲,民不得安。于是宁海升郡,于东栖霞创县,于西福山之号。于是乎建则被盗之咽喉,郡县固已扼而抚之矣。"[民国]许钟璐等修、于宗潼等纂:《福山县志稿》卷六《艺文志》,民国二十年铅本。

宁海州[1]，下。伪齐刘豫以登州之文登、牟平二县立宁海军。金升宁海州。元初隶益都路。至元九年，直隶省部。户五千七百一十三，口一万五千七百四十三。领县二：牟平[2]，中。文登[3]。下。

【考释】

[1] 宁海州，金故州，本宁海军，金大定二十二年（1182）升为州。金元之际，宁海州隶益都。宁海世侯当为姜房，益都李全、李璮父子之下属，据元人毛翼撰《元昭武大将军总管万户姜房墓碑》云："时[金季]少保相公李君（指李全，笔者注），方以整顿山东为务，闻其[姜房]忠义而嘉之，特授以本州[宁海州]同知之职。自斯厥后，积有勋效，累迁至昭武大将军、元帅右监军、宁海州刺史。……朝廷体其能，加授胶、潍、莒、密、宁海等州总管万户，仍锡金符以宠之。……[庚子卒]嗣后山东淮南等路行省相公李君（璮，笔者注），先少保公之子也，念公之德，欲旌其代，遂表其长子[思明]，俾承总管之符节，次子[思聪]俾袭本郡刺史之职。"①金元之际，蒙廷于宁海置有万户，据宪宗八年（1258）所立《元玄都观碑》题名载："牟平县管民长官贺允吉，昭毅大将军、元帅左监军、宁海刺史监知军事姜思聪，昭毅大将军、元帅右监军、宁海州管民长官兼胶、淮、莒、密等处总管万户姜思民，宁海州等处都达鲁花赤必里海。"②宁海州于至元九年单独划为答里真后王位下食邑州并直隶省部事，《元史·世祖纪四》有载："[至元九年八月，答里真孙]阔阔出请以分地宁海、登、莱三州自为一路，与他王比，岁赋惟入宁海，无输益都。诏从之。"③宁海为路，据《元史》卷一九三《合剌普华传》称，江南平定之后，"[哈剌普华]为宁海路达鲁花赤"，此为笔者所见称宁海为路者。估计宁海置路为时极短，罢后则为直隶州；或因直隶州地位特殊，被时人比附为路。元代宁海州领县仍金之旧，领有县二。

---

① [民国]宋宪章等修、于清泮等纂：《牟平县志》卷九《艺文志·金石》，民国二十五年铅本。
② 《牟平县志》卷九；[清]周悦让纂：光绪《增修登州府志》卷六五《金石上》。
③ 此处所谓登、莱二州与宁海州自为一路之说，实际状况并非如此，登、莱二州并未划出共同构成答里真位下的食邑路，李治安对此有较详辨驳，兹不赘述。详可参阅《元代政治制度研究》，第383页。

[2] 牟平,仍金旧,大定年间始隶山东东路宁海州,为州治所。
[3] 文登,仍金旧,隶宁海州。

河东山西道宣慰使司

大同路[1],上。唐为北恒州,又为云州,又改云中郡。辽为西京大同府。金改总管府。元初置警巡院。至元二十五年,改西京为大同路。户四万五千九百四十五,口一十二万八千四百九十六。领司一、县五、州八。州领四县。大德四年,于西京黄华岭立屯田。六年,立万户府,所属山阴、雁门、马邑、鄯阳、洪济、金城、宁武凡七屯。录事司。县五:大同[2],中。倚郭。至元二年,省西县入焉。白登[3],下。至元二年,废为镇,属大同县,寻复置。宣宁[4],下。平地[5],下。本号平地袅,至元二年,省入丰州。三年,置县,曰平地。怀仁[6]。下。

【考释】

[1] 大同路,金设置有西京路,治所在大同府。蒙古南下徇地中原,西京路首当其冲,金威宁城防千户刘伯林归降成吉思汗,为第一个附蒙汉人。太祖七年(1212),"进攻西京,录功,赐[刘伯林]金虎符,以本职充西京留守,兼兵马都元帅",①同时降蒙的还有夹谷氏。② 据李庭撰《故宣授陕西等路达鲁花赤夹谷公墓志铭》载:"父灰郃,伯通住。……会天兵起朔方,遂相与归命。太祖承吉嗣皇帝,因署通住为千夫长,灰郃为副焉,令将兵攻西京。……太祖愈加奖重,擢通住为山西路行省兼兵马都元帅。"③另据彭大雅、徐霆《黑鞑事略》载,成吉思汗时期,耶律秃花是西京路方面契

---

① 《元史》卷一四九《刘伯林传》。
② 《元史》卷一《太祖纪》。
③ 李庭:《寓庵集》卷六。另,据《长春真人西游记》卷下载,太祖十八年七月,"[西京路]宣差总管阿合不与道众出郭,以步辇来迎[丘处机]归于第楼";据丘处机《磻溪集》(《北京图书馆古籍珍本丛刊》第 91 册)卷一《岭北西京留守清神索》诗,亦可推知 1223 年西京留守为夹谷氏。有观点认为夹谷通住地位在耶律秃花、刘伯林之上,似过武断。池内功据《元史·刘黑马传》记载,"辛丑(1241),改授都总管万户,统西京、河东、陕西诸军万户,夹谷忙古歹、田雄等并听节制",认为夹谷氏只是副将,甚是。参阅池内功:《モンゴルの金国経略と漢人世侯》。

丹、汉军都元帅,驻宣德,天成刘氏亦归其统辖,宣德为耶律家族地盘。①金元时期,西京先后设有课税所、宣抚司、宣慰司等。金代西京路领有大同府、德兴府;丰州、弘州、净州、桓州、抚州、昌州、宣德州、朔州、武州、应州、蔚州、云内州、宁边州、东胜州。元与金相较,辖境大为缩小,其中德兴府、宣德州、蔚州等割上都路;抚州升路,并割昌州来属;净州划出,单独设路。金大同府领有大同、云中、宣宁、怀安、天成、白登、怀仁七县,元领五县。

[2] 大同,仍金旧,隶西京路大同府。据《金史·地理志》记载,金大同府领有大同、云中、宣宁、怀安、天成、白登、怀仁七县。云中县入元后情况不详,金代云中县在大同县西,西县疑为金大同府之云中县。

[3] 白登,仍金旧,隶大同。②

[4] 宣宁,仍金旧,隶大同。③

[5] 平地,元新置县。

[6] 怀仁,仍金旧,隶大同。据《金史·地理志》载:"贞祐二年五月升为云州。"④然又于何年由云州复为怀仁县,史不详载,俟考。

弘州[1],下。唐为清塞军,隶蔚州。辽置弘州。金仍旧。旧领襄阴、顺圣二县。元至元中,割顺圣隶宣德府,惟领襄阴及司候司,后并省入州。

【考释】

[1] 弘州,金故州,隶西京路。据《金史·地理志上》载,贞祐二年七月,升顺圣县阳门镇为县。然阳门县废年不详,俟考。元至元二年,蔚州省为灵仙县,曾隶弘州,其年复改为蔚州,隶宣德府。

---

① 关于耶律秃花,详可参阅周清澍:《元桓州耶律家族史事汇证与契丹人的南迁》,载氏著:《蒙元史札》,内蒙古大学出版社,2001年版,第432—439页。
② 据《金史·地理志》载:"本名长清,大定七年更[白登]。"
③ 据《金史·地理志》载:"辽德州昭圣军宣德县,大定八年更名[宣宁]。"
④ 此处所升"云州",与上都路"云州"异。

浑源州[1]，下。唐为浑源县，隶应州。金升为州，仍置县在郭下，并置司候司。元至元四年省入州。

【考释】

[1] 浑源州，金为浑源县，隶西京路应州。据《金史·地理志上》载："贞祐二年五月升为浑源州。"据《明一统志》载，元初曾改浑源县为恒阴县。①另，《元史·五行志》载："[至元]六年十二月，献、莫、清、沧四州及丰州、浑源县大水"，"[大德]十年七月，大同浑源县霜杀禾"，②据此需要指出的是，此"浑源县"当为"浑源州"之误，《元史》有所不审。另据刘祁记载，还乡后"乡帅高侯为筑室以居"，③此浑源帅当为高定。④ 浑源之设州，当与高定有关。

应州[1]，下。唐末置。后唐升彰国军。元初仍为应州。领二县：金城[2]，下。州治所。山阴[3]。下。至元二年，并入金城，后复置。

【考释】

[1] 应州，金故州，彰国军节度使，隶西京路。元初仍为应州，太宗时期、世祖中统四年曾两次迁民于此地。⑤ 应州世侯当为韩诰，⑥王颋据《牧庵集》卷一二《报恩寺碑》："[韩诰任应州]兵马都元帅，彰国军节度使"，疑

---

① 《明一统志》卷二一。
② 《元史》卷五〇《五行一》。
③ 刘祁：《归潜志》卷一四《归潜堂记》，中华书局，1983年版。
④ 据《浑源州志》卷六载："高定，好学敦信，尚气节，仕为云中招讨使、都元帅、永军节度使。定谓诸子曰：'吾蒙国恩，致位侯伯，布衣之极，曷敢久贪爵宠？'遂致仕去。"另据程钜夫《程雪楼文集》卷九《薛庸斋先生墓碑》云："国初游大同，过应州，高、韩二帅喜而荐之中书令耶律公，得应州教授，俾子弟学焉。"参阅[清]桂敬修纂修：《浑源州志》，清乾隆二十八年刻本。
⑤ 刘敏中：《中庵先生刘文简公文集》卷六《赠奉政大夫骁骑尉大同县子萧公神道碑铭》；《元史》卷五《世祖二》。
⑥ 王恽：《秋涧先生大全集》卷五八《浑源刘氏世德碑铭并序》内有"应州元帅韩公"之谓；上文所引程钜夫《程雪楼文集》卷九《薛庸斋先生墓碑》亦提及韩侯。另据姚燧《牧庵集》卷一二《报恩寺碑》云："报恩寺者，女僧德之所创也。德，金城韩氏子，考讳诰，任兵马都元帅、彰国军节度使。"此处韩诰估计就是应州韩帅。

其地存有应武路。① 此处所谓"兵马都元帅"、"节度使"之称,仅是滥称或袭金职衔,不足以说明其地设有应武路。

[2] 金城,仍金旧,隶应州。

[3] 山阴,仍金旧,隶应州。据《金史·地理志》载:"本名河阴,大定七年,以兴郑州属县同,故更焉。贞祐二年五月升忠州。"②山阴何时复由州废为县,具体年代失载。耶律楚材有《请聪公和尚住山阴县复宿山疏》,③此疏作年不详,不过大致当在1230年前后,据此可知山阴当在太宗时期废州复县。至元二年山阴并入金城,惟废后复县时间,史不详载。

朔州[1],下。唐改马邑郡为朔州。后唐升振武军。宋为朔宁府。金为朔州。元因之。领二县:鄯阳[2],下。至元四年,省录事司入焉。马邑[3]。下。

【考释】

[1] 朔州,金故州,为顺义军节度使,隶西京路。朔州原领三县,《金史·地理志》载:"贞祐三年(1215)七月,尝割朔州广武县隶代州。"另,《马邑县志》亦云:"邑有金天会年碑,与广武、鄯阳俱隶朔州。"④

[2] 鄯阳,仍金旧,隶朔州。

[3] 马邑,仍金旧,隶朔州。《金史·地理志》载:"贞祐二年五月升为固州。"固州由州废县年代不甚详确,民国时期《县志》云:"元世祖混一天下,仍改为马邑县。"⑤

武州[1],下。唐隶定襄、马邑二郡。辽置武州宣威军。元至元二

---

① 王颋:《元代行政地理》,第56页。
② 《金史》卷二四《地理志》。
③ 耶律楚材:《湛然居士文集》卷一三。
④ [民国]霍殿鼇等纂:《马邑县志》卷一《地理志·沿革》,据民国十七年铅印本影印。
⑤ 《马邑县志》卷一《地理志·沿革》。

年,割宁边州[2]之半来属。旧领宁边一县及司候司,四年省入州。

【考释】

[1] 武州,金故州,隶西京路。金领有宁远县。

[2] 宁边州,据《金史·地理志》载:"国初置镇西军,贞祐三年隶岚州,四年二月升为防御。"元朝建立后,宁边州于至元二年遭省并,其中半入武州,半入东胜州。① 另,金武州领有宁远县,宁边州领有宁边县,《元史·地理志》所云武州"旧领宁边一县及司候司"中的"宁边县",是否为"宁远县"之误?俟考。②

丰州[1],下。唐初为丰州,又改九原郡,又仍为丰州。金为天德军。元复为丰州。旧有录事司并富民县,元至元四年省入州。

【考释】

[1] 丰州,金故州,隶西京路。金领富民一县,元不领县。所谓"唐初为丰州",据李逸友研究,唐、宋、辽之丰州各在一处,金、元之丰州实袭自辽。据延祐年间所立《丰甸城道路碑》内有"西三州"之谓,实乃大同西境内的丰、云内、东胜三州。③ 据《元史·赛典赤瞻思丁传》载:"太宗即位,授[赛典赤瞻思丁]丰、净、云内三州都达鲁花赤。"④《元人题记》有题名"达鲁花赤、兼都检点[丰净路]总管马天福"。⑤ 王颋据此认定此地蒙古国时期有丰净路的存在。⑥ 据《金史·地理志》"净州"条载:"大定十八年以天山县

---

① 《新元史·地理志》云:"金大同府旧有宁边州宁边县,至元中分其地入武、朔二州。"此记载疑误。事实上,《元史·地理志》已明确记载,至元二年,宁边州半入武州,半入东胜。此当从《元史·地理志》之说。
② 《新元史·地理志》将"宁边"径改为"宁远"。
③ 李逸友:《元丰甸城道路碑笺证》,载《元史论丛》第2辑,中华书局,1983年版。另可参阅《山右石刻丛编》卷三二《丰州平治道路碑》。
④ 《元史》卷一二五。
⑤ 李逸友:《呼和浩特市万部华岩经塔金、元、明各代题记录》,载《内蒙古大学学报》1977年第3期。
⑥ 王颋:《元代行政地理研究》,第56页。

升[净州],为丰州支郡。"此外,考虑到入元后有净州路之设置,此处指称有丰净路的存在,疑是。

东胜州[1],下。唐胜州,又改榆林郡,又复为胜州。张仁愿筑三受降城,东城南直榆林,后以东城滨河,徙置绥远峰南郡今东胜州是也。金初属西夏,后复取之。元至元二年,省宁边州之半入焉。旧有东胜县及录事司,四年省入州。

【考释】

[1] 东胜州,金故州,隶西京路。《新元史》谓东胜州元初置录事司,具体时间未揭。①

云内州[1],下。唐初立云中都督府,复改横塞军,又改天德军,即中受降城之地。金为云内州。旧领云川[2]、柔服二县,元初废云川,设录事司。至元四年,省司、县入州。

【考释】

[1] 云内州,金故州,隶西京路。
[2] 云川,金旧县,隶云内州。云川废县时间,史未明载。据《湛然居士文集》卷一四《信之和余酬贾非熊三字韵见寄因再赓元韵以复之》"寄与云川贤太守,洗心涤虑与君参"之语,可知太宗窝阔台时期犹存云川。

河东山西道肃政廉访司

冀宁路[1],上。唐并州,又为太原府。宋、金因之。元太祖十三年,立太原路总管府。大德九年,以地震改冀宁路。户七万五千四百四,口一十五万五千三百二十一。领司一、县十、州十四。州领九县。

① 《新元史》卷四五《地理志一》。

录事司。县十：阳曲[2]，中。倚郭。文水[3]，中。平晋[4]，下。祁县[5]，下。旧隶晋州，后州废，隶太原路。榆次[6]，下。至元二年，隶太原路。太谷[7]，下。清源[8]，下。寿阳[9]，下。交城[10]，下。徐沟[11]。下。

【考释】

[1] 冀宁路，金太原府，兼为河东北路兵马都总管府。关于太原路总管府设立时间，据《元一统志》载："戊寅岁（1218）九月，太师国王抚定其地，立太原路。"①《地理志》与《一统志》合。金元之际，太原较早附蒙，庚子岁（1240），蒙廷置宣德、西京、太原、平阳、延安五路万户府于太原，已酉（1249），升万户府为河东北路行省或称"太原行省"。② 殆至至元元年，姚枢行省事于河东山西，河东地区"行省"之建置始废。元冀宁路领司一、县十、州十四。州领九县。金河东北路领有府一、节镇三、刺郡九、县三十九。元与金比，太原路减少晋州、葭州、③隩州、岢岚州、宁化州等五州；增加临州、崞州、台州、兴州、坚州、盂州等六州。元太原路基本维持了金河东北路的规模，且建置状况变化不大，也较少涉及划割改属的问题，这与以下两个缘由密切相关：一是该地为察合台位下封邑；二是该地区不似山东地区那样存在大世侯。金太原府领十一县，有盂县，盂县于兴定中升州，隶于绛州元帅府。元建立后，仍立有盂州，但不再设县。

[2] 阳曲，仍金旧，隶太原。

[3] 文水，仍金旧，隶太原。

[4] 平晋，仍金旧，隶太原。《金史·地理志》载："贞祐四年（1216）七月废，兴定元年（1217）复置。"

[5] 祁县，仍金旧，隶太原。据《金史·地理志》载，晋州于兴定四年

---

① 《元一统志》卷一，第104页。
② 《元史》卷一五〇《郝和尚拔都传》。至元四年立于太原晋祠的《重修汾东王庙记》有"宣差五路万户府参议田伯英篆额"字样，参阅《山右石刻丛编》卷二五。
③ 葭州于金末割入延安府，据《金史·地理志》载："本晋宁军，贞元元年隶汾州，大定二十二年升为晋州，二十四年更今名。在黄河西，兴定二年五月以河东残破，改隶延安府。"下文将不再对该州作讨论。

(1220)置于寿阳县西张寨,祁县应于此时改隶晋州。① 逮至元初晋州废,祁县复隶太原。可见,祁县于有金一代,只是短暂隶于晋州,大部分时间仍隶太原。明英宗《明一统志》、乾隆《大清一统志》均谓"祁县,金属晋州",盖因循《元史·地理志》之记载而未深究,乃致失察。

[6] 榆次,仍金旧,隶太原。《金史·地理志》载榆次属太原甚明,另据姚燧《牧庵集》卷二八《河东检察李公墓志铭》载:"太祖戡金之十年,略地太原。太原城守不即下,属县榆次,其令不敢仍居平土……乃往见太师国王穆呼哩(木华黎)曰:'榆次小县,众且万人。'"云云,可见榆次当属太原无疑。然《元史·地理志》云其于至元二年隶太原路。从行文推测,此语稍显突兀,榆次在金元之际曾他属欤?《新元史》认为榆次旧隶晋州,至元二年晋州废,榆次改隶太原路。② 此外稍可提及的是,据《太谷县志》记载,大定中,榆次曾割县修文、仁义两乡三千七百五十户属太谷,③或需留意此次割属对榆次建置变动的影响。

[7] 太谷,仍金旧,隶太原。据明洪武《太原府志》载:"兴定四年,割太谷县来属晋州。"④另据民国《太谷县志》,兴定四年(1220)于清源置晋州,以太谷隶焉。元废晋州,复隶太原路。⑤

[8] 清源,仍金旧,隶太原。清源县于金元之际曾属晋州,据《山西通志》"寿阳县"条载:"[兴定]四年正月,以寿阳县西张寨置晋州。……寻徙州治清源。"⑥

[9] 寿阳,仍金旧,隶太原。据《金史·地理志》,兴定二年(1218)九月,尝割隶平定州。兴定四年(1220),于寿阳县西张寨置晋州,寿阳改隶

---

① 另据王颋《完颜金行政地理研究》云:"贞祐四年,[祁县]改隶蒨州;寻仍改隶太原府","贞祐四年,立蒨州,军事"。然该文未揭所据史料,兹附记于此。参阅《完颜金行政地理研究》,第117页。
② 《新元史》卷四五《地理志一》。
③ [民国]刘玉玑、仇曾祜修,胡万凝纂:《太古县志》卷三《地理·沿革》,据民国二十年铅印本影印。
④ [明]洪武《太原府志》,收于《永乐大典》卷五二〇〇。
⑤ 《太古县志》卷三《地理·沿革》。此处所谓"兴定四年(1220)于清源置晋州",盖指后来晋州迁治于清源县。详可看下文"清源县"条。
⑥ 雍正《山西通志》卷五,文渊阁《四库全书》本。

晋州。金元之际设立于此地的晋州，与平阳府古名晋州有别，亦与元河北地区之晋州异。兴定四年，晋州初置于寿阳县西张寨，寻徙治于清源县。①晋州入元后，其废年不详。柯绍忞认为是至元二年，但未明史源。② 据元代清苑郭文宪所撰段绍隆墓志铭，至元三年段绍隆任河中府判官，③随后授同知晋州，进知葭州等。据此可知，直到至元三年，晋州当仍存。金元之际，晋州所领县当有祁县、榆次、太谷、寿阳、清源、徐沟等。

[10] 交城，仍金旧，隶太原。该地为世侯谭澄领地，其父谭资荣"以徇北功，皇元帅都监、虎符。寄治交城，遂令其县"，④为元帅左都监、交城令。父卒，澄袭职，领有该地。

[11] 徐沟，仍金旧，隶太原。⑤ 据洪武《太原府志》载："兴定四年，割徐沟县来属晋州。"徐沟亦曾属晋州。

汾州[1]，中。唐改西河郡为浩州，又改汾州，又改西河郡，又为汾州。金置汾阳军。元初立汾州元帅府，割灵石县隶平阳路之霍州，仍析置小灵石县，后废府。至元二年，复行州事，省小灵石入介休。三年，并温泉入孝义。领四县：西河[2]，中。孝义[3]，下。至元三年，割温泉县[4]之半置巡检司，隶本县。平遥[5]，下。元初属太原府，至元二年来属。介休[6]。下。元初置，隶太原府，至元二年来属，仍省小灵石县入焉。

【考释】

[1] 汾州，金故州，隶河东北路。太祖八年(1213)汾州被兵，⑥岁丙子(1216)陷蒙。⑦ 据《山西通志·仕实录·元李佺传》载："己卯(1219)岁，太祖之妹曰曳剌海，号监国公主，遣行省不华收地河东，公主承制授佺汾州

---

① 关于晋州的设立，亦可参阅《金史》卷一一八《郭文振传》。
② 《新元史》卷四五《地理志一》。
③ 引自清人胡聘之《山右石刻丛编》卷二五《河中府疏》之碑后记。
④ 姚燧：《牧庵集》卷二四《谭公神道碑》。
⑤ 据《金史·地理志》载："本清源县之徐沟镇，大定二十九年(1189)升。"
⑥ 《元史》卷一《太祖纪》。
⑦ 萧㪺：《勤斋集》卷三《威宁张氏新阡表》。

左监军。"①李佺后擢为元帅。1220年,梁瑛因"秦陇悉定,用是,锡虎符,升征行都元帅,以县行汾州事,俾公领之"。② 元汾州领四县,较金代少灵石县。

[2] 西河,仍金旧,隶汾州。为倚郭。

[3] 孝义,仍金旧,隶汾州。

[4] 温泉县,据《金史·地理志》载:"贞祐四年五月,改[温泉]隶汾州。"至元三年,温泉分别省入孝义、隰川两县后,不再复置。

[5] 平遥,仍金旧,隶汾州。《元史·地理志》所谓"元初属太原府",殆指大蒙古国时期,然所属具体时间不详。③ 金元之际,平遥县曾一度更名为"平安州"。④ 然其具体更名年代,史不详载。

[6] 介休,仍金旧,隶汾州。大蒙古国时期曾直属太原府,至元二年复属汾州。王恽《秋涧集》卷八〇《中堂事记上》列有一份中统初年中书省官员僚属名单,其中便有"孟甲,字文伯,太原介休人"之语;而在至元以后的丁丑岁,王恽在说明马天昭籍贯时,谓其为"汾州介休人"。⑤ 由此可证《元史》所载介休归属问题的准确。然介休县由汾州而改属太原府的具体年代不详,俟考。

石州[1],下。唐初改离石郡为石州,又改昌化郡,又仍为石州。宋、金因其名。元中统二年,省离石县入本州。三年,复立。至元三年,省温泉入孝义,以临泉为临州。旧置司候司,后与孟门、方山俱省入离石。领二县:离石[2],下。倚郭。宁乡[3]。下。太宗九年,隶太原府。定宗三年,隶石州。宪宗九年,又隶太原府。至元三年,复来属。

---

① 《山西通志》卷一四八。
② 魏初:《青崖集》卷五《故征行都元帅五路万户梁公神道碑铭》。另需指出的是,《山右石刻丛编》卷三一《故征行都元帅五路万户梁公神道碑铭》将"汾州"作"平安州",俟考。
③ 据壬子年(1252)所作《太平崇圣宫宣谕》,内有"今据太原府路平遥县太平崇圣宫"之记载。参阅《山右石刻丛编》卷二四。
④ 据《山右石刻丛编》卷三一《故征行都元帅五路万户梁公神道碑铭》载,梁瑛"升征行都元帅,以[平遥]县行平安州事"。此处所谓"平安州",胡聘之认为平遥县曾升"平安州",可参阅《山右石刻丛编》卷二四《李君墓志》之胡氏跋语。
⑤ 王恽:《秋涧先生大全集》卷六六《蛩杖图赞》。

【考释】

[1] 石州,金故州,属河东北路。《金史·地理志》载:"兴定五年(1221)复隶晋阳,从郭振之请也。"据《元一统志》,方山、孟门二县及司侯司省入离石县的时间亦在至元三年,①与《地理志》同。金代石州领有离石、方山、孟门、温泉、临泉、宁乡六县,后或省并,或升州,元仅领二县。

[2] 离石,仍金旧,隶石州。离石于中统二年省入石州,三年复立;元初又省司侯司、孟门和方山县入。关于方山、孟门二县的罢废情况,《元一统志》所载甚详:"金泰和间置方州,元初改为方山县,至元元年省,二年复置。三年省县事,立巡检司,隶离石县。""[孟门县]元至元三年省入离石县,立巡检司。"②

[3] 宁乡,仍金旧,隶石州。据胡祗遹撰《同知石州事高公神道碑》载:"我朝兵南,公[冈]帅众降,太师国王承制授宁乡尉。外户不闭,累岁无犬吠之警。岁戊子(1228),县升为州,就升军判。"③可见,宁乡曾于1228年由县升州。宁乡州估计存在时间极为短促,因其废年不详,故正史及各种方志俱失载。

忻州[1],下。唐初置新兴郡,后改忻州,又改定襄郡,又为忻州。金隶太原府。元因之。领二县:秀容[2],下。倚郭。至元二年,省入忻州。四年复置。定襄[3]。下。

【考释】

[1] 忻州,金故州,隶河东北路。忻州于金元之际曾一度升为九原总管府。④ 钱大昕云:"王磐撰《郝和尚碑》云:'忻州,乞忒郡王之属城也。戊子岁(1228)升为九原府。'《志》不载升府事,史之漏也。"⑤清人胡聘之亦云:

---

① 详可参阅《元一统志》,第104页。
② 《元一统志》卷一,第123页。
③ 胡祗遹:《紫山大全集》卷一六。
④ 《山右石刻丛编》卷二七《周献臣碑》。
⑤ 钱大昕著,方诗铭、周殿杰校点:《廿二史考异》卷八八《〈元史〉三》,第1235页。

"据王磐《郝和尚碑》，忻州，戊子岁（1228）升九原府。《元史·郝和尚拔都传》：'戊子，为九原府主帅。'则忻州实以皇子图类（拖雷）监国之年升府。"①九原为忻州别称，元好问曾谓："吾州跨西冈而城，而冈占城之半，是为'九龙之原'，《檀弓》志晋大夫之葬，直谓之'九原'。"②据钱大昕考证："又考《世祖纪》，至元三年，以崞、代、坚、台四州隶忻州，意其时忻州尚为九原府，故得有属州也。"③另，《山西通志》卷五"忻州"条载："《明一统志》：'元初改九原，置宣抚司。'"元初忻州置宣抚司，未知所据，待考。此外，关于九原府罢废年份，史亦未详载，据上所云至元三年仍以崞、代、坚、台四州之地来隶，其废年应在至元三年之后。元忻州沿金之旧，领县二。

[2] 秀容，仍金旧，隶忻州。

[3] 定襄，仍金旧，隶忻州。蒙金战争期间，定襄出现许多"在地有力者"，先后成为地方长官，如张安宁、周献臣、樊天胜、姚荣、牛荣、乔信武等人。④ 贞祐初年，定襄款附蒙古，周献臣承制拜受定襄令。⑤ 另据宪宗四年之《玄元观记》，碑末题有"前御前悬带金牌宣授宣差千户权五路万户周献臣、弟前定襄丞进臣立石"字样。⑥ 是知，定襄原为周献臣所领有。而后，据《创建永胜院功德记》载："永胜院者，则定襄县令赵侯公沂之所建也。父讳浩，胡桃园人氏。……蒙行省大帅嘉公之忠勇，授以金符，委摆帅府事。至乙未（1235）年省并州县，命公行定襄令县。……至中统元年，历二十六年，公沂始袭父职，行定襄县令。"⑦赵公沂父子自太宗时起治定襄长达二十余年，且由行省任命。对于定襄世侯问题，按照爱宕松男的看法，支配整个定襄县的汉人世侯是周氏，但饭山知保认为需要进一步

---

① 另可参见《山右石刻丛编》卷二四《张安宁墓表》胡氏所加按语。
② 《元好问全集》卷三五《忻州天庆观重建功德记》。
③ 《廿二史考异》卷八八《元史三》，第 1235 页。
④ ［清］王会隆纂修：《定襄县志》卷六《人物·武功》，雍正五年增补，清康熙五十一年刊本。
⑤ 《山右石刻丛编》卷二七《故左副元帅权四州都元帅宣授征行千户周侯神道碑》。
⑥ 《定襄金石考》卷二《玄元观记》。
⑦ 牛诚修：《定襄金石考》卷二《创建永胜院功德记》。另，《元好问全集》卷三三《创开滹水渠堰记碑》，该碑立于宪宗二年壬子，末题定襄令为赵浩，亦可证。

检讨。①

　　平定州[1]，下。唐为广阳县。宋为平定军。金为平定州。元至元二年，省倚郭平定、乐平二县入本州。七年，复立乐平。领一县：乐平[2]。下。倚郭。至元二年，省县为乡，入本州，立巡检司。七年复立。

【考释】

[1] 平定州，金故州，隶河东北路。据《金史·地理志》载，兴定二年（1218），平定州升为防御，九月尝割寿阳县隶平定州。兴定二年十一月，复降为刺郡。金元之际，平定当设有平定州总管府。据《大元故平定等州大总帅聂公神道碑铭》载，丙戌岁（1226），王璋死后，聂珪代任平定等州兵马都元帅。其后，"都行省考功第赏，升公平定、皋、晋、威、孟、辽、仪等处总□（管）都元帅，守令以下听公选注"。到乙未（1235），聂珪控制寿阳以东，井陉、辽、仪以北，仇和以南的太行西麓地区，由是"公改拜平定、皋、邢、晋等处长官"。聂珪离任后，其长子承袭平定等州军民长官，次子为汾州长官。由上所述可知，平定州为总管府当与忻州为九原总管府之性质相同。② 元初，平定州所领属州析出，据《山西通志》卷五"平定州"条引《旧志》载："元初开元帅府，统皋、和、辽、仪、威、孟、邢、晋等处。至元二年，辽、仪、和入平阳，威入广平，孟隶太原，邢入顺德。"

[2] 乐平，仍金旧，隶平定州。金末郭文振请升乐平县为皋州，兴定四年（1220）获朝廷允准。③ 但其何年复废州为县，史载不详。《山西通志》谓其升州后"寻废"。④ 至元二年乐平由县废乡，盖乐平仅为"三五百户县"，

---

① 详可参阅饭山知保：《蒙元支配与晋北地区地方精英层的变动——以山西忻州定襄县的事例为中心》，载《元史论丛》第10辑。
② 参阅《山右石刻丛编》卷二八《大元故平定等州大总帅聂公神道碑铭并序》以及胡聘之所作按语。
③ 《金史》卷一一八《郭文振传》；乐平升州，亦可见《金史·地理志下》。
④ 《山西通志》卷五。另，《元好问全集》卷一〇有《过皋州寄聂侯》诗，此诗作年不详。然据《元好问全集》卷一〇《丙辰九月二十六日挈家游龙泉诗》之整理者注云："毛本、历藏本将此诗置于《皋州见聂侯》后。"可知此诗作年在丙辰前，然具体年代仍待考。若明此诗作年，对于我们理解皋州之废当有所裨益。兹附记于此，俟考。

故而被省。① 乐平县于至元七年四月复立,《志》与《纪》合。②

临州[1],下。唐置临泉县,又置北和州,后州废,隶石州。宋置晋宁军。金废军,置临水县,隶石州。元中统二年,仍改临泉县,直隶太原府。三年,升临州。

【考释】

[1] 临州,元新设州。金为临泉县,隶石州。据《元史·世祖二》载:"[中统三年十二月]升太原临泉县为临州。"《志》与《纪》合。然而,由金入元,临泉县升而为州,其间尚有变动。据《山右石刻丛编》卷二七《通玄大师珏公纪行之碑并序》载:"大元并天下,以河东未归,天兵南下,以临邑与大河为近渡,乃先得临邑,改临为大定总管府,以便接镇,使一方遗民早得受职。"另据《县志》云:"金贞祐末年,兵南下,诸郡归附,元太师言于左右曰:'今帅师征河东,而此城先纳款,前途无阻,径济洪津,乃平定夏国之兆也。'因嘉之以闻,赐名大定府。至中统间设省治此城,属太原,更为州,命曰'临,取地泽为临之义'。"再据姚燧《牧庵集》卷一七《袁公神道碑》载,袁氏因"款我大将孛罕营降","以便宜升临为州"。三则史料所言均揭示了同一基本问题,那就是金之临泉县附蒙后,即置大定府,或改为州,"则置大定府实非金"。③ 胡聘之针对金元之际建置变动靡常,曾大发喟叹:"盖金元兵争疆场之间,俛得俛失,改革升降,巧算难别。"临州初置年份,应始于成吉思汗十四年(1219),"置临州行兵马都元帅府"。④ 据《元史·太祖纪》及《元史·史天祥传》载,石州、岚州等地款附蒙古时间在己卯年(1219),临州之设即当在其年。此外,今临县曾发现一方"征行副统之

---

① 王恽:《秋涧先生大全集》卷八九《论复立博野县》。
② 《元史》卷七《世祖四》。
③ 《山右石刻丛编》卷二七《通玄大师珏公纪行之碑并序》所附胡聘之所加跋语。
④ 《元史》卷五八《地理志一》校勘记第五十六条称:"考《永乐大典》卷五二〇〇引《太原志》,金临泉县,'岁己卯年,置临州行兵马都元帅府',己卯为元太祖十四年。则太祖时又有临州之建制,而志文此处失书,遂使'仍改'一辞无法理解。"

印"的印玺,①该印玺所示年代为"正大三年月　日",金正大三年,即1226年。

保德州[1],下。本岚州地,宋始置州。旧有倚郭县,元宪宗七年废县。至元二年,省隩州[2]、芭州[3]入本州。三年,又并岢岚军入焉。四年,割岢岚隶管州,隩州仍来属。

【考释】

[1] 保德州,金故州,属河东北路。据《金史·地理志》,元光元年(1222)六月,保德州升为防御。所谓旧之倚郭县,即金之保德县,置于大定十一年。

[2] 隩州,金旧州。据《元一统志》云:"旧隩州。金大定二十四年(1184),改为隩州。州距黄河五十二里,置河曲县,取河千里一曲之义。至元二年并入本州,立巡检司。……旧芭州。元乙未年(1236),于延安路收集太原路逃散人户,遂立州事。至元二年并入本州,为巡检司。"②此两州于至元二年废后,不见复置。需要指出的是,《元史·地理志》未载河曲县,估计亦在至元二年隩州省并时一并被裁撤。

[3] 芭州,蒙古国时期立。详见上"隩州"条。

崞州[1],下。本崞县,元太祖十四年升崞州。

【考释】

[1] 崞州,金为崞县,属代州,金元之际升县为州。崞县升州之年代,中华书局点校本《元史》引明代《大明清类天文分野之书》中"崞县,己卯年升为崞州,隶太原路"之记载,以及《永乐大典》卷五二〇〇所引《太原志》"兴定三年,升崞县为崞州"的记载,认为崞县升州当在元太祖十四年

---

① [民国]胡宗虞等修、吴命新等纂:《临县志》卷一六《古迹考》,据民国六年铅印本影印。
② 《元一统志》卷一"太原路"。

(1219)，而非元太宗十四年。① 《元史》点校本所言甚是。此外，据壬辰年(1232)所立《李君墓志》载："于后，幸遘大蒙古国龙兴，创业垂统，拓土开疆，师出境外，万降万全，百战百胜，虽千古以来未之有也。兼蒙太师国王都行省札付，起立崞州首降居祯，超授广威将军、克节度判官、行右副元帅，悬带金牌便宜行事。"胡聘之依《元史·木华黎传》之记载：丁丑(1217)八月，诏封木华黎太师、国王、都行省承制行事，"戊寅(1218)，自西京由太和岭入河东，攻太原、忻、代、泽、潞、汾、霍等州，悉降之"，由此断定"崞州丁丑后已立"。再者，胡氏复引元好问所撰《朝元观记》中"国兵以庚辰(1220)冬攻破绛阳及梁解属邑，思问侨寓云、朔间。当是时，崞山军节度阎侯德刚经画略定，境内休息"的记载，认为此是"庚辰前已置崞山节度之证"。② 由上述诸家之说，可证崞县升州之年当在太祖十四年无疑。③ 据《朝元观记》可知，崞州设立后，当属太原府路。④ 《元史·世祖纪三》谓，至元三年，崞州改隶忻州。

管州[1]，下。唐以静乐县置，后州废，属岚州。后又为宪州。宋为静乐军。金为静乐郡，又改为管州。元太祖十六年，以岚州之岢岚[2]、宁化[3]、楼烦[4]并入本州。至元二十二年，割岢岚隶岚州，而宁化、楼烦并入本州。

【考释】

[1] 管州，金故州，属河东北路。据《金史·地理志》载，金管州领有静乐一县。然静乐县于何时被废，史不详载。据《大明清类天文分野之书》卷一二《晋分并州》"静乐县"条云："[静乐]至元五年同宁化、岢岚、楼烦俱改为巡检司，以隶岚州。二十二年，分岢岚属岚州，而宁化、楼烦并入本

---

① 《元史》卷五八《地理志一》校勘记第五十八条。
② 参阅《山右石刻丛编》卷二四《李君墓志》以及胡氏所作按语。
③ 柯绍忞认为崞县升州在乃马真皇后称制三年，未知所据，疑误。参阅《新元史》卷五四《地理志一》。
④ 《元好问全集》卷三五。

州。"可见,静乐县之废当在至元五年。① 金元之际,管州涉及到较多的建置沿革损益,以下各条均与管州相关。

[2] 岢岚,关于岢岚州的废立问题,《元一统志》所载甚为详备:"金大定[二]十二年改为岢岚州。元初隶太原路。至元二年省入岚州,其年复置。三年省入保德州。四年并入管州。五年复入岚州。十年并入管州。"②

[3] 宁化,金河东北路领有宁化州,元初亦并入管州。③

[4] 楼烦,楼烦县于金元之际曾置宪州。据《郭泰铭》(又名《大朝宪州权官之铭》)载:"公年三十有四,时□□岁,始为楼烦县主簿、兼充军马都提控,盖以廉能英武。征伐残金,屡显厥功。为兹,行省孛罕闻而喜之,□见其壮负非常,武勇出群,时□□岁,乃迁职,受武略将军,兼获其厚贶。厥后功战有绩,去残除害,至□□岁,公乃权宪州之职十有余年。"④据《元一统志》载,元壬子岁(1252)罢宪州,立楼烦县事。⑤《金史》、《元史》均失载其事。

代州[1],下。唐置代州总管府。金改都督府。元中统四年,并雁门县入州。

【考释】

[1] 代州,金故州,隶河东北路。《元一统志》载代州沿革颇详,兹录于此:"金天会六年改都督府为代州震武军,[贞祐二年四月]本州置西面制置经略使司,又置宣抚司,领宁化、火山二军,雁门、繁畤、五台、崞四县。

---

① 不过《新元史·地理志一》认为,静乐于元太祖十六年省入管州;另,王颋认为静乐县至中统元年底尚存,参阅王颋《元代行政地理研究》,第71页。上述两说均未明史源,待考。
② 《元一统志》卷一,第126—127页。
③ 详可参阅下文"岚州"条的相关表述,另可参阅《元一统志》卷一"太原路"条内的"古迹",宁化城古迹在管州,第125页。
④ 《山右石刻丛编》卷二六《郭泰铭》。
⑤ 《元一统志》卷一,第125页。

元置宁化军,立巡检司入管州。火山军立巡检司,入保德州。繁畤升为坚州。崞县升为崞州。五台升为台州。不相统摄,惟存雁门一县。中统四年[雁门]并录事司,并入州自理。"①金代州领有五县,除《元一统志》所提四县外,尚有广武县,广武于贞祐三年(1215)七月由朔州来属代州。金元之际,广武县之废罢年份不详,俟考。②《元史·世祖纪三》谓,至元三年,代州改隶忻州。

　　台州[1],下。唐为五台县,隶代州。金升台州,隶太原路。元因之。

【考释】

[1] 台州,金故州。据《金史·地理志》载,金为五台县,隶代州。贞祐四年(1216)三月,升为台州。《元史·世祖纪三》谓,至元三年,台州改隶忻州。

　　兴州[1],下。唐临津县,隶岚州,又改合河县。金升兴州,隶太原路。元因之。

【考释】

[1] 兴州,金为合河县,属岚州。此兴州与上都路兴州异。金代升合河县为兴州之确切时间不详,然据姚燧《牧庵集》卷一七《袁公神道碑》载,袁湘款附蒙将孛罕之前,以功超武节将军,"令临泉、石与岚之合河,恃公为藩援以安者五年"。此所反映的实为贞祐元年(1213)"元兵分三道拔汾、石、岚、忻、代等州而还"之后的事实。由此可知,其时合河尚隶岚州,未升为州。笔者以为合河升州时间当在袁湘降蒙之前。据《元史·史天祥传》载,石州与岚州等地款附蒙古时间在己卯年(1219),合河升州当在

---

① 《元一统志》卷一,第106页。
② 柯绍忞认为广武县省入崞州,参阅《新元史》卷五四《地理志一》。

1213 至 1219 年之间。

坚州[1],下。唐繁畤县。金为坚州,隶太原路。元因之。

【考释】

[1] 坚州,金为繁畤县,隶代州。据《金史·地理志》载,贞祐三年(1215)九月升为坚州,隶太原路。元因之。据《繁畤王氏先德之碑》载,兴定丁丑(1217),元兵及代州,是时坚州降蒙。① 金元之际,坚州为刘会辖地,据《刘会碑》载,坚州附蒙,刘会"超加骁骑卫将军,坚州都元帅兼节度使、悬带虎符金牌便宜行事",刘会去职后,其后人曾先后袭坚州管民长官之职。② 需要指出的是,坚州升州后由太原府路领辖,《刘会碑》云:"岁在丙辰(1256),奉太原路总管府,拟令[刘怀玉]袭父职,充坚州管民长官。"此为明证。另据《元史·世祖纪三》,至元三年,"以崞、代、坚、台四州隶忻州"。

岚州[1],下。唐、宋并为岚州。金升镇西节度。至元二年,省入管州。五年复立。

【考释】

[1] 岚州,金故州,隶河东北路。《元史·地理志》所述甚简,兹据《元一统志》补于此:"金天会六年升岚州为镇西军节度。按,州旧治宜芳县,元废宜芳县,至元二年省岢岚、宁化、管州、楼烦入焉。三年复省岚州、宁化、楼烦等入管州。五年以岚州自古名郡,复置,又省岢岚、宁化、楼烦、管州入焉。十年州废,复并入管州。二十二年复置,以辖岢岚巡检司。"③金岚州领有宜芳、合河、楼烦三县。宜芳县废年不详;合河于金末升为兴州;关于楼烦县,据《元一统志》载:"元壬子岁罢宪州,立楼烦县事。至元二年

---

① 《山右石刻丛编》卷三〇。
② 《山右石刻丛编》卷二七。
③ 《元一统志》卷一,第107页。

并入岚州,其年复置县,隶太原路。三年并入管州。七年立巡检司,仍隶管州。"①

孟州[1],下。本孟县,金升为州。元因之。

【考释】

[1] 孟州,金尝为孟县,隶太原府,后升州。《金史·地理志》载:"孟,兴定中升为州,听绛州元帅府节制,置刺史,寻复。"不过,据《孟县重修文庙记》载:"古孟为县,属太原,皇元始新为孟州。"②《元史·地理志》与碑不相合。笔者以为,金孟县升州后,又复为县;元初省并州县之时,估计废置无常,又复为州。

晋宁路[1],上。唐晋州。金为平阳府。元初为平阳路,大德九年,以地震改晋宁路。户一十二万六百二十,口二十七万一百二十一。领司一、县六、府一、州九。府领六县,州领四十县。录事司。县六:临汾[2],中。倚郭。襄陵[3],中。洪洞[4],中。浮山[5],下。汾西[6],下。岳阳[7]。下。本猗氏县,属平阳府。至元三年,省入岳阳县。四年,以县当东西驿路之要复置,并岳阳、和川二县入焉。后复改为岳阳县。

【考释】

[1] 晋宁路,金平阳府,兼为河东南路兵马都总管府。金贞祐四年(1216),立河东行省,治平阳,寻罢。③ 元太祖十七年(1222),金平阳公胡天作降蒙,寻复叛被诛。④ 据元大德六年宋景祁撰《大元国乡宁县赵侯墓志》载:"已而叠授平阳府行省胡公丞相暨总府文字,依前长官。"⑤此事所

---

① 《元一统志》卷一,第 125 页。
② 《山右石刻丛编》卷三五《孟县重修文庙记》。
③ 《金史》卷一四《宣宗纪》。
④ 《金史》卷一一八《胡天作传》;《元史》卷一《太祖纪》。
⑤ 《山右石刻丛编》卷二八。此处所谓"行省胡公"当不是指胡天作,参阅《赵仲墓志》后胡聘之所作跋语。

指时间在癸巳(1233)之后,是知蒙古国时期亦有河东行省之设。河东南路(平阳路)陷蒙后为李氏辖地,据《元史·李守贤传》载:"金大安初,守贤暨兄庭植,弟守正、守忠,从兄伯通、伯温,归款于太师、国王木华黎,入朝太祖于行在所,即命庭植为龙虎卫上将军、右副元帅、崇义军节度使,守贤授锦州临海军节度观察使,弟守忠为都元帅,守河东。朝廷以全晋为要害之地,人心危疑未定,非守贤镇抚之不可,乃自锦州迁河东南路兵马都总管。……岁戊子(1228),朝于和林,加金紫光禄大夫,知平阳府事,兼本路兵马都总管。……[子毅]辛丑(1241),朝行在所,授河东道行军万户,兼总管。"①蒙元时期,平阳路有征收课税所和宣抚司之设。平阳为拔都分地,据郝经《河东罪言》云:"平阳一道,隶拔都大王,又兼真定、河间道内鼓城等五处,以属籍最尊,故分土独大,户数特多。……今王府又将一道细分,使诸妃、王子各征其民,一道州郡至分为五七十头项,有得一城或数村者,各差官临督。"②元平阳路与金河东南路相比较,减少怀、孟二州,增加霍州,应当说该路的行政区划是比较稳定的。李治安认为,怀、孟析出自为一路,是蒙哥汗对忽必烈的食邑补充分封。术赤位下食邑封户约占平阳路总户数的三分之一,平阳路大部分所属州县维持原状,是因为该处是术赤大王丙申五户丝食邑分封户所在。元代平阳路的行政区域基本稳定,与投下分封制度有关。③ 金平阳府领十县,其中赵城、霍邑两县入元后归霍州;和川、冀氏两县则于元初省并后,不再复置;元代晋宁路直辖县六。

[2] 临汾,仍金旧,隶平阳。据王恽撰《平阳府临汾县新廨记》云:"平阳当河汾间,为巨镇,属邑五十余城,临汾剧而最要。经界才百里,占籍者几万五千户。凡丘赋之重,徭役之烦,十常居其二。"④由此可见临汾地位

---

① 《元史》卷一五〇。
② 郝经:《郝文忠公陵川文集》卷三二。
③ 《元代分封制度研究》,第411页。
④ 关于《平阳府临汾县新廨记》一文,胡祇遹《紫山大全集》卷九收录该文,而王恽《秋涧先生大全集》卷三七亦收有此文。据《秋涧先生大全集》载,此文之后尚有"至元丙子三月日记"一语,而《紫山大全集》所收文并无此语;而明人刘昌所编《中州名贤文表》卷二四亦收有此文,且列于王恽名下;另,考较王恽与胡祇遹之行实,王恽曾为平阳路总管府判官,而胡祇遹未在平阳任官。综上所述,此文当为王恽所撰无疑。之所以厘入《紫山大全集》,盖清人整理文集时有所不逮而致误。

之重要。

[3] 襄陵,仍金旧,隶平阳府,金为倚郭县。据蒙古甲寅年(1254)麻革所撰《襄陵重修庙学碑》云:"平阳近郊之邑曰襄陵。……天朝开国,裂土以建同姓,震宫得河东道,割州之吉,邑之襄陵、潞城,畀赐嗣王,治襄陵,选年耆德茂者八何赤统其事,且命天成李侯贰之。"①按,旧赐平阳晋州、永州分地,震宫指尤赤。不相统属且间隔较远的吉州、襄陵与潞城三城划归嗣王,单独以治,但未知其具体建置。此是否对当时行政区划有实质影响,待查考。另据张思敬撰《赡学田记》载:"国朝戊戌初,父老甫袭科场之余,率子弟以事进取,或负粮从师阅经就友。当是之时,英髦济济,晋宁所隶五十余城,议者以襄陵为冠。"②

[4] 洪洞,仍金旧,隶平阳。

[5] 浮山,仍金旧,隶平阳。《金史·地理志》载:"旧名神山,大定七年(1167)更为浮山,兴定四年(1220)更名曰忠孝。"至于何时复名浮山县,俟考。

[6] 汾西,仍金旧,隶平阳。据《金史·地理志》载,贞祐三年霍邑县升霍州时,汾西改隶霍州。其由霍州复属平阳年份,待考。

[7] 岳阳,仍金旧,隶平阳。金设岳阳、和川、冀氏三县,后三县合一,存岳阳县。③ 据《元史·世祖纪》载:"[至元四年]省平阳路岳阳、和川二县入冀氏。"④《志》与《本纪》合。自元废以后,此两县不再置。⑤ 据蒲道源撰《三务提领崔君墓志铭》载:"壬辰兵后,谱牒逸坠不可考。然崔氏历代以来为显姓。大父讳坚,父讳善,娶某氏,君弱冠,克自树立。时平阳始附国朝,事皆草创。守□□□□冀氏县尉升为尹。"⑥可见,冀氏县陷蒙后未

---

① [民国]李世祐修、刘思亮纂:《襄陵县志》卷二四《艺文》,据民国十二年刊本影印。
② 《襄陵县志》卷二四《艺文》。
③ 所谓后复改冀氏县为岳阳县,据[民国]杨世瑛等修,王锡祯、宋思本等纂《安泽县志》(据民国二十一年铅印本影印)卷二《舆地·沿革》云:"[县民]董清等以属冀氏不便等情具告,[至元]十三年复并入岳阳,至是则合三县为一县矣。"然其所据材料来源未予揭示,故附记于此。
④ 《元史》卷六《世祖三》。
⑤ [民国]李钟珩修、王之哲等纂:《岳阳县志》卷一三《古迹》,据民国二年刊本影印。
⑥ 蒲道源:《闲居丛稿》卷二四,文渊阁《四库全书》本。

被废,冀氏废县当在至元初州县省并之时。和川县于金元之际废立靡常,金时已立,然金末元初曾一度被废,据元中统元年《和川县令鲁成行状铭》云:"昔在兴定年(1217—1221),本县举为详议官。……至辛卯岁(1231),有故友王仲器赍奉到中书省札付,委授复立和川县。"①元初省并州县时,该县于至元四年复废。

河中府[1],唐蒲州,又改河中府,又改河东郡,又仍为河中府。宋为护国军。金复为河中府。元宪宗在潜,置河解万户府,领河、解二州。河中府领录事司及河东、临晋、虞乡、猗氏、万泉、河津、荣河七县。至元三年,省虞乡[2]入临晋,省万泉入猗氏,并录事司入河东,罢万户府,而河中府仍领解州。八年,割解州直隶平阳路,河中止领五县。十五年,复置万泉县来属。领六县:河东[3]。下。府治所。万泉[4],下。猗氏[5],下。荣河[6],下。金隶荣州,元初废荣州,复为荣河县。临晋[7],下。河津[8]。下。

【考释】

[1] 河中府,金为散府,隶河东南路,天会六年曾降为蒲州。河中控秦扼晋,地位重要,金末元初所涉史事颇多,有多加讨论之必要。金贞祐年间,于平阳府置河东行省,后曾移治于河中府。河中府曾于太祖十七年(1222)附蒙,蒙廷以石天应为兵马都元帅守之;②同年十月,因河中地位重要,蒙廷在河中设"河东南北路、陕右关西行台,以平阳、太原、吉、隰等郡帅府,皆受[石]天应节制"。然而,"是岁(1222),群盗陷河中府,杀权行台石天应"。③ 河中府复陷于蒙,时间当在壬辰年(1232)。④ 所谓"元宪宗在潜,置河解万户府",据《大元故宣差万户奥屯公神道碑铭》载:"辛丑

---

① [民国] 杨世瑛等修,王锡祯、宋思本等纂:《安泽县志》卷一五《艺文》。
② 《元史》卷一《太祖纪》。
③ 苏天爵:《元朝名臣事略》卷一《太师鲁国忠武王木华黎》。
④ 《山石石刻丛编》卷三七《大元故镇国上将军河南淮北蒙古都万户府副都万户赠辅国上将军枢密使护军追封云中郡公谥襄懿忽神公神道碑铭并序》。

(1241)岁夏,河中船桥官谢以事巫[奥屯]公,讼于有司,夺公虎符。唐妃闻之大怒,言于上,复以虎符畀公,仍命皇兄蒙哥大王亲草懿旨,谓大哥以有功之故,朵火鲁虎奉成吉思皇帝圣旨锡此虎符,不可夺也。仍授以万户之职。"①所谓河、解地区应是封授给拖雷系的,太宗时期发生褫夺奥屯万户衔事,反映了拖雷系和窝阔台系间的斗争。《地理志》称宪宗在潜时置河解万户府,估计与此事有一定关系。另据立于至元三年正月《河解达鲁花赤管民官疏》与《河中府疏》二疏后题:"宣差河解万户管民官徐澄、宣差河解达鲁花赤都功德主(下阙)","宣差河中府判官段绍隆、宣差河中府同知石抹飞雄、宣差河中知府功德主奥屯希恺"等,清人胡聘之依《元史·本纪》,认为河解万户府之废,当是姚枢行省事于西京、平阳、太原,主持省并州县的产物。② 其说可从。金河中府领七县,元省虞乡,故存六县。

[2] 虞乡,金旧县,元废。《元史·地理志》载其于至元三年省入临晋。虞乡县自元废后,直到清雍正年间才复设立,然其废之"至元三年",究竟是元代的"前至元"还是"后至元",尚有疑义。乾隆时期虞乡令余克长《改建虞乡县署记》认为虞乡在"元至正三年省入临晋",③实误。民国《虞乡县新志》云:"自元省虞入临,官遂在临。然《百官志》县有达鲁花赤以下等员,而《临晋旧志》署也先海牙诸人于临晋,《山西通志》又俱署于虞乡,夫县已省,何有官?既有官,宁无县?窃以长历推之:元太祖圣武元年,丙寅也;世祖至元改元,甲午也;历七十余年。乃至顺帝乙亥,复改元至元。辛巳,寻又改至正,此其或在前,或在后,似不无可疑。且按《元史·地志》原文曰:'至元三年,省虞乡入临晋'句,上并无'世祖'二字,《临晋旧志》硬为添入,而后来修《通志》者,复与《临晋志》另为注纪,必有所说。况《教民俚言》一书,著自元虞乡令赵平,刊刻行世,今王朔村犹有平之后裔,而《临晋[志]》失考,不知此公又当出何时耶?然则省虞入临,似当在顺帝至元之

---

① 李庭:《寓庵集》卷七《大元故宣差万户奥屯公神道碑铭》。本书"上篇"第四章对河中万户奥屯公事有所述及,兹不赘述。
② 《山右石刻丛编》卷二五《月公普救寺二疏》。
③ [民国] 周振声等修、李无逸等编:《虞乡县新志》卷九《金石考下》,据民国九年石印本影印。

三年,但速安脱忽里及吴天麟、李润泽三人,又俱系至正之世,《通志》俱载,不知又何所据。余以为,曾受其治,原属公民业作之师,岂非我君即令诸公,实在临晋亦仍是虞乡官也。且现依《通志》,并非无征,考古不必泥古,观其通焉可也。"①以上推断实有强解之嫌。至元三年省并州县,实乃元初之一大事,已如前文所考述。再者,《元史·地理志》所载之建置沿革的断限,根本不及于顺帝时期。至于修志者"夫县已省,何有官?既有官,宁无县"之疑问,其实民国时期修志者在文末已自揭其缘由。虞乡之省并当从《元史·地理志》,省并于前至元三年无疑。

[3] 河东,仍金旧,隶河中府。

[4] 万泉,仍金旧,隶河中府。据《金史·地理志》,贞祐三年(1215)升荣河为荣州,万泉改隶荣州,估计荣州废后复属河中府。元至元三年省并州县时,又省入猗氏。"[至元]十四年,县人皇甫祐以户数满千,诉于省部。十六年,复立万泉县,属河中府。"②

[5] 猗氏,仍金旧,隶河中府。至元三年,省万泉入猗氏。

[6] 荣河,仍金旧,隶河中府。据《金史·地理志》载:"贞祐三年升为荣州,以河津、万泉隶焉。"荣州陷蒙时间,据《吴信碑》云:"戊子(1228),进据汾乡,金荣州守惮公[吴信]威名,不敢逆击,遂有其地。"③是知荣州陷于戊子岁。吴信为当地世侯,曾为镇西元帅。然荣州废州为县之确切年份,史不详载。《吴信碑》载其子思义曾为荣河诸军奥鲁,其婿为荣河千夫长,此所指当为中统、至元之际罢世侯前之事,由此可推测荣河复县应还在此前。再据程钜夫《靳同知墓碑》载,靳用于至元六年改荣河尹。④

[7] 临晋,仍金旧,隶河中府。临晋陷蒙年份,胡聘之言其当在天兴元

---

① 《虞乡县新志》卷七《官师表·序》。
② [民国]何燊修、冯文瑞纂:《万泉县志》卷一《舆地·沿革》,据民国六年石印本影印。另据《元史》卷一〇《世祖七》两处提到复置万泉县事:"[至元十五年二月]复立河中府万泉县","[至元十六年十二月]复置万泉县,隶河中府"。再据王恽《秋涧先生大全集》卷一二《过万泉县今废》诗,其作年亦应在至元初年无疑。
③ 《山右石刻丛编》卷二六《吴信碑》。
④ 程钜夫:《程雪楼文集》卷六。

年(1232)。①

[8] 河津，仍金旧，隶河中府。贞祐三年改隶荣州。河津为史千(又作"迁")领地，"太师国王南下，公[史千]归拜授镇西帅，佩以金符"。② 河津于何时由荣州改隶河中府，史不详载，待考。

绛州[1]，中。唐初为绛郡，又改绛州。宋置防御。金改晋安府。元初为绛州行元帅府，河、解二州诸县皆隶焉。后罢元帅府，仍为绛州，隶平阳路。领七县：正平[2]，下。倚郭。至元二年，省录事司入焉。太平[3]，中。曲沃[4]，下。翼城[5]，下。金为翼州，元初复为翼城县，隶绛州。稷山[6]，下。绛县[7]，下。至元二年，省垣曲县入焉。十六年，复立垣曲县，绛县如故。垣曲[8]。下。

【考释】

[1] 绛州，金故州，隶河东南路。金元之际，绛州地位有所升降。据《金史·地理志》载，兴定二年(1218)十二月，平阳府以残破降为散府；与此同时，金于绛州设晋安府，总管河东南路兵马，并于兴定三年三月置河东南路转运司。可见，自兴定二年始，河东南路之治所移至绛州，绛州地位得以提升。据《元史·太祖纪》载，绛州于己卯(1219)陷蒙。③ 估计陷蒙后，河东南路复治于平阳，绛阳仅为一般府州。所谓"元初为绛州行元帅府"，可能是蒙廷沿金旧制而设，据《元史·刘亨安传》载，庚辰(1220)，以亨安兄世英为绛州节度使，兼行帅府事。丙戌(1226)，授刘亨安镇国上将军、绛州节度使，行元帅府事，兼观察使。④ 另据《绛阳军节度使靳公神道碑》载，己卯(1219)靳和以曲沃县献蒙，国王太师授以征南元帅，并命董正曲

---

① 《山右石刻丛编》卷三一《樊氏先茔之记》所作跋语。
② 《山右石刻丛编》卷三三《故河津镇西帅史公墓碣铭》。
③ 《元史》卷一《太祖纪》云："[太祖十四年(1219)]进攻绛州，拔其城，屠之。"另据《金史》卷一五《宣宗纪中》在："[兴定三年(1219)十一月]大元兵平晋安府，行元帅府事、工部尚书粘割贞死之。"两史记载合。然《元好问全集》卷三五《朝元观记》谓庚辰冬(1220)绛阳破，疑误。
④ 《元史》卷一五〇。

沃事,其后"上旌其阀,命尹正绛阳,而有金节之赐"。① 所谓"尹正绛阳",殆谓其为绛阳节度。绛州行元帅府的罢废时间,史未详载,估计很有可能在河解万户府设立之时。据王恽记至元九年之事的《绛州重修夫子庙碑》载:"绛为州甚剧,其地蓄河山之润,总六县,以三万户为河东冠。"②而王氏同样记至元九年之事的《绛州后园题名》则谓:"绛以两州六县三万户之盛,守治一园,甲河东而名天下者宜矣。"③绛州领有三万户,按元代州制划等规模,应包括绛州与翼州两地的户数。王颋认为蒙古国时期,河东南路行省当有翼绛路的存在,④笔者以为这更多的应只是绛州府,它含两州六县之地。金代绛州领有八县,元代领七县。⑤

[2] 正平,仍金旧,隶绛州。

[3] 太平,仍金旧,隶绛州。王恽《太平县文庙建贤廊记》谓:"太平,晋国故封,今为绛之剧邑,襟山带河,冲会南北"云云。⑥

[4] 曲沃,仍金旧,隶绛州。金元之际,曲沃为靳氏领地。⑦

[5] 翼城,金旧县。据《金史·地理志》载:"兴定四年(1220)七月升为翼州,以垣曲、绛县隶焉。元光二年升为节镇,军曰翼安。"⑧另据《翼城县志》载,金兴定三年(1219),在翼之东北置隆化县,亦属翼州,宪宗二年(1252)废为镇。⑨翼州之"在地有力者"为杨宜、杨俊兄弟。金主南迁,木华黎将兵来略,杨氏归降蒙古,杨宜"拔于行间,升行大元帅府,镇翼,表授忠勇校尉,佩银符,守平阳府",其后参与"西征庸蜀",以功"遂授今职"。

---

① 《山右石刻丛编》卷二六《绛阳军节度使靳公神道碑》。
② 王恽:《秋涧先生大全集》卷五二。
③ 《秋涧先生大全集》卷七一。《绛州后园题名》诸本均作"两州六县三十万户之盛",其中"三十万户"显误,兹据以改正。
④ 王颋:《元代行政地理研究》,第55页。
⑤ 据《金史·地理志》,金绛州领八县,较元代多领平水一县。平水县于金兴定四年,从胡天作之请而徙置汾河之西。然其于何年废入何县,史阙其载。据前揭王颋文,至中统元年底仍存平水县,然未知所据。
⑥ 王恽:《秋涧先生大全集》卷三六。
⑦ 《山右石刻丛编》卷二六《绛阳军节度使靳公神道碑》。
⑧ 关于翼城升翼州事,亦可参阅《金史》卷一一八《胡天作传》:"[兴定四年]天作请以晋安府之翼城县为翼州,以垣曲、绛县隶焉。置平水县于汾河之西,朝廷皆从之。"
⑨ [民国] 马继桢督修、吉廷彦编纂:《翼城县志》卷一《建置沿革》;卷五《古迹》,民国十八年铅印本。

笔者推测此县尹很可能就是隆化县尹。此后"所莅凡三十余年",至元元年殁。从隆化县立,至宪宗二年废,正好三十余年;另按《元史·木华黎传》,木华黎于壬午(1222)冬十月"过晋至绛",翼州附蒙即在此时,翼州改县应在其年或稍后一两年内,此亦较合杨宜任县尹职"三十余年"的记载。① 翼州改为翼城县的时间,很可能也在至元八年或九年,其时河解府、绛州府均改为州,隶平阳路。

[6] 稷山,仍金旧,隶绛州。

[7] 绛县,仍金旧,隶绛州。兴定四年翼城升州时,改隶翼城,翼州废后复隶绛州。

[8] 垣曲,仍金旧,隶绛州。兴定四年曾隶翼州,估计翼州废后,复归绛州。至元十六年垣曲复立,乃因县去绛县一百七十里,差役公务期限征集动经数日,遂乞复立县。②

潞州[1],下。唐初为潞州,后改上党郡,又仍为潞州。宋改隆德军。金复为潞州。元初为隆德府,行都元帅府事。太宗三年,复为潞州,隶平阳路。至元三年,以涉县割入真定府,以录事司并入上党县。领七县:上党[2],下。壶关[3],下。长子[4],下。潞城[5],下。屯留[6],下。至元三年,省入襄垣。十五年复置。襄垣[7],下。黎城[8]。下。至元二年,并涉县偏城等十三村入焉。

【考释】

[1] 潞州,金故州,隶河东南路。据《金史·宣宗纪》载,贞祐三年(1215),于东平、益都、太原、潞州置元帅府。③ 潞州于戊寅(1218)陷蒙后,木华黎授任志以虎符,俾充元帅,守潞州。任志死后,子存袭职,后存亦

---

① 《翼城县志》卷三七《艺文上》,段天章撰《杨县尹墓表》。另,《翼城县志》卷二六《人物》记载元代翼城杨氏家族人物甚众,显示杨氏家族在元代家势不衰。
② 《山右石刻丛编》卷二九《垣曲县新修文庙记》。另据《元史》卷一〇《世祖纪》亦载,至元十六年改垣曲县入绛州。
③ 《金史》卷一四《宣宗纪上》。其中潞州置帅府,另可参阅《金史》卷一〇八《胥鼎传》。

死,辛卯(1231),"以存父子死事,子立尚幼,先官其侄成为潞州长官,待立长而还授之。成卒,授立潞州长官,佩金符"。① 需要指出的是,壬午(1222),严实偕国兵略地上党,潞人阎珍"以城降,行台授宣武将军,潞州招抚使",后"加怀远大将军、元帅左监军兼同知昭义军节度使事。先太师承制封拜,载之(阎珍字)用行台荐,授辅国上将军、左副元帅、昭义军节度使,佩金虎符,且命载之积粮数万,选壮士数千守潞州"。② 此外,段直亦曾由"太师承制封拜,时授潞州元帅府右监军"。③ 可见,元初潞州仍设元帅府,很大程度上是因袭金旧而来。《金史·地理志》载潞州领有八县,元至元二年涉县被省并,分别割真定府及潞州黎城,故元代潞州领七县。

[2] 上党,仍金旧,隶潞州。为倚郭。上党于1222年陷蒙。④

[3] 壶关,仍金旧,隶潞州。

[4] 长子,仍金旧,隶潞州。

[5] 潞城,仍金旧,隶潞州。蒙古甲寅年(1254)麻革所撰《重修庙学碑》载:"平阳近郊之邑曰襄陵。……天朝开国,裂土以建同姓,震宫得河东道,割州之吉、邑之襄陵、潞城,畀赐嗣王,治襄陵,选年耆德茂者八何赤统其事,且命天成李侯贰之。"⑤

[6] 屯留,仍金旧,隶潞州。

[7] 襄垣,仍金旧,隶潞州。据胡祇遹《襄垣重修官廨记》云:"至元十三年秋,巡按河东,过辽州襄垣,官廨一新,异于他邑。"⑥所谓"辽州襄垣",元代载籍不见他处记有襄垣曾属辽州之说,疑误。

[8] 黎城,仍金旧,隶潞州。据《金史·地理志》载,贞祐三年(1215)七月涉县升为崇州,黎城县曾改隶崇州。崇州废后,复隶潞州。据《黎城县重修宣圣庙记》载:"国朝岁己未(1259),县长赵思忠访庙故迹,筑以缭垣,

---

① 《元史》卷一九三《任志传》。
② 《元好问全集》卷二九《故帅阎侯墓表》。
③ 《山右石刻丛编》卷二七《泽州长官段公墓碑铭》。
④ 《元名臣事略》卷一《太师鲁国忠武王木华黎》;元好问:《元好问全集》卷二九《故帅阎侯墓表》。
⑤ 《襄陵县志》卷二四《艺文》。
⑥ 胡祇遹:《紫山大全集》卷九。

而无朔望香火之所。中统建元,先伯父凤嵒君主簿事,为屋三楹……"①可见,崇州当废于大蒙古国时期。

泽州[1],下。唐初为泽州,后为高平郡,又仍为泽州。宋属河东道。金为平阳府。元初置司候司及领晋城、高平、阳城、沁水、端氏、陵川六县。至元三年,省司候司、陵川县入晋城,省端氏入沁水。后复置陵川。领五县:晋城[2],下。高平[3],下。阳城[4],下。沁水[5],下。陵川[6]。下。至元三年,省入晋城,后复置。

【考释】

[1] 泽州,金故州,隶河东南路。《金史·地理志》云:"天会六年以北京泽州同,加'南'字。天德三年复去'南'字。贞祐四年(1216)隶潞州昭义军,后又改隶孟州。元光二年(1223)升为节镇,军曰忠昌。"金元之际,泽州为段直领地,据《泽州长官段公墓碑铭》载:"公讳直,字正卿,姓段氏,世为泽州晋城人。少英伟,有识虑。甲戌之秋(1214),南北分裂,两河、山东郡县尽废,兵凶相仍,寇贼充斥。公乃奋然兴起,率乡党族属为约束,相聚以自守。及天子命太师以王爵领诸将兵来略地,两河、山东豪杰并应,公遂以众归之。事定,论功行赏,分土传世,一如古封建法。公起泽,应得泽,遂佩黄金符,为州长官,凡廿余年。"②关于泽州行政建置沿革状况,金人李俊民《泽州图记》所述甚详,兹不具引;惟其所述蒙金战争带给泽州的影响颇为重要,这对于我们理解泽州因人口损耗严重故而为下州的状况有所补益,故录于此:"贞祐甲戌(1214)二月初一日丙申,郡城失守,虐焰燎空,雉堞毁圮,室庐扫地,市井成墟,千里萧条,阒其无人。后二十年,大兵渡河。甲午(1234)正月初十日己酉,蔡州城陷,金运遂绝。大朝始张官署吏。乙未(1235),遣使诣诸路料民,本州司县共得九百七十三户,司候司六十八户,晋城二百五十五,高平二百九十,陵州六十五,阳城一百四十

---

① 《山右石刻丛编》卷三一。
② 刘因:《刘文靖公文集》卷二〇《泽州长官段公墓碑铭》;《山右石刻丛编》卷二七。

八,端氏一百一十七,沁水三十。至壬寅(1242),续括漏籍,通前实在一千八百一十三户。以乡观乡,以国观国,以天下观天下,其可知也。噫!生斯世者,何不幸邪?百六之数,莫能逃邪。死者已矣,生者倒县,何时而已邪?上天之祸,如此其酷,尚未悔邪?泫然记之,庶几父母疮痍之民者,生怵惕之心。"①元初,端氏县省并后不再复置,故元代泽州较之金代泽州少领一县。

[2] 晋城,仍金旧,隶泽州。为倚郭。②

[3] 高平,仍金旧,隶泽州。

[4] 阳城,仍金旧,隶泽州。据《金史·地理志》载,宣宗元光二年(1223)升[泽]州为节镇军,曰忠昌。十一月升阳城县为勣州。清《阳城县志》云:"及灭于元而州废。"③据袁希耽撰《元故忠昌军节度使郑公神道碑铭》云:"公讳皋。……正大戊子(1228),皇朝开拓疆宇,天兵南下,公敬迓威命,归附太师国王。王嘉之,赏赉优渥,遣使奏朝廷,新命公为忠昌军节度使。"④勣州复废为县年代不详。据李俊民作于壬寅(1242)十月的《阳城县重修圣王庙记》,可知1242年之前已废而为县。另据《元史·郑鼎传》载,鼎(皋长子,笔者注)幼失怙,"初为泽、潞、辽、沁千户。岁甲午(1234),从塔海绀不征蜀。……乙巳(1245),迁阳城县军民长官",⑤亦可为证。阳城为世侯郑氏辖地。

[5] 沁水,仍金旧,隶泽州。

[6] 陵川,仍金旧,隶泽州。陵川复置年份,据《大清一统志》载,谓其复

---

① 李俊民:《庄靖先生遗集》卷八,《山右丛书初编本》第十五册,山西人民出版社,1986年版。
② 金人李俊民于癸卯年(1243)所作《大阳资圣寺记》对晋城历代沿革所述颇为详瞻,兹转录于此:"晋城县,汉之高都县也。属上党郡,晋因之。后魏改属建兴郡,明帝移建兴于高都城,孝庄帝复改建兴郡为高都郡,县属焉。北齐置长平、高都二郡。后周又以长平、安平二郡并入,为高都郡。隋开皇初,郡废为泽州,十八年改高都县为丹川县,因县北丹水为名,属长平郡。唐武德元年,移于源漳水北,三年,析丹川,于古高都城置晋城县,属建州。六年,州废,县属盖州。是年,省丹川县,盖州入晋城。贞观元年,盖州废为泽州,县亦属焉。宋及大金,因之不改。"参阅李俊民:《庄靖先生遗集》卷八。
③ [清]赖昌期总修,潭沄、卢廷菜纂修:《阳城县志》卷一《建置沿革》,据清同治十三年刊本影印。
④ 《阳城县志》卷一四《艺文》。
⑤ 《元史》卷一五四《郑鼎传》。

置于至元三十一年。①

解州[1]，下。本唐蒲州之解县。五代汉乾祐中置解州。宋属京兆府。金升宝昌军。元至元四年，并司候司入解县。有盐池，方一百二十里。领六县：解县[2]，下。安邑[3]，下。闻喜[4]，下。夏县[5]，下。平陆[6]，下。芮城[7]。下。

【考释】

[1] 解州，金故州，属河东南路。《金史·地理志》载："贞祐三年（1215）复升为节镇，军名宝昌。兴定四年徙治平陆县。"解州于兴定间陷蒙，蒙廷曾因金制，设有解州节度使。解州为仪氏辖地。② 兴定二年（1218），晋安府立，解州与河中府俱隶之。至元八年始隶平阳路。解州为著名池盐产地，《新元史·地理志》云："至元二十九年，运使那海建运城，名凤凰城。"元代解州仍金之旧，领有六县。

[2] 解县，仍金旧，隶解州。为倚郭。

[3] 安邑，仍金旧，隶解州。③

[4] 闻喜，仍金旧，隶解州。据《闻喜县志斠》载："邑[闻喜]本为望县，宋亦同，至元则注为下县矣。且不惟邑为下县，解州之六县皆注曰'下'，良由宋金戎马之余凋敝已甚故耳。"④闻喜世侯为王谨成、王珪父子，前者曾授招抚使，并特降宜命授华州节度使，后者特赐继治招抚使，授征行元帅、孟津县令。⑤ 另，闻喜之东镇，地理位置十分重要，据《迁修洞霞观记》云："壬辰（1232），行省兵马都元帅塔察儿忽神公平汴而西，大河东分置营

---

① 《大清一统志》卷一〇七"陵川县"条。另，《陵川县志》谓其在至正后复置，未知所据。参阅[民国]库增银修、杨谦纂：《陵川县志》卷七《沿革考》，据民国二十二年铅印本影印。
② 《山右石刻丛编》卷三〇《仪氏先茔记》。
③ 安邑为上贡蒙廷的葡萄酒产地，壬子（1252），蒙廷曾对安邑县发有《葡萄园宣谕》；中统二年六月，元廷"敕平阳路安邑县蒲萄酒自今毋贡"，参阅《山右石刻丛编》卷二四；《元史》卷四《世祖一》。
④ 《闻喜县志斠》卷一《沿革》，附于[清]李遵唐纂修《闻喜志》之后，据清乾隆三十年刊本影印。
⑤ 《闻喜县志斠》卷二《人物》。

幕。闻喜之东镇,实燕京冲要"云云。①

[5] 夏县,仍金旧,隶解州。据《大明清类天文分野之书》载:"贞祐三年(1215),以夏县属解州。"②夏县曾于贞祐初短暂改隶陕州,后复隶解州。

[6] 平陆,仍金旧,隶解州。据《大明清类天文分野之书》卷一二《觜参晋分》载,平陆于贞祐年间曾短暂改隶陕州,随后即复属解州。另据《金史·地理志》载,兴定四年(1220),解州徙治于平陆县。至元三年芮城并入平陆,详见"芮城"条。

[7] 芮城,仍金旧,隶解州。《金史·地理志》载:"[芮城]宋隶陕州。"贞祐间,芮城曾短暂改属陕州,据《大明清类天文分野之书》载:"贞祐三年,割芮城县属解州。"③据至元十八年《玉京观碑记》,该碑记末题有"解州平陆县芮城巡检鲁彦雄"之语,胡聘之在跋语中写道:"元至元三年以芮城并入平陆,至元三十一年始复,见《元史·地理志》。此碑题'平陆县芮城巡检'即其证。"④另据大德元年《芮王庙记》,胡氏在跋语中这样述及:"元中统并芮城入平陆,至元三十一年八月复,见《本纪》。"⑤胡氏两则记述不一,且检校《元史·地理志》及《本纪》,均不见芮城中统或至元三年省并说,殊甚怪异。据雍正《山西通志》云:"至元间,并平陆县入焉。元贞初复分置。"⑥结合前文对至元初年州县省并的实况,芮城应于至元三年省并。

霍州[1],下。唐初为霍山郡,又改吕州,又废州而以县隶晋州。金改霍州。元因之。领三县:霍邑[2],下。倚郭。有霍山为中镇。赵城[3],旧属平阳府。灵石[4]。下。旧属汾州。

---

① 《山右石刻丛编》卷三四《迁修洞霞观记》。
② 《大明清类天文分野之书》卷一二《觜参晋分》。另,元至治二年《司马温公祠堂塈记》云:"陕州夏县,今为晋宁之属也,乃宋朝司马温□文正公之故乡"云云。参阅《山右石刻丛编》卷三二。
③ 《大明清类天文分野之书》卷一二《觜参晋分》。
④ 《山右石刻丛编》卷二六。
⑤ 《山右石刻丛编》卷二八。
⑥ 《山西通志》卷五"芮城县"条。

【考释】

[1] 霍州，金为霍邑县，属平阳府。据《金史·地理志》载："贞祐三年（1215）七月升为霍州，以赵城、汾西、灵石隶焉。兴定元年七月升为节镇，军曰镇定。"金改霍州，元因之。① 霍州于己卯（1219）陷蒙。据《山右石刻丛编》卷二九《霍州并建公宇记》胡聘之考证跋语，《霍州志》有《公廨庙宇学舍戟门》，该碑末有岁乙巳（1245）州学正河内王士贞所记《霍州艺文阙名》，其中元初经始公廨桥道记言："丁酉（1237）春正月，复立霍州。"经始公廨是霍廨之立，自元太宗九年始。另据刘敏中所撰《敕赐将作院使哈飒不花昭先碑铭》云："将作曾祖考答答不华，霍州人，系出伟吾氏。国初，从太祖征西域……大父和者不华，为人恪谨有为，官霍州路达鲁花赤……"② 所谓"霍州路"，不见载于元代其他载籍，待考。元代霍州领三县，汾西后改隶平阳路，又置霍邑为倚郭县。

[2] 霍邑，金旧县。霍邑原属平阳府，贞祐三年升州后，霍邑县不存。据《金史·移剌阿里合传》载："兴定四年（1216）正月，移霍州治好义堡。"③ 此次移治是否对复置霍邑县有影响，俟考。不过，霍邑县之析置，当在金元之际。王恽《祭霍山祠题名》即记载，至元十年"[恽]行县北，走霍邑，前次洪洞"。④ 霍邑复析置县定在此前无疑。

[3] 赵城，金旧县，原属平阳府。贞祐三年，霍邑升州后来属。

[4] 灵石，金旧县，隶河东北路汾州。据《金史·地理志》载："贞祐三年（1215）割霍州，四年五月后来属[汾州]。"而《元史·地理志》谓："元初立汾州元帅府，割灵石县隶平阳路之霍州，仍析置小灵石县，后废府。"从上可知，金元之际，灵石县曾依违于汾州、霍州之间。估计至元二年汾州

---

① 《灵石县志》云："《元史》金改吕州为霍州，领霍邑、赵城、灵石。按《金帝纪》，正佑（应为贞祐之误，笔者注）二年，置霍州，无改吕州之说。吕州自唐已废，不知复自何时。"其所指《元史》金改吕州为霍州"，即是针对此处"金改霍州"一语而发。实际上，此语之意乃指金贞祐三年升霍邑为霍州之事，不是所谓由吕州改为霍州，修志者误读《元史》。参见[民国] 李凯明修、耿步蟾纂：《灵石县志》卷一《沿革》，据民国二十二年铅印本影印。
② 刘敏中：《中庵先生刘文简公文集》卷四。
③ 《金史》卷一二二。
④ 王恽：《秋涧先生大全集》卷七一。

元帅府废后,灵石复归霍州。

隰州[1],下。唐初为隰州,又改大宁郡,又仍为隰州。元以州隶晋宁路。领五县:隰川[2],中。州治所。至元三年,省大宁、蒲、温泉三县入焉。大宁[3],下。至元三年,省入隰川,二十三年复置。石楼[4],下。永和[5],下。蒲县[6]。下。

【考释】

[1] 隰州,金故州,隶河东南路。① 金元之际,镇西元帅田雄开府隰、吉二州,兴定五年(1221),"太师以王爵统诸道,得承制拜封,授公隰、吉州刺史,兼镇戎军节度使,易金符"。② 金代隰州领有六县,其中仵城县于兴定五年(1221)正月升隰川之仵城镇置,后废,不再复置。元隰州领五县。

[2] 隰川,仍金旧,隶隰州。大宁、蒲县并入隰川,后均复置;温泉以半割孝义,半入隰川,此次省并后,不再复置。

[3] 大宁,仍金旧,隶隰州。据《金史·地理志》载,兴定五年蒲县升州,大宁改隶蒲州。蒲州废后,复隶隰州。

[4] 石楼,仍金旧,隶隰州。

[5] 永和,仍金旧,隶隰州。

[6] 蒲县,仍金旧,隶隰州。据《金史·地理志》载,金兴定五年正月蒲县升为州。《金史》卷一〇八《胡天作传》载:"隰州之境蒲县,最居其冲,可改为州,隰川之仵城镇可改为县,选官守备。诏升蒲县为蒲州,以大宁县隶之,仵城镇为仵城县。"蒲州废州复县,年代不详。蒲县曾于至元三年省入隰川县,后复置。③ 另,仵城县于兴定五年由镇升县后,于何时被废,亦

---

① 据《金史·地理志》云:"天会六年改为南隰州,以与北京隰州重也,天德三年去'南'字。"
② 李庭:《寓庵集》卷六《故宣差京兆府路都总管田公墓志铭》;《山右石刻丛编》卷二八《大元国乡宁县赵侯墓志》。
③ 《元史》中华书局点校本于本卷注六六中指出,《元史》卷一八《成宗纪》,至元三十一年秋七月己未条有"复立平阳路之蒲、武乡"。则蒲县在至元三年省并后,至元三十一年复立。

阙疑待考。①

沁州[1]，下。唐初为沁州，又改阳城郡，又仍为沁州。宋置威胜军。金仍为沁州。元因之。领三县：铜鞮[2]，下。州治所。至元三年，省录事司、武乡县入焉。沁源[3]，下。至元三年，省绵上县入焉。武乡[4]。下。至元三年，省入铜鞮，后复立。

【考释】

[1] 沁州，金故州，隶河东南路。《元史·地理志》所谓"金仍为沁州"，于金末之状况未揭。据《金史·地理志》载："元光二年（1223）升为节镇，军曰义胜。"沁州升为节镇，于1219年陷蒙，附蒙将领为杜丰。据《杜氏孝感泉记》云："金末兵乱，[丰]以材勇保据沁州。国初入附，累从战伐，所破城栅全活万计。朝廷授以虎符、金吾卫上将军、绛军节度使、沁州都元帅、便宜行事。其本州所隶亲王亦有旨，赐以沁阳公之号。"②另据元人杜思敬撰《故明威将军吉州路达鲁花赤杜公表铭碑并序》载，杜思明"袭爵，充沁州管民长官。……中统新法肇立，例迁隰、陕、邓三州刺史，悉有能声。……[至元丙子]宠锡虎符，授明威将军、吉州路总管府达鲁花赤。赏其劳也"。③金领四县，元初省绵上县，故仅领三县。

[2] 铜鞮，仍金旧，隶沁州。

[3] 沁源，仍金旧，隶沁州。《金史·地理志》云："元光二年（1223）十一月升县为谷州。"谷州于何时复废州为县，待考。

[4] 武乡，仍金旧，属沁州。据元李义撰《复立武乡县记》载："至元三年丙寅，敕诸县邑编户不满千数者省并之，所以裁减、纾民力也。时本县才七百，例罢，并治于铜鞮。厥后，屡以彼疆此界，催苛有轻重之偏，以远

---

① 据《大清一统志》卷一二三"仵城废县"条云："《州志》：'仵城镇在州南六十里，有堡。'盖金末又废为镇也。"另，王颋认为，到中统元年底止仍存有仵城县。但不知所据，存疑。王颋：《元代行政地理研究》，第71页。
② 《山西通志》卷二〇四《艺文》。
③ [清]恩端修、武达材纂：《平遥县志》卷一一《艺文志》，清光绪八年刻本。

里致期,输送有稽违之责。官立严程,民疲奔命。升平见久,户口日增,武乡旧民咸思复立为便。至元三十年癸巳,前沁州吏长李浩、县吏石赟等建言:'今县户已及千余,可告复立。'询谋咸同,入官陈状,至于再四。官核其实,然后准告。元贞二年申奏,奉敕复立。"①由此,其详可见矣。

辽州[1],下。唐初置辽州,又改箕州,又改仪州。宋复为辽州。元隶晋宁路。领三县:辽山[2],下。倚郭。榆社[3],下。至元三年,省入辽山,六年复立。和顺[4]。下。至元三年,省仪城县入焉。

【考释】

[1] 辽州,金故州,隶河东南路。辽州于贞祐年间曾款附蒙古,后为金所复。② 金将郭文振于兴定年间治辽州,元光二年(1223),"辽州不能守,徙其军于孟州"。是岁,辽州始由郭文振部将刘恩治理。逮至甲午(1234),蔡州城破,"[刘恩]率其部曲款附天朝,丞相胡公、中书杨公交章上荐,拜辽州军民长官,佩银符"。岁丙辰(1256),刘恩子刘义袭父职,充辽州军民长官,直至至元元年,罢世侯,行迁转法,刘义迁改同知绛州事。③ 金辽州领有四县,元初省并仪城县,仅领三县。

[2] 辽山,仍金旧,隶辽州。据《金史·地理志》载,辽山领有一镇,曰平城,旧为县,贞元二年(1154)废为镇,属辽山县。贞祐四年(1216)复升为县,更名仪城县。元至元三年,仪城省入和顺县。

[3] 榆社,仍金旧,隶辽州。据元人呼延伯起撰《重修文庙记》云:"榆次(应为"社",笔者注),辽州属县,古仪州,唐改今名焉。"④

[4] 和顺,仍金旧,隶辽州。

吉州[1],下。唐初置西汾州,又为南汾州,又改慈州。宋置吉乡

---

① [清]白鹤修、史传远纂辑:《武乡县志》卷四《艺文上》,据清乾隆五十五年刊本影印。
② 《山右石刻丛编》卷二七《故左副元帅权四州都元帅宣授征行千户周侯神道碑》。
③ 《山右石刻丛编》卷二九《大元武略将军辽州知州刘公神道碑》。
④ [清]王家坊修、葛士达纂:《榆社县志》卷九《碑记》,据清光绪七年刻本影印。

军。金改耿州,又改吉州。元初领司候司、吉乡、乡宁二县。中统二年,并司候司入吉乡县。至元二年,省吉乡。三年,又省乡宁并入州。后复置乡宁。领一县:乡宁[2]。下。

【考释】

[1] 吉州,金故州,隶河东南路。元光元年(1222),吉州残破,金人于牛心寨侨治州事。① 元初吉乡废后,不再复置。② 吉州于己卯(1219)陷蒙。③ 大蒙古国时期,赵仲曾"权吉州"事,④ 田雄曾开府隰、吉州,任刺史。⑤ 元代吉州仅领一县。

[2] 乡宁,仍金旧,隶吉州。兴定三年(1219)陷蒙。据《大元国乡宁县赵侯墓志》载:"天兵南伐,县民饥冻,逃散殆尽,复为强者侵掠。侯思拯救之略,乃迎谒太师国王,郎中马公即用侯为记室。岁癸巳,承王命,建乡宁城市,为抚治长官,犹今令尹也。"⑥ 另据元人宋景祁撰《复立乡宁县治碑记》载,乡宁因户口数寡,于至元三年省并;后因征差、词讼赴州不便,于至元二十五年复立。⑦

---

① 参阅《大清一统志》卷一三八;《山右石刻丛编》卷三八《吉州学乡贤杨贞行迹碣》后胡聘之所引《续资治通鉴》内容。
② [清]吴葵之总修、裴国苞纂修:《吉县志》卷六《古迹》,据清光绪五年铅印本影印。
③ 《元史》卷一四七《史天祥传》。
④ 《山右石刻丛编》卷二四《后土庙重修记》。
⑤ 李庭:《寓庵集》卷六《故宣差京兆府路都总管田公墓志铭》。
⑥ 《山右石刻丛编》卷二四《后土庙重修记》;卷二八《大元国乡宁县赵侯墓志》。
⑦ [民国]赵祖抃修,吴庚、赵意空纂:《乡宁县志》卷一二《文选上》,据民国六年刊本影印。

参考文献

基本史籍类

（以作者姓氏拼音为序；部分未详作者者，则以书名第一字拼音为序）

孛兰肹等撰、赵万里校辑：《元一统志》，中华书局，1966年版。
陈得芝辑校：《元代奏议集录》，浙江古籍出版社，1998年版。
陈旅：《安雅堂集》，文渊阁《四库全书》本。
陈桱：《通鉴续编》，文渊阁《四库全书》本。
陈垣编纂，陈智超、曾庆瑛校补：《道家金石略》，文物出版社，1988年版。
陈元靓：《事林广记》，中华书局，1999年版。
程钜夫：《程雪楼文集》，《元代珍本文集汇刊》本，"中央图书馆"编印，1970年版。
《大元圣政国朝典章》（《元典章》），影印元刊本，中国广播电视出版社，1998年版。
戴良：《九灵山房集》，文渊阁《四库全书》本。
段松苓：《益都金石记》，光绪九年刻本，刊于国家图书馆善本金石组编：《辽金元石刻文献全编》（全三册）第三册，北京图书馆出版社，2003年版。
额尔登泰、乌云达赉校勘：《蒙古秘史》（校勘本），内蒙古人民出版社，2007年版。
《古今图书集成》，中华书局、巴蜀书社影印本，1985年版。
方龄贵校注：《通制条格校注》，中华书局，2001年版。
顾祖禹撰，贺次君、施和金点校：《读史方舆纪要》，中华书局，2005年版。
郝经：《郝文忠公陵川文集》，《北京图书馆古籍珍本丛刊》第91册，书目文献出版社据明正德二年李瀚刻本影印，1988年版。
洪迈：《容斋随笔》，上海古籍出版社，1978年版。
胡聘之：《山右石刻丛编》，据清光绪二十七年刻本影印，《辽金元石刻文献全编》第一册。

胡祗遹：《紫山大全集》，文渊阁《四库全书》本。

黄溍：《金华黄先生文集》，《四部丛刊》本。

姬志真：《云山集》，《道藏》第25册，文物出版社、上海书店、天津古籍出版社，1988版。

纪昀：《历代职官表》，上海古籍出版社，1984年版。

解缙等编纂：《永乐大典》，中华书局，1986年版。

孔元措：《孔氏祖庭广记》，清光绪《琳琅秘室丛书》本。

柯劭忞：《新元史》，上海古籍出版社、上海书店，1989年版。

柯绍忞：《新元史考证》，刊于《民国丛书》第五编第46册，上海书店出版社，据国立北京大学研究院文史部版影印。

拉施特主编，余大均、周建奇译：《史集》，商务印书馆，1983年版。

李继本：《一山文集》，文渊阁《四库全书》本。

李俊民：《庄靖先生遗集》，《山右丛书初编本》第十五册，山西人民出版社，1986年版。

李焘：《续资治通鉴长编》，上海古籍出版社，1986年版。

李庭：《寓庵集》，《元人文集珍本丛刊》本，台湾新文丰出版公司印行，1985年版。

李修生主编：《全元文》（第二册），江苏古籍出版社，1998年版。

李志常撰、王国维校注：《长春真人西游记》，《王国维遗书》第13册上海古籍出版社，1983年版。

廉惇：《廉文靖公集》，《永乐大典》本，中华书局，1986年版。

刘秉忠：《刘太傅藏春集》，《元人文集珍本丛刊》本。

刘伯温：《大明清类天文分野之书》，《续修四库全书》本，第585、586册，上海古籍出版社，1995年版。

柳贯：《待制集》，文渊阁《四库全书》本。

刘敏中：《中庵先生刘文简公文集》，《北京图书馆古籍珍本丛刊》第92册，据清抄本影印。

刘祁：《归潜志》、《归潜堂记》，中华书局，1983年版。

刘因：《刘文靖公文集》，《北京图书馆古籍珍本丛刊》第93册。

刘应李原编、詹友谅改编、郭声波整理：《大元混一方舆胜览》，四川大学出版社，2003年版。

刘岳申：《申斋集》，文渊阁《四库全书》本。

刘埙：《隐居通议》，文渊阁《四库全书》本。

骆承烈汇编：《石头上的儒家文献——曲阜碑文录》，齐鲁书社，2001年版。
罗福颐撰：《满洲金石志》，民国二十六年石印本，《辽金元石刻文献全编》第三册。
罗振玉撰：《金石萃编未刻稿》，民国七年上虞罗氏石印本，载《历代碑志丛书》，江苏古籍出版社，1998年版。
马端临：《文献通考》，中华书局，1986年版。
马祖常：《马石田文集》，《元人文集珍本丛刊》本。
《明一统志》，文渊阁《四库全书》本。
迺贤：《河朔访古记》，文渊阁《四库全书》本。
牛诚修：《定襄金石考》，据民国二十一年铅印本影印，《辽金元石刻文献全编》第二册。
欧阳玄：《圭斋文集》，文渊阁《四库全书》本。
彭大雅撰、徐霆疏证、王国维笺证：《黑鞑事略》，载《王国维遗书》第13册，上海古籍出版社，1983年版。
蒲道源：《闲居丛稿》，文渊阁《四库全书》本。
钱大昕著，陈文和主编：《潜研堂金石文跋尾》，载《嘉定钱大昕全集》第六册，江苏古籍出版社，1997年版。
钱大昕：《十驾斋养新录》，载《嘉定钱大昕全集》第七册。
钱大昕著，方诗铭、周殿杰校点：《廿二史考异》，上海古籍出版社，2004年版。
丘处机：《磻溪集》，《北京图书馆古籍珍本丛刊》第91册。
任士林：《松乡集》，文渊阁《四库全书》本。
沈垚：《落帆楼文集》，上海古籍出版社据1918年嘉业堂刻吴兴丛书本影印，1995年版。
沈涛：《常山贞石志》，清道光二十二年刻本，《辽金元石刻文献全编》第三册。
宋褧：《燕石集》，文渊阁《四库全书》本。
宋濂：《元史》，中华书局点校本，1976年版。
苏天爵：《元文类》，国学基本丛书，商务印书馆，1937年版。
苏天爵著，陈高华、孟繁清点校：《滋溪文稿》，中华书局，1997年版。
陶宗仪：《南村辍耕录》，中华书局，1997年版。
屠寄：《蒙兀儿史记》，上海古籍出版社、上海书店，1989年版。
脱脱：《宋史》，中华书局点校本，1977年版。
脱脱：《辽史》，中华书局点校本，1974年版。
脱脱：《金史》，中华书局点校本，1975年版。

王昶：《金石萃编》，清嘉庆十年经训堂刻本，《辽金元石刻文献全编》第二册。

王逢：《梧溪集》，文渊阁《四库全书》本。

王国维校注：《圣武亲征录》，载《王国维遗书》第13册。

汪辉祖：《元史本证》，中华书局，2004年版。

王礼：《麟原文集》，文渊阁《四库全书》本。

王寂：《拙轩集》，文渊阁《四库全书》本。

王结：《文忠集》，文渊阁《四库全书》本。

王若虚：《滹南遗老集》，辽海出版社，2006年版。

王旭：《兰轩集》，文渊阁《四库全书》本。

王恽：《秋涧先生大全文集》，《四部丛刊》本。

王恽撰、杨晓春点校：《玉堂嘉话》，中华书局，2006年版。

王镇撰：《济南金石志》，清道光二十年刊本。

魏初：《青崖集》，文渊阁《四库全书》本。

魏了翁：《鹤山集》，文渊阁《四库全书》本。

魏源：《圣武记》，清道光刻本。

文天祥：《文山集》，文渊阁《四库全书》本。

吴澄：《吴文正公集》，《元人文集珍本丛刊》本。

向南编辑：《辽代石刻文编》，河北教育出版社，1995年版。

晓山老人编：《太乙统宗宝鉴》，文渊阁《四库全书》本。

萧㪺：《勤斋集》，文渊阁《四库全书》本。

谢肃：《密庵集》，文渊阁《四库全书》本。

《新编事文类要启札青钱》，古典研究会，昭和三十八年。

徐乾学：《资治通鉴后编》，文渊阁《四库全书》本。

徐松辑：《宋会要辑稿》，中华书局，1957年版。

许有壬：《圭塘小稿》，文渊阁《四库全书》本。

许有壬：《至正集》，《元人文集珍本丛刊》本。

徐梦莘：《三朝北盟会编》，上海古籍出版社，1987年版。

徐元端撰、杨讷点校：《吏学指南》，浙江古籍出版社，1988年版。

杨奂：《还山遗稿》，文渊阁《四库全书》本。

姚燧：《牧庵集》，《四部丛刊》本。

耶律楚材：《湛然居士文集》，《四部丛刊》本。

叶子奇：《草木子》，中华书局，1997年版。
佚名著、金少英校补：《大金吊伐录校补》，中华书局，2001年版。
虞集：《道园学古录》，《四库全书》本。
宇文懋昭撰、李西宁点校：《大金国志》，载《二十五别史》，齐鲁书社，2000年版。
元好问：《元好问全集》，姚奠中主编，李正民增订，山西古籍出版社，2004年版。
元明善：《清河集》，《元人文集珍本丛刊》本。
袁桷：《清容居士集》，文渊阁《四库全书》本。
张棣：《金图经》、《正隆事迹》，载李澍田主编、傅朗云编注：《金史辑佚》，载《长白丛书》（四集），吉林文史出版社，1990年版。
张金吾：《金文最》，中华书局，1990年版。
张维：《陇右金石录》，民国三十二年甘肃省文献征集委员会校印本，《辽金元石刻文献全编》第三册。
张养浩：《归田类稿》，文渊阁《四库全书》本。
张昱：《可闲老人集》，文渊阁《四库全书》本。
张翥：《蜕庵集》，文渊阁《四库全书》本。
张之翰：《西严集》，文渊阁《四库全书》本。
赵秉文：《滏水集》，文渊阁《四库全书》本。
赵承禧等编、王晓欣点校：《宪台通纪（外三种）》，浙江古籍出版社，2002年版。
赵珙撰、王国维笺证：《蒙鞑备录》，《王国维遗书》第13册。
赵孟頫著、任道斌校点：《赵孟頫集》，浙江古籍出版社，1986年版。
赵彦卫：《云麓漫钞》，文渊阁《四库全书》本。
赵翼著、王树民校证：《廿二史札记校证》（订补本），中华书局，1984年版。
郑玉：《师山集》，文渊阁《四库全书》本。
郑元祐：《侨吴集》，文渊阁《四库全书》本。
志费尼：《世界征服者史》，内蒙古人民出版社，1980年版。
周密：《齐东野语》，学苑出版社，1998年版。
朱思本：《贞一稿》，文渊阁《四库全书》本。

方 志 类

（以下方志除特别做出说明者外，均出自台湾成文出版社有限公司印行的《中国方志丛书》）

［清］白鹤修、史传远纂辑：《武乡县志》，据清乾隆五十五年刊本影印。

［清］陈杰等纂修：《涞水县志》，据清光绪二十一年刊本影印。

［清］陈懋修、张庭诗纂：《日照县志》，清光绪十二年刊本。

陈香白辑校：《潮州三阳图志辑稿》，中山大学出版社，1989年版。

［清］陈咏修、张惇德纂：《唐县志》，清光绪四年刊本。

［清］陈咏修、张怀德纂：《栾城县志》，据清同治十一年刊本影印。

［清］崔懋修、严濂曾纂：《新城县志》，清康熙三十三年刊本。

［民国］崔正春修、尚希宾纂：《威县志》，民国十八年铅印本。

乾隆《大清一统志》，文渊阁《四库全书》本。

［清］丁灿等纂修、张焕等续修：《故城县志》，清光绪十一年修、民国十年重印本。

［民国］丁世恭修、刘清如纂：《馆陶县志》，民国二十五年刊本。

［清］恩端修、武达材纂：《平遥县志》卷一一《艺文志》，清光绪八年刻本。

［清］法伟堂等纂：《益都县图志》，清光绪三十三年刻本，载《辽金元石刻文献全编》第三册。

［民国］冯庆澜等修、高书官等纂：《房山县志》，据民国十七年铅印本影印。

［民国］傅振伦等纂修：《新河县志》，民国十八年铅印本。

［民国］耿兆栋监修、张汝漪总纂：《景县志》，民国二十一年铅印本。

［清］桂敬修纂修：《浑源州志》，清乾隆二十八年刻本。

［清］乾隆二十五年《河间府新志》。

［民国］何燊修、冯文瑞纂：《万泉县志》，据民国六年石印本影印。

［清］洪肇楙等纂修：《宝坻县志》，乾隆十年修，据民国六年石印本影印。

［明］侯大节纂修：万历《卫辉府志》，卫辉市地方史志办公室点校，中州古籍出版社，2010年版。

［清］胡德琳修、何明礼纂：《济阳县志》，清乾隆三十年刊本。

［明］胡谧撰：成化《山西通志》，民国二十二年景抄明成化十一年刻本。

［民国］胡宗虞等修、吴命新等纂：《临县志》，据民国六年铅印本影印。

［清］黄邦宁修，景鸿宾、童钰纂：《彰德府志》，清乾隆三十五年刊本。

［清］黄汝香等纂：光绪《清河县志》。

［民国］霍殿鼇等纂：《马邑县志》，据民国十七年铅印本影印。

［清］郭磊纂修：《广灵县志》，清乾隆十九年刊本。

《畿辅通志》，商务印书馆影印清光绪本，民国二十三年（1934）版。

［明］嘉靖《河间府志》，《天一阁藏明代方志选刊》，上海古籍书店影印，1981年重

印本。

嘉靖《广平府志》,《天一阁藏明代方志选刊》影印原刊本,1982年版。

嘉靖《藁城县志》、康熙《藁城县志》,两志合刊于民国二十三年铅字重印本。

[民国] 姜樾荣、祁卓如修,韩敏修纂:《广宗县志》,民国二十二年铅印本。

[清]《巨野县志》,清道光二十四年本。

[民国] 库增银修、杨谦纂:《陵川县志》,据民国二十二年铅印本影印。

[清] 赖昌期总修,潭沄、卢廷棻纂修:《阳城县志》,据清同治十三年刊本影印。

[清] 赖昌期修、张彬等纂:《平定州志》,光绪八年刻本。

[清] 李光照纂修:《东安县志》,民国二十四年铅字重印。

[民国] 李经野等纂修:《曲阜县志》,民国二十三年铅印本。

[民国] 李凯明修、耿步蟾纂:《灵石县志》,据民国二十二年铅印本影印。

[清] 李垒纂修:《金乡县志》,清同治元年刊本。

[民国] 李世祐修、刘思亮纂:《襄陵县志》,据民国十二年刊本影印。

[清] 李天玑等纂修:康熙《庆都县志》,据清康熙十七年抄本影印。

[清] 李图等纂:光绪《重修平度州志》,清光绪二十九年刻本,《辽金元石刻文献全编》第一册。

[清] 李于垣修、杨元锡纂:《长垣县志》,清嘉庆十五年刊本。

[民国] 李钟珩修、王之哲等纂:《岳阳县志》,据民国二年刊本影印。

[清] 李祖年修、于霖逢纂:《文登县志》,清光绪二十三年修,民国二十二年铅印本。

[清] 李遵唐纂修:《闻喜县志》所附《闻喜县志斠》,据清乾隆三十年刊本影印。

[清] 梁永康等修、赵锡书等纂:《道光冠县志》,民国二十三年补刊本。

[民国] 梁中权修、于清沣纂:《齐东县志》,民国二十四年石印本。

[清] 林溥修、周翕鐄等纂:《即墨县志》,清同治十一年刊本。

[清] 刘荣等纂修:《广昌县志》,清光绪元年刊本。

[清] 刘统修、刘炳纂:《任丘县志》,清乾隆二十七年刊本。

[清] 刘佑纂修:《高唐州志》,清康熙三十二年刻本。

[民国] 刘玉玑、仇曾祜修,胡万凝纂:《太古县志》,据民国二十年铅印本影印。

[明] 陆釴:《山东通志》,明嘉靖刻本。

[民国] 栾钟垚修、赵仁山等纂:《邹平县志》,民国二十二年刊本。

[民国] 马继桢督修、吉廷彦编纂:《翼城县志》,民国十八年铅印本。

[清] 牛昶煦等纂修:《丰润县志》,清光绪十七年修、民国十年铅字重印本。

〔民国〕《平度县志》。

〔清〕祁德昌总修、陈兆麟纂修：《开州志》，清光绪七年刊本。

〔清〕戚朝卿等纂修：《邢台县志》，据清光绪三十一年刊本影印。

《乾隆钦定热河志》，文渊阁《四库全书》本。

〔民国〕任傅藻修、穆祥仲等纂：《东明县新志》，民国二十二年铅印本。

〔民国〕沈兆祎等修、王景祐等纂：《临沂县志》，民国六年铅印本。

〔清〕史梦兰纂、游智开等修：《乐亭县志》，清光绪三年刊本。

〔清〕舒化民修、徐德城纂：《长清县志》，清道光十五年刊本。

〔民国〕宋宪章等修、于清泮等纂：《牟平县志》，民国二十五年铅印本。

〔清〕宋荫桐纂修：《安国县志》，据清光绪三十二年手抄本、民国年间补抄稿本影印。

〔明〕洪武《太原府志》，收于《永乐大典》。

〔民国〕滕绍周修、王维贤纂：《迁安县志》，据民国二十年铅印本。

〔民国〕王寀廷等纂：《重修新城县志》，民国二十三年铅印本，《辽金元石刻文献全编》第三册。

〔清〕王会隆纂修：《定襄县志》，清康熙五十一年刊本，雍正五年增补。

〔清〕王家坊修、葛士达纂：《榆社县志》，据清光绪七年刻本影印。

〔民国〕王树枬等纂修：《冀县志》，民国十八年铅印本。

〔清〕王世臣修、孙克绪纂：《茌平县志》，清康熙四十九年刊本。

〔民国〕王文彬等修、王寅山纂：《续修广饶县志》，民国二十四年刊本。

〔民国〕王用舟等修、傅汝凤等纂：《井陉县志》，民国二十三年铅印本。

〔清〕王正茂纂修：《临晋县志》，清乾隆三十八年刊本。

〔清〕吴葵之总修、裴国苞纂修：《吉县志》，据清光绪五年铅印本影印。

〔清〕吴汝纶纂：《深州风土记》，据清光绪二十六年文瑞书院刻本影印，刊于《辽金元石刻全编》第三册。

〔清〕吴若灏修、钱栢等纂：《邹县续志》，清光绪十八年刊本。

〔民国〕谢道安修：《束鹿县志》（五志合刊），据民国二十六年铅印本影印。

〔民国〕谢锡文等修、许宗海等纂：《夏津县志续编》，民国二十三年铅印本。

〔元〕熊梦祥著、北图整理：《析津志辑佚》，北京古籍出版社，1983年版。

〔清〕熊象阶撰：道光《浚县金石录》，清刻本。

〔民国〕许钟璐等修、于宗潼等纂：《福山县志稿》，民国二十年铅印本。

〔清〕杨晨纂：光绪《定兴县志》，清光绪十六年刻本。

〔民国〕杨世瑛等修，王锡祯、宋思本等纂：《安泽县志》，据民国二十一年铅印本影印。
〔清〕杨文鼎、王大本等修纂：《滦州志》，据清光绪二十四年刊本影印。
〔民国〕杨豫等修、阎廷献等纂：《齐河县志》，民国二十二年铅印本。
〔明〕姚卿修、孙铎纂：嘉靖《鲁山县志》，明嘉靖刻本。
雍正《山西通志》，文渊阁《四库全书》本。
〔元〕于钦：《齐乘》，《宋元方志丛刊本》，中华书局，1990年版。
〔民国〕余友林等修、工照青纂：《高密县志》，民国二十四年铅本。
〔民国〕张福谦修、赵鼎铭纂：《清河县志》，民国二十三年铅印本。
〔清〕张同声修、李图等纂：《重修胶州志》，清乾隆十七年刻本。
〔民国〕张应麟修、张永和纂：《成安县志》，据民国二十年铅印本。
〔清〕张云龙等修、张凤羽纂辑：《招远县志》，清道光二十六年刊本。
〔明〕正德《大名府志》，《天一阁藏明代方志选刊》本。
〔民国〕赵文琴等纂：《昌乐县续志》，民国二十三年铅印本。
〔民国〕赵祖抃修，吴庚、赵意空纂：《乡宁县志》，据民国六年刊本影印。
〔民国〕周钧英修、刘仞千纂：《临朐续志》，民国二十四年铅印本。
〔清〕周悦让纂：光绪《增修登州府志》，清光绪七年刻本，载《辽金元石刻文献全编》第三册。
〔清〕周章焕等纂修：《南和县志》，据清乾隆十四年抄本影印。
〔民国〕周振声等修、李无逸等编：《虞乡县新志》，据民国九年石印本影印。
〔清〕祝嘉庸修、吴浔源等纂：《宁津县志》，据清光绪二十六年刊本影印。
〔明〕朱昱：《嘉靖重修三原志》，《四库全书存目丛书》，史部第180册，齐鲁书社，1996年版。
〔民国〕邹允中纂：《寿光县志》，民国二十五年铅印本。

汉文研究论著

安部健夫：《元代的知识分子和科举》，载《日本学者研究中国史论著选译》第五卷，"五代宋元"，中华书局，1993年版。
爱宕松男：《元代的录事司》，载《日本学者研究中国史论著选译》第五卷，中华书局，1993年版。
安介生：《"山西"源流新探——兼考辽金时期山西路》，载《晋阳学刊》1997年第2期。

巴托尔德著,张锡彤、张广达译:《蒙古入侵时期的突厥斯坦》,上海古籍出版社,2008年版。

柏桦:《明代州县政治体制研究》,中国社会科学出版社,2003年版。

白寿彝总主编、陈得芝主编:《中国通史》第八卷"元时期",上海人民出版社,1997年版。

保罗·布尔勒:《蒙古帝国探马赤军的社会作用》,载《蒙古学译文选》(历史专集),内蒙古社会科学院情报研究所编,1984年版。

伯戴克著、张云译:《中部西藏与蒙古人——元代西藏历史》(增订本),兰州大学出版社,2010年版。

陈得芝:《蒙元史研究丛稿》,人民出版社,2005年版。

陈高华:《元史研究论稿》,中华书局,1991年版。

陈高华:《元史研究新论》,上海社会科学院出版社,2005年版。

陈垣:《道家金石略》,文物出版社,1988年版。

蔡美彪:《叶尼塞州蒙古长牌再释》,载《中华文史论丛》2008年第2期。

程妮娜:《金代政治制度研究》,吉林大学出版社,1999年版。

程尼娜:《元代对蒙古东道诸王统辖研究》,载《辽宁师范大学学报》2004年第27卷第5期。

党宝海:《蒙古帝国的牌符——以实物为中心》,载《欧亚学刊》第4辑,中华书局,2004年版。

到何之:《关于金末元初的汉人地主武装问题》,载《元史论集》,人民出版社,1984年版。

岛田正郎著、何天明译:《大契丹国——辽代社会史研究》,内蒙古人民出版社,2007年版。

丁一:《元代监司道区划考》,未刊稿。

饭山知保:《蒙元支配与晋北地区地方精英层的变动——以山西忻州定襄县的事例为中心》,载《元史论丛》第10辑,中国广播电视出版社,2005年版。

傅海波、崔瑞德主编,史卫民等译:《剑桥中国辽西夏金元史》,中国社会科学出版社,1998年版。

傅林祥:《辽朝州县制度新探》,载《历史地理》第22辑,上海人民出版社,2007年版。

符拉基米尔佐夫著、刘荣焌译:《蒙古社会制度史》,中国社会科学出版社,1980年版。

关树东:《辽朝州县制度中的"道""路"问题探研》,载《中国史研究》2003年第2期。

郭润涛:《明朝"州"的建设与特点》,载王天有、徐凯编:《纪念许大龄教授诞辰八十五周年学术论文集》,北京大学出版社,2007年版。

韩儒林主编:《元朝史》,人民出版社,1986年版。

韩儒林主编:《中国大百科全书·中国历史·元史》,中国大百科全书出版社,1985年版。

洪金富:《从"投下"分封制度看元朝政权的性质》,载《中研院历史语言研究所集刊》1987年第58卷。

胡小鹏:《窝阔台汗己丑年汉军万户萧札剌考辨——兼论金元之际的汉地七万户》,载《西北师大学报》(社科版)2001年第6期。

黄时鉴:《黄时鉴文集Ⅰ》(蒙古史·元史),中西书局,2011年版。

箭内亘:《元朝牌符考》,载氏著,陈捷、陈清泉译:《元朝制度考》,商务印书馆,1933年版。

箭内亘著,陈捷、陈清泉译:《元代经略东北考》,商务印书馆,1934年版。

贾敬颜、朱风合辑:《〈蒙古译语〉、〈女真译语〉汇编》,天津古籍出版社,1990年版。

近藤一成主编:《宋元史学的基本问题》,中华书局,2010年版。

景爱:《金代行省考》,载《历史地理》第9辑,上海人民出版社,1990年版。

景爱:《论金代官印的学术价值》,载《北方文物》1992年第3期。

康鹏:《金代转运司路研究》,北京大学硕士论文,2003年。

李昌宪:《略论宋代知州制的形成及其历史意义》,载《南京大学学报》(人文社科版)1996年第4期。

李修生主编:《全元文》,第2、24册,江苏古籍出版社,1998年版。

李逸友:《元丰甸城道路碑笺证》,载《元史论丛》第2辑,中华书局,1983年版。

李治安、杨志玖、王晓欣编著:《元史学概说》,天津教育出版社,1989年版。

李治安:《行省制度研究》,南开大学出版社,2000年版。

李治安:《元代政治制度研究》,人民出版社,2003年版。

李治安:《元代分封制度研究》(增订本),中华书局,2007年版。

李治安:《元中书省直辖"腹里"政区考略》,载《元史论丛》第10辑,中国广播电视出版,2005年版。

李治安:《元代政区地理的变迁轨迹及特色新探》,分载《历史教学》2007年第1、2、3期。

梁方仲:《梁方仲文集(中国社会经济史论)》,中华书局,2008年版。

刘浦江:《〈金朝军制〉平议——兼评王曾瑜先生的辽金史研究》,载《历史研究》2000年第6期。

刘俊文主编、索介然译：《日本学者研究中国史论著选择》第五卷"五代宋元"，中华书局，1993年版。

刘晓：《元史研究》，福建人民出版社，2006年版。

苗书梅：《宋代知州及其职能》，载《史学月刊》1998年第6期。

苗书梅：《宋代州级属官体制初探》，载《中国史研究》2002年第3期。

默书民：《元代的山东东西道辖区考析》，载《中国史研究》2007年第3期。

聂崇岐：《宋史丛考》，中华书局，1979年版。

邱轶皓：《元宪宗朝前后四兀鲁思之分封及其动向——大蒙古国政治背景下的山西地区》，载《中研院历史语言研究所集刊》，第82本第一分册，2011年。

瞿大风：《元朝时期的山西地区（政治·军事·经济篇）》，辽宁民族出版社，2005年版。

三上次男著、金启孮译：《金代女真社会研究》，黑龙江人民出版社，1984年版。

沈卫荣：《元代乌思藏十三万户行政体制研究》（一、二），分载《西藏研究》1988年第1、2期。

史卫民：《元朝前期的宣抚司与宣慰司》，《元史论丛》第5辑，中国社会科学出版社，1993年。

史卫民：《元代军队的兵员体制与编制系统》，载《蒙古史研究》第3辑。

谭其骧：《长水集》，人民出版社，1987年版。

谭其骧主编：《中国历史地图集》第七册（元·明时期），地图出版社，1982年版。

唐长孺、李涵：《金元之际汉地七万户》，载《文史》第11辑，中华书局，1981年。

唐长孺：《山居存稿》，中华书局，2011年版。

田村实造：《辽代的移民政策和州县制的建立》，载《日本学者研究中国史论著选译》"第五卷"，中华书局，1993年版。

童书业：《童书业历史地理论集》，中华书局，2004年版。

王颋：《蒙古国汉军万户问题管见》，《元史论丛》第4辑，中华书局，1986年。

王颋：《元代行政地理研究》，复旦大学博士论文打印稿，1989年。

王颋：《龙庭崇汗：元代政治史研究》，南方出版社，2002年版。

王颋：《完颜金行政地理》，香港天马出版社，2005年版。

王晓欣：《论元代与江南有关的出镇宗王及江淮镇戍格局问题》，载《西北师大学报》2009年第3期。

王曾瑜：《金朝金制》，河北大学出版社，2004年版。

王宗昱：《金元全真教石刻新编》，北京大学出版社，2005年版。

萧启庆：《内北国而外中国：蒙元史研究》，中华书局，2007年版。

谢咏梅：《蒙古札剌亦儿部与东平路沿革》，载《内蒙古师范大学学报》2005 年第 4 期。

姚大力：《论蒙古游牧国家的政治制度——蒙元政治制度研究之一》，南京大学博士论文打印稿，1986 年。

姚大力：《蒙元制度与政治文化》，北京大学出版社，2011 年版。

伊葆力：《金代官印考证》，载《哈尔滨学院学报》2003 年第 1 期。

樱井智美：《〈创建开平府祭告济渎记〉考释》，载《元史论丛》第 10 辑。

余蔚：《宋代的节度、防御、团练、刺史州》，载《中国历史地理论丛》2002 年第 1 期。

余蔚：《宋代节度体系官员与州之关系》，载《文史》2003 年第 3 辑。

余蔚：《唐至宋节度、观察、防御、团练、刺史体系的演变》，载《中华文史论丛》2003 年第 3 期。

余蔚：《辽代州制研究》，载《历史地理》第 24 辑，上海人民出版社，2010 年版。

余蔚：《金代地方监察制度研究——以提刑司、按察司为中心》，载《中国历史地理论丛》2010 年第 3 期。

张博泉：《论金代猛安谋克制度的形成、发展及其破坏的原因》，载《文史哲》1963 年第 1 期。

张广达：《史家、史学与现代学术》，广西师范大学出版社，2008 年版。

张金铣：《元代地方行政制度研究》，安徽大学出版社，2001 年版。

张金铣：《窝阔台"画境"十道考》，载《中国历史地理论丛》2006 年第 3 期。

张金铣：《大蒙古国时期的顺天张氏》，载《元史论丛》第 10 辑。

赵琦：《金元之际的儒士与汉文化》，人民出版社，2004 年版。

赵琦：《大蒙古国时期十路征收课税所考》，载《蒙古史研究》第 6 辑。

赵琦、周清澍：《蒙元时期的粘合家族与开府彰德》，载《中华文史论丛》总第 67 辑。

赵文坦：《大蒙古国时期汉人世侯研究》，山东大学博士论文打印稿，1999 年。

赵文坦：《〈元史·刘黑马传〉"七万户"蠡测》，载《历史研究》2000 年第 6 期。

赵文坦：《大蒙古国时期的顺天张氏》，载《元史论丛》第 10 辑。

周良霄：《李璮之乱与元初政治》，载《元史论集》，人民出版社，1984 年版。

周清澍：《蒙元史札》，内蒙古大学出版社，2001 年版。

周振鹤：《行政区划史研究的基本概念与学术用语刍议》，载《复旦学报》2001 年第 3 期。

周振鹤：《地方行政制度史》，上海人民出版社，2005 年版。

周振鹤：《中国行政区划通史》（总论·先秦卷），复旦大学出版社，2009 年版。

英文研究论著

(以姓氏首字母为序)

A. K. S. Lambton, *Continuity and Change in Medieval Persia: Aspects of Administrative, Economic, and Social History, 11th-14th Century*, Tauris, London, 1988.

Elizabeth Endicott-West, *Mongolian Rule in China: Local Administration in the Yuan Dynasty*, Harvard University Asia Center (May 1, 1989).

H. F. Schurmann, "Mongolian Tributary Practices of the Thirteenth Century", *Harvard Journal of Asiatic Studies*, Vol. 19, No. 3/4, Dec., 1956.

Peter Jackson, *The Mongols and the West, 1221 - 1410*, Pearson Longman, 2005.

Robert M. Hartwell, "Demographic, Political, and Social Transformations of China, 750 - 1550", *Harvard Journal of Asiatic Studies*, vol. 42, 2(1982).

Thomas T. Allsen, "Guard and Government in the Region of The Grand Qan Möngke, 1251 - 1259", *Harvard Journal of Asian Studies*, Vol. 46 - 2, 1986.

Thomas T. Allsen, *Mongol Imperialism: The Policies of the Grand Qan Möngke in China, Russia, and the Islamic Lands, 1251 - 1259*. University of California Press, 1987.

日文研究论著

(以日语音读为序)

愛宕松男:《李璮の叛乱とその意義——蒙古朝治下における漢地の封建制とその州県制への展開》,《東洋史研究》1941,6 - 4。另载愛宕松男:《愛宕松男東洋史学論集》(第四卷元朝史)東京:三一書房,1988。

愛宕松男:《蒙古人政権治下の漢地における版籍の問題——特に乙未年籍・壬子年籍及び至元七年籍を中心として》,《羽田博士頌寿記念東洋史論叢》,1950。

愛宕松男:《元の中国社会と漢民族社会》,載護雅夫、佐伯富等編《岩波講座世界歴史9(中世3)》東京:岩波書店,1970。

青木敦:《13世紀華北における地方行政の崩壊と誕生》,載《近代世界システム以前の諸地域システムと広域ネシトワーケ》,平成16～平成18年度科学研究費補金金(基盤研究B)研究成果報告書,2007。

青山公亮:《元朝の地方行政機構に関する一考察:特に路・府・州・県の達魯花赤に就いて》,《台北文政学部史学科研究年報》(6),1940。

井黒忍:《金代提刑司考:章宗朝官制改革の一側面》,《東洋史研究》60(3),2001。

池内功:《モンゴルの金国経略と漢人世侯》(1),岡本三夫(編)《創立三十周年記念論文集》,四国学院大学文化学会,1980。

池内功:《モンゴルの金国経略と漢人世侯》(2),《四国学院大学論集》,1980—46。

池内功:《モンゴルの金国経略と漢人世侯》(3),《四国学院大学論集》,1981—48。

池内功:《モンゴルの金国経略と漢人世侯》(4),《四国学院大学論集》,1981—49。

井ノ崎隆興:《蒙古朝治下における漢人世侯——河朔地区と山東地区の二つの型》,《史林》37‐6,1954。

前田直典:《元朝史の研究》,東京大学出版会,1973。

牧野修二:《十道宣撫司——フビライ政権集権化の布石として》,《東洋史学》28,1965。

村岡倫:《モンゴル時代の右翼ウルスと山西地方》,載松田孝一編:《碑刻等史料の総合的分析によるモンゴル帝國・元朝の政治・経済システムの基盤的研究》,大阪:大阪國際大學經營情報學部松田研究室,2002。

村上正二:《元初に於ける監戦万戸設置の意義に就て》,《東方学報》11.1,1940。

地 名 索 引

A

安边 252
安次 201,239,247
安德 113,114,127,331
安定 72,166,180,182,198,201,204,272
安丰 263
安南 17
安平 115,119,120,121,122,124,126,161,162,180,181,198,271,277,283,284,285,286
安丘 128,338
安肃 72,122,123,124,126,160,165,166,265,266,272,273,274
安西 93,94,99
安喜 126,279
安阳 127,295,297,298
安邑 382
安州 72,115,117,121,123,124,126,160,165,166,265,266,268,272,273
按答堡子 260
隩州 177,201,357,365

B

霸州 72,74,86,121,128,143,147,148,163,183,222,242,243,247,272,316
芭州 177,201,365
白登 351,352
白马 127,302,303
柏乡 126,277,280,281
般阳 30,88,97,98,128,174,223,225,333,344,346,347,349
宝昌 164,257
宝坻 200,238,240,246
宝山 257
保安 164,183,251,252
保德 177,365,367,368
保定 31,32,35,36,48,49,50,61,63,70,86,87,96,97,98,104,105,107,115,116,117,119,121,123,124,126,150,159,162,165,223,242,243,264,265,266,267,268,270,272,274,275,276,278,285
保垣 181,182,198,302
保州 59,61,64,72,75,105,115,116,117,121,123,126,159,165,224,264,265,266,274,276
北海 128,333,335,336

地名索引

北京 9,19,44,46,50,51,56,59,60,
61,62,66,67,68,69,75,90,95,96,
99,143,147,150,165,166,169,170,
176,193,205,208,224,230,238,249,
253,254,258,261,263,276,380

北平 274

贝州 300,332

汴京 238

汴梁 54,94,99

汴洛 47,116

别失八里 95

滨棣 32,47,48,59,61,68,88,125,
174,225,310,345,347

滨州 52,72,95,125,128,174,183,
312,326,334,345,346,347,348

并州 356

亳州 75,160,161,208

渤海 128,136,346

博昌 342

博城 329

博平 109,110,114,127,319,320

博兴 128,174,200,225,334,342,343

博野 117,126,264,268,271,287

博州 63,72,87,107,108,109,110,
114,116,123,127,158,159,171,209,
225,317,319,320,328,329

C

蔡州 75,85,165,179,380,387

沧州 61,72,75,84,170,209,312,313,
334,345,346,353

曹州 30,32,75,87,98,108,109,111,
112,114,127,158,172,210,225,299,
300,301,325,326,327,328,330,343

澶州 300

长春 261

长清 113,114,127,140,326,330,343

长山 128,343,347

长垣 127,181,198,300,301

长子 378,379

昌乐 128,173,333,335,336

昌黎 126,257,258,259

昌平 163,238,240,247

昌邑 128,335,336

昌州 164,257,352

朝城 112,114,124,127,327,328

潮州 185,218

陈州 75

承德 74

成安 126,292,293

成都 93

成武 111,114,127,230,325,326

成州 196,253

承县 342

茌平 109,110,114,127,209,319,320

崇州 198,275,278,379,380

楚丘 111,112,114,127,230,325,327

楚州 87,91,173,225,334

慈州 387

磁州 63,64,72,87,107,109,114,124,
125,126,127,144,158,159,168,207,
224,275,276,278,287,288,289,290,
291,292,293,294,317

D

大城　242,243

大定　91,177,227,254

大都　11,86,106,121,126,163,223,228,238,239,245,247,248,251,268,272

大理　17,90,255

大名　10,30,32,44,50,51,52,56,58,59,60,63,64,65,68,69,74,75,76,77,78,80,81,84,86,87,91,92,94,95,96,97,98,105,106,107,108,109,110,111,112,113,114,115,124,125,127,145,155,169,170,198,213,223,224,225,230,232,275,276,297,298,299,300,301,302,303,308,309,310,317,318,319,320,326,327,328,329,331,332,333

大宁　59,385

大同　81,88,98,106,175,223,226,227,230,256,351,352

大兴　75,163,230,238,239,240,245,246,247

达兰达葩　146

代州　16,72,177,213,253,362,365,366,367,369

砀山　110,111,230,321,322

德宁　16,66,182,224,230,260,261

德平　113,114,127,331,332

德兴　121,164,165,183,224,227,242,248,251,252,255,352

德州　10,30,32,63,87,97,98,105,108,113,114,127,128,157,158,159,172,211,223,225,250,318,326,330,331,332,343

登州　30,62,73,128,175,208,333,347,349

邓州　179,386

棣州　15,47,52,72,95,125,128,174,183,312,326,334,345,346

定安　140,196,252,253

定陶　111,112,114,127,325,326

定襄　14,177,354,362

定兴　118,126,240,269,270

定州　267,270,274,279

东安　164,201,247

东昌　87,97,98,108,109,127,171,223,319,320

东阿　109,114,127,317,319

东光　311,313,314

东京　44,59,61,62

东明　111,127,300,301,326

东平　30,31,32,35,36,44,50,51,52,55,56,58,59,60,62,63,64,68,69,75,76,77,78,79,84,87,88,91,94,95,96,97,98,105,107,108,109,110,111,112,113,115,124,125,127,140,145,148,150,155,156,157,158,159,162,170,171,172,184,223,225,226,230,232,289,293,295,299,303,309,310,317,318,319,320,321,324,325,326,327,328,330,331,332,341,378

东胜　176,182,352,355,356

地名索引

东泰 329
东武 120,198,277,283,284,286
东阳 249
端氏 380,381

E

恩州 63,72,75,87,97,98,107,108,109,112,114,124,127,133,148,156,158,159,172,223,298,299,300,314,317,327,328,332

F

矾山 251,252
范县 112,114,124,127,327,328
范阳 126,238,240,241
繁畤 200,367,368,369
方山 199,360,361
方州 199
房山 126,240,241,242
肥城 110,317,321,322
肥乡 126,291,292
费县 128,340,341
飞狐 252,253
汾西 370,372,384
汾州 72,176,189,359,360,383,384
凤翔 53,55,66
丰城 230
丰靖 69
丰净 227,355,356
丰利 256
丰闰 180,196,204,243,244,245
丰县 110,323
丰州 16,80,176,264,352,353,355,356

奉符 112,113,114,127,329,330
奉圣 80,164,247,251,252
奉顺 252
奉先 240,241,242
阜城 311,313,314
阜平 117,126,264,275,278,279
抚宁 126,257,258
抚州 65,82,164,255,256,257,262,352
福建 217
福山 128,349
辅岩 127,295,297
滏阳 126,168,278,292,293
富民 355
浮山 370,372

G

盖州 61,62
甘肃 101
高密 128,336,337,338
高平 380,381
高唐 87,97,98,108,109,110,112,114,127,172,201,223,225,320,328,329,332
高阳 121,124,126,273
高邑 126,277,280,281
高苑 128,174,333,334,335,347
高原 255,256
皋州 177,199,226,363
藁城 105,115,126,180,197,275,277,279,281

葛城　121,124,126,268,273

耿州　388

巩昌　31,53,54,56,66,93,95,102

巩州　54

龚县　325

共城　308

固安　121,126,164,201,240,242,247,272

固州　197

谷州　199,386

故城　311,313,314

鼓城　49,57,115,119,120,122,126,151,161,162,167,197,271,284,285,286

观城　112,114,124,127,301,327,328

观州　170,313

馆陶　30,112,114,124,127,159,168,327,328

冠氏　59,110,113,114,124,127,159,172,201,318,320,329,332,333

冠州　32,87,97,98,108,114,158,172,201,210,223,263,300,327,332,333

管州　177,213,365,366,367,368,369,370

广昌　253

广川　243

广灵　252,253

广陵　253

广宁　52,61,62,95

广平　30,63,86,97,98,126,168,223,275,278,290,291,292,294

广武　354,368

广阳　363

广宗　126,287,289,290,294

归德　75,110,117,246,264,279,323,325,327

归化　80,246

归顺　246

归信　121,123,126,268,272,273

归义　272

归州　22

妫川　247,248,252

妫州　80

崞县　177,199,367,368

崞州　14,16,177,199,201,205,357,362,365,366,368,369

虢州　172

H

哈剌章　151

海山　126,257,259

海州　76,230

邯郸　126,292,293

汉中　22

河北　6,7,9,19,22,27,30,32,33,35,44,48,50,51,56,59,61,63,64,69,70,71,72,73,74,75,76,79,80,83,84,85,86,87,89,90,92,94,95,96,97,98,99,100,105,106,116,125,155,159,164,166,168,177,181,195,197,198,200,201,202,205,222,223,224,225,228,230,237,238,242,267,268,270,271,272,274,275,276,278,

279,280,282,283,284,285,287,288,
290,291,292,293,294,295,301,302,
303,305,306,308,309,311,312,315,
316,319,325

河东 7,14,19,29,44,48,50,51,55,
56,57,58,63,67,70,71,72,73,74,
75,80,81,82,83,84,85,88,89,90,
91,92,94,96,97,98,100,105,106,
168,175,176,178,179,198,199,200,
201,202,222,223,224,225,226,227,
228,230,237,278,283,285,304,305,
306,351,356,357,359,361,363,365,
366,367,369,370,371,373,375,376,
377,378,379,380,382,384,385,386,
387,388

河间 30,49,52,57,59,61,63,64,72,
74,75,86,87,95,96,97,98,116,123,
128,145,170,216,223,224,230,265,
276,282,283,285,309,310,311,312,
315,316,317,326,330,343,344,345,
371

河津 14,373,375,376

河南 7,22,28,44,48,51,52,53,54,
55,56,57,60,62,64,65,67,68,69,
70,75,76,77,81,84,85,89,94,95,
96,100,102,116,148,150,160,161,
165,166,178,181,195,198,204,240,
265,272,301,304,317,346,349

河内 304,305

河平 308

河解 33,178,222,227,228,230,373,
374,377,378

河阳 57,305,306

河中 82,91,99,178,182,183,227,
373,374,375,376,382

合河 177,199,368,369

合兰府水达达等路 162

曷懒 44,62

和川 370,371,372,373

和林 63,69,94,99,101,108,158,171,
178,179,318,371

和宁 237

和顺 387

黑龙江 210

衡水 122,126,271,282,283,284

恒州 117,160,180,182,197,207,264,
267,278,279,351

洪洞 370,372

弘州 175,250,251,252,352

湖北 22

湖广 65,94,100

湖南 22,280

壶关 378,379

呼罗珊 99

华州 53,382

滑州 59,63,72,87,107,108,109,114,
115,124,125,127,158,169,275,276,
299,302,303,306,308,317

怀安 164,255,256,257,352

怀来 247,248,251

怀孟 14,64,65,69,86,87,91,96,97,
169,170,223,227,228,271,296,297,

299,303,304,305,307,309
怀庆 86,98,169,296,303,304
怀仁 196,351,352
怀州 63,64,72,169,170,224,276,295,296,303,304,305,371
淮州 208
桓州 65,80,164,224,248,249,254,255,352
黄县 76,128,349
黄州 310,345
会川 315
会宁 44
辉州 58,72,124,126,170,197,295,296,305,307,308,325
浑源 175,176,197,204,353
获嘉 126,306,307,308
获鹿 126,181,197,275,278,294
霍邑 199,371,372,383,384
霍州 82,179,199,359,366,371,372,383,384,385
潞阴 163,239,245
潞州 163,183,245,246

J

济南 15,32,44,50,51,52,59,60,61,68,69,72,75,77,78,84,88,91,94,95,96,97,98,104,105,111,113,124,125,127,128,144,145,150,155,157,170,171,172,174,213,223,225,226,309,310,311,312,317,326,330,331,332,340,343,344,345,346,347
济宁 87,97,98,108,110,127,171,183,223,225,230,263,318,319,320,321,322,323,324,325,341
济阳 15,128,312,343,344,345
济阴 111,112,114,127,206,208,325,326
济源 198,305,306
济州 10,32,63,72,105,108,109,110,111,114,127,148,158,171,318,320,321,322,323,324,325,328,343
即墨 128,336,337,338,348
吉乡 387,388
吉州 72,82,179,207,372,373,379,385,386,387,388
蓟州 72,163,189,243,244,245
集宁 66,182,224,230,256,260,262,264
冀宁 88,98,176,356,357
冀氏 371,372,373
冀州 63,72,75,115,122,123,126,144,167,169,181,183,205,222,265,268,271,272,275,276,278,281,282,283,284,285,287,292,300,314
汲县 126,306,307
鸡泽 126,291,292
绩州 182,199,381
箕州 387
稷山 376,378
嘉祥 110,111,114,127,325
坚州 14,16,177,178,179,200,201,206,213,357,362,369
江陵 311,313

江西　17,94,100,322
江浙　17,94,100
将陵　171,201,311,313,317,344
绛县　376,377,378
绛州　178,179,183,204,209,222,227,
　　　357,370,376,377,378,387
交城　357,359
交河　315,316
胶水　128,337,348
胶西　79,128,173,200,336,337,338
胶州　128,173,175,200,207,336,337,
　　　338
介休　359,360
晋安　178,350,376,382
晋城　380,381
晋宁　88,98,178,370,371,372,385,
　　　387
晋阳　361
晋州　57,63,119,120,122,123,126,
　　　151,161,162,167,177,181,182,197,
　　　199,200,206,209,226,265,275,276,
　　　283,284,285,286,357,358,359,363,
　　　370,378,383
缙山　82,196,247,248,251,252
金城　353,354
金乡　110,114,127,321,322,323
锦州　143,147,178,272,371
净州　16,66,182,224,230,260,261,
　　　264,352,355,356
静安　120,126,260,261,283,284
静乐　366,367

靖海　315
京东　44,76,77,80,87,340
京兆　44,51,53,54,55,56,60,66,69,
　　　82,93,95,179,207,227,305,382
井陉　30,126,294,295,363
景城　316
景县　181
景州　72,84,165,170,198,206,209,
　　　245,311,312,313,314,317,334
经州　245
九原　16,91,177,227,361,362
巨鹿　126,287,289
巨野　110,320,321,322,323
莒县　128,338,339
莒州　128,173,175,207,331,337,338,
　　　339,350
鄄城　112,114,124,127,327,328
浚州　59,63,87,107,108,109,114,
　　　115,124,125,127,158,169,209,275,
　　　276,299,302,303,308,317
钧州　148,195

K

开德　300,301
开封　300,301
开平　65,224,238,248,249,254
开元　61,62,67,68
开州　72,75,125,127,169,299,300,
　　　301,302,326,327
可汗(州)80
岢岚　181,357,365,366,367

L

涞水　104,118,123,126,269

莱芜	112,113,114,127,329,330,339	辽东	44,62,75,84,91,94,100
莱阳	128,348,349	辽山	387
涞阳	269,270	辽阳	17,95,99,101,261
涞源	253	辽州	72,177,179,182,206,226,363,379,381,387
莱州	30,62,73,78,128,175,189,208,333,336,337,347,348,349,350	临城	126,277,280,281
岚管	91,227	临汾	370,371
岚州	72,90,178,355,364,365,366,368,369,370	临潢	44,150
		临晋	373,374,375
兰陵	128,200,333,342	临淇	170,308
兰阳	301	临清	30,112,114,124,127,327,328,332
乐安	128,333,334,335		
乐陵	312,345	临朐	128,300,333,334,335
乐平	199,363,364	临泉	177,199,360,364
乐寿	315,316	临县	14
乐亭	126,180,196,259,260	临邑	15,30,128,171,177,309,311,312,317,326,330,343,344
历城	128,332,343,344		
历亭	114,124,127,332	临沂	128,173,340,341
蠡吾	122,271	临漳	127,295,297
蠡州	63,72,117,122,123,126,144,167,265,268,275,276,287	临州	177,179,199,357,360,364
		临淄	128,300,333,334,335,343
黎城	278,378,379	林虑	127,197,295,296,297,298
黎豁	244	林州	169,197,292,295,296,297,298
黎阳	127,303	麟州	320
黎州	303	岭北	100,101,237,277
离石	360,361	灵丘	196,252
利津	128,346	灵石	359,383,384
利民	253	灵寿	117,126,264,275,278,279
利州	208	灵仙	252
良乡	238,239	陵川	380,381
聊城	109,110,114,127,319,320	陵州	171,201,313,317,326,330,343

龙门　250,251,252,255

龙庆　164,183,247,248

陇州　195

隆安　75

隆德　91,227,378

隆化　377,378

隆平　126,277,280,281

隆兴　61,97,223,255,256

楼烦　182,199,366,367,369

卢龙　116,123,126,257,258,259,265

卢州　263

潞城　372,378,379

潞县　243

潞州　72,76,112,114,115,147,148,
　178,182,206,278,366,378,379,380,
　381

鄜州　53

鄜延　66

栾城　16,115,126,181,197,275,277,
　280,281

滦邑　16

滦州　16,52,53,72,95,124,126,165,
　224,257,258,259,260

洛阳　167,284

吕州　383

M

马城　126,259

马邑　197,354

袎椤答儿　99

满城　104,105,116,117,122,123,126,
　264,265,266,267,271

毛州　332

鄚州　264,265,266,273,316

孟津　382

孟门　360,361

孟州　14,72,170,295,296,304,305,
　306,371,380,387

蒙阴　331,333,338,339

密云　246,247,253

密州　78,128,173,175,207,336,337,
　338,350

绵上　386

灭昌　302

洺磁　64,65,69,86,87,96,125,126,
　168,288,289,291,292,293,294,299

洺水　126,290,293,294,295

洺州　63,64,72,87,107,109,114,124,
　126,127,144,158,167,168,224,275,
　276,287,289,290,291,292,293,294,
　317,320

溟州　180,182,196,259,260

莫亭　316,317

莫州　72,116,171,274,316,317,353

漠州　259,260

牟平　128,175,207,333,349,350,351

穆陵　128,334,335

N

南汾州　387

南宫　126,282,283

南和　126,287,290

南怀州　303

南京　42,44,62,65,69,74,75,83,87,

96,230,238,301,308,323,325,326

南乐 127,298,300

南皮 312,313

南平 120,180,181,182,198,277,284,286

内黄 127,302,303

内蒙古 24

内丘 126,287,289

宁边 182,201,352,355,356

宁昌 66,182,224,230,263

宁海 32,62,88,98,128,175,183,207,223,223,225,333,337,350

宁化 357,366,367,369

宁晋 115,122,123,126,271,275,277,280,281,311,313

宁津 309,311,317

宁乡 181,182,199,360

宁阳 111,114,127,324,325

宁远 355

P

沛县 110,128,321,323,341

邳州 80,173,230,342

蓬莱 128,349

平安 199

平城 387

平地 351,352

平定 14,91,226,227,358,363

平度 175,177

平恩 109,320

平谷 244,245

平棘 115,126,275,277,280,281

平晋 357

平陆 382,383

平滦 32,60,61,86,97,124,125,126,150,165,174,223,224,244,257,258

平山 126,275,278

平乡 126,287,289

平阳 29,44,48,51,52,53,56,57,58,59,60,63,64,68,69,72,82,84,88,89,91,92,94,95,96,97,105,106,148,150,171,175,176,178,179,182,202,206,223,226,227,228,230,285,357,359,363,370,371,372,373,374,376,377,378,379,380,382,383,384

平遥 14,199,359,360

平阴 109,114,127,317,318,319,322

平原 113,114,127,331

平州 44,52,53,61,62,72,95,124,126,224,257,258,259

婆速 62

蒲台 128,343,346,347,348

蒲县 182,199,385

蒲阴 117,119,121,123,126,268,270,271,287

蒲州 182,199,373,382,385

濮阳 97,98,127,300,301,327

濮州 30,32,72,75,87,108,112,114,124,127,158,159,172,210,223,299,300,326,327,328,332

Q

齐东 309,310,311,312,313,317,344

齐河 30,113,128,157,159,172,326,

330,331,332,343
栖霞　128,349
蕲县　156
祁县　357,358,359
祁州　63,72,115,117,119,120,121,122,123,124,126,160,165,167,207,209,265,266,268,270,271,275,276,279,283,284,285,286,287
杞县　161
淇州　170,201,296,303,305,308,309
迁安　126,257,258
千乘　335
秦皇岛　74
秦蜀　66,68,70,93
秦州　53,54,93
沁水　380,381
沁源　199,386
沁州　72,179,182,206,381,386,387
青城　30,309,311,312,317
青州　84,333,342,343
清池　312
清丰　127,300,302
清河　30,114,124,127,298,300,332
清宁　315
清平　113,114,124,127,331,332
清塞　249
清阳　15,344
清苑　116,117,123,126,264,265,266
清源　357,358,359
清州　61,170,315,353
庆都　117,122,123,126,167,264,267,271,278,279,287
庆源　66
丘县　109,127,319,320
曲阜　111,114,127,324,325
曲沃　204,206,208,376,377
曲阳　115,117,123,126,160,161,180,197,264,267,268,278,279
曲周　126,291,292,319
全宁　66,182,224,230,262,263
全州　263
泉州　240,245

R

饶阳　119,120,121,122,124,126,161,162,180,271,283,284,285,286
热河　254
任城　110,114,127,321,323
任丘　316,317
任县　126,287,290
日照　128,173,338,339
荣河　14,180,198,373,375
荣州　180,182,198,373,375,376
容城　121,123,126,264,268,272,273
柔服　356
柔远　255,256
儒州　80,248
芮城　382,383
闰州　180,182,196,204,244,245

S

三河　243
沙河　126,287,289,290
砂井　66,182,224,230,260,264

山东　6,7,9,12,15,19,27,29,30,31,32,33,35,44,50,51,56,59,61,63,68,70,71,72,73,74,75,76,77,78,79,80,83,84,85,87,88,89,90,91,92,94,95,96,97,98,99,100,105,106,124,125,155,156,164,170,171,173,174,200,201,202,222,223,224,225,226,228,230,237,238,301,317,318,319,320,321,324,325,326,329,330,331,333,334,336,338,339,340,341,342,343,345,346,347,348,349,350,380

山阳　305,308

山阴　197,353,354

山西　6,9,14,19,24,29,33,35,50,51,67,70,71,72,73,74,77,80,81,82,83,84,85,88,89,91,92,94,95,96,97,98,100,106,155,170,200,201,204,206,222,223,224,225,226,227,228,237,250,251,256,351,356,357

陕西　17,44,51,53,54,55,56,66,67,68,69,75,77,81,82,84,89,91,92,95,96,102,175,176,179,207,351

陕州　172,179,383,386

鄌阳　354

单父　111,114,127,321,323,325,326

单州　10,32,62,63,75,105,108,109,110,111,114,127,156,171,172,230,318,321,322,324,325,327,328

上党　57,378,379

上都　65,89,106,164,174,177,223,224,228,238,247,248,249,250,253,254,256,262,263,352

上谷　116,123,252,254,265

上京　44,46,62,75,83,84,90,136

商河　128,345,346

商州　53

邵阳　15

涉县　30,126,198,275,278,292,378

莘县　109,110,114,124,127,319,320

深泽　115,119,121,123,126,270

深州　63,72,115,120,122,123,126,167,169,181,183,205,222,265,271,272,275,276,282,283,284,285,286

神山　372

胜州　356

石城　16,126,259

石楼　385

石州　72,176,181,199,360,361,364,368

寿光　128,333,334,335

寿阳　181,199,200,357,358,359,363

寿张　109,114,127,317,319

寿州　75,315

束鹿　120,122,126,161,166,181,198,204,270,271,272,282,283

顺德　63,65,68,69,86,87,96,97,98,125,126,168,169,223,275,278,287,288,289,291,294,299,300,302

顺宁　16,164,183,250,251

顺圣　250,352

顺天　31,32,47,48,49,50,56,60,61,

68,86,104,105,115,116,117,118,
121,122,124,125,126,128,150,155,
160,161,165,169,170,181,213,224,
241,242,251,264,265,266,267,268,
269,271,272,273,275,276,279,310

顺兴 246

顺州 163,246,247,251

朔州 80,176,189,352,354

四川 17,66,68,95,96,102,175,217

泗水 111,114,127,324,325

泗州 55,75

松山 201,230,249,254

松州 164,201,249,254

苏门 126,197,307,308

肃宁 309,310

宿州 156,157

遂城 121,124,126,274

遂州 72,121,123,124,126,166,265,
266,274

睢州 75,301

T

太谷 357,358,359

太平 376,377

太原 11,29,44,51,52,53,56,57,58,
59,60,63,64,66,68,69,72,84,88,
89,91,92,94,95,96,97,105,106,
155,170,176,177,182,202,204,206,
223,226,227,228,230,253,284,310,
356,357,358,360,361,364,365,366,
368,369,370,373,374,378

台州 16,177,199,357,362,368,369

泰安 72,87,98,108,112,113,114,
127,158,159,172,209,223,225,326,
329,330,331,333,339,343

泰宁 66,182,224,230,261,262

泰州 61,62,136,261

郯城 340

檀州 163,183,246,247

堂阳 282,283

堂邑 109,110,114,127,319,320

汤阴 127,295,297

唐山 126,287,290

唐县 117,123,126,166,207,264,267,
278,279

唐兴 273

唐州 345

滕县 128,341

滕州 79,110,128,173,174,323,333,
341

天成 105,164,255,256,257,352,379

天津 9,19

天山 261,264

莜县 170,181,198,311,313,314

铜鞮 386

通州 163,243

屯留 378,379

W

万宁 241

万泉 373,375

宛平 238,239

完州 63,115,122,124,126,162,166,
197,265,266,267,274,275,276,279

望都　267
望云　201,249,252,255
王屋　305,306
卫辉　56,59,63,64,65,86,97,98,125,
　　126,170,223,249,275,296,297,299,
　　303,305,306,307,308
卫县　303,308
卫州　58,63,64,72,76,124,126,170,
　　201,208,209,224,275,276,295,296,
　　298,306,307,308
威宁　164,255,256,257,351
威州　63,124,125,126,168,226,275,
　　276,288,290,291,293,294,295,363
潍州　73,128,173,175,207,208,335,
　　336,337,350
蔚州　80,164,178,189,252,253,352
渭州　189
魏县　127,298
魏州　109,158,281,298,332
文安　242,243
文登　128,333,350,351
文水　357
汶上　109,114,127,317,319
闻喜　14,382,383
温泉　359,360,361,385
温县　305,306
温阳　246
渥城　117,121,124,126,264,268,273
沃州　167,280,281
仵城　385
吴桥　311,313,314

五台　199,367,368
无棣　128,157,312,313,345,346
无极　115,126,275,279,280
武安　126,147,292,293
武城　112,114,124,127,328,329,332
武强　119,120,121,124,126,161,162,
　　271,277,283,284,285,286
武清　239,240,245,246
武乡　386,387
武邑　120,126,198,282,283,284
武义　122,271
武陟　304,305
武州　72,80,176,182,250,352,354,
　　355

X

析津　74
西汾州　387
西河　359,360
西京　44,51,56,59,60,65,66,67,69,
　　74,80,81,82,83,85,88,89,91,95,
　　96,97,155,164,175,176,193,196,
　　224,226,227,228,230,244,248,249,
　　250,251,252,254,255,257,261,262,
　　351,352,353,354,355,356,357,366,
　　374
西凉　93
西宁　181,182,275,278
西元　181,182,197,277
隰川　206,208,360,385
隰州　72,82,92,179,180,207,213,
　　373,385,386,388

地名索引 419

袭庆　324,341
夏津　112,114,124,127,328,329
夏县　382,383
咸平　44,75
献州　72,171,315,316,353
宪州　181,199,366,367,369
仙源　324,325
香河　239,240,245,246
乡宁　180,370,388
襄陵　370,372,379
襄阳　157,161
襄阴　352
襄垣　378,379
相州　63,64,72,109,112,124,158,
　　224,275,276,295
小灵石　384
孝义　359,360,361,385
解县　382,383
解州　14,55,178,179,183,206,208,
　　227,373,374,376,382,383
信安　242
信德　287
信都　126,281,282
信州　174
辛南　16
辛市　343
新安　117,126,201,264,268,273
新城　118,121,123,126,128,160,196,
　　207,213,240,243,260,270,272,273,
　　276,343,347
新河　126,282,283

新乐　126,275,279,280
新孟　305,306
新市　15,344
新泰　112,113,114,121,127,128,196,
　　272,329,331,338,339,340
新乡　126,306,307,308
新州　251,252,255
忻州　16,72,361,362,366,368
兴安　253,254
兴和　65,164,255,256,257
兴化　253,254
兴济　315
兴平　86,91,124,126,165,224,257,
　　258
兴元　55,70,148
兴州　150,164,177,199,249,253,254,
　　279,357,368
兴唐　252
行唐　117,123,126,264,267,268,278,
　　279
邢洺　50,56,59,86,126,168,276,288,
　　289,290,291,292,293
邢台　126,287,289
邢州　52,63,64,72,95,124,126,144,
　　168,177,224,275,276,280,287,288,
　　289,290,291,363
雄州　72,74,86,115,121,123,126,
　　128,143,147,160,164,165,183,207,
　　222,240,242,243,265,266,268,269,
　　272,316
秀容　362

修武　206,208,304,305
须城　109,114,127,317,319
许州　75
徐沟　357,359
徐州　195,230,321,322,323,341
叙州　172
恤品　62
宣德　44,55,59,65,82,89,92,148,
　　150,164,175,176,224,226,227,247,
　　249,250,251,252,253,255,256,257,
　　352,357
宣宁　250,256,351,352
宣平　16,164,250,251,256

Y

延安　53,91,92,176,227,357
厌次　16,128,345,346
燕南　73,97,98,99,100,104,105,223,
　　224,225,228,237
燕京　6,21,23,42,44,51,56,59,60,
　　61,63,67,69,70,86,87,90,91,95,
　　116,150,163,224,238,239,244,383
燕州　246
雁门　367
盐山　313
兖州　10,32,63,84,105,108,109,110,
　　111,114,127,171,318,321,322,324,
　　325,328,329,339,341
鄢陵　168
阳城　182,199,206,380,381,386
阳谷　109,114,127,317,319
阳门　251

阳曲　357
阳信　15,16,128,345,346
扬州　87,94,100,150
邺郡　295
掖县　128,337,348
益都　12,30,32,44,51,52,56,59,60,
　　61,62,68,69,72,75,76,77,79,84,
　　87,88,89,91,94,95,96,97,98,104,
　　105,110,125,128,148,150,152,155,
　　157,173,175,208,212,221,223,225,
　　226,230,232,333,334,335,338,339,
　　340,341,342,343,346,347,348,349,
　　350,378
益津　242,243,272,316
义丰　126,259,270
义州　208,306
仪城　387
仪封　301
仪州　226,363,387
宜芳　369
宜兴　22,253,254
易县　118,123,126,268,269
易州　47,61,115,116,117,118,121,
　　123,124,126,160,161,163,165,166,
　　189,205,240,241,265,266,268,269,
　　270,274
沂水　128,338,339
沂州　73,79,128,173,177,210,339,
　　340,341,342
翼城　182,198,376,377
翼绛　91,227

地名索引 421

冀州	182,198,376,377	豫州	310,345
犄氏	370,373,375	盂县	200,370
崞州	128,174,200,230,333,342	盂州	178,200,213,226,357,363,370
懿州	150,174,263	元昌	101
应昌	66,182,224,230,262,263	元城	127,298,300
应武	227	元氏	16,126,181,197,275,277,280,281
应州	80,176,205,352,353,354	元州	181,182,198,205,313,314
颍州	75,160	原州	198,305
瀛洲	116,123,240,309,315	垣曲	376,377,378
盈州	200,240,246	岳阳	370,372
鄂州	157	云川	356
永安	180,182,197,275,277,280,281	云南	54,94,100,101,151,152
永和	385	云内	176,189,352,355,356
永济	244	云中	352,356
永年	126,291	云州	80,164,196,201,249,250,252,255,351,352
永平	16,86,122,126,165,197,257,258,267,274,275,279	郓城	110,114,127,320,321,322
永清	166,238,240,242,243	郓州	105,317,321

Z

永兴	251,252,372
永州	110,323
幽州	238,242,247,249,250
禹城	30,111,112,114,127,325,326,327,330,343
虞城	110,230,321,323
虞乡	373,374,375
榆次	357,358
榆社	387
鱼台	110,111,114,127,230,323
渔阳	243,244
玉田	243,245
裕州	169,302

赞皇	126,277,280,281
枣强	126,282,283
枣阳	157
泽州	72,179,182,206,366,380,381
鄫州	342
沾化	128,346
彰德	10,44,50,51,56,58,59,60,63,64,65,69,75,86,87,95,96,97,98,105,107,108,114,125,127,169,170,205,209,222,223,225,230,275,276,292,293,295,296,297,299,303,304,

307,308,317,318
章邱 15,128,311,343,344
张家口 74
赵城 14,371,383,384
赵州 16,63,116,122,124,126,144,167,205,275,277,280,281,282
招远 128,348,349
肇州 75
真定 16,30,32,43,44,49,51,52,56,57,59,60,63,64,65,67,68,70,75,86,87,94,95,96,97,98,105,115,116,117,118,119,122,123,124,125,126,127,145,150,155,156,162,163,164,165,166,167,168,170,181,205,209,223,224,225,230,241,251,264,267,269,270,271,275,276,277,278,279,280,281,283,284,285,287,292,293,294,295,303,304,307,309,310,371,378,379
镇安 242
镇宁 197,278
镇西 375
镇州 196,248,275
正平 376,377
直隶 70
中都 28,32,44,52,53,74,75,76,79,81,82,84,91,105,117,125,128,142,163,196,200,224,230,238,239,240,242,243,244,246,258,259,264,266,268,272,273,274,319
中京 83,238
中山 33,63,115,117,122,123,124,126,155,166,180,183,222,230,264,266,267,268,274,275,279,280
中兴 66,68,96
忠孝 372
忠州 197,354
诸城 128,338
涿易 118,222,241,265,269
涿州 32,47,59,60,61,86,116,117,118,123,124,125,126,140,163,189,224,239,240,241,247,265,269,270,272,273
淄川 128,333,334,347
淄莱 69,88,96,156,174,225,273,326,330,343,347,349
淄州 62,73,128,144,173,174,189,225,311,326,330,333,335,343,344,346,347
嵫阳 111,114,127,324,325
宗城 126,290,291,294
邹平 128,159,172,310,311,326,330,343,344,347
邹县 128,341
遵化 244,245
胙城 126,306,307,308

后　　记

本书是在我2008年6月提交复旦大学答辩的博士学位论文《金元之际的华北地方行政建置——〈元史·地理志〉腹里部分研究》基础上修改而成。相较于博士学位论文，本书"上篇"第二、四章为新增写的内容，第六章则是从学位论文"导言"部分中所抽取增列而成；"导论"以学位论文"导言"部分为基础，有较大改动，"下篇"则维持原貌。本书"上篇"第一、三、五章已先期在《中国史研究》（2011年第3期）、《文史》（2009年第3期、2012年第1期）上发表，对于它们的大度接纳，我深怀感激。

自2002年始研习元史，倏忽已十载。十年前，我以古代史方向末名成绩勉强入复旦历史系读研，蒙业师姚大力先生不弃，收于门下；十年来，倘我在为人为学上有纤毫长进的话，那也多得益于先生的谆谆教诲。师恩似海，不敢言谢，惟有永铭心间。我出生于赣南山区普通农民家庭，能一路念到历史学专业的博士，若无父母的理解和支持，那是绝然无法想象的；父母茹苦含辛，付出的实在是太多太多，而今我所能回报者却万不及一。每念及此，心中愧疚，久难平复。缘于家境之艰，又幸得亲友关照，堂叔温盛荣先生、朋友李爱民兄弟等，每于我困顿之际，施以援手，纾我急难。此种恩情，无以为报，自当铭记于心。余外，我要特别感谢诸多师长、学友对我博士论文撰写与此书之出版所给予的种种关切和帮助，唯其姓名恕难——胪列，不过藏于心底的感念，却须臾不敢忘！

付梓在即，内心惶恐不已。尝耳提面命接获师长训诫，一部作品若无十年以上功夫投入，当难以示人；而今这本小书只是六七年间断续学习所得，问题之多，概可想见。常暗自忖，倘假时日，势必愈善；转念复想，以己愚拙，即便再予十年，恐亦不过如此。于是，只好聊以自慰：学途一站，且留一鳞片爪,权作个人"史迹"。我深自明白,此小书只是自己学术路上蹒跚学步的起点,稚拙非常,疵瑕触目,唯盼学界师长、学友们多予批评,以督促我改进。

2012 年初春

于复旦光华西主楼 2010 室